华章经管

HZBOOKS | Economics Finance Business & Management

一带一路双向投资丛书

一带一路国外投资指南

下

国家发展和改革委员会
徐绍史 主编
何立峰 王晓涛 副主编

机械工业出版社
China Machine Press

图书在版编目（CIP）数据

一带一路国外投资指南（下）/ 徐绍史主编．—北京：机械工业出版社，2016.1
（一带一路双向投资丛书）

ISBN 978-7-111-52954-5

I. 一… II. 徐… III. 投资环境－世界－指南 IV. F112-62

中国版本图书馆 CIP 数据核字（2016）第 022293 号

一带一路国外投资指南（下）

出版发行：机械工业出版社（北京市西城区百万庄大街 22 号 邮政编码：100037）
责任编辑：施琳琳　　责任校对：殷　虹
印　　刷：中国电影出版社印刷厂　　版　　次：2016 年 2 月第 1 版第 1 次
开　　本：170mm×242mm 1/16　　印　　张：35.75
书　　号：ISBN 978-7-111-52954-5　　定　　价：180.00 元

凡购本书，如有缺页、倒页、脱页，由本社发行部调换
客服热线：（010）68995261 88361066　　投稿热线：（010）88379007
购书热线：（010）68326294 88379649 68995259　　读者信箱：hzjg@hzbook.com

序言 · PREFACE

双向投资是一国吸收国际资本来本国投资与输出本国资本到境外投资的能力与水平的反映，是一个国家开放程度与国际化发展水平的重要标志。随着当今经济全球化、区域经济一体化的日趋深入发展，双向投资已越来越多地成为世界各国参与国际分工和全球合作与竞争的重要选择。

2014 年，在世界经济增长复苏缓慢、全球贸易低速增长、外国直接投资出现下降的形势下，中国经济仍保持 7.4% 的中高速增长，对世界经济增长做出了应有的贡献。其中，中国的双向投资，特别是对外直接投资取得了令人欣喜的佳绩。

2014 年，中国实际使用外资金额为 1285.02 亿美元，同比上年增长 3.57%，首次位列全球吸引外资第一。与此同时，中国对外直接投资为 1231.2 亿美元，同比上年增长 14.2%，投资额是 2002 年的 45.6 倍，不仅实现连续 12 年的增长，年均增速高达 37.5%，而且连续 3 年位列世界第三大对外投资国。到 2014 年年末，中国对外直接投资企业达 1.85 万家，投资存量已达 8826.4 亿美元，占全球的份额由 2002 年的 0.4% 上升至 3.4%，排名从第 25 位上升至第 8 位。2014 年，中国双向投资可圈可点，具有以下主要结构性特点：

一是从双向投资的产业领域分布看，服务业已成为中国双向投资的重点领域。2014 年，中国利用外资的一二三产业比重为1.62∶33.75∶64.63，第三产业已成为利用外资的主要领域，投资金额最多的主要产业领域依次排名是制造业、房地产业、金融业及租赁和商务服务业，共计占利用外资金额总量的77.96%。2014年，中国对外直接投资已涵盖国民经济的18个大类，对外直接投资金额的三大产业构成比为1.3∶25.3∶73.4，第三产业已成为主导。其中，第二产业主要是采矿业，专用设备、汽车、通用设备及金属制品等装备制造业；第三产业主要是租赁和商务服务业、批发零售业、金融业、房地产业、交通运输业、仓储和邮政业，以及信息运输、软件和信息技术服务业，合计金额占第三产业的69.1%。由此可见，随着中国服务业日益成为经济发展的重要支撑，中国服务业的“走出去”也呈现出更快的发展，并已经成为中国对外投资的主要力量。

二是从双向投资的国别地区分布看，发达经济体已成为新热点，但我国香港地区仍是内地双向投资最大和最稳定的来源地与投资目的地。2014年，中国境内利用外资的来源地仍主要是亚洲，新增外商企业数量与投资金额都占七成以上，其中来自我国香港地区的投资高达六成以上（占63.2%）。来自美国与欧盟15国的企业数量分别增长9.78%和3.12%，但实际投资金额同比则分别下降15.9%和4.5%。与此同时，发达经济体已成为中国对外投资的新热点，2014年，中国流向发达经济体的投资达238.3亿美元，同比上年增长高达72.3%。其中，对欧盟投资同比增长高达116.3%，对美国投资同比增长高达96.1%，对澳大利亚投资同比增长17.1%，均创历史最高。中国“走出去”的国别地区已从传统的亚非拉转向发达国家或地区，这表明随着中国经济综合实力的不断增强，以及中国企业发展经营实力的不断壮大，中国参与高端产业国际分工合作与竞争的能力正在大大提高。当然，发展中国家仍是中国“走出去”的主要地区，占中国对外投资的八成，其中我国香港地区占六成。

三是从双向投资的国内地区分布看，东部地区仍是中国双向投资的主要地区，但中西部的作用逐步增强。2014年，中国东部地区外商投资企业数量与投资金额占总量之比分别为86%和76.2%。相比之下，中部分别为9.3%和8.45%，西部分别为4.65%和8.4%，比重都仍较低。但与上年相比，中西部地区的实际使用外资金额均呈上升趋势。2014年，地方非金融类对外直接投资达 547.3 亿美元，同比增长 50.3%，占全国非金融类对外直接投资总量的 51.1%，首次超过中央企业和单位的对外投资规模。其中，东部占 81.8%，同比增长 53.2%；西部占 11.9%，同比增长 78.4%；中部占 6.3%，同比下降 3.1%。广东、北京、上海、天津、江苏、山东、浙江、辽宁、四川和云南为地方对外投资的前 10 位，投资总额 432.8 亿美元，占地方总量的 79.1%。

四是从双向投资的企业类型与投资方式看，多元化日益成为双向投资的发展格局。2014 年，外商独资、中外合资、中外合作及股份制等仍是中国利用外资的主要企业类型，但其中，外商独资企业数量及投资金额分别占 79% 和 73.7%，已成为主导。2014 年，中国国有企业尽管在对外直接投资中仍占 53.6%，但非国有企业的比重较上年同期增加了 1.6 个百分点，占比在不断扩大，表明非国有企业在“走出去”方面的作用日益重要。同时，中国对外投资已形成了并购投资、股权投资、收益再投资、债务工具投资等多种投资方式并存的多元化格局。

综上所述，2014 年，中国双向投资取得的成绩主要得益于：一方面，从国内看，在中国经济进入新常态、经济下行压力不断加大、结构调整任务不断加重的新形势下，适时提出了以“一带一路”及设立自贸区为主要标志的更加开放的新战略，以开放带动改革，以改革促进发展。在外需低迷的情况下，着力拓展内需，实施一系列创新驱动战略，借助新科技革命机遇，推进工业 4.0，提升制造业，发展新兴服务业，改善国内宏观调控，简政放权，为外商投资提供更加宽松、便利公平的宏观与市场环境。同时，放宽各类“走出去”政策，积极倡导国际产能和装备制造业合作，为企业对外投资提供更加积极便利的政策环境与金融服务。

另一方面，从国际看，国际金融危机后，全球经济一直不景气，大量游资需要寻求新的投资机会，而中国巨大的市场及稳定的发展环境对国际资本仍有较强的吸引力。同时，国际金融危机导致欧美等主要发达国家大量产业及企业的资产缩水，这为中国“走出去”提供了更加广阔的新空间。此外，众多的发展中国家不同程度地需要中国投资的支持，以促进其加快发展。这些因素产生的叠加效应强有力地推动中国双向投资出现了全面加快发展的新格局。

2015年，在“一带一路”战略强有力的推动下，中国与沿线国家的双向投资也跨入新阶段，正显示出强劲的发展势头与发展空间。1 ~ 7月，中国企业共对“一带一路”沿线的48个国家进行了直接投资，投资额合计85.9亿美元，同比增长29.5%，高于同期全国增长20.8%的水平，投资主要流向新加坡、印度尼西亚、老挝、俄罗斯、哈萨克斯坦、泰国等。1 ~ 7月，中国企业在“一带一路”沿线的60个国家新签对外承包工程项目合同1786份，新签合同额494.4亿美元，占同期中国对外承包工程新签合同额的44.9%，同比增长39.6%，高于同期全国增长23.7%的水平。截至5月底，中国对“一带一路”64个国家/地区累计实现各类投资共1612亿美元，约占中国对外直接投资累计总额的20%。在吸收外资方面，2015年1 ~ 5月，“一带一路”沿线国家在华设立外商投资企业767家，同比增长14.31%；实际投入外资金额29.19亿美元，同比增长11.59%，均高于同期全国增长8.8%和7.9%的水平。

但是，也应清醒地看到，中国在双向投资方面仍存在诸多问题：就“引进来”方面，主要是需要进一步改善国内投资环境，提升外资的质量与水平，吸引与指导外资更好地为促进中国经济增长、产业结构转型升级服务。就“走出去”方面，由于中国“走出去”的时间相对较短，发展经验还有待进一步积累。特别是由于对外投资面临的国家多、领域宽，情况复杂多变，政治、经济、文化、外交及市场等多因素交错，更增加了中国企业对外投资发展的不确定性与难度。对中国各级政府与企业来说，在今后的对外投资发展中还将要面临许多新形势、新问题，特别是对投资国国情、法律、市场等的深入了解与认识。

由国家发展和改革委员会国际合作中心组织编写的“一带一路双向投资丛书”，是为推动中国“引进来”与“走出去”双向投资良好发展提供的，以信息服务指导为主要内容的一套工具书。此书的主要特点：一是收集了中国国家层面与各地方2014年双向投资的发展情况，为国内外更多了解中国双向投资发展情况提供了大量信息；二是收集了中国最新有关双向投资的政策，特别是关于“一带一路”的政策，向外国投资者展示中国开放的新政策及投资导向；三是收集了“一带一路”沿线重点国家的国外投资指南，对中国企业对外投资提供一定的指导；四是收集了国内外专家对“一带一路”国家和地区双向投资的分析与研究报告，以及不同行业“走出去”“引进来”的典型案例分析。

我相信，本书的出版将对各方面更加全面完整了解中国的双向投资提供有益的信息与情况，将有助于更好地推进中国“一带一路”战略的加快实施，促进中国的国际化进程和与世界各国的经贸合作交流。

国家发展和改革委员会主任　徐绍史

2015 年 11 月

CONTENTS · 目录

一、伊朗国家概况

二、伊朗经济发展状况

三、外经贸合作法规和政策

四、在伊朗开展投资合作办理的相关手续

伊朗伊斯兰共和国
投资指南㊀

㊀ 部分资料来源于外交部网站、商务部网站《对外投资合作国别（地区）指南——伊朗篇》；部分数据来源于商务部、国家统计局网站、《世界投资报告 2015》的公开资料。

伊朗地处亚洲西南部，同土库曼斯坦、阿塞拜疆、亚美尼亚、土耳其、伊拉克、巴基斯坦和阿富汗相邻，南濒波斯湾和阿曼湾，北隔里海与俄罗斯和哈萨克斯坦相望，是连接东西方文明的重要通道，素有“欧亚陆桥”和“东西方空中走廊”之称。

历史上，伊朗拥有灿烂辉煌的文化，是著名的文明古国——古波斯。同时，在古代伊朗就是丝绸之路的必经地和交汇点，在沟通东西方贸易过程中起着“中间人”的作用。

伊朗是亚洲主要经济体之一，经济实力较强，是世界石油天然气大国，石油开采和出口是其经济命脉，石油收入占财政收入的80%以上，而中国是伊朗最大的贸易伙伴和最大的原油需求国。2012年国际社会对伊朗制裁，伊朗出口石油半数销往中国。

作为21世纪陆海丝绸之路的连接点和中转站、油气资源储藏和出口大国，在提出“一带一路”战略之后，伊朗积极响应，与其“重建丝绸之路”的想法不谋而合。目前中伊双方在基础设施、能源、产能、农业、旅游等领域合作广泛。中国在伊朗已经有大量的建设项目，涵盖石化、高铁、电力、钢铁等领域。随着中国推动“一带一路”战略，双方的认识会不断深化和发展，合作的领域会越来越多，合作的项目会越来越广。

一、伊朗国家概况㊀

（一）地理环境

1. 地理位置

伊朗位于亚洲西南部，同土库曼斯坦、阿塞拜疆、亚美尼亚、土耳其、伊拉克、巴基斯坦和阿富汗相邻，南濒波斯湾和阿曼湾，北隔里海与俄罗斯和哈萨克斯坦相望，素有“欧亚陆桥”和“东西方空中走廊”之称。海岸线长2700千米。

㊀ 资料来源：中国外交部。

波斯波利斯石柱群

2. 行政区划

德黑兰广场

伊朗共有30个省、324个地区、865个郡、982个县、2378个乡，其中首都为德黑兰，其他重要城市有伊斯法罕、设拉子、马什哈德、克尔曼、大不里士等。

3. 自然资源

伊朗的石油、天然气和煤炭蕴藏丰富。截至 2011 年年底，已探明石油储量 1545.8 亿桶，天然气储量 33.69 万亿 / 立方米，分别占世界总储量的 11% 和 17%，分列世界第三、二位。石油和天然气生产量均列世界第四位，日产原油能力 350 万桶、天然气 5 亿立方米。

其他矿物资源也十分丰富，可采量巨大。已探明矿山 3800 处，矿藏储量 270 亿吨，其中，铁矿储量 47 亿吨；铜矿储量 30 亿吨（矿石平均品位 0.8%），约占世界总储量的 5%，居世界第三位；锌矿储量 2.3 亿吨（平均品位 20%），居世界第一位；铬矿储量 2000 万吨；金矿储量 150 吨。此外，还有大量的锰、锑、铅、硼、重晶石、大理石等矿产资源。已开采矿种 56 个，年矿产量 1.5 亿吨，占总储量的 0.55%，占全球矿产品总产量的 1.2%。

4. 气候条件

伊朗境内多高原，东部为盆地和沙漠。属大陆性气候，冬冷夏热，大部分地区干燥少雨。

5. 人口分布

据伊朗国家统计数据库 2014 年 7 月 18 日显示，伊朗人口约 7760 万。人口比较集中的省份有德黑兰、伊斯法罕、法尔斯、呼罗珊拉扎维和东阿塞拜疆。

（二）政治环境

1. 政治制度

1979 年霍梅尼执政后，实行政教合一的制度。1989 年 6 月 3 日霍梅尼病逝，原总统哈梅内伊继任领袖。7 月 28 日，原议长拉夫桑贾尼当选总统。1993 年 6 月 11 日，拉夫桑贾尼连任总统。1997 年 5 月，伊朗总统文化事务顾问、前文化和伊斯兰指导部长哈塔米当选总统，并于 2001 年 6 月大选中获选连任。2005 年 6 月，伊朗举行第九届总统选举，德黑兰市长艾哈迈迪内贾德当选。2009 年 6 月，艾哈迈迪内贾德在伊朗第十届总统选举中获得连任。2013 年 6 月 15 日，哈桑·鲁哈尼当选伊朗第十一届总统，8 月 4 日宣誓就职。

2. 主要党派

1988 年 12 月，伊朗颁布政党法，要求所有党派向内务部重新登记，经审查批准后才能开展活动。1998 年，伊朗国内各种政党竞相成立，已获准活动的政党组织主要有以下几个。

（1）德黑兰战斗的宗教人士协会：1987 年从革命初期成立的“德黑兰战斗的宗教界协会”分化出来，成员大多是宗教界和政界的知名人士。书记迈赫迪・卡鲁比。

（2）伊斯兰指导党：主席大流士・扎格阿里・马兰迪。

（3）伊朗拜火教协会：主席阿尔达希尔・阿扎尔古沙斯布。

（4）建设公仆党：1998 年 5 月 21 日成立。成员多为政界人士，包括体育组织主席哈什米・塔巴、中央银行行长努尔巴赫什、前原子能组织主席阿姆鲁拉希、计划与预算组织主席阿里・纳贾菲、德黑兰市长卡尔巴斯齐、伊斯兰文化和指导部长穆哈杰拉尼、执行事务副总统哈什米、石油部副部长阿里・哈什米、德黑兰议员法埃泽・哈什米、克尔曼议员玛尔阿什。

（5）伊斯兰伊朗团结党：1998 年 1 月 31 日成立。由议员和政府各级负责人组成，有成员 30 多名。其宗旨是发展自由和文明社会、伊斯兰的尊严与国家的强盛、推进社会公正与共同富裕、民族团结与大众参与。

3. 外交关系

伊朗奉行独立、不结盟的对外政策，反对霸权主义、强权政治和单极世界，愿同除以色列以外的所有国家在相互尊重、平等互利的基础上发展关系。倡导不同文明进行对话及建立公正、合理的国际政治和经济新秩序。认为国家的主权和领土完整应得到尊重，各国有权根据自己的历史、文化和宗教传统选择社会发展道路，反对西方国家以民主、自由、人权、裁军等为借口干涉别国内政或把自己的价值观强加给他国。认为以色列是中东地区局势紧张的主要根源，支持巴勒斯坦人民为解放被占领土而进行的正义斗争，反对阿以和谈，但表示不采取干扰和阻碍中东和平进程的行动。主张波斯湾地区的和平与安全应由沿岸各国通过谅解与合作来实现，反对外来干涉，反对外国驻军，表示愿成为波斯湾地区的一个稳定因素。2014 年 6 月，鲁哈尼在当选伊朗总统后表示，愿同国际社会进行“建设性互动”，改善伊朗同国际社会的关系。2015 年 7 月，伊朗核问题六国（中国、美国、俄罗斯、英国、法国、德国）同伊朗就核问题达成全面协议。

与中国的关系：近年来，中国与伊朗在政治、经贸等领域的友好合作关系平稳发展。两国高层保持接触。2013 年 9 月，习近平主席在上海合作组织比什凯克峰会期间与伊朗总统鲁哈尼会晤。10 月，伊朗议长拉里贾尼访华，习近平主席、张德江委员长及杨洁篪国务委员分别同拉里贾尼会见、会谈。12 月，杨洁篪国务委员访问伊朗，分别同伊朗总统鲁哈尼、议长拉里贾尼、最高国家安全委员会秘书沙姆哈尼及外长扎里夫会见、会谈。2014 年 5 月，伊朗总统鲁哈尼访华并出席在上海举行的亚信峰会。其间，习近平主席同鲁哈尼举行会谈。11 月，中共中央政治局委员、中央政法委书记孟建柱访问伊朗，分别会见伊朗第一副总统贾汉吉里、副总统阿明扎德，并同伊朗最高国家安全委员会秘书沙姆哈尼举行会谈。2015 年 2 月，王毅外长访问伊朗，分别会见伊朗总统鲁哈尼、议长拉里贾尼，最高领袖外事顾问韦拉亚提，并同伊朗外长扎里夫举行会谈。4 月，习近平主席在印尼雅加达出席亚非领导人会议期间会见伊朗总统鲁哈尼。

4. 政府机构

伊朗实行总统内阁制。总统是国家元首，也是政府首脑，可授权第一副总统掌管内阁日常工作，并有权任命数名副总统，协助主管其他专门事务。现任第一副总统为埃斯哈格·贾汉吉里。本届内阁于 2013 年 8 月成立。

5. 宪法

伊斯兰革命后于 1979 年 12 月颁布第一部宪法，规定伊实行政教合一制度。1989 年 4 月伊朗对宪法进行部分修改，突出伊斯兰信仰、体制、教规、共和制及最高领袖的绝对权力不容更改。同年 7 月，哈梅内伊正式批准经全民投票通过的新宪法。

6. 议会

伊斯兰议会是伊朗最高国家立法机构，实行一院制。议会通过的法律须经宪法监护委员会批准方可生效。议员共 290 名，由选民直接选举产生，任期 4 年。议会设有主席团和 12 个专门委员会。主席团由议长、两名副议长、三名干事、六名秘书共12人组成，主要负责制定会议议程、起草会议文件等工作，任期1年，任满后由议员投票改选，可连选连任。第9届议会于2012年3月经选举成立，议长为阿里·拉里贾尼。

7. 司法机构

伊朗的司法总监是国家司法最高首脑，由领袖任命，任期5年。最高法院院长和总检察长由司法总监任命，任期5年。司法部长由司法总监推荐，总统任命，议会批准，负责协调行政权与司法权的关系。在司法总监领导下，还设有行政公正法庭和国家监察总局，分别审理民众对政府机关的诉讼和监督国家机关的工作。现任司法总监萨迪格·拉里贾尼，最高法院院长艾哈迈德·莫赫森尼·古尔卡尼，总检察长古拉姆侯赛因·莫赫森尼·艾杰伊。

（三）社会文化环境

1. 民族

伊朗是一个多民族的伊斯兰国家，其中波斯人占66%，阿塞拜疆人占25%，库尔德人占5%，还有阿拉伯人、巴赫蒂亚里人、卢尔人、俾路支人及土库曼人等少数民族。

清真寺

2. 语言

伊朗的官方和通用语言为法尔斯语，也称波斯语。波斯语已有超过 2500 年的使用历史，留下了可观的文献记录。

3. 宗教

圣火庙

在伊朗，伊斯兰教（什叶派）为国教，98.8% 的居民信奉伊斯兰教，其中 91% 为什叶派，7.8% 为逊尼派。

4. 习俗

编织波斯地毯

（1）服饰礼仪：伊朗国内的民族很多，每个民族都有自己的服装。伊朗的男人一般穿不超过膝盖的长衫，腰围至脚面以上的围裤，头裹长长的包头巾。土库曼民族的女性穿灯笼裤，这种裤子裤脚很小，只能穿过小腿，以防风沙进入。她们还用大块布包头，外出时用的头巾大而厚，在家时小而薄。

她们身上常佩戴许多饰物，有时还会把银币缝在衣服上做饰物。伊朗男子有的留胡须，女性一般要戴面纱。在德黑兰库姆一带，妇女普遍穿伊斯兰的标准服饰，用一块大黑布从头遮到脚，只露出眼睛和鼻子。

伊朗服饰

（2）仪态礼仪：在伊朗，人们的言谈举止、体态表情是很有讲究的。在说话或跟对方正面而坐时，应将两手平放而不可双手交叉。微笑和点头实际上只是主人一种礼貌的表示，并不一定是表示同意。另外，由于他们洁身时多用左手，因而认为左手是不干净的，所以在接触、取物、递东西时不能用左手。

（3）相见礼仪：注重打招呼时的礼貌用语，是体现伊朗人良好素养的一个方面。伊朗人在与宾客相见时，一般习惯以握手为礼，然后亲吻对方的双颊。由于等级观念很强，见面礼节也有区别，身份相同的人以互吻嘴唇为礼；身份稍低的人以吻面颊为礼；身份差距很大的人，则以一方俯拜在另一方面前为礼。在伊朗，男人不与女人握手。

（4）餐饮礼仪：伊朗人的餐饮习俗独具风格。总体而言，他们爱吃面食，也吃米饭。副食口味一般清淡，偏爱微辣，讲究菜肴量少质精，注重色香味形。当然各地区也不尽相同。喝茶是伊朗人日常生活的重要组成部分，他们大多爱喝红茶，并喜欢在茶中加糖。按当地传统，土库曼人唱歌前必喝红茶，每逢节庆喜事，人们必定先喝红茶，然后载歌载舞。

（5）商务礼仪：在伊朗，进行商业性会面，递交名片是必要的，最好要用波斯文，实在不得已，也可用英文。伊朗工商界人士好礼而讲究正式礼节。在商务会谈时直截了当，往往效果不佳，他们不习惯于对事情立刻做出抉择，往往要用很长时间琢磨对方话语间的意义。需要注意的是要避免在斋月访问当地，商务活动最好选在 10 月至次年 4 月，不要以洋娃娃作为礼物，否则会被误认为瞧不起他们信仰的宗教。

（6）主要禁忌：伊朗人对婴儿的眼睛特别敏感，最忌讳别人议论婴儿的眼睛。他们忌讳左手递交物品。禁食猪肉，不食自死、病死或未经阿訇、毛拉念经屠宰的牲口，也不吃外形可憎或不端正的动物的肉，忌吃无鳍无鳞的鱼。

5. 教育和医疗

教育：伊朗实行中小学免费教育。重视高等教育，并于 1989 年制订了高等教育 5 年发展计划，通过提供贷款和给予物质、政策支持等措施鼓励民办高等教育。6 岁以上受教育人口占全国人口的 82.5%。目前全国共有高等院校 346 所，大学生近 340 万人。德黑兰大学是伊朗著名的高等学府。

医疗：约 73% 的伊朗工人享受社会保险。全国有医疗机构 730 个，其中政府拨款医院 488 所，病床 110 797 张，诊所 17 063 个，从业医生 3.7 万人，其中外国医生 350 人。平均每 1000 人有 0.5 ～ 1.1 名医生、7 名护士和 17 张病床。

6. 社会治安

伊朗虽然经过 1979 年伊斯兰革命，国家实行政教合一体制，但举国上下社会治安环境安然有序，百姓文明道德水准甚高，但在伊朗中国公民遭到入室抢劫、盗窃或被飞车贼掠走钱物的情况也时有发生，伊朗警方虽较重视并正加大打击力度，但鲜有破案。

7. 节假日

伊朗的节假日情况如表 13-1 所示。

表 13-1　节假日

节　　日	时　　间
独立日（伊斯兰共和国日）	4 月 1 日
国庆日（伊斯兰革命胜利日）	2 月 11 日
开斋节	3 月 3 日
军队节	3 月 15 日

（续）

节　　日	时　　间
石油国有化日	3 月 20 日
伊朗新年	3 月 21 ~ 24 日
革命日	4 月 2 日
宰牲节	5 月 10 日
阿术拉节	6 月 9 日
伊玛目阿里殉教日	7 月 14 日
穆罕默德诞生日	8 月 9 日
穆罕默德升天日	12 月 20 日
跳动火节（伊朗最古老的节日）	伊朗年的最后一个星期三

二、伊朗经济发展状况

（一）经济概况

1. 宏观经济

2004 ~ 2007 年伊朗经济一度保持了较快的增势，但自 2008 年世界经济危机及 2012 年西方国家对伊朗实施石油禁运和金融制裁以来，其国内生产总值（GDP）增速明显放缓，对外贸易增长缺乏后劲，外国投资大幅缩水，通胀率和失业率也长期在高位徘徊。

（1）经济增长率

2008 年世界经济危机以来，伊朗 GDP 增速显著下降。2008 ~ 2014 年伊朗实际 GDP 年增幅远低于 2000 ~ 2007 年近 6% 的平均增速（见表 13-2）。据国际货币基金组织测算，2013/2014 财年伊朗 GDP 约萎缩了 1.75%，但 2014/2015 财年伊朗经济实现了 1% ~ 2% 的增长。

表 13-2　2009 ~ 2013 年伊朗宏观经济统计

年份	名义 GDP（亿美元）	实际经济增长率（%）	人均 GDP（美元）
2009	3 606	3.95	4 927
2010	4 191	5.90	5 638
2011	5 411	2.66	7 200
2012	3 980	–5.63	5 229
2013	3 663	–1.67	4 750

注：IMF 测算实际经济增长率采用本币并剔除物价因素，因此与名义 GDP 增长出现不一致的现象属于正常。

（2）产业布局

据 EIU 数据，2013/2014 财年伊朗农业、工业和服务业三个产业分别增长 4.3%、下降 2.8% 和下降 8.5%。

（3）公共收支

据 IMF 测算，2013/2014 财年伊朗公共收入约 1258 万亿里亚尔，公共开支约 1340 万亿里亚尔，赤字约 81 万亿里亚尔，赤字约占 GDP 总额的 0.9%。

（4）外汇储备

截至 2013 年年底，伊朗外汇储备约 680.6 亿美元。

（5）外债余额

据 EIU 估计，截至 2013/2014 财年年底，伊朗外债余额约 106 亿美元。

2. 重点 / 特色产业

（1）农业

农业在伊朗国民经济中占有重要地位，2010 年度伊朗农业产值为 286 亿美元，占 GDP 的 9.3%。主要农产品包括：小麦、大米、大麦、棉花、茶叶等。农业人口占总人口的 43%。伊朗农业机械化程度较低，但是主要粮食基本实现自给自足，每年约有 10% 的粮食依赖进口。伊朗是中东地区主要的干鲜果品生产和出口国，其中，开心果、核桃、柠檬、橘、柑、猕猴桃、无花果和石榴是主要出口产品。此外，伊朗还是世界第一大藏红花生产国，总产量占世界总量的 96% 以上。

（2）石油天然气工业

伊朗是世界石油储藏大国，石油资源十分丰富。目前伊朗探明的可恢复型油层石油储量超过 1550 亿桶。主要分布在与伊拉克接壤的西南部省份胡齐斯坦的大型陆上油田及波斯湾地区，占世界剩余可开采石油总储量的 10%，居世界第四位，仅次于沙特阿拉伯、俄罗斯和加拿大。按伊朗现在的开采速度（约 300 万桶 / 天)，其石油可持续开采 90 年以上。伊朗已探明天然气储量超过 33.1 万亿立方米，占世界天然气总储量的 18%，居世界第二位，仅次于俄罗斯。

据 EIU 估计，2013/2014 财年伊朗原油出口收入约 369 亿美元。伊朗油气领域主要企业包括伊朗国家石油公司和伊朗国家天然气公司。

（3）工矿业

工矿业包括矿产开发、制造业、水电气供应和建筑业。伊朗在海湾和西亚地区是工业强国之一。伊朗工业以石油勘探开发为主，另外还有炼油、石化、钢铁、电力、纺织、汽车拖拉机装配、摩托车装配、食品加工、建材、机械加工、地毯、家用电器、化工、有色、冶金、造纸、制药、水泥和榨糖等。

伊朗矿产资源丰富，已探明矿产品有 60 多种，各类矿产储量约 580 亿吨，可采储量约 380 亿吨。

伊朗工矿业由工业矿产贸易部管辖，工业矿产部下属机构和国有大公司包括：伊朗工业发展与革新组织、高科技工业局、国家铜业公司、国家铅业公司、穆巴拉克钢铁厂、伊朗汽车工业集团、伊朗工业园区公司和伊朗烟草公司等。

（4）交通、仓储及通信行业

截至 2010 年年末，伊朗共有铁路 1 万千米，公路 1.3 万千米（其中主干道 1 万千米），石油管线 7018 千米，天然气管线 19 246 千米，各类公共机场 54 个。

伊朗电信业近年来加速私有化进程。2009 年，伊朗电信和信息技术部下属的伊朗国家电信公司（Telecommunication Company of Iran，TCI）在德黑兰证交所挂牌上市，并以 78 亿美元的总市值成为当时伊朗最大的上市公司。伊朗正积极引进外国技术，对本国电信网络进行改造。

（5）旅游及酒店业

伊朗具有五千多年的文明史，历史遗迹众多，旅游资源丰富。据伊朗媒体报道，除大量的自然景观外，伊朗有数万处历史、文化景观，登记在册的历史和文化遗迹达 4000 多个。伊朗旅游业客源主要来自欧洲和东南亚。伊朗旅游业从业人数占总人口的 1.8%。

（6）金融服务业

伊朗的银行在伊朗伊斯兰革命后全部收归国有，但继承了原中央银行的所有外债。1981 年 2 月中央银行取消了原伊朗银行体制的利率制度，逐渐建立了符合伊斯兰教义原则的新银行体制。新体制运行以后，逐步偿还以前的外债，在稳定货币、控制货币发行量、抑制通货膨胀、发展金融市场上发挥了积极作用，为伊朗的战后重建提供了资金保障。伊朗银行由中央银行和下属的 10 家主要商业银行组成。从 2000 年开始，伊朗政府批准可以成立私人银行，目的是加强银行间的竞争，提高银行效益，打破国家垄断。同时，伊朗一部分现有的国有银行也将逐步实现私有化。

（二）国内市场

1. 消费总额

根据 EIU 报道，2013/2014 财年，伊朗消费总量估计约为 2267 亿美元，其中私人消费 4115 万亿里亚尔，政府消费 966 万亿里亚尔。

2. 生活支出

2012/2013 财年伊朗城市家庭（3 ~ 5 人）每月生活平均支出约为 4000 万里亚尔，其中食品和饮品支出约占 30%。

3. 物价水平

伊朗物价较高，通货膨胀严重。据调查，2014 年德黑兰基本生活品的大致物价为：大米 75 000 里亚尔 / 千克，面粉 15 000 里亚尔 / 千克，食用油 70 000 里亚尔 / 升，牛肉 270 000 里亚尔 / 千克，羊肉 250 000 里亚尔 / 千克，鸡蛋 50 000 里亚尔 /10 个，禽类 70 000 里亚尔 / 千克，日常蔬菜 50 000 里亚尔 / 千克。

美元兑里亚尔官方汇率：1 美元兑 25 511 里亚尔，美元兑里亚尔兑换点汇率：约 1 美元兑 31 000 里亚尔。自 2010 年年底实施补贴政策改革计划后，伊朗政府分阶段取消对各类食品的补贴，伊朗国内食品价格呈加速上涨态势。据 IMF 估计，2013/2014 财年伊朗年均通货膨胀率达 30.5%，但伊朗财经部长表示伊朗政府将把 2014 年通胀水平降至 25%。

（三）基础设施状况

1. 公路

据伊朗政府公布的数据，截至 2009 年，伊朗公路总长 12 998 千米，其中铺面公路约占 2/3。公路是伊朗运输业的骨干力量，绝大部分的人员流动和货物运输均由公路运输完成。

2. 铁路

2010 年，伊朗铁路总长 10 000 千米，运送旅客 2856 万人次，运输货物 13.7 亿吨 / 千米。

3. 空运

伊朗国内现有航空港 46 个、国际航空港 8 个（即德黑兰、伊斯法罕、设拉子、大不里士、阿巴丹、阿巴斯港、基什岛和凯什姆岛）。

中国公民前往伊朗的主要航线为：北京—乌鲁木齐—德黑兰（中国南方航空公司），北京—迪拜—德黑兰（阿联酋航空公司），北京—德黑兰（伊朗航空公司），上海（广州）—德黑兰（伊朗马汉航空公司），北京—多哈—德黑兰（卡塔尔航空公司），北京—伊斯坦布尔—德黑兰（土耳其航空）。

4. 水运

伊朗海港大部分集中在南部的波斯湾，如阿巴斯港、霍梅尼港、布什尔港和霍拉姆沙赫尔港、波斯湾外的恰巴哈尔港。里海的安萨里港是伊朗北部的主要港口。伊朗是中东和波斯湾地区最大的油轮拥有国，截至 2013 年 3 月，伊朗国家油轮公司有 44 条大中小型油轮，载重量超过 6000 万桶原油。2014 年，伊朗新购了 12 艘液化石油天然气船。

5. 通信

伊朗电信和信息技术部负责对伊朗电信业发展进行指导和监管，其下属的伊朗国家电信公司（Telecommunication Company of Iran，TCI）是伊朗最主要的电信企业。2009 年该公司进行了私有化改革，在德黑兰证交所公开上市，并以 78 亿美元的总市值成为伊朗最大的上市公司。

总体来说，伊朗电信业比较落后，具体体现在固话和移动通信网络不健全、覆盖率低、信令落后等，且尚有部分村镇无法享有电信服务。

目前，基于 900MHz 的频率，伊朗在 266 个城市提供 GSM 移动通信服务，截至 2010 年年底，全国固定电话用户数 2500 万，移动电话用户约为 5300 万，网络用户 2400 万；近年来伊朗电信行业取得了较快发展，主要体现在移动电话和网络用户迅速增长。但伊朗电信行业基础设施仍然存在诸多问题，主要表现在尚无全国统一信令网，无全国统一网管中心，且多种落后信令并存，通信质量较差。伊朗互联网则存在着业务单一、机型容量小，以及带宽严重不足的问题。

6. 电力

2013/2014 财年伊朗发电量约为 2659.62 兆瓦，基本满足工农业生产和民用需求，并可对巴基斯坦等周边国出口部分电力。

（四）对外经贸关系

1. 贸易关系

对外贸易在伊朗国民经济中占有重要地位。由于工业欠发达，农业较落后，一直以来，伊朗每年须使用大量外汇进口生产资料、零配件和生活必需品等。20 世纪 90 年代初和中期，由于国际市场石油价格大幅下跌，导致伊朗石油收入减少、外汇紧缺，为此伊朗在对外贸易中实行积极推行私有化，鼓励非石油产品出口、限制进口等贸易政策，这一政策延续至今，且在未来的很长一段时间内，仍将是伊朗对外贸易政策的核心所在。

（1）贸易总量

据 EIU 估计，2013/2014 财年伊朗贸易总额为 1231 亿美元，其中，出口 614 亿美元，进口 617 亿美元。

（2）贸易结构

伊朗外贸出口的主要商品为油气产品，2013/2014 财年石油出口约 369 亿美元，占出口总额的 60%。近年来伊朗政府积极鼓励非石油产品出口，以改变单纯依靠油气资源，出口结构过于单一的局面，非石油出口产品主要有石化产品（包括凝析油）、金属矿石、皮革、水泥、钢材、有色金属、水果和干果等；进口商品主要有食品、燃料、运输工具、机械设备、化工原料、通信设备、药品、饮料及烟草等。

（3）主要贸易伙伴

伊朗主要出口市场有中国、日本、伊拉克、土耳其、意大利、南非、韩国、阿富汗等；进口主要来源地有德国、中国、法国、意大利、阿联酋和韩国等。2008 年起，中国已成为伊朗第一大贸易伙伴。

2. 吸收外资

据伊朗央行统计，1993 ~ 2010 年，伊朗共吸收外资 349.6 亿美元。据联合国贸发会议发布的 2014 年《世界投资报告》显示，2013 年，伊朗吸收外资流量为 30.5 亿美元；截至 2013 年年底，伊朗吸收外资存量为 409.4 亿美元。

从外资来源地看，亚洲和欧洲是伊朗最主要的外资来源地。目前，欧洲外资企业纷纷撤出伊朗，亚洲企业在伊朗开展规模经营的数量也有限。

3. 中伊经贸

中国与伊朗贸易、投资和承包劳务的基本情况如下。

（1）双边贸易

中伊贸易往来始于 1950 年。2013 年双边贸易额 395.42 亿美元，其中，中国自伊朗进口 253.94 亿美元，同比下降 2.13%；向伊朗出口 141.48 亿美元，同比下降 21.93%。中国对伊朗的出口以机械设备、电子电气产品、运输工具、化工、钢铁制品、轻工产品等为主，从伊朗主要进口原油、矿石、初级塑材、农副产品等。

原油是中国进口第一大商品。伊朗已成为中国第二大原油进口来源地，占中国原油总进口量约 10%。

据中国海关统计，近年来，中国对伊朗出口商品主要类别包括：机械器具及零件；电机、电气、音像设备及其零附件；钢铁制品；光学、照相、医疗等设备及零附件；塑料及其制品；车辆及其零附件，但铁道车辆除外；钢铁；有机化学品；杂项化学用品；玻璃及其制品。

据中国海关统计，近年来，中国从伊朗进口商品主要类别包括：矿物燃料、矿物油及其产品；沥青；矿砂、矿渣及矿灰；塑料及其制品；盐、硫磺、土及石料；石灰及水泥等；有机化学品；食用水果及坚果；甜瓜等水果的果皮；橡胶及其制品；无机化学品；贵金属等的化合物；铜及其制品；电机、电气、音像设备及其零附件。

近年来，两国经济互补性日益增强，为两国经贸关系的发展奠定了坚实的基础。随着中国改革开放的深入，中国经济发展迅速，国内一大批具有国际先进技术和管理经验的企业为实现自身的进一步发展，亟须积极参与国际合作。同时，伊朗加快资源开发和基础设施建设的需求也日益迫切。伊朗虽然拥有丰富的人力和自然资源，但先进技术、设备及管理人才相对匮乏，为中资企业在伊朗拓展业务提供了潜在的机遇。

（2）投资

据中国商务部统计，2013 年当年中国对伊朗直接投资流量 7.45 亿美元。截至 2013 年年末，中国对伊朗直接投资存量 28.51 亿美元。其中主要投资项目包括：常熟达涅利冶金设备有限公司在伊朗伊斯法罕投资建设的设备生产项目；苏州阀门厂在伊朗投资建立合资阀门生产厂；山东伟峰矿业在伊合资成立的库马矿业有限公司；北方工业公司、长春客车厂与德黑兰城乡铁路公司合资组装地铁客车以及大众陶瓷厂在马什哈德投资生产瓷砖等。

（3）承包劳务

中国在伊朗工程承包和技术合作始于 1982 年，初期受两伊战争的影响进展缓慢，至 1988 年 8 月两伊战争停火，6 年时间双方仅谈成 12 个小项目，合同金额 2500 万美元，均执行完毕。两伊停战后，中国在伊工程承包和两国技术合作有了较大发展，尤其在近年增长显著。目前，伊朗已成为中国在海外工程承包、技术和成套设备出口最主要的市场之一。中国在伊工程承包项目主要涉及领域包括交通、电站与水利工程、能源、船舶制造、有色金属、通信、化工、冶金和汽车、摩托车、家电组装等。

据中国商务部统计，2013 年中资企业在伊朗新签承包工程合同 141 份，新签合同额 43.10 亿美元，完成营业额 21.80 亿美元；当年派出各类劳务人员 1016 人，年末在伊朗劳务人员 1719 人。新签大型工程承包项目包括北方国际合作股份有限公司承建伊朗德黑兰地铁四号线项目、中国葛洲坝集团股份有限公司承建伊朗鲁德巴Ⅱ抽水蓄能电站、中信建设有限责任公司承建伊朗艾曼阿里高速公路项目等。

（五）金融环境

1. 当地货币

伊朗货币为里亚尔，伊朗《货币银行法》未对里亚尔是否可自由兑换做出具体规定，但一般居民可到当地银行、钱庄进行自由兑换。

目前，人民币和里亚尔不可以直接兑换。

近年来，伊朗里亚尔对美元汇价呈现持续贬值的趋势，详情参见表 13-3。

表 13-3 伊朗里亚尔兑美元汇价

年份	2010	2011	2012	2013	2014
汇价	10 214	17 000	19 000	12 260	25 524

注：2011 年以前据伊朗央行官方公布市场浮动汇率确定。

2013 年 7 月，伊朗央行大幅提高官方汇率至 1∶24 777，并有一定的浮动空间。2014 年 5 月 13 日，官方汇率为 1 美元兑换 25 524 里亚尔，而自由市场汇率约为 1∶31 000[㊀]。

2014 年以来，伊朗外汇市场上的自由兑换价格维持在 1 美元兑换 30 000 里亚尔左右。目前，中国国内能够直接对伊朗开展贸易结算业务的银行是昆仑银行。伊朗国内的主要商业银行与昆仑银行建立了双边金融结算机制，可进行人民币或欧元的跟单信用证（L/C）或电汇（T/T）伊朗贸易结算。

2. 外汇管理

目前，外国居民及投资者不能在伊朗当地银行开设外汇账户，必须兑换成当地货币方可进行储蓄，外国公民储蓄需获得当地合法居民身份。

受安理会及欧美金融制裁影响，现阶段伊朗外汇无法自由出入，须通过中转行代理。

根据《伊朗保护和鼓励外国投资法》，投资者在完成全部义务并缴纳了法定的费用后，提前 3 个月通知伊朗最高投资委员会，经委员会通过并财经部部长批准后可将原投资及利息或投资余款汇出伊朗。外国投资产生的利润在扣除了税款、费用及法定的储备金后，经委员会通过并财经部部长批准后可汇出伊朗。该法未对交税 / 交费比例做出具体规定。

携带 1000 美元以上外币现金进出伊朗需要申报。

3. 银行机构

伊朗主要银行机构包括以下几个。

伊朗中央银行（The Central Bank of Iran）：成立于 1960 年。根据《伊朗货币和银行法》，央行的主要职责是根据国家总体经济政策，制定并实施货币

㊀ 资料来源：中国驻伊朗使馆经商参处。

和信贷政策。其主要职能是维护国家货币价值，维持收支平衡，提供经贸便利并改善国家发展潜力。为了完成上述任务，伊朗中央银行被授予如发行纸币和硬币、监管银行和信贷机构、制定有关外汇政策和交易的规定、制定黄金交易规章及制定国家货币流动规章等特别权力。作为政府银行，中央银行受委托管理政府的账户，向政府企业和代理发放大额信贷，授权其他商业银行经营政府债券销售及其他合法银行业务。

伊朗国家银行（Bank Melli）：成立于 1928 年，已有 70 多年的历史，是伊朗首家商业银行。1932 年成为伊朗唯一发行纸币的银行。其业务主要有：调整货币流通、货币保值、调整存贷款利率、维持账户平衡及监督国家银行体系等。1961 年，《伊朗货币和银行法》出台及中央银行成立后，国家银行的部分职能转由中央银行执行，其目前业务主要集中在商业及贸易方面。2009 年该行总资产为 455 亿美元，是伊朗最大的商业银行。

伊朗国民银行（Bank Mellat）：根据 1979 年 12 月 20 日银行总会的决议以及《银行管理法》第 17 条款的规定，通过合并 10 家革命以前的私人银行而成立的。最初股份资本为 330 亿里亚尔。2009 年 Mellat 银行实现了私有化改制，向外国和本国私人投资者出售了部分股份，并将重点业务转向能源领域。同年该银行资产实现大幅增值。至 2009 年年初 Mellat 银行总资产达 397 亿美元，成为伊朗第二大商业银行。

伊朗出口银行（Bank Saderat）：成立于 1952 年 9 月 6 日，当时在德黑兰公司和商标注册局注册为“Bank Saderat Va Ma-aden Iran”，初始资本为 2000 万里亚尔。1952 年 11 月 13 日正式营业。2009 年该行是伊朗第三大商业银行，总资产 393 亿美元。

伊朗赛帕银行（Bank Sepah）：成立于 1925 年 4 月，同年在 Rasht 市开业，是伊朗最早成立的银行，也是伊朗主要的商业银行之一。在全国范围内有众多分行，并在法兰克福、伦敦、巴黎和罗马等欧洲城市设有分支机构。

伊朗商业银行（Bank Tejarat）：是伊斯兰革命胜利后成立的首家全额政府股份的银行，营业范围包括：开具和经营现金及转账账户，接受短期和中长期储蓄和类似的存款，开具保函，在伊斯兰合同框架内提供银行信贷服务等。该行目前在全国和世界各地拥有 2000 多家分支机构，是伊朗首家获 ISO 9002

认证的银行。伊朗商业银行于 2003 年 8 月在中国北京设立代表处。

伊朗福利银行（Bank Refah）：1960 年 7 月成立，1979 年转为国有商业银行。初始资金为伊社会保障组织提供的 4 亿里亚尔，2002 年增至 9600 亿里亚尔（社会保障组织持其中 96% 的股份）。现有分支机构 1067 个、员工 10 900 人。主要业务是为伊朗大众提供金融信贷服务，特别是为社会保障组织、劳工部、卫生部等部门及其隶属机构提供信贷服务。

伊朗出口发展银行（Bank Tose-e Saderat）：于 1991 年 7 月成立。初始资金为 500 亿里亚尔，现有资金 15 450 亿里亚尔，主要业务是为非石油产品出口及其他经贸活动提供金融支持和信贷服务。目前该行已经或正计划在巴基斯坦、厄瓜多尔和白俄罗斯开设分行。2008 年 10 月美国宣布对该行实施单边金融制裁。

伊朗农业银行（Bank Keshavarzi）：1934 年成立，已有 70 年历史。成立之初名为“农工银行”，初始资金 2000 万里亚尔，主要为农业发展提供信贷，服务项目 70 余种。该行现有员工 11 600 余人，海内外分支机构 1690 家。现任行长为穆罕默德·塔勒比（Mohammad Talebi）。

伊朗住房银行（BankMaskan）：1939 年成立。起初命名为“伊朗贷款银行”，作为住宅及建筑业的专门银行，初始资金为 2 亿里亚尔。1980 年，该银行根据伊斯兰革命委员会通过的《银行管理法》，成为伊朗典当行、伊朗银行建筑投资公司及全国其他住宅储蓄贷款公司的联合体，并由此更名为“住房银行”，成为建筑行业的国有专业银行。1981 年成立住宅投资公司，为国民提供了大量的居民住宅。住房银行在全国有 750 个分支机构，员工约 8800 人，是伊朗信誉较好的银行之一。

新经济银行（Bank Eghtesad-e-Novin）：于 2001 年由中央银行批准成立，是伊朗第一家私人银行，初始资金 2500 亿里亚尔，现已增长至 10 000 亿里亚尔。有直接股东 1000 人，主要集中在工业及建筑业公司，非直接股东 150 万人，分支机构 190 个。

除此之外，伊朗还有工矿银行（Bank Sanat & Madan）和邮政银行（Bank of Post）等国有银行，以及包括 Parsian 等在内的 3 家私人银行。

4. 融资条件

由于伊朗当地融资成本较高，外国企业一般难以在当地取得融资。到伊朗从事工程承包项目一般要求承包商提供融资方案。

5. 信用卡使用

外国公民在伊朗不能使用信用卡，以现金支付为主，当地居民有当地银行发行的储蓄卡。

（六）证券市场

德黑兰证券交易所（TSE）是中东地区一个重要的资本市场。在伊朗建立证券交易所的最初设想始于20世纪30年代，并由国家银行进行了可行性研究，但由于第二次世界大战爆发，此计划中断。直到1968年，伊朗开始重新实施这项计划。最初其经营范围只限于政府债券和有价证券的交易，但随后由于伊朗企业募集资本和发行股票的迫切需要，德黑兰证券交易所开始进行全面的股市交易。

1979年的伊朗伊斯兰革命，以及随后的两伊战争，对德黑兰证券交易所的业务造成很大的冲击。由于国家对经济的干预，使对私人资本的需求下降。新的银行体制建立后，禁止带息股票的发行，加速了TSE经营状态恶化，其经营一度处于萧条阶段。

1988年两伊战争结束后，政府开始实施战后重建计划，制订第一个五年经济发展计划，私有化政策第一次在五年计划中提出。此后，TSE进入了一个新的发展时期。1995年伊朗股市股票交易额为8亿美元。2010年，股市交易额超过400亿美元。截至2002年年底，在TSE注册的公司有324家，股市资本已达114.397万亿里亚尔，自2003年11月始，外国资本被允许进入伊朗股票及证券交易市场，德黑兰证券交易所在中东证券市场的领先地位得到进一步巩固。

2004年，德黑兰证券交易所资本市场获得进一步发展，在11个省会城市设立新的证券交易中心，农产品首次上市交易。当年，德黑兰证券交易所上市企业423家，股票交易量达142.7亿股，交易额约114亿美元，股市资本增至387.547万亿里亚尔（约430亿美元），较上年同期分别增长81.1%、55.8%和20.15%。2005年以来，因受保守派控制内阁、伊核问题动摇投资者信心和世界金融危机影响，德黑兰证券交易所发展一度趋缓，但2009年该交易所又出现了恢复性发展。

截至2014年4月底，德黑兰证券交易所上市公司总市值约1720亿美元，而2013年同期约1408亿美元。

（七）商务成本

1. 水、电、气价格

2010年12月开始，伊朗实施补贴政策改革，全面取消了对水、电、天然气等的价格补贴，并导致水、电、气价格大幅上涨。目前，伊朗水、电、气基础价格如下（民用水、电、气实施累进制收费，以下价格为一般均价，美元官方汇率：1美元兑25 524里亚尔，美元兑换点价格：1美元兑31 000里亚尔）。

（1）水价

工业用水：9000里亚尔/立方米；居民用水：4000里亚尔/立方米。

（2）电价

工业用电：3400 ~ 8600里亚尔/度（30千瓦阶梯电价）；居民用电：690里亚尔/度（30千瓦阶梯电价）。

（3）气价

工农业生产用气：1800里亚尔/立方米；居民用气：3500里亚尔/立方米。

2. 劳动力供求及工薪

伊朗劳动力供求及工薪的基本情况如下。

（1）劳动力供求

伊朗劳动力素质近年提高较为显著，劳动力资源丰富，2009年，伊朗30岁以下人口占总人口的50%，劳动人口3700万，就业人口2100万。高失业是伊朗当前面临的一个重大社会问题，据EIU估计，2013年伊朗全国失业率为16%。此外，伊朗缺乏高级工程师等技术人员，工程承包项目经常需要聘请外籍技术人员。

（2）劳动力价格

根据伊朗劳工部的规定，伊朗普通工人最低月工资不得低于480万里亚尔（约合380美元）。此外，雇主须于每年年终发放不少于1个月工资的奖金，并承担雇员社会保险金的70%（约合雇员每月工资的23%）。

3. 外籍劳务需求

伊朗本土失业率较高，伊朗《劳工法》规定外籍公民在伊朗就业必须取得许可证、工作准证和居留证（外交人员和特定常驻记者除外）。伊朗相对缺乏高级技术人员。

4. 土地及房屋价格

伊朗土地及房屋价格的基本情况如下。

伊朗土地价格昂贵，2013 年，德黑兰繁华地段土地高达 3 亿里亚尔 / 平方米，其他地段一般为 1 亿里亚尔 / 平方米，偏远地区也高达 5000 万里亚尔 / 平方米。

房屋租金根据所属地理位置不同，德黑兰写字楼的租金在 120 ~ 200 美元 / 平方米 / 月。

伊朗公寓售价按地段不同差异较大，德黑兰市中心高达 1.5 亿里亚尔 / 平方米，郊区为 4500 万里亚尔 / 平方米。别墅售价根据年份、面积、豪华程度不同也有很大差异，一般售价不低于 3 亿里亚尔 / 平方米，高档别墅售价每栋高达数千万美元。

5. 建筑成本

2013/2014 年度，伊朗开展工程各原料成本如表 13-4 所示。

表 13-4　2013/2014 财年伊朗建筑成本

品名	价格（美元 / 吨）	品名	价格（美元 / 吨）
沥青	90	柴油（美元 / 升）	0.2
普通水泥	47	粗砂	5.5
钢材	783	混合石料	7
木材（美元 / 立方米）	411	黏土	5

三、外经贸合作法规和政策

（一）对外贸易的法规和政策规定

1. 贸易主管部门

伊朗主管贸易的政府部门是伊朗工业矿业与贸易部，其主要职责是：准备、建立和实施与其他国家的商务联系和往来；调查研究其他国家的对外贸易方法，保持与各国的贸易关系；调查有关商业免税的事项；对进出口条款和进出口商品的复审提出必要的意见；准备和制定进出口法规草案，从商务上指导和促进对外关系；编制国家进出口法规并监督执行，发放商业卡（审批进出口权）；建立与其他国家的对外贸易关系和国际关系；贸易数字的统计、编制、整理和发表。

伊朗贸易促进组织（ITPO）是伊朗工矿与商业部的下属机构，主要负责伊朗的对外贸易政策制定、贸易促进和筹办国际展览等事务。伊朗贸易促进组织主席兼任伊朗商业部的副部长。伊朗贸易促进组织每年在德黑兰举办约20个国际大型展览，主要是关于特定行业的专业展览，例如食品、纺织服装、建材、黄金珠宝、工业机械、石油天然气、矿产等。每个展会大概持续7～10天。其中，中资企业参展比较集中的有伊朗国际汽车及零配件展会、伊朗国际石油天然气工业展等。

2. 贸易法规体系

伊朗与贸易有关的主要法律有《海关法》《进出口法》及其实施细则。此外，伊朗商业部还会不定期地发布一些最新的进出口规定。

3. 贸易管理的相关规定

伊朗贸易管理的相关规定包括以下几个方面。

（1）贸易类别

进出口商品可分下列3类。

- 允许商品：依照规定无须取得许可即可出口和进口的商品；
- 限制商品：须取得许可才能进口和出口的商品；
- 禁止商品：依照神圣的伊斯兰教义（根据买卖和消费信用）或根据法律被禁止进口和出口的商品。

（2）进口管理

伊朗的进口项目规定在每年伊朗农历的元旦（3月21日）由商业部颁布。该规定将进口货物分为4等：授全权的、有条件授权的（若干部门决定的）、未授权的、禁止的（按伊斯兰的法律和规定禁止伊朗《海关法》规定下列商品禁止进口）。

- 海关税目表和专门法律规定禁止进口的商品；
- 根据有关法律规定认为属不许进口的商品；
- 任何武器、猎枪、炸药、雷管、子弹、炮弹、爆炸物、易燃易爆物品，除非获得国防部和武装部队后勤部的许可；
- 任何毒品，除非获得卫生医疗教育部的许可；
- 空中摄影、摄像专门仪器，除非获得国防部和武装部队后勤部的许可；
- 任何发射机及其零配件，除非获得邮电部的许可；
- 经伊斯兰文化指导部认定属破坏公共秩序、有损国家形象、宗教风化的唱片、录音带、电影片、书籍；
- 经情报部队认定属破坏公共秩序、有损国家形象、宗教风化的杂志、报纸、图画、标记、出版物；
- 外表外包装上、提货单及有关文件上有破坏公共秩序、有损国家形象、宗教风化的句子或标记的商品；
- 在发行国已作废的外国纸币、仿制的纸币、邮票、货签；
- 彩票；
- 其他特征而对原产品制造商、生产厂家和其特性产生误解的商品。

（3）出口管理

禁止古董、古玩出口，除非获得伊斯兰文化指导部的许可。

（4）贸易项下的外汇管理

由于受制裁影响，伊朗国内的外汇相对短缺。

伊朗商业部将允许进口的商品划分为 10 类。其中，鼓励进口的涉及国计民生的产品（如食品和药品等）按照 1 美元兑换 12 650 里亚尔的特别汇率供给外汇；对一般类商品进口按照 1 美元兑换 25 000 里亚尔的官方汇率供给外汇。伊朗进口商首先取得商业部的进口批准文号后，才能在伊朗外汇交易中心按照上述汇率购买外汇。实践中，许多中小进口商还得通过伊朗金融市场上的外汇兑换钱庄等渠道以高于官方汇率的价格兑换取得外汇。

4. 进出口商品检验检疫

伊朗海关对某些食品、饮料、药品和盥洗设备有检验检疫规定，例如标签上必须写明：

（1）商品名称和制造商的地址以及原产地；

（2）商标在伊朗登记注册号码；

（3）卫生部关于允许产品在伊朗生产和销售的许可证号码和日期。向伊朗出口要注意遵守伊朗国家标准局（ISIRI）新的标准。许多工业用化学药剂需要特殊的进口许可。

对进口的活动物、蜜蜂和昆虫、禽蛋、植物的根、球茎、嫩枝、新鲜的水果蔬菜、种子及任何植物或植物部分，都须提供原产国的卫生证明文件，并得到伊朗农业部的事先许可。进口许可通常规定了入境要求、特殊对待、入境口岸限制及有关细目所需的证明文件。另外，向伊朗出口兽药制品（包括喂养精料和补充饲料）要按伊朗农业部的要求提交一份证明，阐述该产品在原产国内自由生产、使用和销售的情况。该证明书要经原产国农业部兽医药部门的批准。

2011 年，伊朗标准与工业组织与中国国家质量监督检验检疫总局签署了合作协议及行动计划。根据协议，自 2011 年 12 月 1 日起，中国出口至伊朗的法定检验目录内的工业产品需要取得中国出入境检验检疫部门出具的《装运前检验证书》。

5. 海关管理规章制度

2008 年，伊朗政府经济委员会根据商业部的提议对《进出口法实施细则》第 11 条、1994 年 4 月 26 日通过的 H/16T/1395 号文件、2004 年 11 月 9 日通过的 H/27484T/37502 号文件的内容进行了修改。

根据修改了的《进出口法实施细则》，凡被列为禁止进口和限制进口的商品、商业利润税被调高的商品，在其进口前必须到商业部办理进口申请，并到海关进行备案。2014 年，中国检验认证集团（CCIC）在伊朗设立代表处。

在被宣布为禁止进口和限制进口、商业利润税被调高前用于出口而进口的商品、不通过银行系统进口的商品，在其进口前必须到商业部办理进口申请，并到海关进行备案，其出口不受影响。

在被宣布为禁止进口和限制进口、商业利润税被调高前已办理了运单，并在规定期限内到港的由合作社公司、边民或小商贩使用商业部每年批准的外汇额度进口的商品，不在规定之列。伊朗主要商品关税税率如表 13-5 所示。

表 13-5　伊朗主要商品关税税率

商品分类	税率（%）
化工产品、金属制品、测量仪器、医疗制品及其他	10
食品、矿石、皮革、纺织品、纸张、机械设备	15
农产品，电子仪器	25
交通工具及配件	25 ~ 120

资料来源：伊朗海关。

（二）对外国投资的市场准入的规定

1. 投资主管部门

伊朗财经部下属的“伊朗投资和经济技术支持组织”（OETAI）是伊朗唯一的鼓励外国资本在伊朗投资、审批与外国投资有关事务的官方机构。外国投资者的有关投资许可、资本进入、项目选择、资本利用、资本撤出等事项都必须向该组织提出申请。

该组织接到申请后，应在 15 天内对申请进行初步研究并将意见提交委员会，委员会应在组织提交意见后 1 个月内书面通知审批结果。一旦委员会审查通过并经财经部长签字，马上签发投资许可。

为了简化和加速外国投资申请的审批手续，所有有关机构包括财经部、外交部、商业部、劳工部、伊斯兰中央银行、伊朗伊斯兰海关、工业所有制企业及公司注册机构和环境保护组织，都要向该组织推荐一名有本单位最高领导签字授权的全权代表。被推荐的代表作为该部门与组织之间的协调者处理与该部门相关的一切事务。

2. 投资行业的规定

伊朗投资行业准入的法律规定如下。

根据《伊朗鼓励和保护外国投资法》的规定，在工矿业、农业和服务行业进行建设和生产活动的外国资本的准入，必须同时符合伊朗其他现行法律、法规的要求，并符合下列条件。

（1）有利于经济的增长、技术的发展、产品质量的提高、就业机会的增加和出口的增长及国际市场开发。

（2）不得危害国家安全和公共利益、破坏生态环境、扰乱国民经济及阻碍国内投资产业的发展。

（3）政府不授予外国投资者特许权，授予特许权将使外国投资者处于对国内投资者的垄断地位。

（4）外资提供的生产性服务和生产的产品价值的比例不应超过外资在获取投资许可时国内经济部门提供的生产性服务和生产的产品价值的 25%、国内行业提供的生产性服务和生产的产品价值的 35%。

《伊朗鼓励和保护外国投资法》不允许以外国投资者的名义拥有任何种类、数量的土地。

3. 投资方式的规定

《伊朗鼓励和保护外国投资法》中规定的投资方式如下。

（1）外国直接投资（FDI）；

（2）合同条款中明确的以“建设、经营、转让”“回购”“国民参与”等方式的外国投资。

《伊朗鼓励和保护外国投资法实施细则》第三条第二款中明确规定，允许外国投资方在所有获许可的伊朗私人经营的领域直接投资，对外国投资不设百分比的限制。但在伊朗《石油法》《矿山法》等特别法律规定中，对资源开发经营型企业有要求外资控股比例不超过 50% 的要求。

4. BOT 方式

《伊朗鼓励和保护外国投资法》第三条规定，允许外资直接投资到对私营部门开放的领域，或是以“国民参与”“建设—投资—运营”（BOT）方式投资到其他部门。

鉴于伊朗长期受国际制裁的影响，实践中，很少有外国公司以 BOT 方式投资承建伊朗的大型基础设施项目。中伊经贸合作过程中也没有 BOT 建设项目的先例。伊朗是中国第二大海外工程承包市场。目前，中国公司在伊朗主要是以 EPC 或 EPCF 项目承包的方式，参与伊朗的大型项目建设。

（三）企业税收的规定

1. 税收体系和制度

《伊朗伊斯兰共和国直接税法》是伊朗税收体系的主要组成部分，由纳税人、财产税、所得税、各种规定等几部分组成。根据《直接税收法》，原则上对房地产、未开发的土地、继承财产、从事农业活动、工资、职业、公司、附带收入以及通过各种来源获得的总收入征收直接税收。但是，税务的免除和折扣也可能取决于具体的情况。2002 年 2 月，伊朗议会通过立法改革国家的税制，减少公司税，增加增值税，所得税由原来的 54% 降到 25%，鼓励私人向生产企业投资。同时取消对一些国营企业、弱势与见义勇为者基金会等特权机构免征税收的特权待遇。

2. 主要税赋和税率

伊朗主要税赋和税率的基本情况如下。

（1）工资所得税

某自然人受雇于其他人（自然人或法人），就他们在伊朗的职业提供服务，从而根据工作时间或工作量以现金或非现金方式得到的收入应缴纳工资所得税。

伊朗税法规定，职工的工资收入应纳税额应是扣除免税部分后收入的 10%；对于收入达 4200 万里亚尔的，应纳税额应是扣除免税部分后收入的 10%，超出部分按以下税率纳税。

- 应税收入在 3000 万里亚尔以下税率为 15%；
- 应税收入在 3000 万～1 亿里亚尔，税率为 20%；
- 应税收入在 1 亿～2.5 亿里亚尔，税率为 25%；
- 应税收入在 2.5 亿～10 亿里亚尔，税率为 30%；
- 应税收入在 10 亿里亚尔以上，税率为 35%。

（2）营业所得税

每个自然人通过从事某项经营或以税法未提到的其他方式在伊朗获得的

收入，在减掉本法规定的免税款额之后应缴纳营业所得税。纳税人的营业收入扣除免税额后按以下交税。

- 应税收入在 3000 万里亚尔以下税率为 15%；
- 应税收入在 3000 万 ~ 1 亿里亚尔，税率为 20%；
- 应税收入在 1 亿 ~ 2.5 亿里亚尔，税率为 25%；
- 应税收入在 2 亿 ~ 10 亿里亚尔，税率为 30%；
- 应税收入在 10 亿里亚尔以上，税率为 35%。

（3）法人所得税

公司的收入和法人通过其在伊朗境内外其他营利性业务活动所获得的收入总额在扣除了经营中的亏损、非免税亏损和直接税法规定的免税款额之后，分别依照 25% 纳税。对于在伊朗签订的任何有关建设承包、技术项目、制造安装项目、运输项目、建筑规划项目、测量、绘图、技术监理与核算、技术援助和培训、技术转让和其他方面的服务合同，按总收入的 12% 纳税。

获伊方特许而提供的影片，在一个税务年度里，所获得的放映费或其他费用收入的 20% ~ 40% 作为应纳税收入，本条款应纳税收入系数是根据财经部提议并经内阁批准的。

外国航运和海运公司在伊朗的货运和客运收入税固定为其全部收入的 5%，无论此收入是从伊朗还是从目的地或从途中所得。

（4）其他税费

公司优先股和有价文件（证券）在股票交易所的每笔交易，将按股票销售价的 0.5% 的税率纳税。对股票交易人不再征收其他所得税。

公司优先股或股东股的每笔交易，将按优先股名义价的 4% 的税率纳税。对股票交易人不再征收其他所得税。优先股交易者应向税务组织缴纳交易税。公证处在更改或整理交易文件时应取得纳税凭证作为公证文件的附件。

对于交易所接受的股票上市公司，用于股票交易的储备金纳税率为 0.5%，但不再征收其他所得税，公司应在注册资本增加之日起 30 天内将税款汇入税务组织指定账户。

法庭辩护律师和在专门诉讼案中担任律师的人，有责任在委托书中限定律师酬金，并在委托书上贴相当于其 5% 的印花税票。

（四）对外国投资优惠的规定

1. 优惠政策框架

外国人在伊朗投资享受以下优惠政策。

共同优惠包括以下内容。

（1）外国投资者享受国内投资者同等待遇。

（2）外国现金资本和非现金资本的进入完全根据投资许可，无须其他许可。

（3）任何方面的外国投资没有金额方面的限制。

（4）外国资本在被执行国有化和没收所有权时，将获得赔偿，外国投资者具有索赔权。

（5）允许外资本金、利润及派生的利益按照投资许可的规定以外汇形式或商品方式转移。

（6）保证外资使用单位生产商品的出口自由。如果出口被禁止，则生产的商品在国内销售，收入以外汇方式通过国家官方金融系统汇出国外。

特殊优惠包括以下方面。

（1）外国直接投资：允许在所有获许可的私人经营的方面投资。对外国投资不设百分比的限制。

（2）合同条款范围的投资：新法或政府决策导致财务合同的执行被禁止和中止所造成的投资损失由政府保证赔偿，但最多不超过到期的分期应付款额。以“建设—经营—转让”和“国民参与”方式实施的外国投资项目生产的商品和服务由合同政府部门方负责收购。

（3）石油工业领域的投资：根据伊朗对外油气合作回购合同条款的规定，投资方与伊朗国家石油公司协商一致，由外方提供油气开发服务并可取得固定收益率的投资回报。

2. 行业鼓励政策

伊朗行业鼓励政策包括以下几个方面。

（1）石化行业

石化行业是伊朗政府近几年来重点发展的产业之一。伊朗第三个五年计划明确提出，为了使国家石化工业得到量与质的发展，伊朗将为石化领域吸收外资和私人资本创造良好的环境，鼓励国内石化企业与此领域内的国际和地区合作。伊朗第四个五年计划在石化生产领域取得了令人瞩目的成就，石化产品出口已占据伊朗非石油产品出口中的较大份额。伊朗自 2015 年起的第五个五年计划也将石化产业作为重点发展的支柱产业。

（2）钢铁行业

伊朗国家钢铁公司下属三大钢铁厂，包括穆巴拉克钢铁厂、伊斯法罕钢铁厂和胡泽斯坦钢铁厂。伊朗第四个五年计划结束时的钢铁产量为 1190 万吨，尚不能满足国内需要。伊朗钢铁厂都是 20 世纪七八十年代由俄罗斯或其他东欧国家帮助建造的，现有的这些钢厂设备和技术已经落后和老化，急需更新和改造。伊朗拟于“五・五”计划期间加大钢铁工业的改造和建设力度，使其钢铁产量增至 1900 万吨 / 年，在满足国内需要的同时，向周边市场大量出口钢铁产品。为此，伊朗政府拟采取以下措施：加速老企业改造，政府给予资金扶持；实施钢铁企业私有化改造，鼓励私人企业兴建钢铁厂；鼓励外商投资并给予优惠政策，投资比例不设限；取消进口钢材长期享受优惠的贷款政策；降低国产钢铁生产成本，国家将减少钢铁厂的负担；减少对钢材市场的干预和简化烦琐的交易程序。

此外，伊朗在轨道交通、高速公路、水利工程、清洁能源、汽车制造等领域大力吸引外资投入。

3. 地区鼓励政策

为了加快基础设施建设，发展经济和投资事业，提高公共收入，增加就业机会，整顿劳务市场和商品市场，积极参加地区市场和国际市场，生产和出口工业产品和加工产品，提供公共服务等工作，政府可根据法律的规定将下列地区作为自由工业贸易区并对其进行管理：基什岛自由区、凯什姆岛自由区、恰巴哈尔自由区。

在自由区从事各种经济活动的自然人和法人按照由内阁提议的经伊朗伊斯兰议会通过的文件，其在自由经营的任何经济活动自宣布的开张之日起 15

年内免交直接税收法规定的收入和财政税，满 15 年后依法纳税。

国内其他进口自由区生产的商品，其商品在自由区增值部分按照内阁通过的文件全部或部分免交关税和商业利润税。

部分或全部原材料由国内提供而在自由区生产的商品，其原材料可全部或部分免交关税和商业利润税。

4. 特殊经济区域的规定

伊朗目前主要有基什、凯什姆、查赫巴哈尔、锡尔詹、安扎里 5 大自由贸易区。根据伊朗自由贸易区技术商务委员会颁布的进口和过关条例，所有允许和有条件允许进入自由贸易区的物品，包括基本材料和原材料及生产线零件、生产工具和设备（工业机械）、附件和生产原料，不需要有关部门的许可，各生产单位和个人可以在不转移货币、不通过银行系统的情况下进口以上物品到上述自由贸易区。所有进口到自由贸易区的物品可转口到第三国，但在其他海关，必须遵守有关海关的规定。进口商品加工或增值后，可以出口到其他国家，而且不需要缴纳商业、海关税。转运中的货物可免交伊朗海关关税，但须接受海关的监督管理。伊朗海关服务处还为转运中的货物提供存放的地方。货物的主人或其代理人在收到海关书面应允后，可进行组装、配料、混合、重新包装和分类挑选等工作。

此外，有关省还依据自身条件设立各类工业园区并提供不同的优惠政策。

因受美西方国家制裁，伊朗各特殊经济区域入住企业主要是亚洲和独联体国家，其中在凯什姆自由贸易区有不少中资个体户，安扎里自由贸易区有数家中资投资企业。

有关特殊经济区域政策，可参阅《伊朗自由区投资法》《伊朗自由工业贸易区管理法》《伊朗自由区外国人签证办理条例》《伊朗自由区进出口及关税法规》《伊朗自由区费用征收规定》《外国人进入和居住在自由工业贸易区的规定》等规定。

（五）劳动就业规定

1. 劳工法的核心内容

伊朗《劳工法》的主要规定如下。

（1）签订工作合同

劳工合同是一种书面或口供协议，工人依据它为业主完成一项临时的或非临时的工作，并在完成工作后获得报酬。劳工合同分为临时合同和长期合同。签署劳工合同内容包括：工人从事的工种、专业和任务；工资；工作时间、假日和假期；工作地点；合同签订日期；合同有效期及就业惯例等。书面劳工合同一式 4 份，一份给劳工科，一份给工人，一份给业主，一份给伊斯兰劳工委员会。试用期的长短应在劳工合同里明确，一般工人和半熟练工人，最多为 1 个月，熟练工人和高水平的专业工人，最多 3 个月。

（2）解除工作合同

劳工合同结束的途径有：工人死亡；工人退休；工人完全丧失劳动能力；临时合同期满而没有修改；合同中规定的工作结束；工人辞职等。辞职的工人有责任再工作 1 个月，然后书面向业主提交辞呈。在不超过 15 天的时间如果工人向业主书面提出放弃辞职，则被视为其辞职作废。劳工合同规定的工作或临时期限一旦结束，业主有责任向那些遵守合同工作了 1 年或 1 年以上的工人发放工作结束补贴，按其最后工资标准每年工龄发放 1 个月工资。

（3）劳工报酬

根据劳工合同，工人的所有合法收入包括工资、家庭补贴、住房补贴、副食补贴、交通补贴、非先进补贴、超产奖、年终奖等。工资的计算有：计时工资、计件工资和计时计件工资。工人每天工作时间不超过 8 小时，每周不超过 44 小时。在工人同意并支付比正常工资多 40% 加班费的情况下，工人可以加班，每天加班时间不得超过 4 小时。每周五是工人带薪的休息日。工人有权在整个工作期间享受一次为期 1 个月的法定休假或不带薪休假用于朝圣。

（4）职工社会保险

伊朗社会保险法规定，伊朗在职人员须缴纳工资或收入的 21% 来办理社会保险，其中业主负担 14%、政府负担 2%、个人负担 5%。该法涉及的内容主要包括：疾病和事故、怀孕、工资损失补偿、丧失工作能力、退休、死亡等。

2. 外国人在当地工作的规定

伊朗对外国人在当地工作的相关规定如下。

（1）外国人就业条件

根据伊朗《劳工法》第 120 条的规定，外国公民只有根据伊朗的相关法规取得授权其入境工作的签证及工作许可，才能在伊朗受雇工作。

下列外国公民不在上述第 120 条的规范约束之内：经伊朗外交部确认，专职受雇于外交和领事机构的外国公民；经伊朗外交部确认，联合国及其专门机构的专家和人员；经伊朗伊斯兰文化指导部确认，外国新闻机构和媒体的记者。

（2）工作许可制度

伊朗劳动及社会事务部在符合下列条件之一的情况下，为外国公民发放工作签证及工作准证：根据伊朗劳动及社会事务部的确认，没有拥有同等专业技能胜任某项空缺专业岗位的伊朗公民；外国公民拥有完成某项空缺工作所需的更高超的专业知识或技能；外国公民向伊朗公民培训专业技术，并使得完成培训的伊朗公民后续能够替代外国公民。

伊朗雇用外国公民技术专家委员会负责评估决定外国公民的工作准证申请是否符合上述条件。

拟雇用外国公民的雇主应在该外国公民入境后 1 个月内，向伊朗劳动及社会事务部的相关主管部门提交申请工作准证的相关材料。任何须增加雇用外国公民数量，或已批准雇用外国公民的专业岗位发生变化的情形，都应经过伊朗雇用外国公民技术专家委员会的重新评估。

不论以何种理由中断了外国人与业主的雇用关系，业主有责任在 15 天内通知社会事务劳工部。外国人也有责任在 15 天内将工作准证交回社会事务劳工部，并取得收据。社会事务劳工部在必要时可要求权威机关驱逐外国人。

根据伊朗相关部门的通报或声明，对违反伊斯兰教义、伊朗现行法律法规及伊朗劳工政策方面相关规范的外国公民，伊朗劳动及社会事务部有权吊销其工作准证。

3. 外国人在当地工作的风险

伊朗国内失业率较高，对引进外劳持较消极的态度。根据规定，外国员工与伊朗本地员工的比例至少应达到 1∶3，即每进入伊朗市场 1 名外国人，至少要另外聘用3名伊朗人。伊朗国内有的省份对雇员本地化的比例要求甚至比上述规定更高。

外国劳务事务由伊朗劳工部外国劳务司负责。

伊朗境内的自贸区和保税区有各自相对独立的劳工主管部门，在可签发区内外国人的工作签证。

（六）外国企业在伊朗获得土地的规定

1. 土地法的主要内容

根据伊朗《外国投资促进与保护法》第2条的规定，禁止以外国投资者的名义以任何形式拥有任何土地；但根据该法实施细则第33条的规定，因外国投资而设立的伊朗公司，在经过伊朗投资与经济技术援助组织批准后，可根据其投资项目需要拥有适当的土地。

2. 外资企业获得土地的规定

具体要求因项目不同由伊朗投资与经济技术援助组织审批。

（七）外资公司参与当地证券的规定

伊朗2005年通过《外国人资本投资管理条例》（FPI），条例规定，外国投资者可自由在德黑兰证券市场买卖股票，但受如下条款限制。

（1）外国投资者拥有上市公司股本比例不得超过10%；

（2）外国投资者在进行股权投资的前3年不得撤回原始股本及所获红利。

（八）外国公司承包当地工程的规定

1. 许可制度

与建设和设备有关的咨询服务、工程服务和合同服务必须指派伊朗当地公司和机构执行，如果不能指派，则可以通过伊朗公司和国外公司组成的合作（合资）联营体来执行以上服务。这样的联营体必须由一个执行机构提出并得到经济委员会的批准。伊方必须至少占有51%的工作比例（按金额计算），如有特殊情况，必须得到计划和预算组织的批准并经经济委员会核准。合同的执行方（伊朗公司或合作联合体）可以将合同规定的工作任务部分分包给一定的单位，但不能全部分包。

2. 禁止领域

伊朗在此领域暂无明确规定。

3. 招标方式

伊朗工矿部于 2001 年 12 月 24 日颁布了《关于执行〈最大限度地使用国家的技术、设计、生产、工业及实施能力去执行项目和便利服务出口法〉第三条款的实施细则》（文号 1017002）。其中规定：所有的招标项目只能由伊朗当地公司参加，只有在伊朗公司无法实施项目时，才允许国际招标，国际招标必须符合以下条件。

（1）发包之前，业主须向伊朗工矿部递交一份进行国际招标的报告，招标以当地和外国公司合作的形式进行。此报告须得到最高经济委员会的批准。

（2）在招标文件和广告上必须声明：①竞标方只能以一种合法的或普通的双方合资形式参加投标；②伊方所占工作比例不能少于 51%；③在普通合资情况下，双方的合资（合作）协议在投标时必须与标书一起提交。

目前，外国公司在伊朗不允许单独参加项目的国际投标，只能以两种方式参加：第一种是以合法的合资方式成立非生产性合资公司，即与伊朗公司签订合资协议，注册合资公司，以合资公司名义直接参加投标。合资公司拿到项目并开始实施后才缴纳税收，如无项目无须交税。第二种是在当地寻找合作伙伴，签订合作协议，成立生产性合资公司，并得到有关部门的批准，投标时标书和合作协议一起提交招标委员会。以上两种方式，伊方的工作比例都不得少于 51%。

伊朗一般不接受外方承包劳务，所有工程的土建部分必须由伊朗当地劳务承担，伊朗当地工人完成不了的某些特殊工作除外。

项目启动后，外籍工作人员，包括项目管理人员、工程技术人员、技术工人在伊朗工作期间，由业主在劳动部门办理工作准证，有效期根据工程情况为 3 个月至 1 年不等，期满后视工程进度情况可以续延。伊朗劳动部和财政部税务部门按外籍工作人员核定的工资标准（月基）收取工作许可手续费和个人所得税，离境前完税后方发给离境签证。

中资企业在伊朗参与大型工程项目投标应事先取得中国驻伊朗经商参处的项目支持函。鉴于在伊朗办理外籍工作人员的工作准证和海关清关等事务的实际困难，建议参与项目的中资企业在合同谈判中明确，办理工作准证和海关清关等申请当地许可的工作由伊方业主负责并承担相关费用。

（九）对中国企业投资合作的保护政策

1. 中国与伊朗签署双边投资保护协定

2000 年 6 月，中国和伊朗签署《关于相互促进和保护投资协定》。

2. 中国与伊朗签署避免双重征税协定

2002 年 4 月，中国和伊朗签署《关于对所得避免双重征税和防止偷漏税的协定》。

（十）知识产权保护规定

1. 当地有关知识产权保护的法律法规

《伊朗伊斯兰共和国商标专利注册法》的规定如下。

（1）商标注册

不管是伊朗人还是外国人，如果在伊朗有经营工业的、农业的或商业的企业，其商标一旦按条件注册，可以享受《商标专利注册法》的保护。注册商标有效期为 10 年。

下列标志不允许作为商标或商标的组成部分使用。

- 伊朗国旗和伊朗政府将其作为商业标志的旗帜，如伊朗红新月会标志、伊朗国徽、伊朗政府颁发的奖章；
- 被废除的标志；
- 不利于伊朗领导人的单词和句子；
- 官方机构的标志如红新月会、红十字会等；
- 有损公共治安和违背社会道德的标志。

（2）专利注册

以下项目可申请注册专利。

- 发明了某种工业新产品；
- 发现一种新工具或者用现有的工具通过新的方法获得新的成果或工农业新产品。

下列情况不可以申请注册。

- 金融图案；
- 任何扰乱公共治安、违背公德、破坏公共卫生的发明；
- 药品的配方和制作方法。

专利证书的有效期可根据发明者的要求定为10年、15年或20年，并明确写上，在此期间发明者或其代表有权使用和出售其专利权。

2. 知识产权侵权的相关处罚规定

根据规定，如证明知识产权侵权，此前任何注册均为无效。法院将视情节给予服刑（如91天至6个月）或罚金（如1000万～5000万里亚尔）等处罚措施。

四、在伊朗开展投资合作办理的相关手续

（一）在伊朗投资注册企业需办理的手续

1. 设立企业的形式

伊朗法律允许外国投资企业注册代表处、子公司、有限责任公司及股份公司。

2. 注册企业的受理机构

在伊朗负责企业注册的政府机构是工业资产和公司注册局。

3. 注册企业的主要程序

伊朗注册企业的主要程序如下。

向上述指定机构提出书面申请，并附交下列文件。

（1）注册申请表（从注册局领取）；

（2）公司书面申请注册函（须公证、认证）；

（3）母公司董事会决议（须公证、认证）；

（4）母公司董事会成员名单（须公证、认证）；

（5）母公司章程（须公证、认证）；

（6）母公司资产负债表（须公证、认证）；

（7）母公司在伊朗主要代表授权书（须公证、认证）；

（8）公司经营范围情况报告；

（9）在伊朗注册分公司（子公司）的可行性报告；

（10）子公司在伊朗的地址及其性质（股份公司、责任有限公司）；

（11）子公司所需中方、伊方人员估计数；

（12）子公司资金来源；

（13）伊朗合同方（政府部门）出具的介绍信；

（14）承诺书："一旦有关部门吊销了子公司经营许可，在规定期限内撤销子公司，并推荐清账经理。"

注：文件 1 ~ 6 项须在中国办理公证，并到中国外交部和伊朗驻华使馆领取。

（1）去注册局财务处，领取公司名称确认费交费单，到设在该局的银行交费，将交费收据交财务处，财务处在申请注册表上签字；

（2）持上述文件到注册处，由该处负责人登记、签字；

（3）将申请注册文件交注册文件审批存档处，并拿回收条，收条上注明取批文日期；

（4）在注册局指定日期去注册批文发放处，凭收条原件拿取批文；

（5）如注册局经审核认为文件无缺陷，立即起草外国公司子公司或代表处注册通告，待负责人签字后交秘书处打印；

（6）去银行交注册费和登报费；

（7）交费收据交回财务处；

（8）去办公室登记注册编号；

（9）将子公司或办事处成立通告一份交公共关系处，准备登报，取回收条；

（10）持通告原件到伊朗伊斯兰共和国拉斯米报股份公司办公室（在城市公园对面）办理登报，办公室确认后出具交款单，到设在该楼银行交款，交款收据及登报通告交办公室，并在通知日期领取刊登注册信息的报纸。

（二）承揽工程项目的程序

1. 获取信息

伊朗工程项目信息来源主要有以下几个方面。

（1）与业内伊朗公司保持经常性的密切联系，与伊方从业人员进行沟通，可以获得相关项目的信息。

（2）伊朗重大项目往往进行国际招标，招标通知刊登在伊朗的主要波斯文和英文报刊上、相关经济部或职能部门的网站上，从中可以获得相关项目的信息。

（3）密切关注伊朗政府关于经济发展动态以及伊朗政府部门规划及建设目标。从伊朗政府每年立项的项目中选择和自己公司业务有关的项目进行跟踪。

（4）由于伊朗政策规定外方企业在伊朗境内不能独立承包工程，选择具有中标能力的当地公司合作。由当地公司负责信息收集和推荐信息。

2. 招标投标

（1）在伊朗，重大项目由政府专门机构进行公开招标，该机构通常会邀请业内资深咨询公司参与准备招标文件；

（2）直接委托咨询公司进行招标，尤其私营项目较多采取这种方式；

（3）就伊朗工程项目进行议标的情况也时有发生（一般是在伊朗当地公司不具备承包项目的相关资质的情况下，伊朗政府允许由外国公司独立承包项目）；

（4）鉴于伊朗政府规定了工程项目国内部分比例，外国公司一般都需要和伊朗当地公司合作进行投标、议标。合作方式可以视项目和合作单位情况，采取联营体或分包合作方式；

（5）招标单位一般会要求投标公司提供本公司情况介绍和相关业绩，对投标公司进行资格预审；

（6）投标公司须按标书要求准备好投标保函、投标文件、偏差表和相关澄清说明，如项目须融资，还需要投标公司提供银行兴趣函。

3. 许可手续

伊朗工程项目的开工和施工许可手续，涉及部门较多，手续较复杂。通常情况下，应要求业主或伊朗合作单位负责办理，中方提供必要的资料和文件。

（三）申请专利和注册商标

1. 申请专利

在伊朗办理专利注册的政府机构是工业资产和公司注册局。

办理专利注册时须提交下列文件。

（1）专利注册申请表；

（2）专利内容；

（3）缴纳注册费。

2. 注册商标

在伊朗办理国内商标、国际商标、区域商标注册的政府机构是工业资产和公司注册局。

办理商标注册时须提交下列文件。

（1）商标注册申请表；

（2）申请注册的商标所服务的产品品牌、特性和等级；

（3）简要描述申请独家使用的注册商标的各个部分；

（4）缴纳注册费。

（四）企业在伊朗报税的相关手续

1. 报税时间

（1）本地公司所得税：伊朗财年结束后4个月内必须申报；员工工资税及社保费：伊朗月度结束后20天内申报；预扣税：自代扣之日起30天内申报缴纳。

（2）外国公司所得税：有经营资格的需要申报企业所得税及预扣税，没有经营资格的只需要申报工资税和社保费，年度结束后 4 个月内申报；员工工资税及社保费：月度结束后 20 天内申报；预扣税：自代扣之日起 30 天内申报缴纳。

2. 报税渠道

既可以自己申报，也可以聘请会计师事务所申报。

3. 报税手续

机构注册完成后需要在当地税务部门取得一个税务登记号，在社保部门取得注册资料；报税时需要填写税务登记号；社保申报时需要填写社保部门提供的电子数据报表。

4. 报税资料

填写税务及社保部门提供的相关表格，并提供电子版数据表拷贝。

（五）工作准证

1. 主管部门

伊朗管理外国人的主要部门是：伊朗劳工部和公安部门外国人事务管理局。外国人到伊朗工作，按伊朗政府规定，必须取得伊朗劳动部颁发的工作准证和伊朗公安部门外国人事务管理局签发的居住证。

2. 工作许可制度

必须遵守当地劳工法和其他法律，依法缴纳个人所得税，依法办理工作签证（由于伊朗办理工作签证手续烦冗，部分外国人通过到伊朗邻国，以再次入境的方式延长在伊朗的逗留期限）。

3. 申请程序

一般由伊方合作伙伴为中方人员申请和办理工作许可、居住许可及签证。

4. 提供资料

外资机构向伊朗劳动部申请工作许可时，劳动部会安排会议讨论工作许可的要求，如外资机构雇用伊朗人、交保险等条件，各种条件不是固定的，有时会根据主管人的意愿发生变动，或提一些比较过分的要求，相对比较随意。条件谈妥后，才会通知外资机构可以申请工作许可。

获准申请工作许可后，需要按照以下流程办理并提交相关的资料：从劳动部领取申请表格，准备好申请人的护照原件、护照复印件、入境签复印件、学历的英文公证、英文的劳动合同及公证（这两个公证应有中国外交部的印签）、照片（约 12 张），连同填好的申请表格一起送交劳动部。大约 1 周后，劳动部会发一份公函给外交部，请外交部将申请人的入境签证改为工作签证。外交部收到公函后，会向申请人签发一份给出入境管理处的文件，申请人必须持外交部的文件连同约 115 万里亚尔的伊朗 Melli 银行交款收据和本人护照送交出入境管理处。出入境管理处在护照上盖章确认申请人的入境签证已经暂时改为工作签证，有效期自动延期 1 个月。

上述手续必须在入境签证在伊朗有效停留期截止日期前完成。之后，持所有上述文件资料以及伊朗 Melli 银行出具的 140 万里亚尔收款单去劳动部申请正式工作准证，一般两周内办好。申请到工作准证后到伊朗出入境管理处办理工作居住证（办理居住证收费约 150 万里亚尔），如果申请人的护照上有多次入境签证和在伊停留日期记录，出入境管理处将按照其在伊朗的停留日期计算，每天须缴纳 30 万里亚尔的罚款，罚款时间从申请人首次入境之日起计算。

一、以色列国家概况

二、以色列经济发展状况

三、对外国投资合作的法规和政策

四、在以色列开展投资合作的手续

14

以色列国投资指南㊀

㊀ 部分资料来源于外交部网站、商务部网站《对外投资合作国别（地区）指南——以色列篇》；部分数据来源于商务部、国家统计局网站、《世界投资报告 2015》的公开资料。

以色列是世界主要宗教犹太教、伊斯兰教和基督教的发源地，是世界上唯一以犹太人为主体民族的国家。其位于亚洲西部黎凡特地区，地处地中海的东南方向，同时也是亚、非、欧三大洲的结合处。以色列是海上丝绸之路地中海沿线国家，是连接中东地区的关键点。

以色列的政治环境、自然环境以及投资环境相对稳定，政府更迭平稳，且政策连续性好。以色列基础设施相对完善，投资鼓励措施丰富，金融体系高度集中且稳定，投资潜力较大。

1992 年 1 月，以色列与中国正式建立大使级外交关系，双方就文化、教育、贸易、旅游、电信、劳务输出、工业技术研发等方面签署合作协议。双边贸易总额比建交初增长超过 200 倍，中国成为以色列在亚洲的第一大贸易伙伴，也是其全球第三大贸易伙伴。对于中国“一带一路”倡议的提出，以色列给予积极响应，近年中以关系发展态势良好，中以双边关系不断升温，两国合作水平与层次达到空前高度。

一、以色列国家概况㊀

（一）地理环境

1. 地理位置

以色列国的面积为 1.52 万平方千米。1948 ~ 1973 年，以色列在四次阿以战争中占领了大片阿拉伯国家领土，20 世纪 80 年代以后陆续撤出。目前以色列实际控制面积约 2.5 万平方千米。以色列位于亚洲最西端。毗邻巴勒斯坦。东接约旦，东北部与叙利亚为邻，南连亚喀巴湾，西南部与埃及为邻，西濒地中海，北与黎巴嫩接壤。海岸线长度 198 千米。

2. 行政区划

以色列全国共有 75 个市，265 个地方委员会，53 个地区委员会。其中主要首府城市为北部区的拿撒勒、海法区的海法、中央区的拉姆拉、特拉维夫区的特拉维夫、南部区的贝尔谢巴。

㊀ 资料来源：中国外交部。

以色列最大的工业城市加利里省首府——海法市俯视图

3. 自然资源

以色列矿产资源较贫乏。主要有钾盐、石灰石、铜、铁、磷酸盐、镁、锰、硫磺等。国土森林覆盖率约 5.7%，总面积为 127 万杜纳亩（1 杜纳亩约合 1.4 市亩㊀）。

4. 气候条件

以色列是地中海型气候，特征为夏季漫长而炎热、少雨，冬季相对短暂而凉爽、多雨。由邻近的亚热带撒哈拉和阿拉伯沙漠地带与地中海东部沿岸的亚热带湿热气候所共同影响，气候的状况在以色列国内各地也有相当差异，并且会因为各地高度、纬度以及与地中海的距离而变化。

5. 人口分布

依据以色列人口统计处资料，截至 2014 年 1 月，以色列有 813 万人口，其中 75% 为犹太人（多数是德系犹太人）、20% 为阿拉伯人以及 4% 的“其他”

㊀ 1 市亩 =666.7 平方米。

人种。其中耶路撒冷市人口 80.1 万人，特拉维夫市 40 万人，海法市 28 万人。超过 20 万人的城市还有里雄莱锡安市、阿什杜德市、佩塔提克瓦市、贝尔谢巴市、内坦亚市、霍隆市。

6. 基础设施建设

以色列港口城市特拉维夫商圈

以色列陆、海、空运输业发达。其中陆地运输的货物占一半，船舶和航空运输各占 1/4。全国公路通车总里程为 18 096 千米，铁路总长度为 1001.4 千米。主要港口有海法、阿什杜德和埃拉特。全国共有 48 个机场，主要机场是本－古里安国际机场，2011 年旅客吞吐量为 1300 万人次。主要航空公司有以色列航空公司（ELAL）。

（二）政治环境

1. 政治制度

以色列是议会制国家，议会是最高权力机构，拥有立法权，负责制定和修改国家法律，对政治问题表决，批准内阁成员的任命并监督政府工作，以及选举总统和议长。议员候选人以政党为单位竞选。以色列没有宪法，只有《议会法》《总统法》等基本法。总统是象征性的国家元首，职能基本上是礼仪性的。议会有权解除总统职务。内阁向议会负责。

以色列是中东地区唯一一个具有完善的多党制的自由民主制国家，公民拥有各式各样的政治权利和公民自由。

2. 主要党派

以色列政党繁杂，且不断变化，主要有以下几个。

（1）利库德集团（Likud）：1973 年 9 月由加哈尔集团、自由中心、拉姆党、人民党、国土完整运动等党联合组成。1977 年首次在大选中获胜并执政。来自该党的贝京、沙米尔、内塔尼亚胡、沙龙曾先后出任总理。2005 年 8 月，时任总理沙龙强力推行“单边脱离计划”，造成党内分裂，沙龙带领其支持者于 11 月退出利库德，另组前进党。同年 12 月，内塔尼亚胡再次当选利库德集团主席并连任至今。2009 年，利库德在第 18 届议会选举中获 27 席，成为议会第二大党并成功组阁。2013 年，利库德在第 19 届议会选举中与“我们的家园以色列”党组成竞选联盟，共获得 31 席，内塔尼亚胡再次成功组阁，连任总理。2015 年，利库德集团在第 20 届议会选举中获得 30 席，内塔尼亚胡再次连任总理。

（2）“我们的家园以色列”党（Yisrael Beiteinu）：1999 年成立的右翼政党，主要支持者是来自苏联的犹太移民，主席为阿维格多·利伯曼。2009 年第 18 届议会选举中获 15 席，成为议会第三大党，并参加由内塔尼亚胡为总理的联合政府。2013 年第 19 届议会选举中与利库德集团组成竞选联盟，共获得 31 席，加入政府。2015 年第 20 届议会选举中获 6 席，未加入执政联盟。

（3）“未来”党（Yesh Atid）：2012 年 4 月成立的世俗中间党派，主要支持者为中产阶级，主席为亚伊尔·拉皮德。在 2013 年第 19 届议会选举中一举获得 19 席，成为议会第二大党，并加入政府，获得财政、教育、科技等 5 个部长职位。2015 年第 20 届议会选举获 11 席，未加入执政联盟。

（4）以色列工党（Israel Labour Party）：前身是 1930 年成立的以色列工人党（“马帕伊”），1968 年与部分小党合并后改称“以色列工党”。以色列建国后至 1977 年，该党曾长期连续执政。本－古里安、梅厄、拉宾、佩雷斯等多位总理均来自该党。2007 年 6 月，埃胡德·巴拉克当选工党主席。2009 年，工党在第 18 届议会选举中获 13 席，成为第四大党。2011 年 1 月巴拉克退出工党。9 月，谢利·雅齐莫维奇当选工党第 13 任主席。2013 年，工党在第 19

届议会选举中获 15 席，未加入政府，成为最大反对党。11 月，伊萨克·赫尔佐克当选工党第 14 任主席。2015 年 1 月，工党同运动党组成犹太复国主义联盟参加第 20 届议会选举，获得 24 席，成为以色列最大的反对党（联盟）。

（5）“犹太家园党”（Habayit Hayehudi-the Jewish Home），2008 年 11 月成立。在 2009 年第 18 届议会中获得 3 席，加入政府。在 2013 年第 19 届议会选举中获得 12 席，加入政府，党主席纳夫塔利·本内特任宗教服务部部长、耶路撒冷兼大流散事务部部长和经济部部长。2015 年第 20 届议会选举中获 8 席，本内特任教育部部长、耶路撒冷兼大流散事务部长。

（6）沙斯党（Shas）：1984 年成立的代表东方犹太人的正教派犹太人政党。主席为埃利亚胡·伊沙伊。在第 18 届议会选举中获 11 席，为第五大党。在 2013 年第 19 届议会选举中获得 11 席，成为反对党。2015 年第 20 届议会选举中获 7 席，加入执政联盟。

3. 外交关系

以色列在 1949 年 5 月 11 日加入联合国。截至 2014 年，以色列与世界上 159 个国家有外交关系。以色列在国外设有 76 个使馆、19 个总领馆和 5 个代表团，不过仍然有几个国家拒绝承认以色列，主要是阿拉伯国家或是一些本身政策反美的国家。

以色列也加入了许多国际组织和机构，并且是“地中海对话”（Mediterranean Dialogue）协约的成员国之一，与北大西洋公约组织保持合作关系。同时保持与西方国家传统的友好关系；维护与美战略盟友地位；积极发展与独联体各国和东欧国家关系；推动中东和平进程，力图实现同阿拉伯国家的和解；拓展与非洲、亚洲各国的关系。

同中国的关系：1950 年 1 月 9 日，以色列宣布承认中国，但是仍然和中国台湾存在大使级外交关系。1992 年 1 月，以色列副总理兼外长利维访华，两国签署了建交公报。1992 年 1 月 24 日，以色列与中国正式建立大使级外交关系。双方已签署“贸易协定”“文化交流协定”“民用航空协定”“劳务输出协议”“体育合作备忘录”“教育合作协议”“旅游合作协定”“邮电通信合作协议”“工业技术研发框架协议”“关于加强经济贸易合作的备忘录”和“中国旅游团队赴以色列旅游实施方案的谅解备忘录”等。在北京设立驻华大使馆，在香港、上海、广州设有领事馆。

4. 政府机构

以色列政府由议会中占多数席位的一个或几个政党联合组成。议会选举结果揭晓后，总统在综合议会各党派意见的基础上提名总理人选，授权其组阁。总理由成功完成组阁者担任。

本届政府（第 34 届）于 2015 年 5 月成立，由“利库德集团”“我们大家党”“犹太家园党”“犹太圣经联盟”和“沙斯党”联合组成，在议会中占 61 席，包括总理和 20 位部长。

目前，政府主要成员有：总理本雅明·内塔尼亚胡（Benjamin Netanyahu），“利库德集团”，兼任外交、通信、卫生和地区合作部部长；国防部部长摩西·亚阿隆（Moshe Ya’Alon），“利库德集团”；经济部部长纳夫塔利·本内特（Naftali Bennett），“犹太家园党”；财政部部长摩西·卡隆（Moshe Kahlon），“我们大家党”；宗教事务部部长大卫·阿祖莱（David Azoulay），“沙斯党”；耶路撒冷兼大流散事务部部长纳夫塔利·本内特（Naftali Bennett），“犹太家园党”；公安部部长亚里夫·莱文（Yariv Levine），“利库德集团”。

以色列特拉维夫市政厅外景图

5. 宪法

以色列没有正式的成文宪法，仅有《议会法》《国家土地法》《总统法》《政府法》《国家经济法》《国防军法》《耶路撒冷法》《司法制度法》《国家审计长法》《人的尊严与自由法》《职业自由法》等 11 部基本法。

6. 议会

以色列一院制，设有 120 个席位，是国家最高权力机构，拥有立法权，负责制定和修改国家法律，对重大政治问题表决，批准内阁成员并监督政府工作，选举总统、议长。议员由普选产生，选举采用比例代表制，候选人以政党为单位参加竞选，选民只需将选票投给各自支持的政党。获得 3.25% 以上选票的各政党根据得票多少按比例分配议席。

本届议会（第 20 届）于 2015 年 5 月成立。由 10 个政党（联盟）组成，其中利库德集团 30 席，犹太复国主义联盟 24 席，阿拉伯联合名单党 13 席，未来党 11 席，“我们大家党” 10 席，“犹太家园党” 8 席，沙斯党 7 席，犹太圣经联盟 6 席，“我们的家园以色列”党 6 席，梅雷茨党 5 席。议长：尤利·埃德尔斯坦（Yuli Edelstein），2013 年 3 月 18 日就职，2015 年 5 月连任，来自利库德集团。

7. 司法机构

以色列最高法院、地区法院和基层法院三级制组织系统，此外还有军事法庭、宗教法院和劳资法院。

（三）社会文化环境

1. 民族

以色列是世界上唯一以犹太人为主体民族的国家。其中犹太人约占 75.3%，其余为阿拉伯人、德鲁兹人等。

2. 语言

希伯来语和阿拉伯语均为以色列官方语言，通用英语。

3. 宗教

大部分居民信奉犹太教，其余信奉伊斯兰教、基督教和其他宗教。

4. 习俗

服饰礼仪：以色列人的衣着特点是整洁、实用、协调和庄重。女子传统服装是短至膝盖的大袖连衣裙，男子穿宽松式衬衫。出席隆重仪式或大型社交活动时穿深色西服和礼服。这里的阿拉伯人多穿自己的传统服装，妇女着宽松长袍，系腰带，包一块头巾。现在这里的男子着装较为随便。

相见礼仪：犹太人见面时，对年老者问候时一般都会恭恭敬敬地献上一句：祝您活到 120 岁。当地阿拉伯人的姓名结构较为复杂，其全名由五个部分组合在一起，称呼时，一般只用全名中的某一个部分来代替全名。初次见面以握手为礼，若是关系甚好而且双方都是男子的话，也可行拥抱、贴面礼。拥抱之后，还须接着握手一次。

餐饮礼仪：犹太人以面、米等为主食，一般爱吃西餐，有节制地喝些白酒等饮料。他们用餐，有些传统的规矩非常严格。这里的阿拉伯人以面食、玉米为主食，但不吃猪肉，主要副食是牛肉、羊肉等。用餐时不能大声谈笑。

商务礼仪：在商务接触中，以色列人习惯使用商务名片。客人接到名片后，应认真看完名片上的内容并轻轻装进名片夹中，不要随便一看就顺手插进口袋里，更不能放到裤兜里。

主要禁忌：在犹太人居住区禁止拍照，特别是外来人员不可犯忌。在公共场所不许吸烟。犹太教的安息日是从星期五太阳入海开始到星期六的傍晚时分止；大多数公共场所在这段时间内都不营业，公共交通也停顿，市内的一切交通机关，全都停止工作。按犹太教义，犹太人不吃猪肉和海蛰，不能把肉和奶制品一起食用。人道地屠宰动物，并严禁吃血、吃猪肉、无鳞的鱼类及其他被禁止的食物。

5. 教育和医疗

（1）教育

以色列有着中东地区以及西亚最高的平均受教育年数，与日本并列为整个亚洲平均受教育年数最高的国家，而在全世界上则排名 22 位。根据联合国的数据，以色列也有中东地区最高的识字率。

以色列的教育制度，在中等教育的层次可以分为三个阶段：初等教育（1 ~ 6 年级）、初级中学（7 ~ 9 年级）、高级中学（10 ~ 12 年级），义务教育则是从 1 年级至 11 年级。中等教育通常包括协助准备以色列大学的入学考试。大学入学考试由数个题材组成，一些是必考的（希伯来语、英语、数学、圣经教育、公民学以及文学），有一些则是选考的（如化学、音乐、法语）。2003 年，有 56.4% 的 12 年级以色列学生获得大学入学许可：希伯来语学生有 57.4%，而阿拉伯语学生有 50.7%。

以色列有 8 所大学以及数十所学院。依据 Webometrics 在 2006 年的调查，中东地区最好的 10 所大学里，有 7 所位于以色列，其中前四名都是以色列大学。

（2）医疗

在以色列，通过四个健康基金进行的全民保险构成了医疗服务系统的核心，同时以私人医疗保险提供的私人医疗服务为补充（保险合同由健康基金和保险公司提供）。国家健康保险（National Health Insurance，NHI）有很多受欢迎的特点，包括服务提供者的选择性，对避重就轻的“撇脂效应”和基金安排进行监督从而激励效率的提升。私人医疗保险的参保率相当广泛。大约有 75% 的人口购买了健康基金提供的补充医疗保险，约 40% 的人口与保险公司签了合同（相当一部分人口两者都签约）。总体来讲，以色列的卫生系统受到专家较好的评价。

6. 科技

以色列前卫设计师的现代建筑作品

以色列对于科学和科技的发展贡献相当重大。自从建国以来，以色列一直致力于科学和工程学的技术研发，以色列的科学家在遗传学、计算机科学、光学、工程学以及其他技术产业上的贡献都相当杰出。以色列的研发产业中最知名的是其军事科技产业，在农业、物理学和医学上的研发也相当知名。总计有 10 名以色列人和以色列裔人曾获得诺贝尔奖。

目前全球顶尖企业，包括英特尔、IBM、微软、惠普、雅虎、谷歌、升阳微系统，在以色列都有研发中心。在纳斯达克挂牌的以色列企业数目仅次于美国，超过 75 家，包括全球最大学名药厂 Teva、以色列最大企业、全球网路保全产品巨擘 CheckPoint 软体科技公司，以及著名的国防承包商 Elbit 系统。

7. 社会治安

以色列自 1948 年建国起就受到一些中东国家的威胁，以色列国防军过去几十年，为了保卫以色列的安全，面对这些生存威胁，不得不参与了数次战争和数千次反恐行动。同时，以色列一直在向邻国伸出橄榄枝，已经成功地与埃及和约旦签署了和平协议。近些年国内的安全相对稳定，不过以色列国防军时刻警惕中东地区不稳定因素可能会对以色列安全造成的影响。以色列刑事犯法率不高，国内安全状况良好。

8. 节假日

犹太新年（约公历 9 月）、赎罪日（约公历 9、10 月）、住棚节（约公历 9、10 月）、逾越节（约公历 3、4 月）、大屠杀纪念日（约公历 4、5 月）、独立日（约公历 4、5 月）。

二、以色列经济发展状况

（一）经济概况

1. 宏观经济

以色列是经济多元化的工业发达国家，其经济以知识和技术密集型产业为主。2013 年以色列国内生产总值（GDP）达 2591 亿美元，人均 GDP 3.2 万美元，生活水平与大多数西欧国家相仿，高于西班牙、葡萄牙和希腊等欧盟成员国。以色列在通信、信息、电子、生化、安保和农业等领域技术先进，高科技产品在国际市场上极具竞争力。出口对以色列的经济增长具有重要作用，占以色列全年 GDP 的 35% 左右，出口产品以工业制成品为主，特别是高科技产品。进口则主要是原材料和投资性商品。

（1）经济增长率

2003 年以来，随着全球经济恢复，以色列政府实施紧急经济计划，经济开始复苏，当年 GDP 增长 2.3%，2004 ~ 2007 年经济增长加速，分别达 5.2%、5.3%、5.2% 和 5.3%。受国际金融危机影响，以色列出口萎缩且国内消费能力下降。2008 年以色列 GDP 仅增长 4.1%，2009 年增长 0.5%，为 2003 年以来最低水平。2010 年，在政府大规模经济刺激计划的作用下，经济重新恢复较快增长，全年经济增长 4.6%。2011 年，经济增长呈现“前高后低”的趋势，全年经济增长 4.8%，增速快于大多数发达经济体。2012 年，受全球经济不景气等因素影响，经济增长率下降到 3.3%，2013 年经济增速与 2012 年持平。

（2）GDP 构成

2012 年，在以色列 GDP 构成中，农业、制造业和服务业三个产业的占比分别为：2.5%、31.4% 和 66.1%。

（3）财政收支

2013 年，以色列财政收入为 2684 亿谢克尔（约合 743 亿美元），财政支出为 3095 亿谢克尔（约合 857 亿美元），赤字 411 亿谢克尔（约合 114 亿美元）。

（4）外汇储备

2013 年年底，以色列外汇储备达 818 亿美元。

（5）外债余额

2013 年，以色列对外债务总计 956 亿美元。

（6）通货膨胀

2010 年，为抑制通胀，以色列央行先后 4 次调高银行利率，全年通胀率为 2.7%，符合政府设定的 1% ~ 3% 的调控目标。2011 年通胀率为 2.2%，接近政府宏观调控目标的中间值。2012 年通胀率为 1.7%，同比降低 0.5 个百分点。2013 年通胀率为 1.8%。

2006 ~ 2013 年以色列主要经济指标如表 14-1 所示。

表 14-1　2006 ~ 2013 年以色列主要经济指标

年份	2006	2007	2008	2009	2010	2011	2012	2013
GDP 增长率（%）	5.21	5.26	4.1	0.5	4.6	4.8	3.3	3.3
人均 GDP 增长率（%）	3.37	3.45	3.0	-1.3	4.1	4.0	1.4	1.5
通货膨胀率（%）	2.10	0.52	3.8	3.9	2.7	2.2	1.7	1.8

资料来源：以色列中央统计局。

2. 重点 / 特色产业

（1）农业

以色列自然环境恶劣，但农业发达，享有欧洲“冬季厨房”的美誉。

以色列农业科技含量很高，其滴灌设备、新品种开发举世闻名。农村经济主要以基布兹、莫沙夫及个体农场为主。基布兹是集体定居组织，过去以农业为主，现也从事制造业、旅游业及其他服务业。莫沙夫是合作定居组织，以农业为主，主要成员是小农场主。以色列现有 267 个基布兹，约 12.3 万人；442 个莫沙夫，约 23 万人。农业就业人口占以色列劳动人口总数的 2.3%。

主要农作物有小麦、棉花、蔬菜、柑橘等。粮食接近自给，水果、蔬菜生产自给有余，并大量出口。2013 年农产品出口 14.9 亿美元，占以色列货物出口的 2.6%。

（2）制造业

20 世纪 60 年代末开始，以色列的工业生产不仅能满足国内市场需求，而且还大量出口。20 世纪 90 年代以来，随着劳动成本不断提高，一些传统的劳动密集型产业逐步被淘汰，高科技或技术含量高的产业成为发展重点。主要工业部门有：机械制造、军工、飞机制造、化工、电子和通信设备、精密仪器和医用激光器材、太阳能利用、建材、纺织、造纸、钻石加工等。2013 年制造业出口额达 460.7 亿美元，占以货物出口的 81.3%。

（3）可再生能源

以色列本国缺乏常规能源，能源需求高度依赖进口，长期以来，以色列在提高能源利用效率和研究开发新能源方面做出许多积极探索。目前，以色列有 100 多家公司拥有较为成熟的开发利用可再生能源的先进技术，涉及太阳能、风能、地热、生物燃料、海浪能源、核能等门类较为齐全的新能源领域，并在太阳能、地热技术等方面居全球领先地位，在推动人类摆脱过分依赖碳基燃料方面起到了重要的作用。

以色列利用可再生能源有着数十年的历史，目前以色列 95% 以上的家庭使用太阳能热水器，仅此一项就为国家节约 3% 的进口矿物能源。此外，通过使用改进的光电转换板，其阳光转化为电能的效率达到 14% ~ 22% 的世界先进水平。近年来，以色列年均太阳能热水总功率高达 82.4 亿千瓦时，是全球人均太阳能利用率最高的国家。

（4）生物技术

以色列非常重视生命科学及生物技术产业，其生物技术产业综合实力全球领先。2007 年以色列有生物技术公司 900 多家，其中在业界有一定影响的公司近 100 家，包括特华制药等全球知名的生物制药企业。2008 年起，受国际金融危机影响，以色列生物技术产业陷入不景气状态。

以色列医疗器械产品有 95% 使用了现代信息技术，为全球医疗器械制造领域信息技术运用最为广泛的国家。在生物技术产业中，生物制药和医疗器械约占 72%，生物农业约占 4%，生物信息产品和疾病诊断技术等约占 22%。

（5）信息通信和高科技产业

以色列高新技术发展在全球处于领先地位，有着很强的学术基础建设、丰富的军事和民事研发经验，同时得到了政府和私有企业的大量支持，其高科技研发投入占国民生产总值的比重居世界第三，仅次于日本和瑞士。得益于以色列在一些高科技领域的独创性，以色列信息通信产业发达，是该国处于前沿的高科技行业之一，拥有从电子元件到最终设备及服务的完整产业链。该行业内为数众多的新兴创业企业，为以色列带来大量的风险投资和并购投资机会，其中许多公司已经成为各自领域的全球领先企业。

（6）工业研发

以色列政府鼓励工业研发投资并且通过法律支持工业研发和项目开发。政府对工业研发的支持主要在以下方面：安排专门预算扶持技术研发相关行业；为科学技术劳动力创造就业机会；通过增加高科技产品出口减少进口，促进国际收支平衡。2012 年，民用研发投资总额达 384 亿谢克尔（约合 99.5 亿美元)，占 GDP 的比例达 4.0%，其中政府对各类民用研发投资的资金扶持为 7.6 亿谢克尔（约合 2.0 亿美元）。以色列参加了 29 个国际和国家（地区）间工业研发活动，其中美国 3 个，欧盟 3 个，与加拿大和印度合作 2 个，与加拿大、德国、中国、法国、比利时、意大利、爱尔兰、土耳其、中国香港、英国、希腊、中国台湾、新加坡、西班牙、葡萄牙、韩国、瑞典、芬兰以及荷兰各有 1 个合作项目。

（7）水技术

以色列是世界上利用循环水最多的国家，水的循环利用率达到 75%，拥有全球最大的反渗透海水淡化厂，淡水成本每立方米约为 60 美分。以色列开发的农业低压滴灌技术使得灌溉用水效率高达 80%，位居全球第一。以色列 60% 的农业用地使用了滴灌技术，在滴灌技术领域，以色列企业占全球市场份额的 50% 以上。以色列 30% 的初创公司都与水利有关，是全球最大的水技术创新基地，是世界上唯一一个成功遏制沙漠扩张趋势并不断扩大农业用地规模的国家。此外，以色列在输水设备、仪器、仪表等方面也拥有全球领先的技术。

（8）钻石加工业

以色列是世界上最主要的宝石级钻石加工和交易中心之一。以价值计算，全球约 60% 的宝石级钻石是在以色列加工的。以色列钻石交易所有 3000 名会员，1300 多个私人工作间，拥有世界最先进的钻石加工工厂、尖端的钻石加工技术和经验丰富的钻石工匠。近年来，以色列已经将其生产基地扩展到印度、中国、非洲等海外地区，利用国外成本优势，加工钻石进口到以色列，再由以色列公司销往北美、亚洲、欧洲等市场。

钻石出口是以色列最重要的出口行业之一，占全部工业品出口的 1/4 以上。2013 年以色列钻石进出口达 174.7 亿美元，其中出口 92.0 亿美元，进口 82.7 亿美元，美国、中国香港和比利时是以色列抛光钻石的三大出口市场。

（9）旅游业

旅游业在以色列经济中占有重要的地位。以色列复杂的地形地貌、众多的古迹和宗教场所，以及一年四季灿烂的阳光和地中海沿岸现代化的休假设施，每年都吸引着无数旅游观光者。2013 年以色列接待外国游客数量超过 350 万人次，同比增长 0.5%，创历史新高，旅游业收入约为 400 亿谢克尔（约合 11.5

亿美元)，同比增长 11.1%。以色列的主要旅游景点有：耶路撒冷、拿撒勒、海法等重要宗教城市和港口城市埃拉特、死海以及地中海沿岸地区。2007 年 10 月，中国与以色列签署了旅游谅解备忘录，从 2008 年 9 月 15 日起，中国居民可以组团到以色列旅游。2013 年 6 月起，以色列对中国居民开放个人游。

3. 发展规划

近年来，以色列政府一方面实施经济刺激计划，克服国际金融危机影响，推动经济复苏；另一方面，加大政策扶持，着力培育经济长期竞争力。

（1）加大研发投入，出台太阳能、风能发电补贴政策，推动新能源行业发展。

（2）推动垄断行业改革，采用国家财政担保的方式，鼓励私人企业参与电力行业竞争。

（3）设立南部欠发达的南部内盖夫地区发展基金，加速发展边远地区经济。

（4）设立专项资金扶持阿拉伯人和宗教人士就业。

（5）加强基础设施建设，启动高速以色列计划、特拉维夫－耶路撒冷轻轨、埃拉特－迪莫纳铁路建设，着手建设多个抽水蓄能电站、燃气电站保证电力供应。

（6）加大旅游产业投入，促进旅游业可持续发展。

（二）国内市场

1. 生活支出

以色列中央统计局数据显示，2012 年以色列每个家庭（平均 3.3 个家庭成员）月均支出为 13 967 谢克尔（约合 3618 美元)，其中住房支出 5355 谢克尔（包括购置、修缮、家具等)，占 38.3% ；交通和通信支出 2810 谢克尔，占 20.1%；食品支出 2251 谢克尔，占 16.1%。

2. 物价水平

以色列货币谢克尔和人民币的比价大约为 1 : 1.7。当地物价水平较中国高，肉类 30 ～ 90 谢克尔 / 千克，鱼类 16 ～ 90 谢克尔 / 千克，蔬菜 2.5 ～ 10 谢克尔 / 千克。

（三）基础设施状况

以色列陆海空运输业发达。其中陆路运输的货物占总运量的一半，海运和航空运输各占 1/4。

1. 公路

全国以公路运输为主，公路网遍布城乡，大城市间有高速公路相连。2012 年，以色列全国公路总里程超过 18 697 千米。

2. 铁路

以色列境内铁路北起海滨城市纳哈里亚，南至内盖夫沙漠城市迪莫纳，连通了以色列境内的主要城市。2012 年铁路总里程达 1138 千米，客运量 4051 万人次，货运量 626.5 万吨，营业收入 9.02 亿谢克尔（约 2.5 亿美元）。

以色列政府将发展先进的铁路系统作为其首要任务之一，2005 年 4 月恢复了耶路撒冷与特拉维夫之间的旧线路，并计划在 2014 年修建一条高等级铁路连通两市；特拉维夫与本・古里安国际机场之间的线路也已于 2005 年 4 月向公众开放；2010 年 11 月，酝酿已久的埃拉特 – 迪莫纳铁路建设计划正式对外发布，建成后，将实现红海、地中海两大海域相连，具有重大的战略价值；2011 年，启动"高速以色列计划"，拟通过建设连接南部内盖夫沙漠地区及北部加利利湖地区的道路工程，改善以色列边远地区交通基础设施，提高当地居民生活水平，促进人口和经济活动分布更加均衡。

3. 空运

以色列境内有 3 个国际机场，根据以色列交通部的规定，由航空管理局负责机场的维护、发展、运营和安全。最主要的机场是本・古里安国际机场，距耶路撒冷 40 千米，距特拉维夫 20 千米。2012 年共有 42 642 架次飞机从国外降落至本・古里安机场，客运量达 1252 万人次，主要是往返欧洲、亚洲和北美洲的航班。

4. 水运

以色列主要有海法、阿什杜德、埃拉特 3 个海港。2013 年货物吞吐量为 4875 万吨，其中出港货物 2829 万吨，进港货物 2046 万吨。

5. 通信

以色列电信市场曾长期由 Bezeq 集团垄断。近年来，以色列政府致力于推动电信产业竞争，目前主要的电信运营商包括：Bezeq 集团、Hot 集团、IDB 集团和 Partner 集团。

2009 年，以色列电信市场总额约为 320 亿谢克尔（约合 77.31 亿美元），其中 59% 的市场份额为手机市场。2010 年，以色列政府对通信市场实施价格干预，要求下调资费标准，提高运营效率。2011 年 4 月，以色列通信部对 3G 运营市场进行了招标，传统移动通信运营商受到较大冲击。

2011 年以色列电信业总收入 75 亿美元，占 GDP 的 4%。全国共安装 290 万部固定电话，家庭覆盖率 99%，总收入 15 亿美元。2012 年全国居民共持有 996.4 万部移动电话，覆盖率达 132%，总收入 29.1 亿美元。

2011 年，以色列互联网用户超过 452 万，80% 以上的居民都使用互联网。以色列有 3 家大型互联网服务供应商以及 70 多家小型供应商。99% 的居民用户使用固定带宽的互联网服务（包括 ADSL 上网和有线电视网络），平均网速为 10Mb/s。

6. 电力

以色列全部用电几乎都由国有企业——以色列电力公司提供。近年来，政府开始逐步开放电力行业，为私人电力生产商进入合作发电业提供一些优惠政策及资助。目前，政府批准的几家私营燃气电站及抽水蓄能电站已在招标建设过程中。政府的目标是将这个高度集中的行业分为下面几个部分：发电环节，能够形成自由竞争；输电环节，形成几家大企业自然垄断的局面；配电环节，可以实现地区垄断。居民用电的价格为每千瓦时 0.64 谢克尔；商业部门用电每千瓦时为 0.72 谢克尔。

（四）对外经贸关系

1. 贸易关系

（1）贸易总量

以色列国内市场狭小，主要通过扩大出口推动经济增长，对外贸易依存度高，2012 年货物和服务贸易额总计达 1859 亿美元。其中出口 932 亿美元，进口 927 亿美元。2012 年，货物进出口总额 1339.88 亿美元，其中进口 716.67 亿美元，出口 623.21 亿美元，贸易逆差 93.46 亿美元。

2013 年，货物进出口总额 1276.7 亿美元，其中进口 710.0 亿美元，出口 566.7 亿美元。

据以色列中央统计局公布的数据，2013 年，以色列货物贸易实现出口 2405 亿谢克尔（约合 666.2 亿美元），同比下降 1.2%；进口 2595 亿谢克尔（约合 718.84 亿美元），同比下降 7.9%；贸易逆差 190 亿谢克尔（约合 52.91 亿美元）（见表 14-2）。

表 14-2　2007 ~ 2013 年以色列货物和服务贸易平衡表（单位：亿美元）

年份	2007	2008	2009	2010	2011	2012	2013
进口额	739.97	840.68	635	761	922	927	666.2
出口额	709.75	805.66	679	803	910	932	718.84
顺 / 逆差	−30.22	−35.02	44	42	−12	5	52.64

注：2013 年数据不包含服务贸易数据。

资料来源：以色列中央统计局。

从国别地区看，以色列出口（不包括钻石）美国的比重由 2010 年的 28% 下降到 2013 年的 22%，但美国仍是以色列最大出口国。以色列对中国出口额为 92 亿谢克尔（约合 25.48 亿美元）。尽管欧洲国家抵制以色列商品，但以色列出口的 1/3 面向欧洲（其中 32% 出口欧盟，1% 出口欧贸联国家）。在欧盟中，英国和荷兰是最大的出口目的地（分别为 34.07 亿美元、20.78 亿美元）。同时，欧盟也是以色列最大的进口来源地，占进口总额（不含钻石）的 34%，美国、亚洲进口占比分别为 12%、20%。

数据显示，以色列政府为减少其对欧盟和美国的贸易依赖而采取的多样化贸易合作伙伴的政策取得实效：向“世界其他地区”（非欧盟、美国和亚洲地区）出口占比达到 25%，2013 年赫芬达尔指数（HHI）显示以色列进出口的国别集中度较小。

（2）国际收支

受地区安全局势和全球高科技危机影响，以色列的国际收支在 20 世纪 90 年代至 2003 年多次波动和恶化。2003 年以后，随着全球经济恢复，以色列外贸出口实现较快增长，贸易赤字逐年下降，对外投资和外来投资迅速增长。以色列国际收支经常账户从2003年开始实现盈余，到2006年达到最高，经常账户盈余85亿美元。2013年以色列经常账户盈余71.9亿美元。

（3）主要贸易伙伴

由于以色列周边大都是阿拉伯国家，且多数与以色列长期处于敌对状态，贸易受阻，以色列因此集中力量打入远方市场。外贸在国民经济中占有很大比重，以色列先后与美国、欧盟、加拿大、斯洛伐克、捷克、土耳其、匈牙利、波兰、斯洛文尼亚签订了《自由贸易协定》，工业产品可以免税进入，农产品享受优惠关税待遇。享有澳大利亚、美国、奥地利、加拿大、日本、芬兰、新西兰等国提供的普惠制（GSP）待遇。2013年以色列主要贸易伙伴欧盟和美国分别占其外贸总额的33%和20%。近年来，以色列对亚洲国家出口有所扩大，2013年以色列主要出口地区为：美国（26%）、欧盟（28%）、亚洲（25%）、其他国家和地区（21%）；主要进口地区为：欧盟（34%）、亚洲（21%）、美国（11%）、其他国家和地区（34%）。

（4）商品结构

以色列出口主要以工业制品特别是高科技产品为主，制造业出口占2013年以色列货物出口总额的81.3%，其中高科技产品出口占以色列货物出口总额的65.6%，钻石出口占16.2%，农产品出口占2.6%。以色列进口产品主要以色列原材料和投资产品为主，其中原材料进口占当年货物进口总额的38.3%，机械设备及车辆等投资产品进口占12.5%，消费品占16.2%，钻石占11.6%，其余为燃料及飞机和船舶进口。

2. 吸收外资

不同于其他以自然资源和服务业为主的新兴市场国家，以色列自然资源匮乏，吸引外国直接投资主要依靠高科技行业。以色列高端人才资源丰富，科研实力雄厚，创业条件优越，微软、谷歌、苹果、英特尔等高科技跨国公司均在以色列投资设立分公司或研发中心。2008年国际金融危机爆发，以色列吸收外国直接投资数连续两年出现下滑，2010年又重新开始恢复增长。

据联合国贸发会议发布的2014年《世界投资报告》显示，2013年，以色列吸收外资流量为118.0亿美元；截至2013年年底，以色列吸收外资存量为

881.8 亿美元。

3. 中以经贸

中以于 1992 年 1 月 24 日正式建交。建交以来，中以双边经贸关系发展较快，合作领域逐步拓宽。1992 年 10 月，两国成立经贸混委会，1997 年双方在经贸混委会内分设农业、电子、通信和医疗 4 个分委会。迄今混委会已召开 5 届。

（1）双边贸易

中以经济互补性强、发展快，贸易额逐年增长。

据中国海关统计，2013 年双边贸易额 108.3 亿美元，比 1992 年建交时增长了 200 多倍，其中，中方出口 76.5 亿美元，进口 31.8 亿美元，同比分别增长 9.4% 和 8.9%。中国是以色列在亚洲的第一大贸易伙伴，也是其全球第三大贸易伙伴。

中国对以色列主要出口商品有机电产品、纺织品、服装、鞋类、陶瓷制品等。中国自以色列进口商品除钾肥外，均为高技术产品，主要有机电产品、医疗仪器及器械、电讯产品等。

近年来，中国对以色列出口商品数量增加的同时，结构不断优化，荣威汽车、长城皮卡、中兴智能手机等高附加值机电产品成功进入以色列市场，联想笔记本电脑等成为以色列同类商品最畅销品牌，占据了约 1/4 的市场份额。

（2）投资合作

据中国商务部统计，2013 年当年中国对以色列直接投资流量 189 万美元。截至 2013 年年末，中国对以色列直接投资存量 3405 万美元。

受以色列市场狭小、消费水平高、生产成本昂贵以及地区安全局势等因素影响，2007 年前中资企业到以色列寻求投资合作一直未取得实质性的进展。2008 年年初，中新苏州工业园区创业投资有限公司及英菲尼迪 – 中新创业投资企业分别向以色列 Mate-MediaAccess 科技有限公司投资参股 300 万美元和 100 万美元，分别占股 3.6% 和 1.86%。在 2008 年 1 月以色列副总理兼工贸与劳动部部长伊萨伊访华时，双方签订了《华亿创业投资基金认购协议》，国家开发银行投资 3000 万美元参与该基金的设立。2010 年 1 月，浙江三花股份有限公司向以色列 HelioFocus 投资 1050 万美元，持股 30%，成为首家在以色列投资太阳能产业的中资企业。2010 年 2 月，深圳易方数码科技股份有限公司宣布整体收购以色列高科技企业佩格萨斯公司，收购将通过现金及股权置换完成，金额超过 3000 万美元。2011 年，中国化工集团成功收购以色列著名农业化工企业马克特信 · 阿甘集团，涉及金额高达 24 亿美元。2013 年，上海复星医药（集团）股份有限公司出资 2.4 亿美元控股收购以色列医疗美容器械制造商阿尔玛激光公司（AlmaLasers Ltd.）95.6% 的股权。2013 年年底，以色列著名风投基金皮坦戈完成了旗下第六只子基金总额 2.7 亿美元的募资，其中部分资金来自中国。2014 年年初，光大控股（中国香港）出资 7500 万美元与以色列 Catalyst 基金合作成立一只总金额 1 亿美元的私募基金，致力于投资有意开拓中国市场的成长中期或成熟期的以色列高科技企业。桥道管理中国公司、常州市武进经济开发与以色列 PTL 集团合作组建 WBP 风投基金，计划首轮募资 5000 万美元，投向寻求进入中国的以色列公司。

以色列对华投资发展起步早，发展快。2013 年，以色列在华投资项目 40 个，投资额 1365 万美元，同比增长 9.2%。以色列对华投资存量累计超过 4 亿美元。其中较有影响的项目包括在北京、新疆等地的示范农场、天津海水淡化厂、苏州工业园风险投资、华亿创业投资基金等。以色列是最早在中国设立非法人制合资创投人民币基金的国家，中以创投基金规模已超 3 亿美元，这些基金主要投向中国现代农业、电子信息等高新技术企业，促进了中国产业升级。

（3）承包劳务

以色列属发达国家，对工程承包企业资质要求严格，劳工、环保政策复杂，多年来中资企业一直未能成功打入以色列工程承包市场。2006 年年底，中土公司成功中标以色列海法市卡迈尔（Carmel）公路隧道项目，实现了中国对以色列工程承包业务“零”的突破，该项目于 2009 年 7 月提前 6 个月竣工，2010 年 12 月正式通车，以色列总理内塔尼亚胡出席通车仪式并给予高度评价，大大提高了中资企业在以色列工程承包领域的知名度。中土公司还会同西门子及当地企业组成的联合体竞标以色列特拉维夫红线轻轨项目一期工程成功，合同额达 17 亿美元，但受国际金融危机等因素影响，联合体遇到了融资困难、成本上升等一系列问题并始终未与以色列政府就解决方案达成一致，以色列政府最终将该项目收归国有。2011 年 9 月，中土公司又会同以色列丹亚·科布斯公司组成联合体中标以色列北部吉隆铁路隧道项目。目前，仍有部分中资企业积极参与以色列电力、铁路、港口等基础设施建设项目的招标，部分企业与以方达成议标协议，有望中标。

据中国商务部统计，2013 年中资企业在以色列新签承包工程合同额 401 万美元，完成营业额 4934 万美元。2013 年年末在以色列劳务人员为 474 人。

中以劳务合作始于 1992 年，1994 年后发展较快，先后有 40 多家中资公司进入以色列承包和劳务市场，共派出劳务人员 6 万多人次，累计完成营业额约 10 亿美元。2002 年，中以劳务合作达到巅峰，当年有 29 家公司在以色列从事劳务业务，劳务人员达 9647 人。2002 年下半年，以色列政府施行"关闭天空"政策，逐步减少引进新的外籍建筑劳务，同时加大抓遣黑工的力度及大幅提高雇用外籍劳务费用，中国在以色列劳务人数锐减。2011 年，以色列建筑业遭遇严重的"用工荒"，以色列建筑业界强烈要求继续进口中国工人，但以色列政府目前仍未放开对中国工人的进口。至 2011 年年底，在中国商务部备案的中国在以色列合法劳务人员已不足千人，绝大部分为建筑劳务，少数为农工、厨师和家政劳务工人。近年来，以色列建筑劳工短缺现象加剧，国内建筑商强烈呼吁再次放开中国劳工进口。两国有关部门正积极商签劳务合作协议。

（4）财政合作

1995 年 4 月 10 日和 2003 年 11 月 13 日，中以两国政府分别签署《中以财政合作议定书》(以下简称《议定书》) 和《中以财政合作议定书第一号修正案》，根据议定书和修正案，以方分别向中方提供 1.5 亿和 2 亿美元贷款，用于实施双方认可的项目。在 1995 年《议定书》项下，共实施了 74 个项目。其中引进医疗设备项目 66 个、电信项目 3 个、农业项目 3 个、滴灌生产线项目 2 个。根据"一号修正案"，以方贷款主要用于通信、环境保护、教育和农业技术领域的合作项目。鉴于中以财政合作进展顺利，具有较强的互惠互利性，得到了双方用户的广泛认可。2004 年 11 月，以色列财政部与中国财政部签署了总额为 2 亿美元的政府贷款议定书，简称"第二号财政协议"，并对两国间的财政合作协议条款进行了重新定义并做了进一步改进。2008 年 7 月双方同意在 2004 年协议基础上追加 5000 万美元政府贷款，目前已使用部分额度。2010 年 5 月，以色列财政部与中国财政部在上述第一号和第二号财政合作协议书的基础上签署

"第二号财政协议"，以方向中方提供4亿美元贷款支持，用于资助医疗、农业、电信、能源和电力、工业、水处理、社会和经济基础设施等社会经济发展领域的项目。2012年，两国财政部门又签订了新的财政合作议定书，金额为3亿美元，主要用于农业、水利两个合作领域。2013年，以色列总理内塔尼亚胡访华期间，两国再次签署第三号议定书二号修正案，金额为4亿美元。

（五）金融环境

1. 当地货币

以色列货币名称为新谢克尔（New Israeli Sheqalim，NIS），现在习惯称之为谢克尔，由以色列央行统一发行管理。以色列实行浮动汇率制，自2003年1月1日起谢克尔与美元、英镑、欧元等国际货币可自由兑换。

2008年国际金融危机爆发以来，为保持出口商品竞争力，以色列银行（央行）多次在外汇市场购进美元，以抑制谢克尔过快升值，2011年谢克尔对美元平均汇率为1美元兑3.72谢克尔，较2010年贬值7.6%。2012年谢克尔对美元平均汇率为1美元兑3.86谢克尔，较2011年贬值3.8%。2013年谢克尔对美元平均汇率为1美元兑3.61谢克尔，同比大幅升值7%，对出口企业形成了较大压力。企业在与以色列公司签订合约时应考虑到汇率波动影响。人民币与谢克尔不能直接兑换，人民币与谢克尔进行结算时须以美元或欧元等国际货币作为中间货币进行兑换。

2. 外汇管理

以色列外汇自由化进程始于20世纪80年代末，经历了十几年发展，最具决定意义的是1998年5月14日以色列中央银行颁布《总许可》的规定，除对少数社会公益部门（如养老基金、保险公司等）的外汇交易和投资有所限制外，取消了其他所有对居民和非居民外汇交易的限制措施。此后央行又逐步放松外汇管制。2003年1月1日以色列央行宣布，取消金融机构在海外的投资额不得超过其总资产的20%的限制，这使得以色列的外汇管制历史宣告结束，实现了外汇兑换自由化，本币谢克尔最终成为自由可兑换货币。央行外汇控制司也相应改名为外汇活动司。另外，2000年8月2日，以色列议会通过了《反洗钱法》，该法案于2002年1月生效。

以色列外汇市场实力雄厚，本国经济与全球融合度高，有能力应对大规模外汇交易而不对金融市场造成冲击。

3. 银行机构

以色列有发达的银行系统。以色列银行（Bank of Israel）是以色列的中央银行，独立于政府行使职能，主要负责制定和实施货币政策，管理外汇储备，监督以色列各类银行系统，发行货币。以色列银行行长同时担任政府经济发展顾问职务。另外，以色列银行与政府共同制定和实施外汇政策。自 2005 年以来，在国际享有盛誉的斯坦利·菲舍尔教授（Stanley Fischer）担任以色列银行行长。

2012 年年底，以色列境内共有 26 家注册银行，包括 16 家商业银行、2 家抵押银行、1 家金融协会、2 家联合服务公司和 5 家外国银行。2006 年 11 月法国巴黎银行在以色列开设分行，2007 年 3 月印度国家银行在以色列开设分行，另外三家外资银行分别是花旗银行、恒生银行和巴克莱银行。

以色列最大的 5 家银行集团分别是工人银行集团（Bank Hapoalim）、国民银行集团（Bank Leumi Le-Israel）、以色列贴现银行集团（Israel Discount Bank）、联合东方银行集团（Mizrahi Tefahot Bank）以及以色列第一国际银行集团（The First International Bank of Israel），这几家银行占以色列银行市场 95% 的份额。

4. 融资条件

根据有关法律，在以色列注册的外国公司在大多数融资渠道与本土公司享受同等待遇。

5. 信用卡使用

以色列境内信用卡使用十分普及，大部分餐厅、超市、饭店都可使用信用卡消费。中国国内银行发行的 VISA 卡、长城双币卡等均可使用。

（六）证券市场

特拉维夫股票交易所（TASE）是以色列唯一的证券交易市场，也是中东地区颇有影响的证交所，本国绝大多数重要企业、公司选择在该所上市。以色列证券交易管理机构通过双重上市规则，允许在纽约证交所、美国交易所和纳斯达克证交所上市的以色列公司在特拉维夫股市上市。

2013 年年底，特拉维夫股票交易所共有 508 家上市公司，总市值达 2033 亿美元，日平均交易额达 3.24 亿美元。2003 ~ 2007 年，TASE 股指全面上扬，2008 年受国际金融危机影响，TASE 股指暴跌 51%，2009 年恢复性增长 90%，2010 年继续上扬 22%。2011 年，受全球经济不景气及以色列本国经济形势影响，TASE 股指下跌近 26%。2012 年股指有所反弹，全年实现 9.7% 的增长。2013 年，股指大涨，TA-25 和 TA-100 两大股指分别上涨 20.6% 和 23.8%。

（七）商务成本

1. 水资源和能源供应

（1）水资源

以色列水资源短缺，2000 年以来以色列政府不断增加在水利用和水技术方面的投资。

以色列的饮用水水源主要来自加利利湖、东部山区蓄水层（其中一部分在约旦河两岸）、两部边境的沿海蓄水层，这些淡水全部通过管道输送至以色列全境。以色列政府正与约旦和巴勒斯坦临时政府讨论关于水源分配的问题。

农业用水约占 75%（占可饮用水的 40%）。为节约用水，以色列调整了农作物种植种类，减少耗水多作物的种植，另外滴灌系统也大大节约了灌溉用水。国家水务公司（Mekerot）控制以色列饮用水供应的 70%，其余 30% 由农场主和市政建立的私人供水协会提供。目前，以色列每年可利用淡水约 20 亿立方米，而实际可利用的有效水资源为 15 亿 ~ 17 亿立方米，人均占有量不到 300 立方米。

由于以色列现有水源几乎全部消耗殆尽，以色列在污水处理和海水淡化方面加大研发投入。2007 年，再生水的使用率达到了 75%（3.5 亿立方米）。

以色列对用水采用定额配给管理，并通过调整水价实现。

根据工农业生产企业承受能力、供水成本和节约作用，制定合理的水价体系。水价由国家控制，企业运作，用户根据国家制定的水价向公司购水。政府利用经济杠杆奖励节约用水，处罚浪费行为。对农业和居民生活用水，除了基础水价外，政府还依据用户用水量的多少将水价分为几个不同的档次，用水量越大，价格越高，用水量超过配额将受到严厉的经济处罚。

（2）能源

以色列能源贫乏，境内无煤少油，其能源主要通过进口。根据石油供应协议，美国同意在以色列石油油源被切断的情况下，保证其原油供应。

2000 年，以色列在地中海附近发现了天然气，这个发现将会降低以色列对能源进口的依赖。2003 年政府成立了国家天然气有限公司，主要负责监督、控制和运营天然气运输系统。2004 年，以色列第一家天然气站在 Ashdod 建立。2009 年，以色列在海法附近地中海海底再次发现预计储量达 5 万亿立方英尺（约合 1415 亿立方米）的塔马尔天然气田，现该项目已准备投产开发，预计将在很大程度上缓解以色列能源进口压力。2011 年年初，又在距以色列著名港口城市海法西北部约 129 千米的利维坦（Leviathan）海域，发现了一个储量约为 16 万亿立方英尺的特大天然气田，据初步评估，该气田市值 450 亿美元，为近十年来世界上发现的同类最大气田，这一发现也将使以色列成为潜在的天然气出口国。塔马尔气田已于 2013 年 3 月投产，利维坦气田也将于近年投产。

以色列近年来已成功实现了由原油发电向火力发电的转变，在海岸线上建有火力发电厂，所有的火力发电用煤全靠进口，大部分进口煤为低硫煤，对环境的污染相对较小。以色列用煤的主要进口国为南非、美国、哥伦比亚和澳大利亚，也从中国等其他国家少量进口。

2. 劳动力供求及工薪

（1）劳动力资源

2013 年年底，以色列劳动力人口 367.8 万，其中就业人口 345.0 万。2008 年上半年以色列失业率为 5.9%，为近 20 年来最低水平。受金融危机影响，以色列许多企业裁员，2009 年年底以色列失业率上升到 7.4%。2010 年，随着经济稳步复苏，失业率降至 6.6%，低于绝大多数发达国家经济体。2011 年，以色列失业率刷新 30 年来最低纪录，年底失业率为 5.6%，同比下降 1 个百分点。2012 年年底失业率为 7%，同比上涨 1.4 个百分点。2013 年失业率为 5.8%，保持在较低水平。以色列劳动力素质较高且经验丰富，主要归因于相对较高的教育水平、全民兵役制和高素质的移民。

（2）平均工资

2013 年以色列就业人口月平均工资 9204 谢克尔（约 2550 美元），收入水平最高的是电力和水利部门，月均工资为 19 516 谢克尔（约 5406 美元），其次为银行、保险等金融部门，月均工资为 16 477 谢克尔（约 4564 美元），制造业月均工资为 13 110 谢克尔（约合 3632 美元），农业为 6507 谢克尔（约合 1802 美元）。外国工人平均收入低于本国收入水平，2012 年外籍工人月平均工资仅为 4892 谢克尔（约 1355 美元）。

3. 外籍劳务需求

以色列经济发达，尽管其失业率较其他发达国家偏高，但由于宗教、文化、社会福利等原因，部分岗位劳动力紧缺，需要一定规模的外籍劳务，尤其是劳动密集型行业和体力劳动行业，在家政服务、农业、建筑业、初级制造业等领域都存在一定的劳动力缺口。截至 2010 年年底，以色列持有合法务工签证的 11.7 万人，主要来源国包括：菲律宾（26%）、泰国（24%），中国（9%）、罗马尼亚（9%）。

以色列外籍劳务需求主要分为 3 大部分：建筑劳务、农业劳务和家政劳务。在以色列劳务市场中，主要国家形成各自具有优势的业务范围。中国工人曾在以色列建筑劳务市场占据主导地位，但目前数量在不断减少。农业劳务主要来自泰国。家政劳务主要来自菲律宾。

近年来，为解决本地失业率偏高问题，以色列政府正不断收紧外籍劳务政策，并推出了一系列针对本国失业人员的职业培训计划，但收效甚微。受不断收紧外籍劳务政策等因素影响，以色列国内普通劳动力严重短缺，制约了农业生产和房地产建设。

4. 土地及房屋价格

以色列土地及房屋价格根据所处区域不同有较大差异，可划分为耶路撒冷、特拉维夫及一些沿海城市形成的中心区域和其他周边区域，中心区域房价远高于周边区域。2008 年第四季度以来，受房地产供应不足、低利率等因素影响，以色列房价呈飞速上涨态势。目前有研究机构成果显示，特拉维夫城区房屋均价达到每平方米 7773 美元，居世界第 11 位。

在以色列建房成本中，由政府收取的各种税费占了住房成本的 40%，包括土地和公寓的附加税、购置税以及其他各种名目的税收。此外，土地审批和建筑许可手续耗时费力也是造成房价居高的重要原因。此外，大量海外犹太人回国购房也导致了以色列中心区域高档住宅价格飞涨。据以色列央行统计，2002 年房地产市场共吸引外国资金 1.92 亿美元，2006 年这一数字猛增至 14.3 亿美元。

5. 建筑成本

以色列本地无建材生产企业，水泥、沙石、钢筋等原材料均依靠进口，原材料市场价格受国际市场价格波动和汇率影响较大。

三、对外国投资合作的法规和政策

（一）对外贸易的法规和政策规定

1. 贸易主管部门

以色列主管贸易的政府部门是经济部（原工贸部），大多数与出口有关的事宜由经济部负责，该部颁布有关规定，协调有关程序。海关是被授权执行这些规定的部门，负责审阅出口文件，实施出口限制措施、退税、办理临时许可与临时出口等。

2. 贸易法规体系

以色列与贸易相关的主要法律有《标准法》《贸易征税法》《海关法》《自由进口法令》《消费者保护法》等。

3. 贸易管理的相关规定

以色列总体上采取自由贸易政策，与美国、欧盟等国家和地区签署了自由贸易协议，是世界贸易组织成员。以色列工业产品贸易自由化程度很高。实施进口许可证管理的商品多是出于安全方面的考虑，仅占全部 HS 商品种类的 7.8%。对进口商品征收的国内税费也与本国产品相同。目前以色列实施进口限制的领域主要包括农产品、食品、医疗产品、化学产品、涉及安全的产品等。限制方式主要包括高关税、季节调节税（主要是水果和蔬菜）、各种进口税费、保障措施、关税配额和数量限制、许可证、卫生和植物检疫、安全、环保、技术标准等。

禁止进口商品包括：有损公共道德、健康、安全等方面的产品，毒品、部分化学品、不按犹太教教规制作的肉及肉制品，以及从伊朗、黎巴嫩和叙利亚进口的商品。对羊肉、含脂肪 1.5% 以上的牛奶和奶油等少数农产品实行数量限制。对 1986 年《自由进口法令》中规定的 150 类产品和从阿富汗、阿尔及利亚、伊拉克、利比亚、朝鲜、沙特、苏丹和也门进口的商品实行许可证管理。

以色列对出口产品一般没有限制，没有出口配额，也不征收任何税费。仅有少数领域采取出口限制措施，如战略物资、武器和军用产品、从美国获得的美国限制出口的敏感技术。为控制质量和出于健康考虑，或执行有关国际协议（如动植物保护、毒品、危险品等），或保护本国资源，根据 1978 年《自由出口法令》，目前对 53 种产品实行出口许可证管理，多数为农产品和化学制品。此外，实行出口许可证制度的产品还包括钻石和犹太宗教物品。

4. 进出口商品检验检疫

以色列大部分进口商品检验由标准协会负责。医药、农产品等分别由卫生部、农业部负责。检验按照标准协会制订的程序进行。标准协会检验合格后，签发合格证，凭合格证申领进口许可证或直接进口。涉及卫生、安全、环境和消费者保护等方面的检验较为严格，分为强制标准和非强制标准两大类。强制标准是所有企业必须执行的，否则其产品不能进入市场。

非强制标准则起指导和参考作用。强制标准适用于大多数食品、饮料、烟草、纺织品、服装、玩具、鞋类和皮革制品。

农业部的植物保护和检验中心及兽医服务中心负责执行《 SPS 协定》的有关条款，处理有关植物和动物卫生检验及进口许可证发放。卫生部负责化妆品和药物安全管理，所有食品及保健用品在以色列市场销售之前必须到卫生部注册。

另外，犹太教律法对食品等有一些特别规定，类似伊斯兰教的“清真”要求。如进口商欲在以色列销售带 Kosher（按犹太教规定制作的食品）标记的食品，必须首先获得由犹太教大拉比签发的证书。

5. 海关管理规章制度

（1）管理制度

以色列是世界海关组织成员国，货物分类采用国际通用的《商品名称及编码协调制度》。以色列是 WTO 成员，按照 WTO 有关规定，进口完税价格主要根据进口商支付价格决定。税额一般按完税价格百分比计算，少数货物采用固定税额或上述两种方式结合的办法。以色列对进口货物实施海关检查，根据原产地及海关税则号码不同征收有关税费。进口关税由财政部关税与增值税司负责制定，具体通关业务由各入境口岸的海关负责。

（2）关税税率

目前以色列的平均最惠国关税为 8.9%，但农产品平均关税仍然很高，为 32.9%。对来自自由贸易协定国家的进口工业产品基本免除关税，农产品也享受优惠税率。最惠国非农产品平均关税为 5.1%。约有 48.5% 的税目实行零税率，其他经常商品的税率包括 12%（2094 项）、10%（614 项）、8%（603 项）等不同档次。

主要商品的进口关税如表 14-3 所示。

表 14-3　主要商品进口关税

商品名称	平均关税税率（%）	商品名称	平均关税税率（%）
农产品	32.9	电子产品	24.2
冶金产品	21.3	自行车、摩托车	15.5
纺织品、服装	22.5	汽车零部件	41.8
鞋	22.5	玩具	22.5
陶瓷玻璃制品	22.5	打火机	20.1

资料来源：以色列税务总局网站。

（二）对外国投资的市场准入的规定

1. 投资主管部门

以色列主管投资的政府部门是经济部，其下设的以色列投资促进中心负责协调各政府部门和有关机构相关职能，并为外国投资者提供帮助和服务。

2. 投资行业的规定

以色列对外商投资采取积极和开放的政策。政府制定吸引外资的政策来促进以色列出口和增加就业。除少数跟国家安全相关的领域外，对外商投资行业基本上无限制。以色列企业也积极寻求与国外投资者合作，以拓展国际市场，提高产品竞争力。

禁止的行业：博彩业。

限制的行业：国防工业、通信、发电和铁路运输的某些领域。

鼓励的行业：由于以色列在科技水平、劳动力素质、政府对研发鼓励政策、培育环境等方面的领先优势，外商特别适合投资高科技产业，尤其是在以色列设立研发中心。以色列高科技产业和技术创新企业是外资投资重点。以色列政府特别鼓励有利于提高以色列产品竞争力、创造就业机会、推动工业研发型企业和技术创新型企业发展的长期投资。对工业研发有大量鼓励措施。

3. 投资方式的规定

在以色列可以进行多种形式的投资和商业运作。不同类型的企业分别由相应法律法规加以规范，适用不同的税收办法。

（1）以色列公司

以色列企业最通常的组织形式为公司，包括股份有限公司、有限责任公司和无限责任公司 3 种，均应遵守《公司条令》（Companies Ordinance，2000 年 2 月修订）的规定。

（2）外国公司

在海外成立的公司可以在以色列设立分支机构或其他业务场所（包括股份转让或股份注册办事处），但必须于设立分支机构 1 个月内在以色列注册为外国公司。

（3）合伙制企业

合伙制企业需遵循《合伙条令》（Partnership Ordinance），并在其成立 1 个月内到司法部合伙制企业注册局（Registrar of Partnerships）注册，但某些农业合伙企业可以免于注册。合伙制企业中合伙人数量一般不超过 20 人，公司及外国居民也可以获得合伙人身份。

（4）合作社

根据《合作社条令》（Cooperatives Ordinance），合作社应在经济部合作社注册局注册，合作社成员的责任一般仅限于其所拥有的股份或在合作社章程中规定的额度，每个成员拥有一票决定权，所占有资本不超过总资本的 20%。

（5）合资企业

合资企业是由两个或两个以上的合作方共同开展某项活动或在特定基础上进行交易。当有多方参与时，在不同情况下合资企业可能采取“利益共享”“财团”“成本分摊”等不同形式。典型的合资企业可能联合不同国家、不同大陆的实体，表现为一种涉及所有各方的国际战略联盟。合资企业与合伙企业类似，但区别在于合资企业通常为特定情况下某项单一活动或单一交易。

以色列鼓励吸收外国投资，对外商在以色列投资基本上没有外汇控制。外汇管理机构为以色列央行的外汇管理中心。对外资企业或合资企业总体上并无限制。外国居民在以色列可从事房地产和证券投资并将投资所得汇出境外。对此并无必须有以色列人参股外资企业的要求。

（三）企业税收的规定

1. 税收体系和制度

以色列实行属地税法和属人税法相结合的征税制度。其税收制度的基本原则与多数西方国家相似，但 20 世纪 80 年代的高通货膨胀迫使以色列采取了广泛的联系制度，计算各项税务时通常要与消费者物价指数联系，有时也采取与外汇联系或以外币结算形式。以色列是世界上税收负担最重的国家之一，2010 年总税赋占 GDP 的 31.4%，较 2009 年下降 5.4 个百分点。税种包括收入和利润税、工资税、财产税、国内产品和服务税、进口税、国家保险税等。另外各地方、各行业还有一些各自的征税和交费。每种税都有特例情况可予以减免。税务管理机构主要分为 4 类：①中央政府部门：财政部所得税与财产税司负责征收各种所得税与财产税；海关与增值税司负责征收与进口、国内制造和增值相关的间接税。另外，交通部、司法部、内政部等分别负责征收有关费用、罚款等。②国家保险协会：国家保险协会负责征收国家保险费和医疗保险费。③地方政府：各地方政府分别制订、征收本地区的市政税、地产增值税等。④其他机构：国家广播局、港口铁路局等其他部门负责征收本行业的有关费用。

2011 年以色列爆发了反对高房价、高物价的大规模民众示威游行。政府成立了社会经济改革小组，提出了改革税收制度的建议并得到了政府采纳。主要改革措施包括：①停止降低公司税的步伐，并将现有公司税从 24% 调高至 25%；同时，上调个人累进制所得税率的最高额度，将个人收入超过 40 231 谢克尔（约合 11 286 美元）档次的最高税率从 44% 提升至 48%；②从 2012 年起，利息、分红、资本收益、不动产改善税将从 20% 调高至 25%，实质性股东的税率将从 25% 提高至 30%；③逐渐减少购置税和进口关税。最新的税率情况可登录以色列财政部税务局网站。

2. 主要税赋和税率

（1）企业和个人所得税

所有在以色列注册的公司均须缴纳企业所得税。个人通过主动所得（劳工、贸易、职业等）或被动所得（股息、租金、利息等）渠道从以色列获取的收入应当缴纳个人所得税。个人的工资所得税由雇主代扣，采取超额累进制税率，并根据个人条件不同享受优惠政策。

（2）增值税

以色列对消费和进口商品、提供服务征收增值税。增值税是以色列使用最广泛的间接税，涉及大部分交易，目前税率为商品及服务交易价格的 18%。出口收入和新鲜蔬菜水果的销售不须缴纳增值税。计算应纳税额时，可以用公司的国内支出和进口货物时已付的增值税额冲抵营业收入中的应缴增值税额。在一定情况下，纳税者可以得到退税，如外国居民在以色列拥有房产时，在该房产上提供服务的增值税可以返还。出口货物（部分钻石及宝石免缴增值税），向外国居民出售无形资产或提供与资产无关的服务，外国居民使用以色列的展览设施及相关服务，旅游者在饭店享受住宿、娱乐等服务时增值税率为零。

（3）资本所得税

出售企业资产、不动产、公司证券以及以色列居民在境外拥有的资产所得到的收入属于资本所得，应按照以色列法律规定缴纳资本所得税。外国居民在以色列的资本所得按实际利润（去除通货膨胀因素）缴纳资本所得税，个人按 10% ~ 45% 缴税，公司按 25% ~ 31% 缴税。2008 年 7 月 1 日开始，以色列取消了销售税项目。

（4）进口税和购置税

进口税最重要的是关税，完税价格为进口的 CIF 价格，以色列是 WTO 成员，还与美国、欧盟、欧洲自由贸易区等国家和地区签订了自由贸易协定，对大部分工业产品和部分农产品相互给予免关税待遇。进口环节购置税和增值税与国内购置税、增值税税率一样。

（四）对外国投资优惠的规定

1. 优惠政策框架

以色列涉及鼓励投资的法律主要包括以下几个。

《资本投资鼓励法》（1959 年）界定了获准企业的地位，企业如满足政府关于工业、经济和社会的政策规定，即有权获准拨款和税收减免。

《工业研发鼓励法》（1984 年）是关于研发经费和鼓励的规定，政府可以企业日后专利权使用费为交换而资助技术性研发或分担技术开发风险。

《工业（税收）鼓励法》（1969 年）涉及鼓励投资（通常为对国民经济有利的指定领域内投资）的一系列补充立法和特殊项目。

政府对投资的鼓励措施主要分为三类：一是对研发性投资给予经费支持；二是提供基础设施方面的支持，减少投资者租赁工厂和培训劳动力的费用；三是采取减免税、税收假期、允许固定资产高折旧率等做法。

2. 鼓励政策

（1）鼓励投资措施

根据《资本投资鼓励法》，政府鼓励投资的方案主要有拨款计划和自动税收优惠计划。企业可选择某个税收优惠计划，如符合拨款计划规定，可被认定为获准企业或优惠企业。

开发区内的获准企业可获 10% ~ 32% 的固定资产费用支持。另外，获准企业可在 7 ~ 15 年内享受低至 10% ~ 25% 的公司税优惠。

企业如在 3 年内投入工业或酒店的固定资产额满足最低有效投资额，并由以色列投资方控股，则为优惠企业，不须经获准程序即可享受“税收假期”优惠。优惠企业在 7 ~ 15 年内享受低税率。公司税和代扣所得税加总后的优惠税率为 15.4% ~ 36.25%。另外，以色列对满足条件的外国投资者还提供免除资本所得税的优惠。

此外，以色列还采取一系列的促进措施，鼓励投资，主要包括：高科技孵化器、就业资助计划、雇用新移民资助计划、培训支持计划、工业企业鼓励计划、酒店翻新项目、动画和电视节目开发项目、小企业支持计划、自由港区法、埃拉特自由贸易区、开发区法等。各地方政府也实行多种积极的鼓励措施。

（2）鼓励研发措施

以色列的首席科学家办公室对研发活动可提供 20% ~ 85% 的经费资助。对以色列与美国、加拿大、新加坡、韩国和澳大利亚等国合作方共同进行的研发活动，可由双边研发基金提供高达 50% 的经费支持。另外，由于以色列与奥地利、比利时、爱尔兰、德国、荷兰、法国、中国等国签订了研发协议，以色列公司与上述国家合作方进行的研发活动可获首席科学家办公室的研发经费支持。以色列还加入欧盟的 7 个研究与技术开发框架项目，企业的有关研发活动还可获得多边研发经费支持。

3. 特殊经济区域的规定

以色列有各类开发区和工业区，这些区域在以色列工业经济建设中扮演着重要角色，许多重要的工业部门都建在工业区。以色列政府通过建立工业区实施政府的产业布局，支持经济相对落后地区发展工业，分散人口，促进就业。

以色列工业区建设由以色列经济部负责，其主要职责是根据国家的地区发展政策提出工业区发展的建议、确定工业区建设地点，实施建设计划建立工业区并在工业区安置人口及工业区建成后的管理。

以色列经济部与国家土地管理局和计划当局协商确定工业区的合适地点，取得计划与开发许可，然后利用政府预算，通过开发公司计划和发展工业区的基础设施。政府主要负责工业区的基础设施，其中包括供水、通电、修路和安装照明设施提供通信和其他服务等。

（五）劳动就业的规定

1. 劳工法的核心内容

以色列涉及劳动就业的法律非常具体，共有 30 多部，对劳工关系的产生、内容、集体协议、劳资双方的权利、义务、福利报酬、就业和保护、妇女和未成年人的雇用、劳资纠纷的解决、劳工的国家保险等做出了详细的规定。

（1）签订工作合同

大部分情况下，由劳动者组织代表个人与雇主签订集体协议，但个人签订工作合同的情况正在增多。法律和有的集体协议中规定了雇主必须为雇员支付社会保障、失业保险、离职费、培训费等。

（2）解除工作合同

解除合同须提前通知员工。根据法律规定，在解雇、员工到达退休年龄退休和其他规定情况下，雇主向雇员支付离职费，标准为 1 个月的基本工资乘以雇用年限。如为按日雇用的员工，在 1993 年以前开始雇用关系的，离职费为 12 天的基本工资乘以雇用年限。劳资纠纷由劳工法庭受理。

（3）劳工报酬

《最低工资法》提供了全国统一的最低工资标准，即政府定期制定的全国平均工资水平的 47.5%。绝大部分企业采取每周 5 天工作制，平均工作时间为每周 43 小时。加班和轮班工作可享受额外的加班费和交通补贴。雇用关系超过 1 年后，雇员根据其工作年限，可获得每年最少 10 ~ 12 个工作日、最多 22 ~ 24 个工作日的带薪休假。

（4）职工社会保险

基本社会保障体系为生病、失业和残疾期间的雇员提供保障。该体系还提供医疗保障和养老金保障。从 1995 年 1 月 1 日起实施的《国民健康保险法》规定，所有缴纳健康保健金的居民享有一揽子健康服务。此外，大部分雇主还须为雇员购买国民健康保险以外的补充保险，如离职保险等。根据月收入和雇用情况的不同适用不同的保险费率，在月收入低于当年规定标准的情况下可享受不同程度的费率优惠。凡收入低于社会平均收入 60% 的个人可享受优惠税率，具体费率如表 14-4 所示。

表 14-4　低收入个人享受优惠税率

	全额税率（%）	优惠税率（%）
职工	7.00	0.40
雇主	5.43	3.45
自由职业者	11.23	6.72

2. 外国人在当地工作的规定

外国人在以色列工作须获得工作许可。由雇主以书面形式向劳动部提交申请，包括提供拟雇用员工的详细信息及雇用外国人的理由。工作许可通常为 1 年，可申请延期。《以色列雇员服务规定》对雇用外国专家有税收优惠的规定。

（六）外国企业在以色列获得土地的规定

1. 土地法的主要内容

根据以色列《土地法》，以色列 93% 的土地为公有性质，7% 为私有。公有土地中，政府持有全国土地总量的 69%，土地开发机构持有 12%，犹太民族基金会持有 12%。私有土地大都分布于特拉维夫、耶路撒冷、海法等较大城市。公有土地可向特定对象出租，年限为 49 年或 98 年，私有土地可以自由买卖。

由以色列土地管理局管理的土地被认为是国家土地。土地管理政策根据如下法律和法规来执行。

（1）以色列《基本法》：以色列土地（1960 年），该法律提出国有土地不可出售或租赁。

（2）以色列《土地法》（1960 年）：管理国家土地所有权的变更。

（3）以色列《土地管理法》（1960 年）：授权以色列土地管理局负责管理

国家土地。

（4）以色列国家和 KKL 协定（1961 年）：如上所述，提出由以色列土地管理局管理国家土地。

海法港销售和开发：土地的规划和开发根据以色列政府和以色列土地管理委员会设定的目标以及相关部门和当局（住房和施工、旅游、工业和贸易、市政局等）来执行。规划和开发标包括兴建住房，创造就业，提供娱乐设施等。土地一般采取公开招标的方式出售或租赁，有时采取抽签的方式来决定。

收购土地：代表国家收购，特别是国家有兴趣开发用于公共用途的区域，如道路、学校、文化中心等。

收购通常采取直接购买或者向土地所有者抑或土地权利所有人提供交换财产或资金补偿来实现。

控制土地使用权：因为土地是用于特定用途，所以需要加以控制，以防违约。

2. 土地改革措施

2009 年，以色列部长委员会批准了土地管理局提交的土地改革措施，主要内容包括以下几点。

（1）出售城市土地，所有权归个人所有。允许个人投标、购买城市土地，作为工业、商业、酒店以及住宅用地。土地一旦出售，土地管理局不再进行任何干预。

（2）土地所有权转让。与土地管理局有长期租约的租户，将行使该土地全部所有权。新土地只能用于出售，不能用于租赁。

（3）基础设施的规划与开发职能，由土地管理局移交至地方政府和私营部门。须政府参与规划和开发的基础设施项目，由住房和建设部负责外包。

（4）新成立的土地管理机构将取代土地管理局。该机构下属三个司，业务司负责土地市场化交易，土地保护司负责监督、执行国家土地权限，服务司负责目前的土地租赁，采取外包形式。

3. 外资企业获得土地的规定

以色列《土地法》对外国居民取得土地所有权或使用权有着严格的规定。

其中，7% 的私有土地可以自由买卖，任何背景的外国投资者均可取得其所有权；12% 的犹太民族基金会持有的土地仅限于向以色列本国的犹太人出租；12% 的土地开发机构持有的土地可向所有本国公民、外籍犹太人出租；63% 的政府持有的土地可向所有本国公民、外籍犹太人、外籍非犹太人出租，但外籍非犹太人租用时，必须向以色列土地管理局提交申请，证明租用土地将有益于以色列，并经土地管理局相关委员会讨论通过。

（七）外资公司参与当地证券交易的规定

根据以色列《证券法》和《资本投资鼓励法》等相关规定，以色列政府允许具备孵化条件的外资公司参与当地的股票和证券交易，且外国人可自由获得在特拉维夫证交所上市的任何股票信息，可购买在特拉维夫证券市场交易的所有股票和债券，可以拥有基金的执照，甚至可以投资远期基金，参与国内储蓄计划。只有在涉及企业管理、外资企业财产所有权以及购买与以色列政府相关指数有关的股票及债券时才有一些限制性规定。但是，非以色列企业和居民不能与本土居民和国内银行机构开展以以色列货币为基础交易的货物，但交易中支付或者接收外国货币的期货交易（远期交易的预付款价格短于 30 天的交易）除外。

（八）对外国公司承包当地工程的规定

1. 许可制度

根据以色列法律规定，外国承包商在以色列承包工程须获得许可。

2. 禁止领域

以色列是世界贸易组织《政府采购协议》缔约方。按照以色列政府承诺，政府投资在 500 万特别提款权及以上的公共工程项目，只对《政府采购协议》其他成员开放，非成员方的企业禁止参与。

以色列承包工程市场在涉及国防、国家安全及公共安全等问题的项目上禁止外国企业进入，在旅游代理、酒店业、国际通信、无线电通信服务领域对外国企业参与施工也有不同程度的限制。

3. 招标方式

以色列工程建设项目按照 1992 年制定并实施的《强制招标法》以及根据该法延伸出的《强制招标规定》（1993）、《关于优先选用以色列产品和强制性商业合作的强制招标规定》（1995）、《国防设施合同强制招标规定》（1993）、《关于优先选用国家优先区域产品的强制招标规定》（1998）等二级立法和法规确定招标方式和适用范围，并须由项目相关单位组成招标委员会，实行招标，不进行公开招标的项目需要特别说明。

（九）对中国企业开展投资合作的保护政策

1. 中国与以色列签署双边投资保护协定

中国与以色列政府在 1995 年签订了《中华人民共和国政府和以色列国政府关于促进和相互保护投资协定》。

2. 中国与以色列签署避免双重征税协定

1995 年 4 月，中以两国政府签订了避免双重征税协定。

3. 中国与以色列签署的其他协定

中以两国政府还签订了中以两国贸易协定、海运协定、互认标准协议、投资保护协定、工业技术研究与开发合作框架协议等。

（十）知识产权保护的规定

1. 有关知识产权保护的法律法规

以色列是伯尔尼和巴黎公约成员国，也是世界知识产权组织成员，关于知识产权保护的法律比较完备。版权、专利、商标、工业外观设计、地理标志、商业秘密、集成电路布局设计等知识产权在以色列受到法律承认和保护。版权保护还包括原创文学、戏剧、音乐和艺术作品（包括计算机和软件）等。以色列承诺，如其知识产权保护的国内立法内容有与 WTO《与贸易有关的知识产权协定》不一致的，将按照该协定的规定进行修改。以色列涉及知识产权和工业产权的法规包括《专利法》《商标条令》和有关条例、《版权法》《版权条例》《专利与设计条令》等。

2. 知识产权侵权的相关处罚规定

以色列《专利法》规定，专利保护期为 20 年。若专利被侵犯，从专利公布之日起计算民事补偿责任，包括禁止令和损害赔偿金，无刑事处罚。

商标注册有关规定参照《商标条令》和有关条例。商标起始保护期为 7 年，可延长 14 年，连续 2 年不使用则撤销保护。违反商标法令和管理条例的民事补偿包括禁止令、损害赔偿金及其他，刑事处罚包括没收或销毁产品、监禁或罚款。商标注册时采用“使用原则”而不是“注册原则”，因此收集商标使用证据对在以色列完成商标注册十分重要。原创式样和设计可获得 5 年保护期。起始保护期过后可申请 5 年的延长保护期 2 次。

以色列《版权法》和《版权条例》规定，原著文学作品、戏剧、音乐和其他艺术作品无须申请即可获得版权保护，保护期为创作者在世期间另加 70 年（音乐和其他艺术作品为 50 年）。《版权法》主要对作者的道德权利进行保护，使用权则由其他立法进行保护。侵犯版权的民事补偿包括禁止令和损害赔偿金，有些情况下可被处以刑事处罚。

四、在以色列开展投资合作的手续

（一）在以色列投资注册企业需办理的手续

在以色列投资合作办理相关手续，须向当地律师和相关咨询机构寻求帮助，具体事项可与中国驻以色列使馆经商参处联系。

1. 企业的形式

在以色列可以进行多种形式的投资和商业运作，如以色列公司（包括股份有限公司、有限责任公司、无限责任公司）、在以色列注册的外国公司（外国公司的子公司）、以色列合伙制企业（包括无限责任和有限责任两种）、外国合伙制企业（包括无限责任和有限责任两种）、合作社、合资企业等。不同类型的企业分别由不同法律加以规范，适用不同的税收办法。

（1）以色列公司

以色列企业最通常的组织形式为公司，包括股份有限公司、有限责任公司和无限责任公司 3 种，均应遵守《公司条令》（2000 年 2 月更新）的规定。

股份有限公司分上市公司和非上市公司两种。申请注册股份公司时应向公司注册局提交公司备忘录和公司章程；非上市公司的公司章程应限制发行股票及证券的权利。

有限责任公司成员在公司清算时所承担的责任仅限于其在公司备忘录中所规定的范围，大部分对非上市股份有限公司的规定也适用于有限责任公司。

无限责任公司一般为律师、会计师事务所等机构采用，其成员在公司清算时承担无限责任。

（2）外国公司

在海外成立的公司可以在以色列设立分支机构或其他业务场所（包括股份转让或股份注册办事处），但必须于设立分支机构 1 个月内在以色列注册为外国公司。注册时应提交公司章程、董事名单、在以色列的联系人委托书。注册后可以在以色列设立固定的经营场所，在以色列纳税时与以色列公司享受同样待遇。

（3）合伙制企业

合伙制企业须遵循《合伙条令》，并在其成立 1 个月内到司法部合伙制企业注册局注册，但某些农业合伙企业可以免于注册。合伙制企业中合伙人数量一般不超过 20 人，公司及外国居民也可以获得合伙人身份。

（4）合资企业

合资企业的概念，是两个或两个以上的合作方共同开展某项活动或在特定基础上进行交易。当有多方参与时，在不同情况下合资企业可能采取“利益共享”“财团”“成本分摊”等不同形式。典型的合资企业可能联合不同国家、不同大陆的实体，表现为一种涉及各方的国际战略联盟。合资企业与合伙企业类似，但区别在于合资企业通常为特定情况下某项单一活动或单一交易。

2. 注册企业的主要程序

以色列企业最通常的组织形式为公司，在以色列开办以色列籍公司或外籍公司在以色列的分支机构时需办的手续包括公司注册、银行开户、增值税注册、代扣税注册、国家保险与医疗保险注册以及公司税注册。

（1）注册公司

注册以色列公司时必须向司法部公司注册局提供确认公司法人身份、主要目的、股东责任和股份发行情况的公司备忘录以及阐明公司行为准则的公司章程。如果未提供这些内容，则自动启用《公司法》中的章程范本。

通常由公司的法律顾问起草这些文件，并以适当的表格向公司注册局提出注册申请。以色列的官方语言为希伯来语和阿拉伯语，但公司注册局通常也接受以英文形式提供的文件。

公司名称应为希伯来语，同时也可选择加注英文名称，所提的公司名称须得到公司注册局的认可方能使用。

注册费根据公司注册股本的增长而增长，股本不超过 23 万谢克尔时，注册费为 1%，但不低于 380 谢克尔；股本在 23 万 ~ 77 万谢克尔时，注册费为 0.6%；股本超过 77 万谢克尔时，注册费为 0.1%。接受有关文件及注册费后，公司注册局将向公司发放成立证书（公司注册号通常为 9 位数字，以“5”开头）。

发行或分配公司股本时，应纳印花税额为公司收入款额（包括升水）的 1%。如果公司状况发生变化，必须及时向公司注册局汇报。

注册外国公司的分支机构，在以色列进行经营活动的外籍公司，必须在开业前 1 个月内进行注册。应向公司注册局提供所在国发放的公司成立证明、公司章程及希伯来语翻译件（均须公证）、经该公司授权办理有关手续的以色列居民姓名及地址、授权以色列居民代表该公司开展业务的委托书（须公证）、公司董事名单等，并通常要事先取得以色列驻该公司所在国领事部门对这些文件的认证。

（2）银行开户

在以色列商业银行开户通常需要以下文件：公司备忘录、公司章程及公司注册局所发注册证书的复印件、关于复印件真实性的律师证明；关于公司授权签字人、开立银行账户的董事会决议、公司董事、公司股东情况的律师证明。

以色列商业银行将以色列居民持有的账户与外国居民持有的账户分别处理。外国居民可持有两种基本账户：非以色列居民外汇账户（NRFC）和非以色列居民谢克尔账户（NRS）。外国居民可以在这两种账户里存入任何外国和以色列货币，包括来自以色列居民的银行转账、支票及现金。但应向银行解释交易性质，如果银行不知道交易性质，且转账金额不低于 5 万美元（20 万谢克尔），该款的使用将受到限制，仅可存入谢克尔账户或兑现。只有在声明交易性质后才可以在两种账户上正常使用该款。

（3）增值税注册

增值税的征收适用于从产品进口到生产、批发、零售、服务每一个流转环节。在开展实际业务之前，公司必须按以下步骤注册为经销商，以便缴纳增值税。

在离公司办公地点最近的当地增值税办公室进行注册。

注册时须提供公司注册局签发的注册证书、公司备忘录及公司章程、公司签订的关于租购办公场所的合同、律师或会计师关于公司授权签字人及公司董事人选的认证书、公司董事的身份证复印件。

如果公司处于初创阶段，尚未开始经营，可能须递交其他一些文件，包括提供有关今后业务活动的信息，如供货意向、业务合同、建筑用地认购书、建筑许可、地方或国家机关签发的开展业务的许可等。

进行增值税注册时，可委托律师、注册会计师或注册税务顾问作为代理人办理，该代理人须持有代表公司进行注册的授权书。但注册表格必须由授权签字人签署，而不能由代理人签署。注册时必须派人当面办理，不得通过邮递方式进行。

注册时必须使用增值税局制定的 821 及 821A 表格，并由授权签字人签署，内容包括资产总额、投资额、资金来源、第一年度计划销售额、银行账户号码（须提供一张作废支票）等详细资料。

公司注册后，首先得到一份增值税注册临时证书，正式证书将通过邮递方式送达，注册编号通常与公司注册局所发编号一致。公司还将收到有关下一次申报纳税的通知以及该财政年度再次进行申报时所需使用的表格。

在以色列定居的外国人或外国实体在以色列开展业务时，同样必须指定一个以色列永久居民作为其增值税代理人，负责处理以色列增值税事宜，有关各方应签署第 22 号增值税表格，该代理人即为增值税责任人。

（4）代扣税注册

以色列广泛实施代扣税制度，工资、服务报酬、利息、股息、销售等大部分收入均须预先代扣税。向雇员支付报酬或向其他人支付费用之前，公司应在当地的代扣税办公室注册，设立代扣税档案。

注册时使用第 4436 号表格（与公司注册所用表格相同），并由授权签字人签字生效。注册后，税务部门将把含代扣税的付款表格和公司档案序号邮寄给公司。

月报表中应详细记录雇员等各类收款方的代扣税以及某些未经许可发生费用的预付款（指机动车辆费用、旅行费用、娱乐费用中的不应扣税部分等法定“额外费用”）。

一般来说，雇主应设立代扣税档案，从雇员在以色列工作所得报酬中代扣所得税，并于每月 15 日及时申报及汇付代扣税（对象为上月 14 日至本月 13 日的工资）。

向其人支付专业服务费用、利息、股息、货款等款项时，一般应由付款方代扣有关税款。如果付款方已扣税，则收款方应得到标明付款总额及已扣税额的临时证明，并在该税务年度最后 3 个月内得到正式证明。应注意收款方有可能事先从税务部门获得减免税证明。

（5）国家保险与医疗保险注册

公司必须为雇员支付部分国家保险费用，并负责从雇员工资中代扣医疗保险费用，雇主还需要为自己缴纳国家保险费和医疗保险费。但公司不需要到国家保险公司进行注册，向代扣税办公室提交第 4436 号表格后，其副本将被送达国家保险公司，两处档案编号相同。国家保险公司将把每月付款时所使用的表格邮寄给公司。填写表格及汇款的工作应于每月 15 日完成。

（6）公司税注册

公司应于开业后 90 天内到有关税务部门办理公司税注册手续。注册时同样使用第 4436 号表格，内容包括公司的基本情况，如开业日期、本年度计划收入、公司名称、地址、电话号码、审计师、雇员人数、代扣税档案编号、股东、董事及有关公司情况等。档案编号通常与公司注册局签发的编号相同。

注册后，税务部门将向公司邮寄一本电脑编制的预付税表格。预付税额通常为年营业额的百分比（固定），有时为固定数额。对于不应扣税的开支和从纳税人商业收据中扣除的税款，其预付税款可以在实际支付时扣除。

如果预付税额高于公司预计的年税收额，可使用2216/a表格申请减少甚至取消预付税款。但是预付税额减少后，如果实际应纳税额超出了预付额，差额部分将被处以罚款，并应支付相应利息（目前规定为年利率4%）及根据该年度年中消费者价格指数计算的通货膨胀差额。

（二）承揽工程项目的程序

1. 获取信息

以色列国家筹资建设的项目由各政府部门网站发布信息，主要项目主管部门有运输部、住房和建设部、基础设施部、环保部和电信部。此外，各大媒体也定期发布招标信息。

2. 招标投标

根据以色列《招标管理条例》，国家的投资项目均采用招投标方式。因为以色列法律体制较为健全，项目的招投标往往要经历漫长而严格的审核过程。如项目单位不通过招标方式，须向主管部门申请，获准后才可以其他方式确定项目承办单位。

3. 许可手续

以色列承包工程的主管部门是隶属于经济部的工业合作局，获准承包工程的企业需要到该部门申请承包工程许可证，并接受该机构对承包工程的审查和项目监督。

（三）申请专利和注册商标

1. 主管部门

以色列政府部门里没有设置专门的知识产权（或专利）局，国家对知识产权行使保护与审批管理职责的部门，是司法部下属的“专利、设计和商标办公室”。该办公室根据知识产权保护的内容，下设专利、设计、商标和专利合作条约（PCT）4 个专业部门，以及 1 个服务于各专业部门的法律部。这些部门按照各自有关的知识产权方面的法律规定，分别对专利、工业设计、商标和原始名称，以及国际专利等方面的申请进行登记与审批，向它们提供知识产权的法律保护，并负责处理与工业知识产权有关的事务，向社会提供与工业知识产权有关的信息。

2. 注册方法

专利（包括商标、设计等）申请一般是通过各种专利代理机构和代理人进行的。代理机构和代理人需要在“专利、设计和商标办公室”注册和登记。目前，以色列国内有许多具有专利代理资格的代理机构和代理人，具有丰富的专利代理经验。这些代理人不仅代理以色列国内的专利申请，而且还根据 PCT 规定，为发明人申请国外专利，处理相关的法律纠纷。由于专利代理机构（人）精通各国专利法规和申请程序，因此，通过他们进行专利申请，不仅加快了专利的申请速度，而且提高了申请人获得专利的可能性。

此外，由于以色列是《马德里协定》的成员国。中资企业可通过“马德里体系”商标国际注册，即通过国家工商行政管理总局商标局向世界知识产权组织国际局提出申请，同时指定向以色列提出领土延伸保护。

（四）企业报税的相关手续

税务年度截至每年 12 月 31 日，公司应自行计算完税收入和税额，并于税务年度结束后 5 个月内提交年度税务报告，经过申请最高可延迟 13 个月。税务报告中必须附上经审计的公司年度财务报表，并由公司的独立审计师认证。自提交税务报告当年年底起 3 年内，税务部门对其报告进行审查。

唯一收入来源是工资并且已由雇主代扣税的个人一般无须提交税务报告，除非其收入超过 12.5 万美元，这涵盖了大部分雇员。其他人（包括自我雇用的人）必须在税务年度结束后的 4 月 30 日之前提交税务报告。在海外拥有财产或投资的人也必须提交年度报告。

迟交税务报告或迟交应纳税款将被罚款。

增值税表格一般应每月申报，当全年营业额低于一定限额（1999 年 1 月规定为 56.5 万谢克尔）时，可每两个月申报一次。

到了增值税到期日、一定数额（1999 年 1 月规定为 13 592 谢克尔）以下的增值税退税到期日，或到期无须缴纳增值税时，可通过邮政银行或任一商业银行分行提交增值税报表。如果应退税额超过上述固定数额，则应向存放该公司档案的地区增值税办公室提交报表。当上述限额以下的增值税退税到期时，该项退税不进入公司的银行账户，而是在下月报表中对应付税额进行冲抵。

向地区增值税办公室提交报表时，必须同时提交第 874 号表格（有关税务发票细节及有关进口文件细节）和第 875 号表格（有关进口文件进一步细节）。在第一个营业年度，所有这类发票必须全部提交给增值税办公室（第二年后提交 85% 的发票）。最好能带上发票原件及复印件，因为有可能需要将复印件留用备查。

如果向地区增值税办公室提交的表格中含有退税内容，退税款通常在报表提交后 30 天内支付。某些符合要求的出口商可以享受增值税快速退税待遇。

本身也开展出口业务的进口商可享受特别待遇，以方便其支付进口增值税。以色列广泛实施代扣税制度，工资、服务报酬、利息、股息、销售等大部分收入均须代扣税。

工资所得税采取累进制，最高税率为 50%，其他代扣税税率一般也不超过 50%。外国居民的股息、利息、版税等收入的代扣税税率一般为 25%。核准企业股息的税率为 15%，如果符合以色列与外国签订的避免双重征税协定，税率可能更低。

公司及自我雇用人员应每月或每两个月预交一部分税款，如果累计税款可能超过该年度应缴税款的话，可以申请少缴或免缴。超过该年度应缴税款的部分不予退还，但可以冲抵以后的应缴税款。

以色列已经与中国、美国等 29 个国家签署了避免双重征税协定，规定了代扣税税率。

（五）工作准证

1. 主管部门

以色列负责外国高级雇员和外籍劳工工作许可管理的部门是内政部移民局。

2. 工作许可制度

以色列政府对外籍劳务实行配额管理。在配额内按照工作许可制度办理相关手续。外籍劳务在以色列就业的许可有效期一次为 1 年，最长可延长到 63 个月。期满后必须离境（可以不回母国而去其他国家），但可多次返回以色列，次数不限。

以色列法律规定只有拥有永久居留权、临时居留权、B1 或 B4 签证的外国人可在以色列工作。B1 签证签发给希望在以色列短期工作，领取报酬的外国人。B4 签证签发给在以色列从事无报酬自愿工作的外国人。B1 和 B4 签证均须由雇主代为申请。

3. 申请程序

外籍高级雇员指月薪至少 14 000 谢克尔以上的行政主管、经理人或专业技术人员。需要外籍劳务的以色列公司、农场或家庭，须向以色列劳工部提供项目资料、劳动力需求量等申报材料。以色列经济部根据雇主提供的材料审核后决定是否同意引进外籍劳务及可引进外籍劳务的数量。内政部负责外籍劳务的签证办理。

内政部移民局将收到的申请材料送交经济部外贸管理司（以下简称“管理司”）检查和审核。根据审核结果，管理司向移民局顾问委员会提出初步意见，然后由顾问委员会提出建议供移民局长核定，申请获批准的人须缴纳 500 谢克尔的申请费。此外，申请公司须做出书面承诺，保证所雇员工的月薪至少是以色列月平均工资的 2 倍，即 14 000 谢克尔。

雇员和申请公司缴清申请费并提交所有必需的材料后，移民局司向申请公司签发申请许可（通常情况下许可签发的期限为 1 年）。获得申请许可的申请公司须向内政部申请工作签证批复。签证由以色列设在雇员所属国家的使领馆签发。每年每个工作签证费为 4000 谢克尔（另有约 150 谢克尔的申请费）。使领馆颁发的签证有效期为 1 个月，雇员入境后，由内政部根据经济部劳工司批准的工作期限为其签发延期签证。

从 2005 年 5 月 1 日起，以色列实行新的外籍建筑工人雇用政策，单个承包商（建筑商）的外籍工人雇用许可将失效，同时外籍建筑工人的工作签证也不再有效。从当日起，单个承包商将不再直接雇用外籍工人，所有工人必须受雇于经授权的人力公司。以色列政府指定了 43 家人力公司，由其负责从海外引进外籍劳工。如要申请工作许可，须通过这些人力公司向以色列内政部提出申请。申请批准后，以色列内政部再通知以色列驻外使领馆为申请人颁发工作准证。获取工作准证的申请人需在以色列驻外使领馆进行指纹登记，进出以色列时都需要经过指纹查验。

4. 提供资料

申请公司应以申请表格的形式填写申请材料（可从劳工司索取）并提交劳工司。

申请材料必须包括所有与雇员有关的信息。

（1）雇员在以色列的身份；

（2）雇员简历，包括先前的工作单位、技能、专业知识和受教育程度等。此外，还须提交雇主在以色列的生产经营状况。

波兰共和国投资指南[一]

[一] 部分资料来源于外交部网站、商务部网站《对外投资合作国别（地区）指南——波兰篇》；部分数据来源于商务部、国家统计局网站、《世界投资报告 2015》的公开资料。

作为丝绸之路北线沿线国家，波兰是通往欧洲的门户，是通往其他欧洲国家的桥梁。其位于欧洲中部，地处东西欧交会处，地理位置优越，东连乌克兰及白俄罗斯，东北与立陶宛及俄罗斯接壤，西邻德国，南至捷克和斯洛伐克，北面濒临波罗的海。很多从中国通往欧洲的主要铁路都经过波兰，波兰成为通往欧洲重要的运输节点，如中波两国已开通罗兹与成都、华沙与苏州之间两条铁路运输线，快铁把中国产的货物送达波兰后在1～3天便可通过铁路或公路网络分送至欧洲其他地方。波兰成为中国商品和服务进入波兰和中东欧市场的快速通道。

作为中东欧最大的经济体，波兰也是亚投行意向创始成员方中唯一的中东欧国家，持股0.875%。此外，波兰货物运输行业较为发达，在欧洲范围内仅次于德国，是欧洲唯一连续20年保持增长的国家，发展潜力仍然很大。

2011年年底，波兰与中国外交关系升级为“战略合作伙伴关系”，双方交流逐渐增多。波兰是中国在中东欧地区最大的贸易伙伴和欧盟第九大贸易伙伴，中国也是波兰第三大进口来源国和亚洲地区最大的贸易伙伴。相信“一带一路”的提出，会让中国和包括波兰在内的更多欧洲企业有更多合作的机会。

一、波兰共和国国家概况[一]

（一）地理环境

1. 地理位置

波兰位于欧洲中部，西与德国为邻，南与捷克、斯洛伐克接壤，东邻俄罗斯、立陶宛、白俄罗斯、乌克兰，北濒波罗的海。海岸线长528千米。

2. 行政区划

波兰在1998年7月，议会通过了政府制定的关于地方自治机构改革方案，决定将原有的49个省调整为16个省，同时重新设立县制，由省、乡两

[一] 资料来源：中国外交部。

级改为省、县、乡三级，共设16个省，314个县，2479个乡。新机制于1999年1月1日启动。

首都华沙（Warsaw）是波兰的第一大城市，也是工业、贸易和最大的科学文化中心及最大的交通运输枢纽。华沙是历史名城，在二战时一度被占领。而著名的《华沙公约》就是在此签订。华沙还被誉为“绿色首都”，是世界上绿化最好的城市。全市面积512平方千米，拥有大小公园65处，条条大街绿茵葱葱，绿草坪和小花坛星罗棋布，整个城市掩映在绿荫花海之中。华沙绿化面积约有1.26万公顷，人均占有绿地约78平方米，是世界各国首都当中人均绿化面积较大的城市之一。

华沙美人鱼，又名华沙守护

3. 自然资源

波兰的主要矿产有煤、页岩气、硫磺、铜、锌、铅、铝、银等。截至2012年年底，已探明硬煤储量为482.26亿吨，褐煤225.84亿吨，硫磺5.11亿吨，铜17.93亿吨。截至2012年年底，森林面积963.4万公顷，森林覆盖率30.8%。

4. 气候条件

波兰全境属于由海洋性向大陆性气候过渡的温带阔叶林气候，自西而东，自北而南，海洋性渐减，大陆性递增，年降水量450 ~ 800毫米，南部山区可超过1000毫米，森林占国土的28%。首都华沙2013年平均气温8.9℃，降水量613毫米。

5. 人口分布

据2014年1月，波兰人口总数3849万。首都华沙2014年7月人口达到172.44万。

（二）政治环境

1. 政治制度

波兰人民共和国的政权组织形式是议会制，实行国家立法权和行政权分开的制度。1947 年 1 月 19 日，波兰进行了第一次议会选举，1952 年 7 月 22 日颁布《波兰人民共和国宪法》。1952 年 10 月 26 日，进行了议会选举，并于当年 11 月 20 日成立了波兰人民共和国议会。

议会由众议院和参议院组成，是国家最高立法机构，任期 4 年。众议院议员 460 名，参议员 100 名，均通过直接选举产生。本届议会于 2011 年 11 月成立，由 6 个党派组成。众议院的席位分配是：公民纲领党 203 席，法律与公正党 157 席，“你的运动”党 36 席，人民党 33 席，民主左翼联盟党 26 席，“团结波兰”17 席，独立议员 8 席。众议长拉多斯瓦夫 · 西科尔斯基（Radoslaw Sikorski），公民纲领党，2014 年 9 月就任。参议院的席位分配是：公民纲领党 62 席，法律与公正党 30 席，人民党 2 席，“团结波兰”党 2 席，独立议员 4 席。参议长波格丹 · 博鲁塞维奇（Bogdan Borusewicz，公民纲领党），2005 年 10 月当选，2007 年 11 月、2011 年 11 月两度连任。

2011 年 10 月，波兰举行议会选举。主要执政党公民纲领党获得 39.18% 选票，执政党人民党获 8.36%，主要反对党法律与公正党获 29.89%，帕利科特运动党获 10.02%，民主左翼联盟党获 8.24%。公民纲领党和人民党联盟在众议院获过半席位，继续执政。公民纲领党主席图斯克成为波兰剧变以来首位连任总理。2014 年 5 月，波兰举行欧洲议会选举，执政联盟以逾 39.5% 的得票率获胜。8 月 30 日，图斯克被推举为新一届欧洲理事会主席，12 月 1 日就任。9 月 22 日，前众议长科帕奇出任新总理。11 月，波兰举行地方政府选举。

《波兰人民共和国宪法》规定，波兰人民共和国是工人阶级领导的、以工农联盟为基础的人民民主国家（1976 年 2 月 10 日修改宪法后，改为“社会主义国家”），一切权力属于城乡劳动人民。人民行使权力的机关是议会和地方人民会议。波兰统一工人党是波兰建设社会主义的政治领导力量。同盟党有统一农民党和民主党。统一战线组织为波兰人民统一阵线。波兰社会 - 经济制度的基础是，建立在生产资料社会所有制和社会主义生产关系基础上的社会主义计划经济。实行各尽所能，按劳分配的原则。1997 年 4 月，波兰国民大会通过新宪法。新宪法于 1997 年 10 月生效。新宪法确立了三权分立的政治制度和以社会市场经济为主的经济体制，规定：众议院和参议院拥有立法权，总统和政府拥有执法权，法院和法庭行使司法权；波兰经济体制的基础为经济自由化、私有制等原则；波兰武装力量在国家政治事务中保持中立。根据新宪法，如总统否决了议会或政府提交的法案，议会可以 3/5 的多数否决总统的决定。

本届政府于 2014 年 9 月组成，下设 17 个部。

2. 主要党派

根据 1998 年实施的新政党法，在波兰必须收集 1000 名以上成年人的签名才可建立政党。目前已注册登记的政党有 200 多个，最具影响的是：公民纲领党、人民党、法律与公正党、“你的运动”党、民主左翼联盟党、“团结波兰”党，其他主要政党有：波兰社会民主党、民主党、自卫党和波兰家庭联盟党等。

3. 外交关系

波兰 1999 年 3 月 12 日加入北约，2004 年 5 月 1 日加入欧盟，2007 年 12 月加入申根协定。主张欧盟和北约继续东扩。2013 年，波兰政府延续理性务实的外交路线，对外政策以“服务波兰、构建欧洲、了解世界”为使命，更加注重现实利益和战略平衡：政治和经济上立足欧盟，安全和防务上倚靠北约和美国，睦邻周边，积极构建全方位外交格局，力求在欧盟和北约中发挥更大作用，在地区和国际事务中影响力上升。现同 189 个国家保持外交关系。

同中国的关系：1949 年 10 月 7 日两国建立大使级外交关系。2004 年两国建立友好合作伙伴关系。2011 年 12 月，两国关系提升为战略伙伴关系。

2013 年 6 月，波兰众议长科帕奇访华。9 月，波兰前总理帕夫拉克应外交学会邀请访华。11 月，李克强总理出席罗马尼亚布加勒斯特中国 – 中东欧国家领导人会晤期间与图斯克总理举行双边会见。12 月，波兰参议长博鲁塞维奇访华。

2014 年 3 月，国务院总理李克强与波兰总理图斯克就乌克兰局势通电话。6 月，中央政治局委员、重庆市委书记孙政才访波。8 月，全国政协副主席、致公党主席、科技部部长万钢，国务委员兼国防部长常万全访波。9月，全国政协副主席马培华访波。

二战爆发纪念碑

两国外交部保持交往。2013年9月，外交部部长王毅与波兰外长西科尔斯基在出席联大期间举行双边会晤。2014年3月，王毅外长与西科尔斯基外长就乌克兰局势通电话。5月，中波第二轮副外长级战略对话在北京举行，外交部副部长王超与波兰外交部副国务秘书法尔主持。

根据中国海关总署统计，2014年中波贸易额为171.95亿美元，同比增长16.1%。其中中方出口142.57亿美元，同比增长13.4%，进口29.37亿美元，同比增长31.5%。

4. 政府机构

波兰最高法院是国家最高审判机关。最高法院对下属法院的审判活动实行监督。法官由总统任命，现任最高法院院长斯塔尼斯瓦夫·董布罗夫斯基（Stanislaw Dabrowski），2010年10月就职。1990年3月，波兰众议院通过检察院法，规定检察院作为一个司隶属于司法部，由司法部长兼任总检察长。

华沙王宫（1569 ~ 1572 年为国王的王宫和议会所在地）

（三）社会文化环境

1. 民族

波兰的主要民族是波兰族。其中波兰族约占 98%，此外还有德意志、白俄罗斯、乌克兰、俄罗斯、立陶宛、犹太等少数民族。

2. 语言

波兰的官方语言是波兰语。

3. 宗教

现在的波兰人特别珍惜其悠久而辉煌的宗教文化传统。总体上，波兰是今日欧洲对宗教仍然保持相当虔诚的国家，境内大小教堂林立，宗教气氛浓郁，每周去教堂望弥撒仍是大多数居民重要的生活内容。

波兰 95% 的人口信奉天主教，其中有 75% 依然忠实虔诚地遵守天主教的传统习俗。虽然历史上曾征服波兰的普鲁士（新教路德会）和俄国（东正教）都企图压制天主教，但反而坚定了波兰人对天主教的信念。前任教皇若望 · 保禄二世（1978 ~ 2005 年在位）也是波兰人。其余的 5% 人口大多属于东正教或基督新教。

4. 习俗

餐饮礼仪：波兰人的饮食习惯与其他东欧国家大致相似。具体而言，波兰人平时以吃面食为主。他们爱吃烤、煮、烩的菜肴，口味较淡。在饮料方面，他们爱喝咖啡和红茶。在饮用红茶之时，波兰人大都爱加入一片柠檬，并且不喜欢茶水过浓。在饮食禁忌方面，波兰人主要不吃酸黄瓜和清蒸的菜肴。波兰人在人际交往中非常喜欢请客吃饭。在宴请客人时，波兰人有不少的讲究。

一是忌讳就餐者是单数。他们认定此乃不吉之兆。

二是在吃整只的鸡、鸭、鹅时，波兰人通常讲究要由在座的最为年轻的女主人亲手操刀将其分割开来，然后逐一分到每位客人的食盘之中。

三是不论饭菜是否合自己的口味，客人都要争取多吃一点，并要对主人的款待表示谢意。

四是口中含着食物讲话，在波兰人看来，这是很粗鲁的。

交际礼仪：在人际交往中，波兰人的举止优雅，语言文明，彬彬有礼，是世人有口皆碑的。同外人打交道时，波兰人对称呼极其重视。他们的习惯，是要尽可能地采用郑重其事一些的称呼。对于男士，波兰人言必称“潘”。对于妇女，他们则非要称之为“帕那”或“帕妮”不可。在社交场合问候他人时，波兰人肯定会对对方以“您”相称。他们假如与对方以“你”相称，则多半意味着双方关系十分密切，彼此相交已非一日。

5. 工会及其他非政府组织

波兰有两个团体。

（1）团结工会（NSZZ Solidarność）：1980 年成立。有 40 万 ~ 68 万成员（截至 2010 年）。1982 年 12 月波兰当局宣布实行军管时被取缔。1989 年 4 月恢复合法地位，同年 6 月赢得议会选举并成立以其为主体的政府。1993 年 9 月大选中未进入议会。1996 年 6 月联合基督教民族统一党、中间派协议会等 35 个右翼政党和团体组成“团结工会选举联盟”（简称“团选联”），赢得 1997 年议会大选，并与自由联盟联合组阁。2001 年，由于执政联盟内部矛盾以及改革措施不力，政府支持率明显下降，不少党派和议员纷纷退出“团选联”。在 2001 年选举中，“团选联”未进入议会。10 月，团结工会召开第十四次全国代表大会并做出决议，禁止任何政治组织使用“团结工会”这一名称和标志，禁止工会领导人同时担任政党领导职务。团结工会成为纯工会性质的社会组织。主席彼得·杜达（Piotr Duda），2010 年 10 月当选。

（2）全波工会协议会（Ogólnopolskie Porozumienie Zwi zków Zawodowąych）：1984 年 11 月成立，有约 80 万会员，是左翼工会组织。主张通过提高超额工资累进税，增加退休人员收入，解决职工住房问题等维护职工权益，反对国有企业私有化和普遍私有化政策。主席扬·古斯（Jan Guz），2004 年 4 月就职，多次连任。

6. 节假日

波兰的国庆节为 5 月 3 日，亦为宪法日，1791 年 5 月 3 日波兰颁布第一部宪法；1918 年 11 月 11 日波兰恢复独立，11 月 11 日为波兰的独立日。

（四）基础设施

2012 年波兰共和国的交通运输情况如下。

铁路：铁路总长 20 094 千米，其中标准轨铁路 19 979 千米（包括电气化铁路 11 920 千米）；客运量 2.73 亿人次，货运量 2.31 亿吨。

公路：公路总长 28 万千米；有 1938.9 万辆小轿车，324.2 万辆载重汽车；客运量 4.97 亿人次，货运量 14.93 亿吨。

水运：内河航运线总长 3659 千米，内河货运量 457.9 万吨，客运量 151.5 万人次。共有海运船只 110 艘，载重 304.5 万吨，货运量 747.6 万吨，客运量 64.2 万人次；海运商港 6 个，货物吞吐量 5882.5 万吨，主要海港有格但斯克、格丁尼亚、什切青、希维诺乌西切等。

空运：波兰航空公司有飞机 70 架，同 38 个国家、91 个城市有定期航班，国际航线 131 条，总长度为 19.6 万千米；客运量 717 万人次，货运量 4.1 万吨。主要的国际机场是华沙肖邦国际机场。

管道运输：石油及其产品输送管道总长 2444 千米，输送量 5298.5 万吨。

二、波兰经济发展状况

（一）经济概况

1. 宏观经济

【经济增长率】2009 ~ 2013 年，波兰经济持续增长，2009 年是欧盟 27

国中唯一经济正增长的国家。2013 年，国内生产总值（GDP）约合 5163 亿美元，本币计算 GDP 增长 1.6%；人均 GDP 为 13 409 美元，详见表 15-1。

表 15-1　2009 ~ 2014 年波兰宏观经济数据

年份	经济增长率（%）	经济总量（亿美元）	人均 GDP（美元）
2009/2010 财年	1.8	4 725	12 379
2010/2011 财年	3.8	4 685	12 275
2011/2012 财年	4.3	5 138	13 446
2012/2013 财年	1.9	4 898	12 713
2013/2014 财年	1.6	5 163	13 409

【产业结构】第一、二、三产业分别占 GDP 的比重为：3.4%、22% 和 74.6%。投资、消费和出口占 GDP 的比例分别为：18.7%、78.8% 和 39%。

【通胀率】2013 年度通胀率为 0.9%。

【财政赤字】2013 年，波兰中央预算支出 3213 亿兹罗提，赤字 422 亿兹罗提；外汇储备为 1062.20 亿美元。

【外债】截至 2013 年年底，波兰外债余额为 3792.79 亿美元，其中长期外债 3038.20 亿美元，占 80.10%。外债占 GDP 的比例为 70.5%，外债未受 IMF 限制。波兰公债受欧盟限制，特别是为准备加入欧元区，波兰公债不得超过 GDP 的 60%。

【公共债务】根据波兰中央统计局数据，按 ESA95 方法计算，2013 年公共债务 8802 亿兹罗提，占 GDP 的比重为 57.1%，与 2012 年相比，上升 1.5 个百分点。详见表 15-2。

表 15-2　波兰主权债务评级

评级机构	外币国债		本币国债		展望
	长期	短期	长期	短期	
惠誉	A-	F2	A		稳定
穆迪	A2	P-1	A2	P-1	稳定
标普	A-	A-2	A	A-1	稳定

2. 重点 / 特色产业

【农业】波兰是欧洲农业大国。年鉴数据，波兰 2012 年农业用地 1496.9 万公顷，其中耕地占 69.68%。2012 年农业总产值为 1031.14 亿兹罗提，同比下降 0.9%，占 GDP 的 6.5%。主要农作物有小麦、黑麦、马铃薯、甜菜、油菜籽等，产量均居欧洲前十位。肉制品、奶制品、苹果、洋葱、卷心菜和菜花等果蔬产量也居欧洲前列。2012 年，波兰农产品出口额 470.67 亿兹罗提，占出口总额的 9.77%。

随着欧盟统一农业政策的实施，波兰农产品以其具有竞争力的价格和良好的品质，对欧盟其他国家出口近年来持续稳定增长，约 3/4 的农产品及食品销往欧盟，其中超过 1/3 销往德国。俄罗斯也是波兰农产品的主要出口国，部分农产品还出口到日本、韩国和中国香港等国家和地区。但是，2014 年 2 月，波兰发现两头死野猪感染非洲猪病例，其猪肉和猪肉制品暂被禁入欧盟，波兰农民开始享受欧盟农业补贴。欧盟和本国提供的补贴总水平相当于欧盟 15 国平均水平的 55%。

【矿业和矿山机械工业】2012 年，波兰采矿业产值为 606.14 亿兹罗提，较 2011 年减少了 0.98%，占工业总产值的 5.2%。

（1）煤炭。煤炭占波兰国内初级能源的 60% 左右，占发电用燃料的 92%。波兰是居俄罗斯之后的欧洲第二大硬煤生产和出口国，也是褐煤的重要生产国。2012 年，波兰硬煤和褐煤的产量分别为 7980 万吨和 6430 万吨，分别同比增加 4.45% 和 2.39%。2010 年，波兰硬煤探明储量约为 451 亿吨，主要分布在西里西亚和卢布林地区；褐煤探明储量约为 198 亿吨，分布在波兰中部和西南部。按现有储量计算，硬煤可开采 160 年以上，褐煤可开采 30 年以上。波兰重点煤矿的地下硬煤开采已经基本上采用了目前国际通行的现代综合机械化采煤法——“长壁式采煤法”，安全、高效、回收率高。波兰 FAMUR 和 KOPEX 公司是矿山机械设备的主要生产企业，产品包括矿山工作面综合采煤、输送、选煤设备，以及吊挂列车、液压和控制系统、钻探、矿山救护专用设备等，产品出口欧盟、俄罗斯、哈萨克斯坦、美国、墨西哥、越南等十几个国家。近年两家公司加大开拓中国市场的力度，利用波兰政府对华优惠贷款向中国出口液压支架等。

波兰煤矿安全体系健全，采矿安全技术和管理水平处于国际领先地位。国家采矿局行使安全监督职能，下设 11 个地区安全监察机构。

（2）铜。波兰是居俄罗斯之后的欧洲第二大、世界第九大产铜国。铜矿储量 16 亿吨，以目前的开采速度，还可开采 45 年。铜矿主要分布在下西里西亚地区，深度为地下 1200 米。铜矿含银量较大，开采收益率较高。波兰白银生产占世界第 6 位，欧洲第 1 位。产出的铜和银大部分出口到欧盟国家市场。波兰铜业集团股份公司（KGHM Polska Miedz SA）是波兰最大的铜生产商、出口商和世界最大的铜、银生产商之一。

【钢铁工业】2000 年以来，波兰钢铁产业经历了衰退、重组、恢复和发展几个时期。

2008 年 2 月，欧盟委员会公布了关于加强冶金企业竞争力的公报 [COM（2008）108]，对保持和加强钢铁企业的竞争力以及加强建筑、汽车、造船等产业的附加值提出了完整的产业指导意见，并与 2020 年实现减排目标的战略挂钩。近年来，波兰钢铁产能无法满足日益增长的国内市场需求，外国钢铁产品，特别是高附加值钢材开始大量涌入波兰市场。欧盟国家是主要进出口市场。国际钢铁巨头阿赛洛米塔尔集团旗下的波兰米塔尔钢铁集团（Mittal Steel Poland SA）是波兰最大钢铁企业，有 4 条最大生产线，总产能占波兰整个钢铁产业的 60% 以上。

【化学工业】波兰化学工业企业数量多，产品范围广，但产业基础薄弱，产能有限，产品内需旺盛，多数产品需要进口，总体而言化工产品贸易逆差较大。本国主要化工产品有硫酸、氢氧化钠、纯碱、甲苯、己内酰胺、氮酸、合成气氨等。其中化肥（特别是氮肥）生产占主要份额，产品出口比重高。进口方面，波兰每年需要进口大量塑料、橡胶、染料和油漆等产品，截至 2012 年年底，在波兰登记从事化学制品、化工产品生产经营业务的经济体共有 2079 家，从事医药制品生产经营业务的经济体共有 310 家。主要化工企业包括：PKN Orlen 股份公司、Zakiady Azotowe Puiawy 股份公司等；主要药品生产企业和研究机构包括：POLFA 集团、抗生素生化研究所、医药研究所、Zielarski 药厂、化学药剂厂和私人非处方药生产厂。

【航空工业】波兰航空工业的主要特点是，在民用和军用飞机的结构、装配、试航方面有历史传统，与国防工业联系紧密，特别是在研发领域，航空设备生产品种丰富，已形成包括商用和运动在内的系列产品。拥有十几家中型专业生产厂，产业集中，有与国际航空巨头合作的实力和潜力。位于波兰东南部的热舒夫地区被称为波兰的航空谷，是波兰航空工业中心，具有近 80

年的航空工业传统，拥有两个地区发展局以及热舒夫科技大学。2003 年 4 月成立的航空工业航空谷联合集团现有 90 个公司，航空谷雇员达 22 000 名，2009 年其出口产值达 10 亿美元。

【汽车工业】波兰汽车工业的主要特点是：外资企业占主导地位，以汽车装配为主，汽车零部件生产商技术标准高、品种齐全、加工生产增长较快；汽车已成为波兰重点产业、热门出口行业，产品种类多、品牌多且外需旺盛；波兰国内对新车需求不旺，近年来波兰国内市场二手车是新车的两倍。

波兰最大的 4 家汽车制造商：菲亚特汽车波兰公司、通用汽车波兰公司（波兰欧宝）、大众汽车波兹南公司和波兰 FSO 股份公司，这四家公司的产量占波兰汽车总产量的 99%。菲亚特为最大生产商，市场占有率 50% 以上。波兰生产的汽车和零部件大部分出口，前十大出口市场为德国、意大利、法国、英国、西班牙、捷克、俄罗斯、匈牙利、比利时、乌克兰。

近年，波兰汽车零部件产业蓬勃发展，已成为欧洲汽车零部件主要生产国之一。2010 年波兰生产 150 万台发动机，其中菲亚特生产一种新型双气汽油发动机，计划年产量为 45 万台；丰田波兰公司启动生产一种新型的柴油发动机，计划年产量为 7 万台。汽车紧固件、焊接件、塑料件、电子布线、铸件、汽车玻璃等产品产量也较大。波兰最大的汽车零部件生产企业有：Delphi Polska、Faurecia、Volkswagen、Fiat-GM Powertrain 等。大众、欧宝、奥迪、菲亚特、斯科达、本田等著名品牌的发动机、变速箱等零部件都在波兰生产。

【电子工业】近年来，波兰已成为电视机显示器和液晶显示器以及多数品牌家用电器的重要生产地，2012 年生产 2052.6 万台电视机，大部分出口欧盟国家。主要企业有 Jabil Kwidzyn（电视显示器、电子产品）、LG Eectronics（TV 显示器和其他通用电子产品）、三家通信设备生产商（西门子、阿尔卡特、朗讯）、Funai、Humax、JVC、Orion、Pronox、Toshiba 和 TPV（平板电视）。

波兰音像产品（除电视机）市场均为国外进口品牌，从事电脑设备生产大部分是中小企业，以组装为主，IBM、HP、DELL 是主要品牌，也有部分波兰品牌，如 NTT System、Optimus、Action、DTK Computer、Vobis 等。办公设备中，波兰仅生产税务设备一种产品，并少量出口，拥有 20 多家生产企业，如 Novitus、Elzab、Posnet、Innova、UPOS、Emar 等。其他办公室设备，如打印机、复印机、传真机、多功能设备等依赖进口。

【木材工业】与其他工业比较，波兰木材业附加值较高，收益高于工业企业平均水平，出口持续较快增长。但也存在部分加工行业创新水平相对较低，研发投入不够及劳动生产率较低等问题。波兰家具及木地板生产和贸易在国际上占有一席之地，是世界第三大多孔纤维板生产国，第六大刨花板和硬纤维板生产国，第十大家具生产国和第四大出口国。

波兰家具出口增长最快的市场包括：俄罗斯、乌克兰、俄罗斯、中国和印度等国，对日本、韩国和美国也有增加。

【轻工工业】截至 2012 年年底，员工在 9 人以上的纺织、服装和皮革等轻工企业有 3503 家，产值 183.4 亿兹罗提。该年度波兰主要轻工产值占其工业总产值的比重约为 1.7%。2012 年度，轻纺产品出口额 184.3 亿兹罗提，进口额 263.6 亿兹罗提。

【旅游业】波兰自然风光优美，历史文化遗产丰富。近年来，赴波兰旅游人数持续增加。波兰 2007 年加入申根协定后，跨境旅游更为便利。重点旅游城市包括华沙、克拉科夫和格但斯克等。2012 年波兰接待的外国游客为 497.93 万人次。

【知名企业】2014 年，进入《财富》500 强的波兰企业仅一家，即波兰国营石油公司（PKN ORLEN)，排名为 323 位（2012 年为 297 位)，主要业务为炼油，营业收入 277.03 亿美元，同比增长 27.1%。

(二) 国内市场

1. 销售总额

2013 年，波兰社会消费总额 12 896 亿兹罗提（约合 4079.98 亿美元)，比 2012 年增长 1.9%。其中，家庭消费 9811.77 亿兹罗提（约合 3104.99 亿美元)，同比增长 1.42%；公共消费 3085 亿兹罗提（约合 976.27 亿美元)，同比增长 3.7%。

2. 生活支出

2012 年，月平均工资 3823.32 兹罗提，同比增长 3.6%。2012 年，月人均可支配收入 1232.85 兹罗提，同比上升 3.6%；月人均支出 1050.78 兹罗提，同比上升 2.9%。波兰家庭收入消费结构中，住房、水、电、天然气及其他燃料支出的占比最高，为 23.1%；其次是食品和非酒精饮料，为 18.5%；其余项目为杂项商品和服务支出 13.7%，交通支出 10.2%，文化娱乐支出 7.9%，酒精饮料和烟支出 6.3%，医疗健康支出 4.6%，家具、家居设备及房屋日常维护支出 4.5%，服装和鞋类支出 4.4%，饭店宾馆消费支出 2.9%，通信支出 2.7%，教育支出 1.2%。

3. 物价水平

2013 年，消费者价格指数上涨 0.9%。2014 年 1 ~ 3 月，消费者价格指数同比上涨 0.7%。各类消费品同比价格指数分别为：食品和非酒精饮料上涨 1.2%，酒精饮料和烟上涨 3.7%，服装和鞋类下降 4.3%，住房、水、电、天然气及其他燃料上涨 2.2%，家具、家居设备及房屋维护下降 0.1%，健康医疗上涨 0.3%，交通下降 2.7%，通信下降 0.3%，娱乐文化上涨 1.9%，教育下降 6.3%。详见表 15-3。

表 15-3　波兰基本生活用品和服务价格（2014 年 3 月）

品名单价（兹罗提）	品名单价（兹罗提）
西红柿 7.99/ 千克	自行车 899/ 辆
大米 2.98/ 千克	红椒 8.99/ 千克
面粉 1.91/ 千克	牛奶 2.90/ 升
牛肉 34.99/ 千克	黄油 5.71/200 克
猪肉 13.99/ 千克	橄榄油 5.29/ 升
鸡肉 4.98/ 千克	苹果 2.58/ 千克
鳕鱼 19.99/ 千克	香蕉 3.98/ 千克
大白菜 3.29/ 千克	汽油 95 号 5.17/ 升　98 号 5.59/ 升
土豆 5.68/2.5 千克	公交车票 3.4/20 分钟

（三）基础设施状况

与老欧盟成员相比，波兰的基础设施比较落后，高速和快速公路少，优质公路比例较低，铁路网技术退化，空运和海运能力较低，难以满足经济发展和吸引外商投资的需要。

近年来，波兰对基础设施投入不断加大，交通运输网络、港口设施的运行能力等得到改善。2007 ~ 2015 年波兰国家发展规划将基础设施建设列为首要任务，2007 ~ 2013 年欧盟援助资金中约 194 亿欧元用于发展基础设施建设。2012 年欧洲足球锦标赛前，波兰在有赛事的 4 个城市修（改）建体育场馆，并兴修配套的公路、铁路、机场、酒店等项目。

1. 公路

截至 2011 年年底，波兰共有各类道路 41.2 万千米，密度为 89.7 千米 / 百平方千米，其中硬面道路占 68%。目前波兰正在建设“两横一纵”高速公路主干网（全长 1989 千米）及配套快速公路网（全长 5472 千米），计划于 2015 年全部建成。截至 2012 年年底，已建成主干网 1365 千米，快速公路 1053 千米。

近年来波兰汽车数量猛增。2000 ~ 2011 年，登记客运汽车数量从 999.1 万辆增加到 1812.5 万辆，增幅达 81.4%；卡车和拖拉机从 187.9 万辆增加到 313.1 万辆，增幅 66.6%。入欧盟后，波兰公路运输市场完全自由化，国际运输汽车数量大幅增加。2012 年波兰公路运送旅客 4.9 亿人次，占全国客运总量的 63%；公路货运量 15.48 亿吨，占全国货运总量的 84%。国际货物流通中，公路运输量占 56.9%，来往于西欧与俄罗斯、乌克兰和中亚之间的运输在国际运输占较大份额。

截至 2012 年年末，高速公路密度为 44 千米 / 百平方千米，远低于欧盟 160 千米 / 百平方千米的平均水平。2001 ~ 2010 年，波兰硬化路面里程数仅增加 9.6%，而 GDP 增加 46.1%，汽车保有量增加 63.3%，在一定程度上反映了波兰道路基础设施发展滞后的现状。高速和快速路网络落后，劣质公路比例较高，是波兰公路运输存在的主要问题。

2. 铁路

截至 2012 年年底，波兰运营的铁路线共有 2.01 万千米，密度 6.46 千米 / 百平方千米，高于欧盟平均水平，其中国有铁路网 1.15 万千米。铁路总体电气化率为 59.7%，国有铁路网电气化率达 99%。5400 千米长的跨欧洲铁路运输网络（TEN-T）从波兰境内穿过，运输量占波兰铁路总运输量约 60%；4 条跨欧洲的铁路运输走廊经过波兰。2012 年波兰铁路运送旅客 2.73 亿人次，同比增长 3.6%；货运量 2.31 亿吨，同比下降 7.1%。近几年，铁路货运量在货运总量中的比重不断下降，2012 年仅占 12.5%。铁路货运以国内运输为主，占比 71.8%。波兰连接西方主要使用的线路是由奥德河畔法兰克福经波兹南至华沙，其中运营有柏林 – 华沙快车，这是一列欧洲城际列车，每天在两座主要站点间对开 4 班。在华沙通往布列斯特（– 明斯克 – 莫斯科）的线路上有两条分支可分别通往立陶宛边境苏瓦乌基（– 考纳斯 – 里加 /– 维尔纽斯）及乌克兰科韦利（– 基辅）。再往南，由西至东的过境路线从科特布斯（过境福斯特）经扎甘、弗罗茨瓦夫、卡托维兹和克拉科夫通往乌克兰边境普热梅希尔，这条线路运行有汉堡 – 克拉科夫的欧洲城际列车。由德累斯顿经格尔利茨 / 兹戈热莱茨至弗罗茨瓦夫并有支线通往文格利涅茨的线路主要承担德国与波兰间的铁路货运任务，并提供德累斯顿 – 弗罗茨瓦夫快车。波兰铁路网络技术严重退化，现有线路近一半时速不超过 60 千米，约 1/3 的铁路线由于技术原因必须限速或停运，另有 1/3 需要加大维修力度。主要城市间缺乏快速铁路连接。

目前，波兰仅在首都华沙有 1 条南北走向的地铁线路，全长 12.6 千米，沿线设 12 个站点，1995 年部分开通，2008 年 10 月全线投入运营。根据规划，华沙共计划建设 3 条地铁线路，正在建设的 2 号线为东西走向，第一阶段计划建设 6.1 千米并设 7 个站点，原计划 2013 年年底完工，预计工期将延期。有轨电车是波兰城市交通的重要组成部分。早在 19 世纪末期，格但斯克、卡托维兹等城市已应用此交通工具。目前，华沙、克拉科夫等主要城市均建立了有轨电车交通系统。例如，华沙现有 37 条有轨电车线路，总里程约 120 千米。

3. 空运

波兰现有 13 个国际机场，其中 12 个为地区级空港，重要空港位于华沙、克拉科夫、格但斯克、波兹南、弗洛茨瓦夫和卡托维兹。2012 年波兰各机场旅客吞吐量为 2368 万人次，较 2011 年增长 8.8%，其中国际旅客运输占 85%。截至 2012 年年底，波兰共开通国际航线 131 条，通航国家由上年度的 43 个减为 38 个国家，但通航城市由 87 个增加至 91 个。国内航线仍为 17 条，连接 9 座城市。华沙直飞北京航线恢复通航，飞行时间约 9 个小时。

近年来，波兰对空港基础设施和航空地面设施，特别对导航设施进行了扩建和现代化改造。2008 年华沙机场新航站楼启用，每年旅客吞吐能力可达到 1000 万。其他 7 个 TEN-T 跨欧洲交通网上的机场，包括波兹南、什切青、弗罗茨瓦夫、格但斯克、热舒夫、克拉科夫、卡托维兹也正在进行扩建和现代化改造，将新建 5 座航站楼，改造停机坪，对跑道和滑行道进行现代化改造，建设有轨电车道，并采购相关车辆等。

4. 水运

截至 2012 年年底，波兰拥有远洋货轮 110 艘，载重 304.5 万吨。主要港口包括格但斯克、格丁尼亚、什切青、希维诺乌伊西切等，2012 年货物吞吐量为 5882.5 万吨。各港提供服务有所侧重：格丁尼亚为北波罗的海最大集装箱港口，格但斯克海港是波罗的海最大石油中转码头之一，什切青—希维诺乌伊西切海港组为波兰最大轮渡码头，其他地区级港口如科罗布塞格、达尔沃夫、埃尔布隆格主要发挥旅游和渔港的作用。波兰现有内河航道里程 3659 千米。奥德河及其支流是内河航运的主航道，奥德河水道位于 TEN-T 跨欧洲交通网上，主要为什切青和希维诺乌伊西切两个港口提供航运服务。由于内河航运环保性强，近年在波兰运输中的作用日益提高。总体而言，波兰各港口基础设施条件并不令人满意，轮船进出港时间较长，不仅降低了效率，而且增加了服务成本。按照海洋运输基础设施发展计划，波兰将对希维诺乌伊西切—什切青水道进行现代化改造，建设什切青集装箱基地和什切青西滨海物流中心，以及其他现代化设施，提高吞吐量并提升从海路和陆路通往各主要海港的畅通性。目前波兰海港基础设施建设正在招商引资。

5. 通信

【电话】截至 2012 年年底，波兰有线电话共 617.7 万部，其中私人电话 411.5 万部；城市 512.8 万部，农村 104.9 万部，有线电话覆盖率为每百人 16.0 部，在欧盟中排名靠后。近年，固网用户数量有所减少，主要原因是来自移动电话的竞争，以及安装和使用有线电话成本仍较高。波兰境内最大的有线电话运营商是波兰电信股份公司（Telekomunikacja Polska S.A.），拥有 83% 以上的固定电话用户。公司已经对网络设备进行了升级改造，目前主要电话交换机都使用光纤网络数字交换机。城市间和国际长途业务运营商还有 Tele 2 和 Netia。波兰移动电话发展迅速，移动网络几乎覆盖全国。2000 ~ 2011 年，移动用户数量从 674.8 万增加到 5427.8 万，用户数量已超过波兰人口总数。目前主要运营商有波兰数字电话有限公司、波兰移动电话有限公司等。

【互联网】波兰电信发展非常重视改善固定线路和移动数据传输服务，包括宽带和第四代移动电话服务，通信业入网服务增长最快。截至 2012 年年底，70.5% 的波兰家庭已连接和使用互联网，其中 67% 使用宽带连接，7.9%

使用移动互联网服务。互联网用户数量为2502万人，占全国总人口的65%，比2012年增长2.7个百分点，较2000年增长7倍。由于安装成本和上网价格大幅降低，上网人数不断增加。旅游景点、酒店、办公楼、饭店、咖啡厅等开通无线上网接入点的数量逐渐增加。

【邮政】截至2012年年底，波兰有14 382个邮政局，其中城市9734个，农村4648个。

6. 电力

2012年，波兰电厂总装机容量38 203兆瓦，86.9%的电力来自燃煤电厂。2012年，国内电力总供给量为1719.42亿千瓦时，其中，国内生产1621.39亿千瓦时。电力总消耗1719.42千瓦时，其中国内消耗1484.15亿千瓦时，出口126.43亿千瓦时。

波兰电网总长约75万千米，其中1.3万千米为输电网，70.5万千米为中低压配电网。国家将对电网，特别是农村地区电网进行必要的升级和扩建，以确保当地能源安全。

波兰位于西欧供电系统（UCTE）、东欧供电系统（独联体/波罗的海国家）和北欧供电系统（Nordel）三大电力系统的交汇处。波兰供电系统与欧盟国家（德国、捷克、斯洛伐克和瑞典）的最大连接能力是2000～3000MW。目前，计划扩建和改造与德国、捷克、斯洛伐克和乌克兰的互联能力，提高波兰能源安全，扩大电力出口。正在酝酿中的项目还包括利用欧盟资金建设连接波兰和立陶宛的供电系统，以及波兰与加里宁格勒的供电线路。由于电厂及输电网老化，面临淘汰，波兰亟须追加新的投资建造电站和对输电网进行现代化改造，以保障电力供应安全。

三、对外国投资合作的法规和政策的规定

（一）对外贸易的法规和政策规定

1. 贸易主管部门

波兰主管贸易的政府部门是经济部。其职能包括：制定与外国经济合作

的目标；根据欧盟与第三国贸易政策的规定，特别是在欧盟共同商业政策框架下，与国际经济组织开展合作；促进波兰经济发展，包括支持出口和对外投资，吸引外国直接投资；控制涉及国家安全的战略性商品、技术和服务的贸易；管理商品和服务贸易及技术进出口事宜。此外，农业和农村发展部、竞争和消费者保护局等也承担与贸易政策有关的职能。

2. 贸易法规体系

波兰国内与贸易相关的最重要法律是《海关法》和《对外贸易管理法》。

3. 贸易管理的相关规定

自 1990 年起，波兰对外贸管理体制进行了彻底改革，取消了垄断性外贸经营的管理体制，所有经济实体享有经营对外经济贸易的同等权利，除少数商品受许可证、配额等限制外，其余商品均放开经营。

2004 年 5 月 1 日波兰成为欧盟成员国后，与欧盟其他成员国的贸易遵循欧盟内部统一大市场原则。波兰与非欧盟国家（第三国）贸易适用欧盟共同政策措施和手段，如共同贸易、共同关税表等。欧盟与第三国签订的国际贸易协议直接适用于波兰。共同贸易政策的制定和执行在共同体进行。欧盟理事会或欧委会通过直接适用的条例确定贸易手段，欧盟委员会负责政策执行以及进行反倾销、反补贴和保障措施调查。波兰政府主要负责发放进出口许可，以及因经济以外的原因，如保护人类和动物的健康，规定进出口的限制（根据成立欧洲共同体条约第 36 条）。

2004 年 5 月 1 日后，波兰与欧盟以外第三方贸易适用欧盟对第三国共同贸易政策的所有措施和原则，包括：共同体海关法典、共同体海关税则、各类非关税措施，以及与非欧盟成员国缔结的双边协议体系。

【技术标准】欧盟技术标准繁杂，生产商（或进口商）拟进入欧盟市场的产品需获得欧盟技术合格证明。技术协调标准公布在欧盟官方日志网站上，以网络代码标记。

【关税措施】在关税措施中，除欧盟设置的常规税率外，还包括关税配额、关税上限，以及全部或部分关税的暂停。关税配额是指一定数量的商品可在配额期内以优惠税率进口。配额可通过许可证制度授予或在边境根据“先到先得”原则获得（在这种情况下，由边境的海关部门直接受理）。

关税上限是一种灵活的配额形式。在关税上限之下，当进口数额超过可享受优惠税率的数额时，并不自动终止优惠税率。当税额超过关税上限时，超过部分适用常规税率。关税上限由海关部门管理。全部或部分关税的暂停措施并不对可享受优惠税率的进口商品数量和价值进行设定。自暂停之日起，自动以优惠税率计算。

【非关税限制】波兰适用欧盟共同体非关税措施，包括反倾销、反补贴、保障措施、数量限制和进出口禁令。欧盟法律允许成员国为保护社会公德和安全、人的健康和生命、动植物、具有艺术历史或考古价值的国家宝藏或者保护商业和知识产权，在进出口和过境时使用禁令、限制或监管手段，但措施不能构成歧视或变相限制。

配额管理属于欧盟权限，波兰行政机关的任务是从欧盟委员会获得配额信息后发放进口许可证。进口商可以通过欧盟委员会和成员国颁发进口许可证的部门，包括波兰经济部许可管理统一系统（SIGL）获得数量配额使用情况信息。

【监管体系】监管可分为事后监管和事前监督。事后监管是有关机构登记流通结果，便于欧委会更快地获得各成员国有关进口信息。事前监管要求进口商从成员国主管机关获得统一的进口文件。在某些情况下，还要求提供供货国发放的出口许可证原件，即双重监管。

【配额限制许可证】该措施与关税配额不同，是一种限制商品向欧盟进口或自欧盟出口的措施。超过配额的商品被禁止进出口。配额管理属于欧盟权限，波兰行政机关的任务是从欧盟委员会获得配额信息后发放进口许可证。进口商可以通过欧盟委员会和成员国颁发进口许可证的部门，包括波兰经济部许可管理统一系统（SIGL）获得数量配额使用情况信息。

欧理会 520/94 号规则和欧委会 738/94 号规则对该措施做出规定。所有限制性配额均通过许可（授权）进行管理。工业品许可证的申请须向波兰经济部提出。从申请递交之日起 5 个工作日内，经济部部长颁发数量许可（农产品及食品进口由农业市场局局长颁发）。从 2007 年 1 月 1 日起，颁发欧盟共同体进口许可（在配额内）须缴纳 82 兹罗提的印花税。具体规定可参阅 2004 年

5 月 14 日经济和劳动部部长《有关货物贸易管理措施框架内颁发商品输入输出许可事令》，根据单独法规免交关税的商品例外。颁发许可需要交付保证金（现金支付或担保）。保证金须使用波兰货币，按提供保证金之日前一个工作日波兰国家银行发布的汇率折算。保证金缴纳与返还的具体规定请参阅 2004 年 5 月 18 日经济和劳动部部长《有关货物贸易管理措施框架内确定保证金事令》。

【进口】从申请递交之日起 5 个工作日内，波兰经济部部长颁发数量许可（农产品及食品进口由农业市场局局长颁发）。从 2007 年 1 月 1 日起，颁发共同体进口许可（在配额内）须缴纳 82 兹罗提的印花税。具体规定可参阅 2004 年 5 月 14 日经济和劳动部部长《有关货物贸易管理措施框架内颁发商品输入输出许可事令》。根据单独法规免交关税的商品例外。

颁发许可需要交付保证金（现金支付或担保）。保证金须使用波兰货币，按提供保证金之日前一个工作日波兰国家银行发布的汇率折算。保证金缴纳与返还的具体规定请参阅 2004 年 5 月 18 日波兰经济和劳动部部长《有关货物贸易管理措施框架内确定保证金事令》。

【进出口禁令】只有在特殊的情况下，如涉及安全、人类、动物和植物健康，文化、文物安全等，欧盟实行进出口禁令。共同体法令涉及的禁令包括：

（1）某些可用于执行死刑、酷刑或其他残忍的、非人道的和虐待或惩罚的工具；

（2）侵犯某些知识产权的商品；

（3）伊拉克文物进出口；

（4）向利比里亚出售、无偿转交或提供与军事活动有关的技术援助，从利比里亚进口未加工的钻石、木材和木制品；

（5）某些种类野生动物的皮毛和其他制品的进口；

（6）濒危动植物贸易（CITES）；

（7）自乌克兰进口无矿物油含量标准确认证书的葵花籽油。

自 2008 年 12 月 31 日起，欧盟禁止猫、狗皮及其制品的进出口和市场交易。根据波兰国内法（部长会议法令），波兰禁止从第三国进口某些种类海豹幼仔的皮革及其制品，禁止进出口石棉及其制品。

【农食品市场】欧盟将农食品划分为不同市场，每个市场适用不同的贸易规则。这些市场包括：奶及奶制品市场、谷物市场、食糖市场、牛肉和小牛肉市场、猪肉市场、绵羊和山羊市场、禽、蛋和白蛋白市场、油和脂肪市场、大米市场、新鲜果蔬市场、香蕉市场、加工水果和蔬菜市场、葡萄酒市场、亚麻和大麻市场、农产品产地酒精市场、种子市场和非附录一的委托加工商品市场。

【市场准入数据库】欧盟国家向第三国出口，可通过“市场准入数据库”（madb.europa.eu）查询向该国出口的手续、关税和特定商品的出口限制。该数据库提供约 100 个国家的关税、进口要求和贸易障碍等信息。

4. 进出口商品检验检疫

波兰对各类动植物产品的进口有检疫要求，要求对进口产品的特征及进口商的相关信息进行检查。

【农产品和食品管理】除执行欧盟农食品安全方面相关法律法规外，《食品卫生和营养法》是波兰农产品及食品领域的主要法律，该法规定了农产品和食品生产加工运输全过程的安全卫生、产品营养质量等有关要求以及监管处罚条款，宗旨是保护公众消费者健康。目前负责国内农产品和食品安全管理的主要职能部门为农业与农村地区发展部及卫生部，两部门间的合作与信息交换按照双方合作协议的分工进行。农产品及食品进出口商在进口 / 出口农产品、食品前须向波兰农业与农村地区发展部下属的农业市场署申请许可证后方可开展贸易。根据波兰 2003 年 1 月开始实施的《农产品及食品质量法》（Commercial Quality of Agricultural and Food Products），隶属于农业与农村地区发展部的农产品与食品质量检验总局（IJHARS）负责对进出口农产品与食品进行检验检疫，并签发进 / 出口产品质量合格证明，进出口商须向该局或 16 个地方分局申请质量鉴定，产品通过检验合格后方可放行。波兰国家计量局负责制定国内农产品及食品的产品质量和鉴定标准。

【动物检疫】根据波兰动物检疫规定，活动物、鲜冻肉及肉罐头等进口商应向农业部兽医检疫总局申请动物检疫许可证。商品入境时由驻口岸的动物检疫员查验产地国签发的动物检疫证和波兰农业部签发的检疫许可证。波兰进口动物及产品的来源地、产品类别与欧盟相同。对波兰出口的肉类及制品应来自获得向欧盟或美国出口许可权的企业，或根据双边协议经波兰农业部检疫人员实地调查认可的企业。

【植物检疫】波兰农业部下属的国家植物卫生与种子检疫总局负责植物检疫工作。进口植物及植物产品应在波兰的边境口岸接受驻口岸的植检人员检查，并出示产品原产国有关机构签发的植物检疫证书。烘干的咖啡豆、茶叶、可可粉、植物调料、原装草药、冷冻果蔬、10 千克以下欧洲出产的鲜果蔬菜无须进行植物检疫。

禁止入境的植物、植物产品及有害生物目录由农业部部长发布。

中波进出口检验检疫协定如下。

1994 年 9 月 22 日，中国和波兰签订植物检疫协定，目前仍有效。2007 年 1 月，中国和波兰规范并确认了波兰输华猪 / 羊肠衣兽医卫生证书。2007 年 3 月，中国国家质量监督检验检疫总局和波兰农业与农村地区发展部签订波兰对华出口乳制品检疫和兽医卫生条件议定书。2007 年 5 月，中国国家质量监督检验检疫总局和波兰农业与农村地区发展部签订波兰对华出口禽肉检疫和兽医卫生条件议定书。2010 年 5 月，中国国家质量监督检验检疫总局和波兰农业与农村发展部签署波兰猪肉输华检验检疫和兽医卫生条件议定书。

5. 海关管理规章制度

波兰海关法体系由直接适用的欧盟法律和本国的《海关法》及其配套法规构成。海关监管和海关机构设置由《海关服务法》规范。《共同体海关法典》是欧盟海关法领域的基本法，各国法律是对共同体法典的补充和细化。

自 2004 年 5 月 1 日起，商品可通过波兰的海空边境口岸以及与白俄罗斯、乌克兰和俄罗斯（加里宁地区）接壤的陆地边境口岸直接进入欧盟关税区。波兰与立陶宛、斯洛伐克、捷克以及德国的边检已被取消。

进入波兰（欧盟）关税区的商品处于海关监管之下。除有关规定中提到的特殊情况外，进口货物均须在某海关部门，或海关部门允许或指定的其他地点报关，须办理海关手续的货物必须申报。2004 年 4 月 22 日《财政部长令》对海关申报具体要求做出了规定。

【共同体海关税则】波兰适用欧盟共同体海关税制。税率表包括协议税率，适用于 WTO 成员或与共同体签订最惠国协议的国家。部分产品（主要是食品）在税率表中采用自主关税，不受最惠国待遇和世界贸易组织义务约束。每年 10 月底在欧盟官方公报公布下年度共同体关税税则。

登录中国驻波兰大使馆经商参处子网站，点击“波兰海关税率查询”，输入商品的海关编码即会显示有关关税税率及其他相关信息。

最惠国税率适用于来自9个国家和地区的进口：澳大利亚、加拿大、中国台湾、中国香港、日本、韩国、新西兰、新加坡和美国。来自其他国家和地区的进口享受优惠关税政策，税率大大低于普通关税。

【欧盟关税优惠政策】欧盟给予发展中国家单向的关税优惠政策，包括对非洲、加勒比海和太平洋国家协议关税和普惠制（GSP），以及在自由贸易区协议框架下互惠安排（如EFTA国家、墨西哥、智利、南非）。

【GSP普惠制】普惠制的受益方包括178个国家和地区。自2006年年初，欧盟已开始调整普惠制，旨在使该制度能覆盖绝大多数欠发达国家，特别是小国、岛国、内陆国以及经济较为单一的国家。此外，还简化了“毕业机制”。如果从某国进口的特定种类产品数量超过了从所有普惠制受惠国进口量的15%，则该国的普惠制资格将被取消，在进入欧洲市场时不再享受特殊优惠。对于纺织品和服装取消标准减至12.5%。在新的机制下，尽管在形式上中国仍是普惠制受惠国，但从中国出口到欧盟市场约80%的产品均不享受普惠政策。对于从印度进口的产品，除了纺织原料超过标准不再享受优惠外，其服装产品仍可享受普惠政策。普惠制对与欧盟缔结涉及环境条款、人权和劳工权益的社会条款以及良好治理条款等更高级别的贸易协定的国家还提供了附加的关税优惠（GSP Plus）。附加普惠计划确保税则中91%的产品可免税进入欧盟市场。目前，该计划受惠国家是安第斯山国家（玻利维亚、厄瓜多尔、哥伦比亚和委内瑞拉）、6个中美洲国家（危地马拉、洪都拉斯、哥斯达黎加、尼加拉瓜、巴拿马和萨尔瓦多）以及格鲁吉亚、摩尔多瓦、蒙古和斯里兰卡。对最不发达国家（LDC）适用“除武器外所有商品”进入欧盟市场免税和免配额的待遇，但某些农产品（如糖、大米和香蕉）例外，这些农产品的进口关税将逐步降低。

（二）对外国投资的市场准入的有关规定

1. 投资主管部门

波兰信息和外国投资局是外商投资政策的具体执行机构和外资促进机构，

负责为外国投资者提供法律和政策方面的咨询及信息服务，协助企业选择合适的投资目的地及申请获得大额投资所享受的优惠待遇，并协调解决投资中遇到的各种困难和问题。波兰各省省长办公室设地区投资服务中心，具体负责本地区外商投资服务。波兰驻外使领馆也负责提供相关投资咨询服务，并将重要投资项目向波兰外交部对外经济政策司和经济部促进与双边经济合作司报告。

2. 投资行业的规定

【限制的行业】根据波兰《经济活动自由法》(Economic Freedom Act)，从2005年1月1日起，从事下列经济活动须获得特许权：矿藏勘探，矿物开采，在山体中（包括地下矿山巷道内）进行无容器的物质储藏或废料存放，炸药、武器、弹药以及军事和警用产品与技术的制造和经营，燃料和能源的生产、加工、储藏、运送、分拨以及销售，人身和财产的安保，航空运输，广播电视节目传播。上述活动必须获得相关政府主管部门颁发的特许，有效期一般不少于5年，不超过50年。

此外，部分经济活动须满足相应条件并申请许可或执照，如开设银行、保险公司、旅行社、投资基金、养老基金、国内或国际货运（包括客运及货运)、从事赌场、彩票、博彩业及在经济特区开设公司等，这些活动由单独法律做出规定，如银行法、投资基金法、关于戒酒和反酗酒法等。还有约20种经济活动受特殊管制，须满足相应条件并登记注册，如仓储、电信、制酒、劳动中介等。鼓励外商投资的重点领域包括基础设施、能创造新就业机会的工业投资以及新兴行业等：①基础设施建设项目，主要是指高速公路建设、公路干线改造、原有铁路现代化改造和通信网络更新换代等；②能创造新就业机会的工业项目，包括投资设立新企业以及对现有企业并购和重组；③对国有企业的私有化项目，主要包括金融机构、能源、电力、化工、造船、煤矿、冶金、机械、医药、食品等行业；④新兴行业，如IT行业等；⑤技术创新投资，指高科技人才培养及对大学、研发机构、科技园区、技术创新交流中心、企业家孵化中心和科研基础设施的投资；⑥环保产业，包括为推行欧盟环保标准所需的投资，为提高再生能源比例、节约能源及原料等的投资；⑦对贫困地区和高失业率地区的投资。

3. 投资方式的规定

【针对自然人的规定】外国投资者在波兰享受国民待遇，在投资行业、方式等方面没有针对外国投资者的特殊规定。

【不动产入股】波方国有企业以土地、工厂、部分车间等不动产作为与外资企业合作的投入时，须向负责私有化的政府部门——国库部申请许可。

【跨国并购】1991 年通过的波兰《外资企业法》及此后修订的法案规定，允许外资并购当地企业，但对外资在电信、航空、渔业、广播等领域的并购，限制外资的股份比例，实施许可制度。

1990 年《国有企业私有化法》规定：外资参与并购波兰国有企业，须由国库部拟定转让的国有企业清单，并通过国库部网站、报纸等途径向潜在投资者（包括外国投资者）发布；国有资产转让方式主要有 4 种：①开出价转让；②公开邀请投资者通过协商谈判转让；③公开出价转让和公开邀请投资者协商谈判相结合转让；④公开招投标转让。国库部主要根据投资者出价和支付方式、投资承诺、对职工的社会责任承诺、环境保护投资计划，以及是否符合波兰入盟承诺及经济合作组织成员国义务等因素，决定是否对国有企业实施私有化。

【股票收购】波兰《证券法》规定，股票市场对外国投资者开放。外国投资者购买在波兰证券交易所上市公司的股票，其购买量占上市公司股份 10% 以下的，不需向证券委员会报告；购买量占上市公司股份 10% 以上的，每增加购买 5% 都必须向证券委员会报告；购买量达到上市公司股份 25% 或以上的，须证券委员会许可。

【收购上市】外国企业可以在波兰收购企业上市。上市的程序是：企业向波兰证券委员会提出上市申请报告，由证券委员会组织专家对申请企业进行评估，通过专家评估后形成正式招股说明书。证券委员会成员对招股说明书进行审核，通过审核后，发表上市声明并进行公开招股，最后向证券交易所申请挂牌上市。企业申请上市程序最快的可以三周之内完成，一般需要 5 ~ 6 个月。

【竞争法】波兰关于反垄断的法律主要是2007年2月16日的《竞争与消费者保护法》，该法共8章138个条款，主要分为竞争及消费者保护两大部分，其中竞争部分与中国反垄断法较为相似，主要包括禁止限制竞争行为与经营集中。竞争与消费者保护局是《竞争与消费者保护法》的主要执行机构，主要通过对限制竞争的行为发起反垄断调查并依法予以制止及处罚的方式保护竞争。

【外资并购咨询机构】在波兰开展并购可向波兰信息与外国投资局及相关专业中介机构进行咨询。波兰咨询、会计师事务所、律师事务所等中介资源较为丰富，安永、德勤、毕马威、普华永道、麦肯锡等均在波兰设有机构，Sanlans、DZP、安理都等是当地较为知名的律师事务所。

目前尚未出现中国企业在波兰开展并购遇阻的案例。

4. BOT方式

波兰并无专门法律对BOT项目方式做出规定，但波兰的《公私合营法》和《工程服务特许经营法》准许通过BOT方式进行运作。此外，波兰收费高速公路和国家道路基金法对通过PPP方式，特别是通过BOT方式修建收费高速公路等做出规定。

（三）企业税收的规定

1. 税收体系和制度

为实现与欧盟经济的一体化，波兰的税收体系日益与西欧趋同。目前，已建立了以所得税和增值税为核心的税收体系。除了在地方税上略有差异之外，波兰实行全国统一的税收制度。外国公司和外国人与波兰法人和自然人一样同等纳税。波兰共有12种税，其中包括9种直接税和3种间接税。直接税包括个人所得税、公司所得税、遗产与赠与税、民法交易税、农业税、森林税、房地产税、交通工具税和犬税，间接税包括增值税和消费税、博彩税。波兰实行属地税法，根据企业在全球范围内的收入对其征收所得税。公司在波兰注册或其管理机构位于波兰境内即具有居民地位。外国公司在波兰的子公司视为居民并依据条例征税。对非居民公司的企业所得税征缴仅限于其产生于波兰的全部收入，波兰政府与第三国缔约避免双重税收协定另有规定的除外。对于非居民的专利权收入、利息、股息和资本收入，在绝大多数情况下，即使在波兰境内并无常设机构，波兰政府也可代扣所得税。波兰政府与包括几乎所有发达国家在内的80多个国家签订了避免双重征税协定。

外国公司可在波兰建立分公司，分公司具备常设机构职能。外国公司以波兰分公司营业收入为基础按19%的标准税率缴纳企业所得税，分公司须保留全部数据的账簿。根据避免双重征税协定，在少数情况下，若分公司能够证明其在波兰的业务未达到常设机构地位，可不适用波兰的企业所得税法。

2. 主要税赋和税率

【企业所得税】波兰对内外资企业实行统一的所得税，所有法人和具有法人资格的组织（合伙企业除外）都要按年度缴纳企业所得税。标准税率为19%，对有限纳税义务人，利息收入、版税收入以及无形服务收入所得税为20%，股息收入所得税率为19%。税务年度与日历年度相同，除非公司章程另有规定，并应报告税务局。如果公司在日历年下半年成立并选择日历年为标准税务年度，公司可选择将第一个税务年度延长到18个月。允许更改税务年度。波兰允许在某些情况下加速资产折旧。部分新资产使用的第一个税务年度可折旧30%。无形资产可在2 ~ 5年内分摊。在经济特区投资的企业可以享受企业所得税减让，减让数额视投资规模和创造就业岗位的数量而定。

如果发生经营亏损，法律允许在之后连续5个税收年度中进行弥补，但每年弥补额不得超过亏损额的一半。缴税方式为年度预付税金，每月20日前，纳税人将年初截至上个月的实际应缴所得税与同期预付税的差额汇至税务局指定账户。次年3月底前，纳税人与税务局进行多退少补的结算。税法同时提供简易方法，即纳税人每个月付年初计算税金的1/12。

【个人所得税】自2009年1月1日起，个人所得税实行18%、32%两种税率。个人所得税税率详见表15-4。

表 15-4　个人所得税税率

个人所得税税基（兹罗提）		应付税款
下限	上限	
0	85 528	税基的 18%–556.02 兹罗提
85 528	以上	14 839.02 兹罗提 + 超过 85 528 兹罗提部分的 32%

红利和参加法人利润分配的其他收入税率统一为 19%。在波兰定居以及居留超过半年的自然人须缴纳个人所得税。居住在国外的收入，若该收入来源于波兰，也要征税。个人所得税缴纳方式为月度预付制，次月 20 日前支付计算的上月税金，次年 4 月 30 日前结算。小企业经营者可以按照季度支付。

【增值税】在波兰境内销售商品和提供服务须按月缴纳增值税。自 2011 年 1 月 1 日起，增值税有 23%、8%、5% 和 0 四种税率，其中 23% 为基本税率，其他几种税率为特殊商品和服务税率。医疗、社会保健和教育免征增值税。

【房地产税】该税为地方税，各地税赋略有差异，按年收取，住宅较低，商用建筑物较高。2013 年，住宅使用面积每平方米 0.73 兹罗提，商用土地每平方米可达 0.88 兹罗提，商用房屋使用面积每平方米 22.82 兹罗提。新建或在建建筑，则按照总价值 2% 征收。乡议会有权减免房地产税。

【农业税】农业税按公顷核算，兼顾土地等级。1 公顷一级农用地一年税务年度按 1.95 公顷标准折算。目前对 1 公顷土地的农业税按 2.5 公担黑麦上一年度前两季度收购平均价核算。最低等级的土地免征农业税。山区可获得 1 ~ 15 年减免征收农业税待遇。

【林业税】林业税纳税人为森林所有人、占有人或者物权人，税额取决于森林面积和一定时期内木材的价格。

【民法交易税】波兰一系列民法活动须缴纳印花税。这些活动包括：销售协议、物和物权修订协议、租借租赁协议、贷款协议、公司协议、担保协议。印花税因合同的活动类别不同而税率不等，税额一般在 5 ~ 100 兹罗提，购买房产许可的印花税较高，为 1400 兹罗提。

波兰众议院通过页岩气税法。2014 年 7 月，波兰众议院通过新法案，规定自 2020 年起在波兰的页岩气开采者须支付 40% 原材料税。该法对石油和天然气开采者也做出类似规定，提高其向地方政府和国家环保及水文经济基金支付的勘探费，天然气由 6 兹罗提 /1000 立方米增至 24 兹罗提 /1000 立方米，石油由 36 兹罗提 / 吨增至 50 兹罗提 / 吨。

近年来，波兰环境部已向包括雪佛龙、波兰油气公司（PGNiG）、Lotos 和 Orlen 等企业发放 100 多个页岩气开采许可，包括埃克森美孚（Exxon）、马拉松（Marathon）和塔里斯曼（Talisman）公司在内的 6 家能源公司已陆续从波兰撤出。

（四）对外国投资的优惠政策

1. 优惠政策框架

波兰在吸收外资方面态度积极，政府在欧盟允许的范围内采取不同措施鼓励外资进入，仅对少数领域实行限制。外国投资者基本可自由在波兰进行投资，而欧盟 / 欧洲贸易自由联盟的自然人或法人则享有与波兰自然人或法人同等的待遇。波兰对外国直接投资的鼓励政策主要包括 4 种：政府资助、欧盟结构基金、经济特区及房产税减免。

2. 行业鼓励政策

【政府资助】根据波兰“2011 ~ 2020 支持对国民经济有重要意义的投资计划”，投资者满足一定条件可向波兰经济部申请政府资助。若投资汽车、电子、航空、生物技术、现代服务业及研发等领域，且为新投资，则可选择资助方式进行申请。波兰就业资助金额详见表 15-5。

表 15-5　波兰就业资助金额

领域	新工作岗位（人）	新投资合格费用（百万兹罗提）	资助金额
汽车、电子、航空、生物科技	250	40	3 200 ~ 15 600 兹罗提
现代服务业	250	2	
研发	35	3	800 ~ 3 900 欧元
其他行业重大投资	500	1 000	
优先领域	50	160	合格费用的 2% ~ 10.5%
其他行业重大投资	500	1 000	

资料来源：中国驻波兰大使馆经商参处。

此外，根据欧盟产业资助政策，波兰政府对敏感产业的改造投资项目可实行公共资助，包括：矿业、汽车、造船、钢铁、化纤、邮政、音像、广播等。同时，根据欧盟水平资助政策，波兰政府对中小企业、研发、环保、劳工市场的投资项目可实行公共资助。

3. 地区鼓励政策

【欧盟结构基金】欧盟关于地区发展补贴规定，在欧盟内人均 GDP 低于欧盟平均水平 75% 的地区投资，可以得到公共补贴。波兰全境均低于此平均水平，符合地区发展补贴标准，可以对投资项目给予公共资助。但在农业、渔业、矿业、运输、汽车、造船、钢铁、化纤领域里的投资项目和投资额超过 5000 万欧元的项目，不在该资助之列。

欧盟对企业在波兰投资给予“公共资助”（Public Aid），即财政补贴。根据欧盟地区资助规定，各地区因发展程度不同可获公共资助限额不同，较发达地区限额较低，为合格费用的 30%，不发达地区限额较高，为合格费用的 50%，中型企业资助限额可在原限额基础上增加 10%，小型企业可增加 20%，即按不同受惠地区最高分别可获投资额 50% ~ 70% 的公共资助。

“合格费用”包括：土地购买费用，最高限额为项目总支出的 10%；新增固定资产价格或费用，即建筑、机器、设备、工具及基建费用；已使用过的固定资产购买费用；无形资产购买费用，最高限额为上述支出的 25%；固定资产的安装费用、材料和建设工程的费用等。

上述补助主要通过不同的操作计划进行，主要包括基础设施和环境操作计划、创新经济操作计划、人力资本操作计划、波兰东部开发操作计划、技术援助操作计划等。企业满足一定条件可向上述计划申请资金支持。

【不动产税减免】该项优惠措施是由地方政府决定的一项资助措施，资助数额不超过应缴纳的不动产税并以抵扣税款方式实现。该项优惠为“自动减免”，即企业满足一定条件后将自动享受相关税费减免，但企业应履行通报义务。

【地区发展资助】东部发展规划（又称“东墙计划”）是波兰重要的地区发展规划，适用于波兰东部 5 省，即卢布林省、下喀尔巴阡省、波德拉谢省、圣十字省和瓦尔米亚 – 马祖里省。主要包括：增加东部各省投资吸引力；拓展重点大城市功能；道路基础设施建设和技术援助。资金主要源于欧盟援助资金，波兰中央政府和地方自治政府根据欧盟地区发展基金原则共同资助项目实施。

4. 特殊经济区域的规定

波兰经济特区的主要法律为 1994 年 10 月 20 日经济特区法。波兰 16 个省共设有 14 个经济特区，在经济特区投资可享受的主要优惠政策为减免所得税，还可享受地方政府提供的房产税优惠（由当地政府决定），此外，投资者还可享受到以较优惠的价格购买土地、无偿协助办理投资项目手续等服务。投资经济特区须满足最低投资额和最低用人规模，通常情况下，达到标准后，投资企业可享受的“地区发展公共资助”最高限额为“检定费用”的 50%，对中型企业限额为 60%，小企业的限额为 70%。经济特区内的投资企业还享受企业所得税减免优惠。企业向地方行政管理部门提交申请并得到肯定答复后，还可全额免除房地产税。根据欧盟和国内法规，波兰经济特区的优惠政策将于 2026 年到期。波兰 14 个经济特区详见表 15-6。

表 15-6　波兰 14 个经济特区

序号	经济特区名称	电子邮箱及网站
1	米尔莱兹经济特区欧洲园 Euro-Park Mielec SEZ	europark@europark.com.pl www.europark.com.pl
2	苏瓦乌基经济特区 Suwaiki SEZ	ssse@ssse.com.pl www.ssse.com.pl
3	卡托维兹经济特区 Katowice SEZ	ksse@ksse.com.pl www.ksse.com.pl
4	卡米那古拉经济特区 Kamienna Gora SEZ for Medium and Small Business	strefa@ssemp.pl www.ssemp.pl
5	考斯钦－斯乌比采经济特区 Kostrzyn-Slubice SEZ	info@ksse.pl www.kssse.pl
6	经济特区克拉科夫技术园 SEZ Krakow Technology Park	cztk@czt.cc.pl www.sse.krakow.pl
7	莱格尼察经济特区 Legnica SEZ	lsse@strefa-legnica.com.pl www.strefa-legnica.com
8	罗兹经济特区 Lodz SEZ	info@sse.lodz.pl www.sse.lodz.pl
9	波麦拉宁经济特区 Pomeranian SEZ	marketing@strefa.gda.pl www.strefa.gda.pl

（续）

序号	经济特区名称	电子邮箱及网站
10	斯乌普斯克经济特区 Slupsk SEZ	office@parr.slupsk.pl www.sse.slupsk.pl
11	斯塔拉霍维斯经济特区 Starachowice SEZ	sse@sse.onet.pl www.sse.com.pl
12	塔诺波莱戈经济特区 Tarnobrzeg SEZ“Euro-Park Wislosan”	tsse@tg.onet.pl www.tsse.pl
13	瓦波日赫经济特区投资园 Walbrzych SEZ“Invest Park”	invest@invest-park.com.pl www.invest-park.com.pl
14	瓦尔米亚－马祖里经济特区 Warminsko-Mazurska SEZ	wmsse@wmsse.com.pl www.wmsse.com.pl

截至 2013 年第二季度，波兰 14 个经济特区吸引投资额达 907 亿兹罗提，创造就业岗位 19.15 万个。汽车业投资占所有投资比重最大，日本 Pilkington 和韩国 Mando 汽车零部件公司均在经济特区投资设厂。其中，卡托维兹经济特区是波兰最大的经济特区，设有 180 家公司，总投资超过 180 亿兹罗提。

中国在波兰投资企业昶红电子波兰有限公司入驻塔诺波莱戈经济特区，运城波兰有限公司入驻罗兹经济特区。

（五）劳动就业的有关规定

1. 劳动法的核心内容

《劳动法》是波兰劳务领域最主要的法律。它规定了雇用关系的法律基础、雇员的权利和义务等，其中包括劳动合同的签订、解除和到期以及工资报酬、工作时间、休假等具体内容。此外，波兰还专门针对大规模裁员、工会、雇用临时工等出台了专门法律。

1996 年 6 月修订的波兰《劳动法》，对劳动关系的产生、内容、劳资双方的权利、义务、福利报酬、就业及保护、妇女和未成年人的雇用、劳资纠纷的解决做出了规定。近年来，波兰不断修订完善其《劳动法》，从国会网站可查到法律全文。

【签订劳动合同】雇用员工的依据是劳动合同。劳动合同分为 4 种：无限期合同、定期合同、为完成特定工作而签订的合同以及在其他雇员脱岗期间签订的替代合同。在签订上述 4 种合同之前，均可先签订为期不超过 3 个月的试用合同。劳动合同应以书面形式签订，主要内容包括当事方、合同类型、合同执行地点、生效日期、工作性质和条件、报酬的具体构成、工作时间等。此外，在开始工作后一周内，雇主有义务向雇员提供关于工作基本条件的书面信息。

【解除劳动合同】解除劳动合同包括两种情形：一种是合同已到期或合同规定的工作任务已完成；另一种是合同尚未到期，但经双方协商同意或应一方要求而提前解除。如果协商同意，双方应就此签订书面共同声明；如是一方提出，则提出方应提前通知另一方，除非出现法律所允许的无须通知的情况。劳动合同的类型不同，提前通知的时限要求也不相同：①无限期合同。根据雇员在该雇主处已工作时间短于 6 个月、超过 6 个月但不到 3 年或已 3 年以上，应分别提前 2 周、1 个月或 3 个月通知对方；②定期合同。为期超过 6 个月的定期合同应提前 2 周通知对方；③在其他雇员脱岗期间签订的替代合同提前 3 个工作日通知；④试用合同。根据试用期限为不超过 2 周、超过 2 周但不到 3 个月或达到 3 个月，应分别提前 3 个工作日、1 周或 2 周通知对方。《劳动法》严格规定了无须提前通知即可解除劳动合同的情形。如果雇员严重违背其基本职责、在受雇期间违反法律、失去工作所需相关资质或由于疾病而无法胜任工作，雇主均可在不提前通知的情况下提出解除劳动合同，但根据法律规定，雇主应说明具体理由。同样，《劳动法》也就雇员在无须提前通知情况下提出解除劳动合同的情形做出了具体而严格的规定。如果雇主以不合法或不合理的方式解除劳动合同，雇员可以向劳动法庭申请恢复雇用关系或赔偿。

【工作时间和假期】自 2001 年 5 月 1 日起实行每周 5 天工作制。通常，在不超过 4 个月的期限内，平均每天工作时间不超过 8 小时，每周不超过 40 小时。如需加班，每周全部工作时间不超过 48 小时。《劳动法》还就此规定了许多具体条款，允许部分雇主根据自己所采用的计时系统对上述原则性规定进行必要修改。工作一年后，根据工龄和职位不同，雇员享有 20 ~ 26 个工作日的带薪休假。

【劳工报酬】波兰最低工资法和部长会议有关条例规定了全职雇员应获得的最低工资。自 2013 年 1 月 1 日起，雇员月税前工资最低为 1600 兹罗提。

欧盟统计局显示，波兰最低工资在欧盟国家中增速较快，但仍属于欧盟中最低工资数额低于 400 欧元的 10 个国家之一。

加班工资：如果雇员要求加班，则仅能按正常工资标准获得加班工资。若是雇主要求加班，雇员除可按正常工资标准获得加班工资外，还可获得相当于正常工资标准 50% 或 100% 的额外工资。

【职工社会保险】雇主有责任以雇员和自己的名义向社会保险公司缴纳保险费。详见表 15-7。

表 15-7　波兰的雇主社保责任

保险和社保基金种类	相当于工资额的百分比	支付责任
退休保险	19.52%	雇主和雇员各承担一半
残疾补贴保险	8%	雇主承担 6.5%，雇员承担 1.5%
事故保险	0.67% ~ 3.33%	雇主全部承担
病假保险	2.45%	雇员全部承担
劳动基金	2.45%	雇主全部承担
职工福利保障基金	0.1%	雇主全部承担

在波兰工作的外国人必须缴纳健康保险，全部由雇员缴纳，金额为收入的 9%，但其中 7.75% 从个人所得税中扣除，其余 1.25% 不扣除。

2. 外国人在当地工作的规定

【工作许可制度】根据波兰《就业促进和劳动市场机构法》《外国法》《关于对在波兰共和国完成由外国雇主提供的出口劳务涉及的外国人签发劳动认可和许可的法令》《关于外国人在波兰共和国领土从事的工作领域限制令》《关于从事劳动的外国人无须获得工作许可的法令》等，出现下列情形时，外国人在波兰务工需要办理工作许可：①根据与雇主签署的协议，须在波兰领土工作，且雇主的总部、居住地或分公司、工厂或其他形式的有组织活动场所位于波兰领土；②在法人公司或资本公司董事会中担当职务，且在波兰连续 12 个月内停留时间超过 6 个月；③受雇于外国雇主，并在与外国雇主签有长期合同的基础上被派往波兰分公司、工厂或下属公司等，在波兰工作时间全年超过 30 天；④受雇于外国雇主，该外国雇主在波兰未设立分公司、工厂或其他形式的活动场所，但被派往波兰从事临时性或外派劳务性质的工作；⑤受雇于外国雇主，并被派往波兰从事上述 2 ~ 4 项以外的工作，且工作时间在连续 6 个月内超过 3 个月。

不必获得工作许可的外国人包括：①欧洲经济区（EEA）和瑞士公民及其家属；②拥有永久居留许可的人员；③拥有在波兰获得欧盟长期居留许可的人员；④拥有在其他欧盟成员国获得欧盟长期居民身份的人员，且该人员获得在一定时期内与工作或经济活动相关的居住许可；⑤借助临时保护或拥有宽容居留许可的难民；⑥在个别条款中（如波兰劳动和社会政策部 2009 年 2 月 2 日颁布的《关于从事劳动的外国人无须获得劳动许可的法令》）规定可免除工作许可的人员，其中包括：①在教育系统工作的外语教师；②（在欧盟内工作 4 年以上的）土耳其公民；③在波兰高中完成学业的毕业生；④文化教育交流人员；⑤拥有雇主有意聘用的证明，在地方劳动局有登记，且在商务移民领域同波兰有合作的邻国公民；⑥同欧盟签订有人员自由流动协议的国家公民。

注：无须获得工作许可并不等于不必获得合法工作的签证。外国人在递交签证申请时应同时附上雇主有意在波兰聘用该人员的书面证明。

3. 外国人在当地工作的风险

波兰劳动力市场存在一定的结构性短缺，为中国企业提供了一定机会。但波兰总体失业率较高，2014 年 3 月失业率达 13.5%。市场容量有限，劳务进入前后问题较多，须慎重对待。

目前，波兰仅对欧盟内其他国家、欧洲经济区内其他国家以及瑞士完全开放劳动力市场，对俄罗斯、白俄罗斯、乌克兰等有条件开放，对中国等亚洲国家仍实行严格、复杂的工作许可审批制度和签证管理制度，且工作许可常附有限制条件。波兰劳动法律法规严格，用工制度及劳动保障要求较高。

中波两国尚未签署关于双边劳务合作中避免双重征收社保、医保等费用的相关协议，中国劳务人员目前在波兰必须缴纳养老保险、失业保险等费用。波兰虽已加入申根协定，但并不意味着中国劳务人员可在申根协定国之间随意流动就业，一旦中国劳务人员被发现从波兰前往邻国工作，将被遣返波兰。

（六）外国企业在波兰获得土地的有关规定

1. 土地法主要内容

波兰于第二次世界大战后一直保持土地私有化，已有 90% 的土地归私人所有，国有土地仅占10%。1964 年 4 月 23 日颁布的《波兰民法》对包括土地在内的不动产的含义、所有权种类以及获取途径做了详细规定。主要内容如下。

（1）不动产是指土地和土地上的公寓、房屋等建筑设施。不动产的使用方式主要有 4 种，即所有、永久使用、抵押和租赁。所有权是不动产最基本的权利，赋予所有者彻底完整的使用权。所有权受法律保护，任何第三方不得侵犯所有权人的利益。所有权没有时间限制。政府和公共部门没有任何权利侵犯所有权，除非政府进行区域规划。永久使用权是针对国有或地方政府所有的土地而言，通常使用期限为 99 年（最短为 40 年），该期限可延展。永久使用权允许使用人在与所有权同等的权利范围内使用土地，但土地使用目的须符合国家或当地政府的发展规划，且须在协议中做出规定。如使用目的违反了协议规定，则所有者（国家或地方政府）可以终止协议。土地使用人须向政府缴纳不同于土地税的年费，一般根据土地价格计算，并且每年调整一次（特殊类型的土地年费调整期限可延长至 5 年）。在修建建筑物之后，永久使用权人对建筑物拥有完整的所有权。在永久使用权协议终止时，永久使用权人有权对所有的建筑物获得等同于建筑物市价的补偿。

（2）任何法律实体，包括外国公司或自然人，无须获得波兰内政部许可，也无须满足当地政府的特别规定，即可租赁土地。租赁主要有两种类型：仅限使用而不能获利，既可使用也可用于获利。

（3）不动产的转让必须依据协议进行，且协议中必须对当事人的所有权利和义务作出规定。协议必须在政府公证部门以公证契约形式签署。签署转让协议当日，不动产所有权即转让，买方即成为不动产的所有者。如转让永久使用权，在签署协议并将不动产交付给被转让人后，只有在法院完成抵押登记，才算完成永久使用权的转让。

2. 外资企业获得土地的规定

根据波兰 2004 年 4 月出台的法规（外国人购买不动产法），任何外国人或企业均可在波兰购买土地或通过购买一家拥有土地的波兰公司股份来获得土地的所有权或永久使用权。无论是购买土地还是购买拥有土地的公司股份，均须事先从波兰内政部获得购买许可。在未获得许可情况下擅自进行土地或股份交易，则被视为非法交易。

许可发放：波兰内政部通常在审核购买方申请材料后 3 ~ 4 个月内发放许可。许可一经颁发，有效期为 2 年，交易双方应在许可有效期内完成相关手续。外国人或企业从波兰私人购买土地后，则拥有该土地的完整所有权；如通过招投标方式从政府或政府管理的机构购买土地，则只拥有该土地的永久使用权。

波兰禁止外国人或外国实体购买位于波兰边境地区的土地。

该法还制定了欧洲经济区自然人或实体在波兰购买不动产的一些特殊免除许可制度，主要包括：

（1）盟内外国人和实体（指欧盟成员国、冰岛、挪威、列支敦士登和瑞士公民及在这些国家注册的法人实体）在波兰购买土地无须许可，但在 2016 年 5 月 2 日前购买农业用地和森林或购买第二套住房需获得波兰内政部许可；

（2）盟内外国人和实体在下希隆斯克省、滨海 – 波莫瑞省、卢布斯卡省、奥波莱省、滨海省、瓦尔米亚 – 马祖里省和大波兰省等西北部地区租赁农业土地满 7 年，并在此期间一直以合法身份从事农业种植，则租赁期满后购买土地无须许可；

（3）盟内外国人和实体在罗兹省、小波兰省、马佐夫舍省、喀尔巴阡山省、波德拉谢省、希隆斯克省和圣十字省等中东部地区租赁农业土地满 3 年，并在此期间一直以合法身份从事农业种植，则租赁期满后购买土地无须许可；

（4）获得波兰永久居住权后连续在波兰居住满 5 年的外国人购买不动产无须许可；

（5）配偶为波兰人，且自获得波兰永久居住权后连续在波兰住满两年的外国人购买不动产无须许可。

（七）波兰对外国公司承包当地工程的有关规定

1. 许可制度

波兰法律未对外国企业在波兰参与当地公共项目招投标予以限制。具体法律规定可参见波兰建筑法和公共采购法。

波兰允许外国自然人在当地承揽承包工程项目，但需要具备一些必要条件，如拥有相应的资质证书和文件，具备专业知识和经验，拥有一定数量和质量的专业设备和技术人员以及具备符合要求的经济能力和投资能力。

2. 禁止领域

外国承包商不得承揽波兰军工、石化、输变电等行业的工程项目。

3. 招标方式

波兰政府项目工程建设实行严格的招标制度，如不进行公开招标，需要特别说明。

《公共采购法》规定的招标方式主要包括以下几种。

（1）无限制招标，即所有感兴趣者均可参加投标，资格审查与评标同时进行；

（2）有限制招标，即先进行资格审查，通过者方可提交报价；

（3）公开议标，常用于（1）和（2）均未能选出中标者的情况，程序与（2）相似，招标方可与各投标方进行协商并要求其修改报价；

（4）竞争性对话，即招标方与一定数量投标者进行谈判，以保证在竞争情况下选择最佳方案，主要用于大型交通基础设施和 IT 网络等复杂工程项目；

（5）非公开议标，即招标方不对外公开发布招标信息，仅从其邀请的投标者中选出最佳投标方。

（八）波兰对中国企业投资合作的有关保护政策

1. 中国与波兰签署双边投资保护协定

中国政府与波兰政府于 1988 年签订《双边投资保护协定》。

2. 中国与波兰签署避免双重征税协定

中国政府与波兰政府于 1988 年签订《避免双重征税协定》。

3. 中国与波兰签署的其他协定

中国政府与波兰政府于 1995 年 5 月签订《关于植物检疫的协定》；1996 年 12 月签订《海运合作协定》；1997 年 11 月签订《动物检疫及动物卫生合作

协定》；2004 年 6 月，签订《经济合作协定》；2011 年 12 月两国政府发表《关于建立战略伙伴关系的联合声明》；2012 年 4 月，两国政府签署《关于加强基础设施领域合作协定》。

（九）波兰有关保护知识产权的规定

1. 当地有关知识产权保护的法律法规

波兰知识产权保护法适应现代国际标准，其中最重要的法律包括：《著作权和相关权利法》（1994 年）和《工业产权法》（2000 年）。《工业产权法》于 2001 年 8 月 22 日生效，具有法典性质。

波兰是下列国际工业产权和知识产权协议的缔约国：巴黎工业产权保护公约（1975 年起）、伯尔尼文学艺术作品保护公约（1990 年起）、世界贸易组织与贸易有关的知识产权协议（2000 年起）、世界知识产权组织表演和录像制品条约（2003 年起）、关于授予欧洲专利的公约（2004 年起）。

在保护发明和实用新型领域，波兰签署了华盛顿专利合作条约（1990 年起）、斯特拉斯堡国际专利分类协定（1997 年起），在商标保护方面，波兰签署了马德里国际商标注册协定（1991 年起）、国际货物和服务商标注册分类尼斯协定（1997 年起）、商标图形要素维也纳协定（1997 年起）。波兰适用欧盟工业产权、著作权和相关权利各项法律。

波兰涉及保护知识产权和工业产权的法律还包括《著作权和相关权利法》《工业产权法》。

在波兰，发明、实用新型、工业样式、商标、地理标志、集成电路的拓扑图等工业产权受法律保护。此外，地理标志、农产品和食品的名称和标识也受法律保护。

专利保护期为 20 年，使用权保护期为 5 年，可申请延长 5 年。保护期间使用须支付费用。工业产权保护期限 50 年。商标保护期为 10 年，可延长 10 年，连续 3 年不使用则解除保护。《反不正当竞争法》（1993 年）和《竞争和消费者保护法》（2000 年）也包括工业产权保护方面的规定。

文学、科学、工业、建筑和城市规划设计图纸、电脑程序、音乐、舞蹈等著作权，从作者死亡或第一次出版之日起 70 年后失效。

2. 知识产权侵权的相关处罚规定

波兰工业知识产权（专利、商标）的管理由波兰专利局负责，著作权的管理由文化部负责。波兰专利局设有专利纠纷委员会，对不服从审查委员会决定的申诉和有关授予知识产权保护对象的异议进行审查。海关虽然受理侵权知识产权的举报投诉，但仅可对侵权货物进行罚没，而没有行政处罚权。

在波兰，知识产权侵权案件只有投诉才能处理，并且只有法院才能判定是否侵权。知识产权权利人的权益受到侵害时，有 3 条救济渠道：①本人直接向法院提起民事诉讼，提出赔偿请求；②向行业协会提出救济请求，由行业协会代为向法院提起诉讼；③向内务部门（警察局）投诉，内务部门（警察局）经调查后根据侵权程度决定向法院提起民事诉讼或者刑事诉讼。根据有关法律，内务部门（警察局）在调查侵权案件时，知识产权管理部门有义务提供协助。

法律对制售假冒伪劣产品的违法行为有极其清晰而严格的规定。波兰没有设置关于知识产权刑事处罚的门槛，对于制假售假行为，只要有主观故意就是犯罪。波兰每年有很多案件进入刑事程序，但受到的制裁多数是罚金，很少对侵权人实施人身处罚。但对于有组织的犯罪以及重犯，法院将予以重判。

四、在波兰开展投资合作需办理的相关手续

（一）在波兰投资注册企业需要办理的有关手续

1. 设立企业的形式

根据波兰相关法律规定，外国企业作为法人实体在波兰境内可注册的形式有代表处、分公司、有限合伙企业、有限股份合伙企业、有限责任公司和股份公司。外国公民作为自然人可根据不同情况在波兰注册公司，获准在波兰定居的外国公民享有与波兰公民同等的注册公司的权力；在波兰没有永久居留权的外国公民，只能在波兰设立有限合伙公司、有限股份合伙公司、有限责任公司和股份公司。中国企业和个人在波兰注册的习惯做法一般为代表处、分公司、有限责任公司和股份公司。

【代表处】注册主体为外国公司，业务范围只限于对母公司业务进行推介和宣传，不得开展贸易活动，也无权签署贸易合同。

【分公司】注册主体为外国公司，经营范围不得超越母公司业务范围，但不必开展母公司的全部业务，可部分经营母公司业务，也可代表母公司签署买卖合同。

【有限责任公司】外国公司和个人均可申请，可从事生产、销售、服务和进出口等任何商业活动。

【股份公司】外国公司或个人均可申请，可通过在波兰股市上市获得资金。

2. 注册企业的受理机构

在波兰注册不同的企业形式，需要到不同的机构申请。

【设立代表处】由母公司或其委托人向波兰经济部外国企业家登记处申请注册。

【设立分公司】由母公司或其委托人向地方法院经济庭注册处申请注册。

【设立有限责任公司】由公司股东向地方法院经济庭注册处申请注册。注册资金最低为 5000 兹罗提，须在登记前全额付清。公司名称可用各种语言表述，但末尾须有 Sp.z.o.o（波文“有限责任公司”缩写）字样，公司名称不能重复。

【设立股份公司】由公司股东向地方法院经济庭注册处申请注册。外国公司或个人均可申请，可通过在波兰股市上市获得资金。注册资金最低为 10 万兹罗提，每股最低股价不得低于 0.01 兹罗提。以实物出资，必须在公司登记后一年内全部付清。用现金入股，必须在公司注册时先支付 25% 的注册资金。注册完毕后可随时使用注册资金。合资公司的股票在完成各项法律程序后可以上市交易。股份公司名称中注有 S.A.（波文“股份公司”缩写）字样。

3. 注册企业的主要程序

【注册申请】向上述指定机构提出申请。申请注册不同的企业形式需要相应提供不同的文件。若提交材料为外文，则须译成波兰文。

（1）注册代表处所需文件

①由波兰律师填写的设立代表处申请表（须经母公司负责人或其委托人签名）；

②母公司营业执照副本；

③母公司章程复印件；

④经母公司所在地公证处公证并由波兰驻母公司所在国大使馆盖章确认的母公司营业执照、母公司授权委托书和母公司章程全套资料；

⑤由波兰公证处公证的代表处章程和代表处总代表签名样本，代表处章程应包含代表处名称（应为母公司名称后加波文的“驻波兰代表处”字样）、地址、业务范围、总代表姓名及其在波兰的住址等。

（2）注册分公司所需文件

①由波兰律师填写的设立分公司的申请表（须经母公司负责人或其委托人签名）；

②母公司营业执照副本；

③母公司章程复印件；

④经母公司所在地公证处公证的并由波兰驻母公司所在国大使馆盖章确认的母公司营业执照、母公司授权委托书和母公司章程全套资料；

⑤波兰公证处公证的分公司章程和分公司总经理签名样本。分公司章程应包含分公司名称（应为母公司名称后加波文的“波兰公司”字样）、地址、业务范围、总经理姓名及其在波兰的住址等。

（3）注册有限责任公司所需文件

①由波兰律师填写的须经公司董事会成员签名的公司注册申请表（须经波兰公证处公证）；

②如股东为法人，须提供该股东原法人注册证明材料（须经波兰公证处公证）；如股东为自然人，须提供在波兰公证的股东自愿成立公司说明书和护照复印件；

③公司章程和董事会成员签名样本（须经波兰公证处公证）。

（4）注册股份公司所需文件

①由波兰律师填写的经公司董事会成员签名的公司注册申请表（须经波兰公证处公证）；

②股东原注册证明材料（须经波兰公证处公证）、公司章程和董事会成员签名样本（须经波兰公证处公证）。

【注册审批】注册申请受理后，注册机构将申请材料转递波兰外交部，由其通过波兰驻申请方所在国大使馆对该申请公司的情况进行核查，核查无误后，由波兰注册机构颁发注册证明。注册审批时间视企业形式而定，一般在2 ~ 12周。注册费3500 ~ 8000兹罗提。

（1）设立代表处注册审批

波兰经济部受理注册申请后，将申请材料转递波兰外交部，由外交部通过波兰驻申请方所在国大使馆对该公司的情况进行核查，核查无误后再转回波兰经济部，由经济部发放注册证明。代表处注册无须注册资金，审批期限约2 ~ 3月，注册费约8000兹罗提（约2000欧元），其中注册费6000兹罗提、律师费2000兹罗提。

（2）设立分公司注册审批

地方法院经济庭受理注册申请后，须将申请材料转递波兰外交部，由外交部通过波兰驻申请方所在国大使馆对该外国公司的情况进行核查，核查无误后，由地方法院颁发注册证明。分公司注册无注册资金要求，审批期限约2 ~ 3月，注册总费用约3500兹罗提，其中法院注册费1500兹罗提、律师费2000兹罗提。

（3）设立有限责任公司注册审批

地方法院经济庭在受理注册申请后一般在2 ~ 3周内核发注册证明。目前有限责任公司最低注册资本金为5万兹罗提，注册完毕后该资金可作为公司的流动资金使用。注册费用约5500兹罗提，其中注册费1500兹罗提、公证费2000兹罗提、律师费2000兹罗提。

（4）设立股份公司注册审批

地方法院经济庭受理注册申请后一般在2 ~ 3周内批复核发注册证明（多页纸）。注册总费用约5500兹罗提，其中注册费1500兹罗提、公证费2000兹罗提、律师费2000兹罗提。

【申请统计代码】获准注册后，须向当地统计局申请统计代码（REGON），一般2小时即可申办完。

【刻制公司印章】企业获准注册后须在指定机构刻制公司印章，一个合法的印章必须刻有公司名称、地址、增值税号（NIP）和REGON。

【开立银行账号】企业获准注册并取得 REGON 代码后，须立即在波兰银行开立公司银行账号，须提供注册证明和 REGON 代码复印件，一般需 1 ~ 2 天。

【申请增值税号（NIP）】企业获得注册后，须向所在地税务局申请 NIP，一般需 2 ~ 3 周可获得。

【申报社会保险】公司在雇用首名员工后 10 天内须向公司所在地社保局申报雇员情况，交付社会保险金，并获得公司的社保金支付代码。

【申报劳动安全检查】公司在雇用员工后应立即向当地劳动监察局申报检查，由该局对公司雇员进行 2 ~ 3 小时安全培训讲座，并对公司的工作环境、工作时间进行检查，检查合格后为每个员工发放安全工作证明。同时，公司须为每位雇员在规定的体检单位做健康检查，获得体检证明的雇员方可上岗工作。这两个证明缺一不可，必须随时存放在公司，以备劳动监察局检查，若被查出无安全证明和健康证明上岗，公司则将被罚款。

【网上注册】自 2011 年 7 月起，投资者可在波兰经济活动注册与信息中心网站注册公司，并可申请税号、社保号等。

（二）承揽工程项目的程序

1. 获取信息

国家筹资的项目由各主管部门发布信息，各省及主要城市设有市政基础设施管理部门，负责发布本地区的发展战略与项目信息。此外，各主要报刊也定期发布招标信息。

2. 招标投标

根据波兰《建筑法》《公共采购法》等规定，波兰国家投资项目或国际组织贷款和援助项目，一律采用招标方式。大型项目招标要经过漫长和严密的法律程序；自筹资金项目，可通过议标方式进行；小型项目，如项目单位不进行招标，须向主管部门陈述充分理由，获准后可以其他方式上项目。

2014 年 7 月，波兰众议院通过《公共采购法修正案》。根据新法，价格将不再是公共采购项目的唯一标准，若业主方根据价格标准决定某投标人中标，须对该决定做出解释。新法还规定，公共采购局须向业主公布好的案例；

如业主怀疑投标人低价竞标，投标人须证明其价格不过分低；公共项目投标人支付其雇员的工资不得低于最低工资。

波兰基础设施和发展部表示将修改建筑法，内容包括简化家庭住房建造程序，简化行政审批程序，缩短申请建筑许可时间等。此外，波兰于 2014 年 8 月 7 日公布修改后的交通运输法以促进铁路投资。新法案缩短了企业获得建筑许可的时间，简化了铁路投资的监管政策，并通过引入电子文档报送缩短行政审批时间。铁路投资也将不再受到地域规划等监管政策带来的阻碍和拖延影响。

3. 许可手续

波兰承包工程的主管部门是隶属政府的技术监督总局，即建筑行业技术总监、铁路建筑技术总监和矿山建筑技术总监。承包商承揽当地工程需要到该部门申请承包工程许可，并接受该机构对承包工程的审查和项目监督。

（三）申请专利和注册商标

1. 申请专利

专利主管部门是波兰专利局，申请专利须向专利局提交申请。

在波兰可本人到专利局办公大厅递交申请材料或通过网络两种方式申请专利，其中网络申请须登录波兰专利局网站，填写电子申请表及相关电子文件。所需文件根据申请专利的种类不同而各有不同，申请材料语种为波兰语。

申请发明专利的，申请文件应包括：发明专利申请书、摘要、摘要附图、说明书、权利要求书。

申请实用新型专利的，申请文件应包括：实用新型专利申请书、摘要、摘要附图、说明书、权利要求书。

申请外观设计专利的，申请文件应包括：外观设计专利申请书、图片或者照片以及对该外观设计的简要说明。

2. 注册商标

波兰的商标分为国内商标、欧盟内部商标和国际商标。

申请波兰国内商标和国际商标须到华沙专利办公室注册登记，未在波兰注册的外国企业必须通过波兰的专利代理申请商标注册。

欧盟内部商标：向设在西班牙阿里坎特（Alicante）的协调办公室（Office of Harmonization）申请办理。

3. 专利法

波兰专利法基于2000年6月30日通过的工业产权法，后经多次修订。波兰同时遵守国际和欧盟有关产权保护的法律。

（四）企业在波兰报税的相关手续

1. 报税时间

申报缴税要及时，一般规定按月度和年度定期申报。企业所得税和个人所得税在每月20日前上缴，增值税在每月25日前上缴，可以预交。年终清算时，企业所得税纳税人必须在下一个税务年度的前3个月内提交财务和税务报表；个人所得税报税材料应在次年2月前提交税务局，标明收入来源和额外应纳税项。

2. 报税渠道

企业自行到税务部门申报，税务部门核准后，企业采用银行转账或邮局汇款方式支付。

3. 报税手续

根据波兰的法律，企业委托会计师行或企业自聘会计制作企业资产负债表、利润表、现金流量表等财务报表，并根据企业实际收入和开支情况填写税务部门统一格式的税务申报表报送所在地税务部门审核，确认无误后，企业按核准数缴纳税款。

4. 报税资料

需要提供的相关资料包括：企业资产负债表、利润表、现金流量表等财务报表和税务申报表。

（五）赴波兰工作许可的办理

1. 主管部门

外国人工作许可主管部门是各省省督府的劳动社会政策部门及所属地区各地方办事处，在马佐夫舍省为华沙劳动局及该局在本省各地的分支机构。

2. 工作许可制度

【许可种类】工作许可有以下几类。

A 类：与办公地在波兰境内企业签署劳动协议的外国人；

B 类：为登记企业法人从事管理工作的外国人；

C 类：为外籍雇主工作且一年内的工作时间超过 30 天的外国人；

D 类：为外籍雇主工作（但该雇主在波兰境内不拥有分公司、工厂或其他形式的组织活动），且从事临时性或偶然性出口服务的外国人；

E 类：为外籍雇主工作，在波兰境内工作时间超过 3 个月，从事 B ~ D 类型以外工作的外国人。

【许可期限】许可期限有三种情况。

（1）通常不得超过 3 年，到期可延长；

（2）雇员超过 25 人以上公司的外籍董事会成员在委派期内最多可获得 5 年的工作许可；

（3）由境外雇主派遣从事外派劳务活动的外国人，省督根据派遣期发放劳动许可。

【许可拒签】出现下列情形之一，省督可拒签工作许可：

（1）申请中提供虚假个人资料、信息或添加含有虚假数据的文件；隐瞒事实真相，使用伪造文件；

（2）未达到相关条款要求；

（3）经法院判决，认定为违反相关法规被判有罪或被在认定有罪之后的两年期内；

（4）违反刑法、工作许可签发相关规定或犯有贩运人口特别是妇女、儿童行为的自然人或受该自然人管理的机构；

（5）受雇外国人不符合招聘条件或资质要求，违反有关工作许可签发程序；

（6）受雇外国人在不受波兰欢迎人员名单之列。

【许可撤销】出现下列情形之一，省督可撤销已发放的工作许可。

（1）与签发许可相关的理由和证明发生变更；

（2）签发许可的理由不复存在；

（3）雇主未履行相关责任义务；

（4）外国雇员不再满足相关条款要求；

（5）外国雇员中断工作时间超过 3 个月；

（6）获悉外国雇员被列入不受波兰欢迎人员名单。

【申办费用】主要有以下几项。

（1）申办 3 个月的工作许可——50 兹罗提；

（2）申办 3 个月以上的工作许可——100 兹罗提；

（3）申办以从事出口服务为目的工作许可——200 兹罗提；

（4）申办工作许可延期——以上相关额度的 50%。

【办理期限】根据波兰《行政诉讼法》，当地劳动主管部门对工作许可（包括承诺函）的审批期限为自申请送达之日起 1 个月内。

3. 申请程序

工作许可由波兰雇主（波兰企业自己雇用外国人）或外国雇主（波兰企业以进口外国公司劳务的形式使用外国人）向波方所在地劳动主管部门提出请求，劳动部门在审查申请材料并考虑当地市场状况后，如符合条件，可签发工作许可。

4. 提供资料

工作许可申请表格及相关文件和证明主要包括：

（1）国家注册法院出具的企业注册证明或从事经济活动的证明；

（2）工作许可的缴费证明；

（3）有效护照复印件；

（4）外国人专业技能认证文件（由宣誓翻译译成波兰文）；如果雇主对工作人员有更高的要求，可以要求外国人提供确认其受教育水平的文件，包括资格、学历和认证证书等；

（5）公司协议复印件（包括协议及之后的修订）；

（6）公司统计代码；

（7）波兰社会保险公司出具的雇主没有拖欠员工社会保险费用的证明；

（8）招聘声明及县长评估（发布招聘声明，向县劳动局通报招聘岗位，在就业服务网（EURES）上公布的招聘公告，县长要对雇主的人员需求及当地劳动市场情况做出评估）；

（9）雇主关于最近 12 个月遵守劳动法及就业促进和劳动市场机构法的声明。如由他人代办，须提供雇主全权委托书原件；

（10）国家刑事注册信息局出具的无犯罪证明；

（11）如果外国人有波兰居留权，还应提交短期居留许可（如果在递交工作申请时有该居留许可）和外国人的居住登记证明；

（12）如果工作申请涉及“在波兰的关键岗位”，如商法中的合伙人或股东，或外国人在董事会任职，则还应提交：

①任命外国人担任公司重要职位的决议；

②公司最近 12 个月内纳税证明；

③如果公司亏损，应说明具体原因，如由于投资或技术转让，或是用于创新和创造新的工作岗位；

④涉及关键岗位时，要提供外国公司至少 1 年内在该岗位雇用人员的情况，如职责范围。

一、捷克国家概况

二、捷克经济发展状况

三、捷克对外国投资合作的法规和政策

四、在捷克开展投资合作应办理的有关手续

捷克共和国投资指南㊀

㊀ 部分资料来源于外交部网站、商务部网站《对外投资合作国别（地区）指南——捷克篇》；部分数据来源于商务部、国家统计局网站、《世界投资报告 2015》的公开资料。

捷克共和国（简称捷克）是中欧地区的内陆国家，处在丝绸之路经济带北线上，领土东面毗邻斯洛伐克，南面接壤奥地利，北面邻接波兰，西面与德国相邻。1993年1月1日，中国承认捷克共和国为独立国家并与其建立大使级外交关系，建交以来双方一直保持着良好的关系。

“一带一路”提出的首要目的在于改善地区间的交通基础设施和实现互通互联，这与捷克的区域经济战略和优势高度契合。捷克在通用航空领域拥有大量的国际和国内经验，双方在“一带一路”战略背景下合作的首个项目是建立北京和布拉格之间的直达航线，捷克首都布拉格是中东欧的一个重要枢纽，这一航线会将其与中国连接起来，布拉格将提供中国商人、游客、学生与捷克人民深入交流的全新选择，这为双方未来在基础设施建设、贸易投资、旅游、技术合作、文化等方面的发展奠定了良好基础。

一、捷克国家概况[㊀]

（一）地理环境

1. 地理位置

捷克总面积78 866平方千米，其中陆地面积77 276平方千米，水域面积1590平方千米。由波希米亚、摩拉维亚和西里西亚3个部分组成。地处欧洲中部。东靠斯洛伐克，南邻奥地利，西接德国，北毗波兰。

2. 行政区划

捷克全国共划分为14个州级单位，其中包括13个州和首都布拉格市。各州下设市、镇。

首都布拉格，496平方千米。地形波状起伏，最低点海拔190米，最高点海拔380米。气候为典型的温带大陆性气候。年平均气温9.0℃。7月平均气温19.5℃，1月-0.5℃。年降水量约500毫米。据2014年人口普查，布拉格人口124.3万。布拉格是捷克共和国的首都和最大的城市，位于该国的中波希米亚州、伏尔塔瓦河流域。该市地处欧洲大陆的中心，在交通上一向拥有重要地位，

㊀ 资料来源：中国外交部。

与周边国家的联系也相当密切（特别是在地理上恰好介于德国与奥地利这两个德语国家的首都柏林与维也纳中间）。此外还有比尔森、布尔诺、俄斯特拉发等。

布拉格老城广场

首都布拉格

3. 自然资源

捷克褐煤、硬煤和铀矿蕴藏丰富，其中褐煤和硬煤储量约为 134 亿吨，分别居世界第三位和欧洲第五位。石油、天然气和铁砂储量甚小，依赖进口。其他矿物资源有锰、铝、锌、萤石、石墨和高岭土等。森林面积 265.1 万公顷，约占全国总面积的34%。伏尔塔瓦河上建有多座水电站。

4. 气候条件

捷克属北温带，年均气温7.5℃，年均降水量674毫米。夏季炎热，冬季寒冷多雪。其中7月最热，1月最冷。布拉格平均气温7月份为19.5℃，1月份为-0.5℃。

5. 人口分布

据2012年人口普查，捷克总人口1051万（2012年）。其中约90%以上为捷克族，斯洛伐克族占2.9%，德意志族占1%，此外还有少量波兰族和罗姆族（吉普赛人）。

（二）政治环境

1. 政治制度

2013年10月，捷克举行议会众议院选举。社会民主党在选举中获胜，并与ANO2011运动、基督教民主联盟—捷克斯洛伐克人民党组成中左三党联合政府，社会民主党主席博胡斯拉夫·索博特卡（Bohuslav Sobotka）担任总理。

1960年7月，国民议会通过宪法，改国名为捷克斯洛伐克社会主义共和国。1968年10月，国民议会通过宪法法律，规定捷克斯洛伐克是由捷克族和斯洛伐克族两个平等民族组成的联邦制国家。1989年11月，联邦议会取消宪法中关于捷共在社会中领导作用的条款。1990年4月，联邦议会通过宪法修正案，将国名改为捷克和斯洛伐克联邦共和国，并修改了国徽。1992年11月25日，联邦议会通过了“联邦解体法”。12月15日，捷克民族议会决定接管联邦议会的职能，并于16日通过了新宪法，改国名为捷克共和国，修改了国徽，确定了多党议会民主制和平等、自由、法制的原则。新宪法于1993年1月1日生效。

议会是捷克的国家最高立法机构，实行参众两院制。众议院共有议席200个，任期4年。参议院共有议席81个，任期6年，每两年改选1/3参议员。

本届众议院于2013年10月选举产生，有6个政党进入议会：社会民主党50席、ANO2011运动47席、捷克和摩拉维亚共产党33席、TOP09党26

席、公民民主党 16 席、曙光党—直接民主党和基督教民主联盟—捷克斯洛伐克人民党各 14 席。主席扬·哈马切克（Jan HAMAČEK）。

1996 年 11 月，捷克举行了战后首次议会参议院选举。2014 年 10 月举行了 1/3 参议员换届选举后，议席分布情况如下：社会民主党 33 席、公民民主党 14 席、基督教民主联盟 11 席、市长联盟 6 席、捷克和摩拉维亚共产党 5 席、绿党和无党派人士联盟 5 席、独立议员 7 席。主席米兰·什捷赫（Milan ŠTĚCH）。

捷克现政府于 2014 年 1 月 29 日正式就职。

2. 主要党派

捷克全国共有政党、运动、联盟等政治组织 60 余个。主要有：捷克社会民主党（简称社民党）、ANO2011 运动、捷克和摩拉维亚共产党（简称捷摩共）、TOP09 党、公民民主党、基督教民主联盟—捷克斯洛伐克人民党（简称人民党）、直接民主—曙光党（简称曙光党）。

3. 外交关系

捷克对外关系：捷克是北约、欧盟成员国，奉行经济靠欧盟、安全靠美国的对外政策，积极参与欧盟共同外交和安全政策及北约行动并将“经济外交”和“人权外交”作为重点。捷克与斯洛伐克保持“超常”关系，重视与德国、奥地利开展睦邻合作。积极倡导次区域合作，努力加强维谢格拉德集团（波兰、匈牙利、捷克、斯洛伐克）在地区事务中的作用与影响。捷克现已与 195 个国家建立了外交关系并加入了联合国、欧安组织、国际货币基金组织及世界银行等国际组织。

与中国的经贸关系：目前，捷克是中国在中东欧地区的第二大贸易伙伴。2014 年，双边贸易额 109.8 亿美元，同比增长 16.2%，其中中方出口 79.9 亿美元，同比增长 16.9%，进口 29.9 亿美元，同比增长 14.2%。1993 年 2 月，中捷海关事务合作协定生效。同年 10 月，签署两国政府贸易协定。2014 年 8 月，两国政府间经济合作联合委员会第九次例会在布拉格召开。2014 年 10 月，中捷签署《中华人民共和国国家能源局与捷克共和国工业和贸易部关于民用核能合作的谅解备忘录》《促进中捷企业双向投资银行间合作协议》。

与中国文化、科技与教育领域的交往与合作：1994 年 1 月，中方在捷举办西藏艺术展。1995 年中国文化部副部长陈昌本访捷并商签两国文化合作计划。2011 年 12 月，中捷两国签署《中华人民共和国文化部和捷克共和国文化部 2012 ~ 2014 年文化合作议定书》。2013 年 5 月，捷克文化部副部长桑科特出席“中国—中东欧国家文化合作论坛”；“捷克布拉格交响乐团”来华出席第 30 届“上海之春”国际音乐节。6 月，文化部部长蔡武在京会见捷克文化部副部长桑科特。2014 年 8 月，“华夏瑰宝展”在布拉格举办。2014 年 9 月，“紫禁城”室内乐团、“云南声音”艺术团、“武・蹈门”功夫舞团赴捷演出。2014 年 10 月，两国签署《中华人民共和国文化部和捷克共和国文化部 2015 ~ 2018 年文化合作议定书》《关于合拍大型系列动画片〈熊猫和鼹鼠〉的合作协议》。2014 年 10 月，捷克《穆夏绘画展》在华举行。1995 年 5 月，捷克副总理兼国家科技与投资发展委员会主席奥布齐纳访华。6 月，中国科技代表团访捷克，两国重签政府间科技合作协定。2013 年 5 月，中捷签署《中华人民共和国卫生部和捷克共和国卫生部 2013 ~ 2016 年合作执行计划》。2014 年 6 月，第二届中捷卫生论坛在天津举行。2014 年 10 月，两国签署《中华人民共和国国家卫生和计划生育委员会和捷克共和国卫生部关于中捷两国医疗卫生战略合作的谅解备忘录》。1996 年 5 月，捷克教育、青年、体育部副部长翁德拉契克来华签署两国 1996 ~ 1999 年教育交流协议。2014 年 8 月，第二次中国—中东欧国家地方领导人会议和中国投资论坛在捷克成功举办，中国—中东欧国家地方省州长联合会正式落户捷克。

小鼹鼠

与中国重要双边协议及文件：

《中华人民共和国政府与捷克共和国政府联合公报》（1999 年 12 月）

《中华人民共和国政府和捷克共和国政府联合声明》（2005 年 12 月）

《中捷外交部新闻公报》（2014 年 4 月）

4. 政府机构

在捷克全国设宪法法院、最高法院和最高监察院，院长均由总统任命。宪法法院院长帕维尔·里赫茨基（Pavel Rychetsky），最高法院院长伊娃·布罗诺娃（Iva BROŽOVÁ），最高监察院院长帕维尔·泽曼（Pavel Zeman）。县（区）均设法院、检察院、公证机关和经济仲裁机关。

（三）社会文化环境

1. 民族

捷克的民族构成随着历史的变迁而在发生变化。如今，捷克人为捷克共和国的主体民族，占人口总数的94.2%。捷克族从历史发展的角度分为三个分支：波希米亚、摩拉维亚和西里西亚，波希米亚分支占人口总数的90.4%，摩拉维亚分支占人口总数的3.7%，西里西亚分支占人口总数的0.1%。斯洛伐克人占人口总数的1.9%，波兰人占0.5%，德意志人占0.4%，匈牙利人占0.1%，罗姆人占0.1%，其他少数民族占2.8%。

布拉格广场

2. 语言

捷克语：以中捷方言为基础的标准语，也是官方语言。捷克语使用人数近 1100 万人，属西斯拉夫语支的南分支。早期捷克境内通行教会斯拉夫语、拉丁语或德语，13 世纪下半叶时开始出现真正的捷克语文献。15 世纪初胡斯发起宗教改革运动的同时，也奠定了捷克语的拼音规则，对其他使用拉丁字母拼写的斯拉夫语都产生重大影响。捷克语曾是原捷克斯洛伐克的主要官方语言，与斯洛伐克语可互通。

3. 宗教

在捷克，捷克人民主要信奉的宗教是罗马天主教。

4. 习俗

服饰礼仪：捷克人在穿着上比较讲究，正式场合都是西装或长大衣，天气寒冷时还戴帽，围较长较宽的漂亮的围巾，妇女爱穿具有传统风格的黑色或深红色裙，一旦结婚，男子就把羽毛从帽子上摘下来。

仪态礼仪：捷克人认为可以没有好衣服，不可没有好风度。他们不但在与别人打交道时谈吐文雅，彬彬有礼，而且独处时也不随便，对举止轻浮的人非常讨厌，对公众场合搂肩搭背的现象也没有好感。在家里，对长辈恭敬，在室外，扶老携幼者随处可见。

相见礼仪：现代捷克人绝大多数只有一个姓和一个名，即姓、名各一词或一节，为了与自己同名同姓而且身份又相近者相区别，有人还要加一个中间名。称呼时，一般称呼先生、小姐。见面行握手礼。

餐饮礼仪：捷克人习惯吃西餐，也爱吃中国菜，尤其喜爱广东菜肴。在家里宴请客人时，往往在请柬上注明请自带餐具，因此，客人须自带餐具赴宴。

喜丧礼仪：每年新年开始，这里都要举行迎接新生儿的传统仪式。1 月 3 日选出新年里的第一批婴儿公民，选中的将得到衣服和摇篮车等奖品。当地人的婚礼在教堂举行。这一天，新娘家门紧闭，等待由新郎及媒人所率领的迎亲队伍前来迎娶。

商务礼仪：捷克对外贸易发展很快，它同世界上 100 多个国家和地区有经济贸易联系，其具体外贸进出口业务由外贸企业负责。在当地进行商业会晤时，一般要提前多日约定。谈判前应有足够准备，谈判过程中应有耐心。

旅游礼仪：捷克千方百计地发展旅游业，几乎所有历史文物、名胜古迹都对旅游者开放，而且特别重视提高服务人员的素质和水平。他们待客彬彬有礼，喜欢不厌其烦地介绍这里的山川景物、名胜特色、历史掌故和风土人情，一般情况下可付给小费，或事先打听后再做决定是否付小费。

舞动的房子

主要禁忌：捷克民族将玫瑰花视为国花，人们普遍忌讳红三角图案。受欢迎的谈话内容是体育运动等，不受欢迎的话题是政治问题和家庭琐事等。

捷克人的饮食以猪肉为主，日常民族饭菜是猪肉排、甜酸菜和馒头片，捷克人喜饮啤酒，人均年消费量 160 升，居世界首位。到了捷克，可别错过捷克人常吃的 Knedliky，也就是面皮包肉馅的洋水饺，但是配上东欧人特爱的酸白菜（Zeli）及蘸酱，相当美味。

捷克人嗜食肉类，水果蔬菜很少。捷克的国菜，可以说就是烤猪肉了（Knedliky 及 Zeli），炖煮的食品也是不错的选择。

捷克人嗜酒，当地酿制的皮耳森啤酒（Plzensky Prazdroj）相当知名，皮耳森啤工厂开放参观，爱酒人士不可错过。另外，摩拉维亚地区的葡萄酒也相当不错。捷克各地的 Pub 提供各式酒类，除了啤酒，还有梅子白兰地（Slivovice）、草药苦酒（Becherovka）等，都算得上口味特殊。

捷克和斯洛代表客人在饮食上习惯吃西餐。他们吃早餐时，要有麦粥。

而在晚餐时，一般都要有汤。但是，他们爱吃清汤，同时也特别爱吃用奶油做的各种点心。一般说来，他们在口味上与法国人相似，喜食以炸、焖烹的菜肴。

捷克最有名的美食 Gulas 是一种炖牛肉。制作这种炖牛肉的方法很复杂，要按照时间添加 23 种不同的调味料。整个制作过程要大约 4 个小时。

5. 教育

教育：实行九年制义务教育。高中、大学实行自费和奖学金制，但国家对学生住宿费给予补贴。根据 1990 年颁布的有关法律，允许成立私立和教会学校。著名大学有查理大学、捷克技术大学、马萨里克大学、布拉格经济大学和帕拉茨基大学。

2012 年，捷克共有 72 所大学，其中 26 所公立大学，44 所私立大学，2 所国立大学。大学在校生 38.1 万，其中外国留学生 4 万。位于首都的查理大学是中欧最古老的学府，创办于 1348 年，现有 16 个院系（其中 4 个在外地）。创办于 1707 年的捷克技术大学，在中欧同类大学中拥有最悠久的历史[㊀]。

6. 节假日

重要节日：国庆日（10 月 28 日）。第一次世界大战导致奥匈帝国瓦解，1918 年 10 月 28 日，捷克斯洛伐克共和国成立。1993 年 1 月，捷、斯分别独立，捷克沿用 10 月 28 日为国庆日。

（四）基础设施

捷克的交通运输以公路、铁路和航空运输为主。

公路：捷克公路通车总里程 56 430 千米，其中高速公路 657 千米。

铁路：捷克的铁路运输能力很强，截至 2013 年年底铁路总长 15 666 千米，电气化铁路 6815 千米。

水运：内河航道总长 675.8 千米，货运量总计 194 万吨。

空运：捷克目前共有 91 个民用机场，其中 7 个是国际机场。主要国际机场为布拉格瓦茨拉夫·哈维尔机场。此外，还有恰斯拉夫等四个军用机场。

㊀ 资料来源：2013 年捷克统计年鉴。

二、捷克经济发展状况

(一) 经济概况

1. 宏观经济

【经济增长率】自 2004 年 5 月 1 日加入欧盟后，捷克宏观经济环境进一步改善，经济总体呈上升趋势。世界金融危机后，2010 年捷经济出现恢复性增长，国内生产总值（GDP）增长 2.3%。2011 年，受欧债危机影响捷克经济增速放缓，国内生产总值上升 1.7%；2012 年，捷克经济下降 1.2%；2013 年下降 0.9%。详见表 16-1。

表 16-1　捷克近年经济情况

年　　份	2009	2010	2011	2012	2013
GDP（亿美元）	1 903	1 920	2 152	2 126	1 983
GDP 增长率（%）	-4.2	2.3	1.7	-1.2	-0.9
人均 GDP（美元）	18 142	18 258	20 374	18 285	18 523
通货膨胀率（%）	1.0	1.5	1.9	3.3	1.4
登记失业率（%）	7.98	9.01	8.57	8.6	8
平均月工资（美元）	1 238	1 253	1 375	1 255	1 256

【财政收支】2013 年，捷克财政赤字占 GDP 比重为 1.4%。

【外汇储备】2013 年，捷克外汇储备达 562 亿美元，比 2012 年上涨 25.2%。

【外债余额】截至 2013 年年底，捷克外债余额为 1113 亿美元，比 2012 年上涨 8%，约占 GDP 的 57.2%。

【公共债务】2013 年，捷克政府公共债务占当年 GDP 的 46%，比 2012 年下降 0.2 个百分点。

【通货膨胀】2013 年，捷克通货膨胀率为 1.4%。

2009 ~ 2014 年捷克外汇储备及外债，详见表 16-2。

表 16-2　2009 ~ 2014 年捷克外汇储备及外债

项　　目	2009 年	2010 年	2011 年	2012 年	2013 年
外汇储备（亿美元）	416	427	403	444	526
外债（亿美元）	866	954	1 219	970	1 113

2. 重点 / 特色产业

捷克工业历史悠久，在机械、电子、化工和制药、冶金、环保、能源等行业有着雄厚基础，许多工业产品，如汽车、纺织机械、机床、电站设备、光学仪器、环保设备、生物制药等领域在全世界享有盛誉。

【汽车工业】汽车工业在捷克已有 100 多年历史，是捷克国民经济支柱产业，捷克汽车工业产值在制造业产值中占比约为 20%，2011 年，捷克汽车产量达 122 万辆，同比增长 11.5%，创历史纪录。2012 年产量为 117 万辆，同比下降 1.7%。

捷克有数百家汽车零部件制造供应商，世界汽车零部件厂商 50 强有一半在捷克投资，并且越来越多的知名汽车厂家将其设计、创新和技术研发中心设在捷克，从而形成密集完整的汽车产业链，使捷克成为世界上汽车制造、设计与研发集中程度最高的国家之一。为提高汽车产业整体竞争力，捷克投资局专门设立汽车零部件供应商数据库。

目前，捷克拥有 3 家小汽车整车生产企业，即斯柯达汽车公司、丰田标致雪铁龙汽车厂和韩国现代汽车厂。斯柯达汽车公司（1991 年并入德国大众集团）年产量超过 80 万辆，销往世界 80 多个国家和地区，成为捷克的工业龙头和百强企业之首，也是捷克第一大出口企业。该公司在捷克有三个生产厂，其技术开发部是大众集团第三大研发中心，可独立开发全新车型。2013 年，在中国销量为 18 万辆，斯柯达公司一直将中国视为目前以及今后相当长时间内最重要的海外市场。

太脱拉是捷克越野重卡、军用卡车和特种汽车老牌生产企业，Karosa 客车厂（被 Iveko 集团收购）是捷克最大，也是欧洲名列前茅的客车生产厂。

【机械制造业】机械制造业是捷克最重要的制造行业之一。机器设备制造在捷克有着悠久历史与传统，涵盖了电力设备、化工设备、食品机械、建筑机械、农林机械、机床、矿山机械、冶金机械、橡胶塑料加工机械、纺织机械、印刷机械、皮革加工机械、玻璃及烟草机械、军工机械等。经过十多年重组改造和外资大规模进入，捷克机械制造业产品技术水平和质量明显提高。目前，捷克机床、电站设备、锅炉、矿山机械、食品机械、环保设备、纺织机械及军工产品等在国际上有较强竞争力。

（1）机床。捷克机床生产已有150年历史，TOS、MAS、SKODA、ZPS和DAS等都是捷克知名机床品牌。近年来，捷克机床和成型机行业生产能力、技术含量和产品竞争力稳步增长，优良的质量和独特先进的设计使捷克成为欧洲第七、世界第十四大机床生产国。捷克机床工业主要研发机构包括布拉格机床、机床加工研究所（VUOSO）和制造技术研究中心（RCMT）。近年受世界金融危机影响，捷克机床出口出现下降。2010年，出口额为4.1亿欧元，下降7.7%。捷克机床主要出口市场包括德国、俄罗斯和中国等。

（2）发电设备。捷克有120多家生产电力能源设备的企业，产品种类多，技术水平高。主要产品包括发电机、变压器、输变电设备、热压交换器、电力控制设备、汽轮机、涡轮机、水轮机、电气设备、原子能反应堆等。该行业吸引外资约50亿美元，主要外国投资者包括西门子、ABB等跨国公司。代表性企业包括斯柯达动力公司等。

（3）采煤技术和设备。捷克是欧盟第四大硬煤生产国，仅次于波兰、英国和德国。硬煤可采储量20亿吨，60%为优质焦煤。捷克采矿技术具有历史传统，90%以上露天和井下煤矿采掘使用本国设备和技术。捷克采矿设备公司拥有开采与处理矿物的丰富经验，包括设计矿场，选择合适技术，硬件设备的设计、安装和调试等。此外，捷克在矿震预测、预报和预防技术上形成一套有效机制和体系，多年来未发生因矿震导致伤亡事故。其爆破卸压技术效果显著，曾采用大量（3吨炸药）爆破卸压预防矿震。这项技术有效预防了该地区矿震事故发生，对中国解决煤矿矿震危害具有借鉴作用。捷克采矿设备工业协会和主要生产商积极开拓中国市场，希望与中资企业开展合作。代表性企业有OKD、HBZS、A.S.公司和Banske projekty Ostrava A.S.公司。

（4）环保技术和设备。捷克在环保技术和设备方面具有较高水平，尤其是污水及工业和城市垃圾处理设备、污水生物处理技术方面有独到之处，其环保技术和设备出口到世界许多国家。另外，捷克农业废料和城市垃圾处理、废物焚烧、工业除尘和脱硫设备工作效率高，运行成本低，有较好性价比。

①污水处理技术。捷克R-AN-D-N技术解决了污水处理过程中长期以来存在的硝化不足问题，是世界范围内环保工艺新技术，已广泛应用。捷克污水沉积物过滤技术达到世界先进水平，其特有流体过滤技术（简称USBF，

专利技术）符合欧洲及美国污水处理标准，领先于目前很多国家仍在使用的SBR污水处理技术，在美国、德国、意大利、加拿大、西班牙等国家都有以这种技术为核心建造的污水处理厂。

②微生物净化、城市垃圾处理和干法脱硫工艺。微生物净化能够将农业废料转化成高效农肥，具有成本低、效率高、促增产等特点。

③同体垃圾处理。捷克企业能够设计和制造把城市垃圾（金属、塑料和公共垃圾）密封焚烧后生成煤气的处理设备，并已广泛使用。

④脱硫技术。捷克企业采用独创的干法脱硫工艺不仅解决了烟气排放污染问题，而且脱硫效率高、运行成本低。

（5）纺织机械。捷克纺织机械业有悠久历史，曾发明气流纺纱机，并大量对外出口。此外，捷克利贝雷茨市Elmarco公司与利贝雷茨技术大学（TUL）合作，成功开发世界第一台纳米纤维工业生产设备。该设备可工业化生产纤维直径200 ~ 500纳米的无纺布，产品广泛用于过滤、医疗、建筑、汽车、工业制造及化妆品生产等众多领域。公司主要产品有：NS LAB纳米纤维新材料研发实验室设备、NS LINE纳米纤维材料工业化生产线、具有独特吸音功能的纳米纤维新材料生产设备、能清除空气和生物杂质并制造抗菌纳米新材料的机械设备。设备生产能力已提高至8小时生产10千米长、幅宽1.45米的纳米织物。

【电气电子工业】捷克电气电子工业历史悠久，是捷克最具竞争力的制造产业之一，销售额仅次于交通运输制造业和冶金业，居第三位。全国电气电子企业超1200家，其中100名员工以上的企业250家。电气电子工业主要包括强电流电气技术，计算机，无线电、电视和通信设备，仪器和自动化设备这四大行业，其中强电流电气技术行业产值占捷克整个电气电子工业产值的44%。

电气电子工业也是捷克制造业中第一大出口产业，出口产品主要有强电流设备、计算机设备和电子配件等，出口地包括德国、荷兰、法国和英国等欧盟国家；进口则主要来自德国、中国、荷兰和日本，产品包括影音设备、电子元件和计算设备等。

在过去10年中，该行业吸引外商投资46.3亿美元，占捷克吸引外资总量的30%，仅次于汽车工业。富士康、松下、宏碁、西门子等许多国际知名企业均在捷克建立工厂和代表处。

（1）强电流电气技术。此行业电机设备在捷克电气工业中的优势地位一直相对稳定，主要产品有电动机、发电机和变压器；配电设备，开关和控制系统；绝缘电线和导线；蓄电池和原电池；电源灯和照明类器具等。近年来，外资大量进入使该领域产品种类扩大，汽车工业电子设备、产品和服务水平也逐步达到先进水平。代表性企业包括 ATAS Electromotors Nachod 股份公司等。

（2）计算机。近年来，捷克计算机产业迅速发展，主要是为世界知名品牌贴牌生产，产品几乎全部销往跨国公司设在欧洲的分拨中心。计算机设备约占捷克电子工业总产值的 24%，但其工作人员数量仅占捷克电子工业人员总数的 5%。中国台湾富士康（FOXCONN）、大众（FIC）和华硕（ASUS）三家电脑企业每年在捷克生产计算机 400 多万台，使捷克成为欧洲最大的电脑生产国之一。其中富士康捷克有限公司（FOXCONN CZ s.r.o.）在捷克巴尔杜比采和库特纳霍拉有两个生产工厂，已成为捷克第三大工业企业和第二大出口商。另外，AVG 软件公司等也是该行业较著名企业。

（3）影音设备和电子元件。近几年，捷克电子元件和电信产业发展迅速，主要产品有电子管、晶体管、电容器、电阻器、印制电路等电子零件；广播和电视发射器，电话设备；广播和电视接收器，音频或视频录制和复制设备等。1999 ~ 2004 年，捷克利用外资以绿地投资项目方式建成一些电子元器件和电信设备生产企业。捷克是欧洲主要的液晶显示器和平板彩电生产国，代表性企业有日本松下 AVC 网络技术公司、IPS Alpha 公司和日立公司。中国四川长虹公司也在捷克投资建设了彩电生产厂。

电子元器件代表性企业主要有：AVX 捷克公司，由日本京瓷公司控股美国 AVX 工厂投资，主要生产钽电容，产品 100% 出口，已成为世界最大钽电容生产商之一。ON Semiconductor CZ（安森美半导体捷克公司），主要生产新型半导体元件、集成电路板、单晶硅和硅板。ASICentrum 公司主要设计生产集成电路，销售 Mentor 图形软件。LG Philips 显示技术公司主要生产彩色显像管，95% 的产品出口欧盟国家。Vishay 公司在捷克生产电阻和电容，产品 100% 出口。

电信技术设备代表性企业主要有：松下移动电话和汽车系统公司，主要生产汽车收音机和移动电话，产品出口欧盟国家。Celestica（天弘公司）主要接单组装移动电话并生产印刷电路板。此外，还有 STROM 电信、TTC Marconi、TESLA PRAHA 等公司。该行业从业人员占捷克电子工业从业人员的 18%。

【飞机制造业】飞机制造业在捷克有较长历史，是传统优势产业。除传统的喷气教练机、轻型战斗机之外，捷克主要生产民用、运动和私人小型飞机，是欧洲仅次于德国的超轻型飞机生产国。每年约生产 550 架轻型飞机、运动飞机和 1400 个螺旋桨，产品 80% 以上出口。近年来，快速发展的超轻型飞机与传统喷气教练机、轻型战斗机、运动飞机、滑翔机，还有飞机零配件、雷达设备和机场空管系统，已成为捷克飞机制造业的主流产品。中捷克州是捷克飞机制造业最集中的地区，目前有 7 家飞机制造企业，其中 AERO Vodochody 和 Evektor-Aerotechnik 两家公司的规模最大。

AERO Vodochody a.s. 公司于 1919 年成立，是世界上历史最悠久的飞机制造企业之一，也是捷克最大的航空工业公司，曾因生产 L-39 和 L-159 喷气式教练机和轻型战斗机享誉世界。目前，该公司主要为美国西科斯基飞机公司生产 S-76C 黑鹰直升机部件，并为意大利阿莱尼亚航空公司、巴西航空工业公司和波音公司等生产支线客机零部件。

【制药和生物技术】捷克对现代生物学发展做出了突出贡献。捷克科学家杨 · 伊万杰利斯塔 · 浦肯野创立了胚胎学；格雷戈尔 · 孟德尔对豌豆植物的遗传性进行研究，被称为遗传学之父。另外，现代高分子化学家奥托维赫特莱发明了人工聚酰胺纤维、水凝胶和软性隐形眼镜；米兰 · 哈塞克博士是无性杂交（又被称作免疫耐受性）的共同发现者。2003 年，科学院实验医学研究所的科学家在人类胚胎中提取胚胎干细胞并保持其存活取得成功，由此创建了一项新技术，并获得专利。

捷克生物技术在过去 10 年中发展迅速，其应用范围涵盖多个领域，包括医疗保健、农业和工业。2005 年捷克政府通过法令，将分子遗传学和生物技术列入长期基础研究的优先领域，同时捷克也是欧洲五个被授权培育生产转基因粮食作物的国家之一。

捷克拥有完善的生物技术研究机构网络。截至 2007 年年底，全国共有

308 个生物技术研究实体，其中 47% 在布拉格，22% 在南摩拉维亚地区。大部分研究设施属捷克科学院、大学和卫生部。其生物技术、分子生物学和医药研发中心主要分布在布拉格和奥洛莫茨、赫拉德茨—克拉洛韦、比尔森、捷克 · 布杰约维采、布尔诺等大城市。其中，布尔诺在医学界颇负盛名，尤其是在心血管疾病和癌症研究领域。由于具备良好的基础设施、完善的大学和研究机构网络，布尔诺在当地政府支持与鼓励下，正发展成为生物技术公司的枢纽。

捷克在生物技术领域经验丰富，2000 年大学就开设以基础生物技术研究为导向的课程。捷克大约有 57 000 大学生就读生命科学专业，每年大约有 7400 名该专业毕业生。

捷克制药技术具有较高水平。1990 年，捷克科学院高分子化学研究所研发了一种治疗伤口的药物——“ Hemagel”（希马洁）亲水性凝胶。1997 年，该药品申请了专利，之后进行临床试验。2006 年，捷克一家制药厂购买生产许可证，并开始生产销售。该药在捷克国内以及美国、加拿大和英国等海外市场陆续获得成功，其中，在美国市场被授予奖项。该药品在美国市场命名为“ Wound-Be-Gone”，被美国医学协会列为 20 种推荐药品之一，也是首个获此推荐而非美国原产地的药品。

捷克生产的治疗心血管疾病药物、化疗辅助药物具有世界先进水平。最近几年，捷克发明的治疗癌症的生物技术值得关注。

（1）捷克科学家 Holy 发明了一种只消灭癌细胞，不损害健康细胞的有效物质 GS-9219。在患白血病的狗身上注射一星期后，狗的白血病症状明显消失。美国 Gilead Sciences 公司通过投资获得该项技术使用权，并生产出治疗淋巴癌和白血病的药物，现正在捷克进行临床试验，预计 5 年后上市。

（2）捷克布尔诺市马萨里克大学的研究人员研究出一种可明显提高骨髓移植成功率的新方法，被认为是近 40 年来骨髓移植技术的重大突破。据介绍，在患者接种含有捐献者细胞的疫苗之前，医生去除可能攻击患者健康细胞的白细胞，同时增强可攻击肿瘤的细胞，从而大大减少移植手术死亡率。该技术将在 3 年内完成临床试验。

（3）捷克科学院生物研究所科学家同澳大利亚科学家合作发明治疗癌症

的新方法。细胞线粒体产生细胞生活和生长所需能量，线粒体的损坏可使细胞死亡。捷克科学家发现，维生素E（VES）在线粒体综合体Ⅱ中体现为辅酶Q，可引发变异，导致细胞死亡。捷克科学家已找到向细胞线粒体投放VES的途径。在小白鼠身上实验表明，这种方法可以有效抑制大肠癌、肺癌、乳腺癌、胸膜癌、宫颈癌癌组织生长。

（4）捷克在开发人用和兽用药品、诊断学、发酵技术、垃圾清理和环境保护，在动植物生物技术等方面有一定实力。EXBIO Praha和BioVendor是两家比较重要的生物技术公司，由它们开发的，也是最先投入市场的可溶性HLA-G EUSA检测试剂盒，将人工授精的成功率从29%提升到了70%。

【纳米技术】纳米技术与机械制造、汽车/航空工业、电子、信息技术、生命科学和商业支持服务等行业，同为捷克鼓励外商投资优先领域。纳米技术是对小于100纳米的材料和现象进行研究和应用的跨学科领域，涵盖范围较广。纳米技术已经并且还将在机械工程、电子、生物技术、医药、发电和环境保护等众多重要领域中发挥重要作用。纳米领域代表性企业包括Elmarco公司等。

（二）国内市场现状

1. 销售总额

2013年，捷克零售业销售总额同比下降1.1%。

2. 生活支出

捷克统计局数据示，2014年第一季度捷克人的平均月工资为24 806克朗（约合1240美元），相比2013年同期增长了793克朗（约合40美元），增幅约为3.3%，为2009年经济危机以来捷克平均工资增长的最高水平。

以2013年为例，捷克普通居民平均每月支出情况大致如下：家庭维护支出（包括水电、天然气、暖气等）最多，占收入的22.1%，食品方面支出占收入的20%，烟酒类产品支出占2.8%，交通费用10.7%，文化和教育支出占10.5%，餐饮和酒店消费占5.3%，服装和鞋占4.7%，手机等通信费占4.4%，健康方面支出占2.8%，其他服务业包括保险和个人护理等方面则占12%左右。

3. 物价水平

同欧盟其他国家相比，捷克的物价水平相对较低，约是欧盟平均物价的70%，但服装、化妆品和电器价格高于欧盟平均水平。2013年物价上涨1.4%，但总体趋势是逐步向欧盟平均水平靠拢。

（三）基础设施状况

捷克拥有较发达的交通网络，欧洲中心地理位置使其成为欧洲过境走廊的天然枢纽。

1. 公路

2013年年底，捷克公路通车总里程56 430千米，捷克城市电力牵引公共交通运营线路总长802.9千米，其中无轨电车道391千米，有轨电车道352.9千米，地铁59千米。

2. 铁路

2013年年底，捷克有铁路线15 666千米，其中电气线6815千米，非电气铁路线8851千米。实际运营铁路9568千米，其中电气化铁路3212千米，非电气化铁路6357千米。铁路密度为每百平方千米12千米。

3. 空运

捷克目前共有91个民用机场，其中7个是国际机场，分别分布在布拉格、布尔诺、奥斯特拉发、卡罗维发利和巴杜比采等城市，其余均为国内和私人小机场。此外，还有恰斯拉夫等四个军用机场。

4. 水运

捷克是中欧内陆国家，有几十个小型内河港口和码头，主要分布在拉贝河（德国境内为易北河）、伏尔塔瓦河和贝龙卡河沿岸，主要通航城市是杰钦、乌斯季、梅尔尼克、布拉格、洛沃西采和科林等，进出口货物可通过拉贝河—易北河航道到达鹿特丹等欧洲港口。目前通航水运航道总长 675.8 千米（含运河和湖泊），其中 1 ～ 4 级的航段 527.9 千米。

5. 通信

捷克邮政局提供邮政服务，在 50 克以内函件市场享有专营权。在捷克领土内，50 克以内函件由捷克邮政局隔天送达。超过 50 克函件，除捷克邮政局外，还有数十家捷克和国际邮局服务商可供选择。

6. 电力

2012 年，捷克发电量为 871 亿千瓦时，电站总装机容量 21 432 兆瓦，其中，热电站 12 588 兆瓦，核电站 3945 兆瓦，水电站 2139 兆瓦，风力发电和太阳能发电装机容量分别为 829 兆瓦和 1931 兆瓦，其他（垃圾发电）1024 兆瓦。捷克可再生能源发电量占总发电量的 5%，计划到 2030 年提高到 15% ～ 16%。

捷克生产的电力除满足工农业生产基本需求外，还向外出口。捷克是欧洲第二大电力出口国，主要出口到德国、奥地利和斯洛伐克等国。

（四）金融环境

1. 当地货币

捷克货币名称为克朗（简称 CK），可与美元、欧元、英镑等货币自由兑换。由于捷克经济处于上升阶段和金融机构负债率较低，目前捷克克朗汇率呈上升趋势。2013 年捷克克朗兑美元汇率为 1 美元兑换 19.5 捷克克朗。2014 年捷克克朗呈现贬值趋势，2014 年 8 月 15 日，1 美元兑换 20.80 捷克克朗。

2. 外汇管理

捷克外汇管理政策相对宽松。在捷克注册企业和拥有长期居留许可的个人均可开立外汇账户，来源合法的外汇资金可自由进出。外资企业在捷克投资收益只要来源合法、汇出不受限制。但是，捷克政府对外汇资金流动实行严格监控。捷克银行对外汇流动有一套完整监管制度，外汇汇到国外要写明具体用途；个人出入捷克边境携带超过 1 万欧元现金，须向捷克海关申报。

3. 银行机构

捷克国家银行是捷克中央银行。商业银行主要有捷克斯洛伐克贸易银行、捷克储蓄银行、捷克商业银行、Erste 银行和赖发森银行、Unicredito 银行、花旗银行和汇丰银行等。

4. 融资条件

在融资条件方面，外资企业与捷克本地企业享受同等待遇，融资形式取决于该企业资信情况。捷克银行对企业信用要求较高，对中国在捷克投资企业一般以抵押贷款为主。

5. 信用卡使用

捷克信用卡使用比较普遍，中国发行的 VISA 卡和 MasterCard 在捷克均可使用。

（五）商务成本

1. 水、电、气价格

捷克水电供应充足，水电成本较低，工业用价格低于居民生活用价格。据欧洲统计局数据，2013 年平均工业用电价格约为 0.189 美元 / 千瓦时；水和污水排水价格约为 3.26 美元 / 吨。天然气主要从俄罗斯和挪威进口。

2. 劳动力供求及工薪

【劳动力规模】捷克劳动力市场中劳动力的供应比较稳定，据统计资料显示，捷克国内劳动力数量为 520 万人。在捷克人口结构中，15 ~ 65 岁阶段的人数占人口总数的 71.2%。不同行业和领域的就业人数相差较大，从事第一产业的人数在持续下降，第二产业则在上升，目前在第一、二、三产业就业人数的分布格局是：第一产业占 4.7%，第二产业占 40.1%，第三产业占 55.2%。

【失业率】2013 年，捷克的失业率为 8.6%。

【最低工资标准】在实施国家最低工资标准的欧盟成员国中，捷克目前的最低工资标准为每小时 1.8 欧元，仅高于保加利亚、立陶宛和罗马尼亚，在欧盟位居倒数第四。在欧盟的 28 个成员国中，目前已有 21 个国家采用了国家最低工资标准，其中标准最高的是卢森堡（每小时约为 11.4 欧元），最低的是保加利亚（每小时约为 1 欧元）。目前，德国、瑞典、芬兰、奥地利和意大利还未采用统一的国家最低工资标准。但德国政府已批准自 2015 年 1 月 1 日起实施该标准，规定为每小时 8.5 欧元。

【各类保险】捷克社会保险金、疾病保险金和失业保险金是强制性缴纳。退休人员、休产假者、失业者、军人和社会救济人员的医疗保险金由政府负担。在捷克经营或就业的外国人在捷克停留超过一定时间也必须缴纳上述三种保险金，缴纳的比例见表 16-3。

表 16-3 捷克主要保险金缴纳比例

缴费者	缴纳基数	养老金	疾病保险金	失业保险金	医疗保险金	合计
雇主	雇员工资	21.5%	2.3%	1.2%	9%	34%
雇员	工资	6.5%	0%	0%	4.5%	11.0%

3. 外籍劳务需求

2008 年世界金融危机以来，捷克就业形势恶化，失业率急剧上升。但是，中高级技术人员及有技能工人供不应求，须从国外引进。因此，目前捷克对外国劳务人员的管理政策是：严格控制欧盟外一般劳动力的进入，积极引进高级人才和急需人才。

截至 2013 年年底，在捷克外来劳务人数为 21 万。外来劳务人员主要来自斯洛伐克、波兰、乌克兰、越南、俄罗斯等国家。此外，也有少量来自西欧、北美等发达国家的外籍就业者，一般都拥有较高技能和职业资格，主要从事管理、IT 等工作。

4. 土地及房屋价格

根据 Cushman & Wakefield（C&W）咨询公司数据，布拉格办公室租赁价格在中东欧地区是最高的，在全球排在第 27 位，目前布拉格每平方米年租金约为 404 欧元（10 452 克朗）。2013 年布拉格新住房价格每平方米在 3.3 万克朗左右。工业厂房租金 2.5 ~ 5.5 欧元 / 平方米・月，工业区购买价格 15 ~ 56 欧元 / 平方米，详见表 16-4。

表 16-4　写字楼租金

（单位：欧元 / 每平方米 · 月）

地　区		价　格	地　区	价　格
	市中心	18.5 ~ 21.0	南摩拉维亚	10.5 ~ 14.5
布拉格	市内	14.5 ~ 17.5	皮尔森	9.5 ~ 12.0
布拉格	市郊	12.5 ~ 14.0	利贝雷茨	9.5 ~ 11.0
	外围	9.0 ~ 12.0	兹林	7.0 ~ 9.0

5. 建筑成本

根据 Gardiner 建筑公司测算，2013 年捷克居民住宅、酒店的建筑成本约 700 ~ 2000 欧元 / 平方米，厂房、工业园区及办公楼的建筑成本约 500 ~ 1300 欧元 / 平方米（具体价格受地理位置、配套设施、楼层高低、配套建筑材料等多方面因素影响）。

三、捷克对外国投资合作的法规和政策

（一）对外国投资的市场准入的有关规定

1. 投资主管部门

【工贸部】工贸部是主管外国投资的部门，同财政部、劳动与社会事务部和环境部等部门合作制定吸引外资政策，并负责投资项目鼓励方案审批。

【投资局】工贸部下属半官方机构。其主要职能是促进捷克吸引外国投资，为投资者提供投资政策和投资与经营环境方面的专业咨询和信息服务，帮助投资者与有关政府部门联系，协助国外投资者与捷克供应商建立合作关系，对投资优惠申请进行初步审核。捷克投资局拥有地产和企业大型数据库，为投资者和相关企业提供免费服务。

【国家银行】主要负责对捷克吸引外国投资和捷克对外投资进行统计监测，对证券、资本和外汇市场进行监管。

【经济竞争保护局】负责对工贸部批准的投资鼓励政策是否符合公平竞争原则进行审查和监督，对政府采购进行监督。

【财政部】负责制定外资企业税收减免政策。

【劳动和社会事务部】负责新就业机会补贴和职工培训补贴。

【环境部】负责外资项目环境影响审查。

2. 有关投资行业的规定

【法律依据】涉及外国人在捷克设立公司，从事商业活动的相关法令包括：1991 年《贸易许可法》（The Trade Licensing Act No.455/1991）、1991 年《商法》（The Commercial Code No.513/1991）、1991 年《破产兼并法》（The Bankruptcy and Composition Act No.328/1991）、1992 年《外国人法》（The Foreign Nationals Act No.123/1992），以及上述法令的修正条文。若申请投资优惠，则适用 2000 年《投资鼓励法》（The Act on Investment Incentives）及其修正条文。

【禁止的行业】涉及化学武器和危险化学物质的行业。

【限制的行业】军用产品工业、核燃料（铀）开采工业、对环境危害严重的行业（如高耗能、高污染的焦炼和化工生产项目）、资源开采行业。对这些行业投资须经过有关政府职能部门严格审批，同时接受政府严格监管。

【鼓励的行业】目前，捷克经济发展重点是加速经济结构优化和调整，鼓励经济创新与发展。与此相适应，捷克政府确立了重点支持的投资领域和优先行业，并鼓励内外资进入这些产业，包括：信息与通信技术、工程机械、高技术制造业（电子、微电子、航空航天、高端设备制造、高技术汽车制造、生命科学、制药、生物技术和医疗设备等）；商业支持服务（软件开发中心、专家解决方案中心、地区总部、客户联系中心、高技术维修中心和共享服务中心等）；技术（设计）中心（创新活动、应用研发等）。

3. 投资方式的规定

捷克对外国投资方式没有明确的限制，但外国投资不得违反捷克法律，如反垄断、公平竞争、环保等法律，且不得危害捷克国家利益。

【法律依据】捷克《商法》规定的公司形式主要有有限责任公司（S.R.O.）、股份公司（A.S.）、普通商业合伙公司（V.O.S.）、合伙公司（有限合伙和共同合伙）、合作社和外国企业设立的分公司等。此外，《商法》还允许设立所谓的欧洲公司（Societas Europea）和欧洲经济利益集团（EGG）。外国投资者多通过设立有限责任公司、股份公司和分公司等方式在捷克开展投资和生产经营活动。

【外资并购】除传统投资方式外，捷克境内外投资者（包括自然人在内）可通过股份收购或通过资本市场并购或收购上市公司。

（1）捷克资本市场属开放型，在资本市场外资并购或收购上市公司要遵守国家证券监督委员会和布拉格证券交易所制定的信息披露制度和程序。在股票主板市场上市流通的公司，外资收购方必须通过市场买入股票，直至成为公司第一大股东。在购入股票过程中，当收购方拥有股票数量达到上市公司流通股票的 5% 以及 5% 的倍数（即 10%、15% 等）时，必须向交易所通报。当收购方完成收购成为公司第一大股东后，必须召开公司股东大会，公告公司股东变动情况，并将会议情况通报交易所。

（2）如被收购公司股份没有上市流通，收购方则可直接与公司管理层或拥有多数股票的大股东商谈，以协议转让方式获得公司多数股权，以成为公司第一大股东。协议转让价格由双方商定，可不向社会公开，但是股权转让完成后，新公司股东必须向工商登记部门通报股权转让情况。同时，《证券法》也规定，如果收购方是从国家手中购买国有股份而成为目标公司的大股东，并在今后可能把这些购买的股份出售给第三者，股票价格有下限限制，即出售给第三者价格最多只能比买入国有股份时的价格低 15%，上限则不封顶。

【竞争保护】捷克目前的竞争保护法于 2001 年颁布（Act No.143/2001 Coll）。为符合欧盟要求，2004 年、2005 年多次部分修改，包括垄断协议、滥用市场支配地位和经营者集中规制三大组成部分。捷克目前未颁布专门的外资并购安全审查法律。

【BOT】2006 年颁布实施的捷克特许经营法（139/2006）详细规定了签订特许经营合同的程序。根据该法规定，业主与被特许的经营者签订合同后，经营者提供服务或产品，取得利润并承担风险。

（二）企业税收的有关规定

1. 税收体系和制度

捷克税务体系已基本同欧盟发达国家税务体系接轨，有关法律健全，透明统一，税赋较低。捷克主要税种有自然人所得税、企业法人所得税、增值税、消费税、道路税、能源税、不动产税、遗产税等。捷克实行属地税制与属人税制相结合的税收制度。

捷克的纳税期通常按日历年计算，也允许按财年计算，但必须事先向主管税务局书面报告并征得税务局同意。企业和个人纳税人都必须在法定报税最后期限之前，向当地主管税务局提交年度报税表，清缴当期应缴税款。纳税人报税时应提交填妥的报税申请表和财务会计报表等相关材料。

2. 主要税赋和税率

【公司所得税】企业法人所得税适用于企业法人实体。2008 年，企业法人所得税税率为 21%，2009 年 1 月 1 日下调到 20%，2010 年以后税率为 19%。投资基金、风险投资基金和养老基金所得税税率为 5%。

【个人所得税】2008 年起，捷克个人所得税开始实行 15% 统一税率。

【增值税】捷克一般商品和服务标准税率为 21%。对农产品、食品、药品、书刊、公交、供水供暖、文化、住宅建设和丧葬服务等征收 15% 的低档税率。

【消费税】对石油及石油衍生物、酒精（含烈性酒）、啤酒、葡萄酒及其中间体，以及烟草等征消费税。

（1）石油及石油衍生物

每百升征收 2.85 万克朗的消费税，其中，对果酒中的酒精每百升征收 1.43 万克朗的消费税。详见表 16-5。

表 16-5　石油类产品的消费税

型号代码	容　量	税　额
2710	含银量在 0.013 克 / 升以下的车、航空和其他类型汽油	12 840 克朗 / 千升
	含银量超过 0.013 克 / 升的车、航空和其他类型汽油	13 710 克朗 / 千升
	中型和重型燃气轮机润滑油	10 950 克朗 / 千升
	重油	472 克朗 / 吨
	废油	660 克朗 / 千升
2711	发动机用液化石油气	3 933 克朗 / 吨
	供热液化石油气	0 克朗 / 吨
	固式发动机和机器用液化石油气	1 290 克朗 / 吨

（2）葡萄酒

一般葡萄酒免缴消费税，一般葡萄酒中间体和香槟葡萄酒每百升缴纳

2340 克朗的消费税。

（3）啤酒

为支持小啤酒厂生存，捷克啤酒消费税率根据啤酒厂生产规模确定，小厂产品消费税低于大厂（见表 16-6）。对食品、医疗，以及制药等使用的酒精免征消费税。

表 16-6 啤酒消费税

<table>
<tr><td rowspan="4">型号代码</td><td colspan="6">单位：百升（根据原麦汁提出酒精的百分比）</td></tr>
<tr><td rowspan="3">基本税额</td><td colspan="5">小型独立啤酒厂享受低税额</td></tr>
<tr><td colspan="5">年产量</td></tr>
<tr><td>≤ 1 万</td><td>1 万 ~ 5 万</td><td>5 万 ~ 10 万</td><td>10 万 ~ 15 万</td><td>15 万 ~ 20 万</td></tr>
<tr><td>2203，2206</td><td>32.0 克朗</td><td>16.0 克朗</td><td>19.2 克朗</td><td>22.4 克朗</td><td>25.6 克朗</td><td>28.8 克朗</td></tr>
</table>

（4）烟草制品

烟草制品包括香烟、卷烟、雪茄和烟草及有烟草成分的其他产品。烟草制品的消费税是固定金额和销售价格的百分比累加。其中，香烟固定税额是 1.07 克朗 / 支，最终消费者须支付税率达 28%，至少 2.01 克朗 / 支；雪茄税额是 1.15 克朗 / 支；吸食烟草税额为 1340 克朗 / 千克。

【道路税】捷克对商用车辆采取定额征税，客车根据发动机排气量计算，其他车辆根据载重量确定纳税金额。其中，小车 1200 ~ 4200 克朗，卡车 1800 ~ 50 400 克朗。私人汽车免缴道路税，但须缴纳高速公路通行费。2011 年 1 月起，3.5 吨以下小客车高速公路费不变，1 年高速公路费为 1200 克朗，1 个月为 350 克朗，1 周为 250 克朗。

【房地产税和房地产交易税】房地产税包括土地税和房产税，每年由土地或房产的所有者支付，但在特殊情况下，由用户或承租人纳税。

（1）土地税。在土地局登记的土地为土地税纳税对象。农业用地、啤酒花园、葡萄园、果园、长期绿地免征土地税。

（2）房产税。房产税的征税对象为在捷克领土内的建筑物。国家、村镇、学校、博物馆、教会等的房产免征房产税，房产所有人及其亲属使用的新建住房 15 年内免征房产税。房产税率根据房产类型和面积、位置和用途不同征收。2010 年，捷克将房地产税基数提高了 1 倍。土地税基数为 2 克朗 / 平方米（根据土地所在地的人口多少调整）。商业建筑房产税基数为 2 或 10 克朗 / 平方米，住宅建筑房产税基数为 2 克朗、6 克朗或 8 克朗 / 平方米。应缴纳房地产税为土地税与房产税之和乘以房产所在地的计算系数。2009 年引进了 2-5 的新计算系数。房地产交易税率为 3%，通常由卖方承担。在某些情况下，纳税人可以要求减免房地产交易税。

【遗产税和赠予税】遗产税和赠予税的征收对象包括不动产（土地、房屋）和动产，2 万克朗以下的免除缴税义务。纳税人为继承人或接受人。遗产税和赠予税实行累进税制。遗产税率为 0.5% ~ 20%，而赠予税率则为 1% ~ 40%。国家、地方政府、社会研究机构、大学、社会非营利机构，以及医疗机构免缴遗产税和赠予税。

【能源税】2008 年 1 月 1 日起，为落实欧盟有关能源税方面的指令，捷克对供电供气和供固体燃料的企业开征能源税。电的税额为 28.3 克朗 / 兆瓦时，固体燃料的税额为每千兆焦 8.5 克朗，气的税额根据气的类型、用途和纳税的日期区别对待，税率为 0 ~ 264.8 克朗 / 兆瓦时（见表 16-7）。

表 16-7　天然气税额

型号代码	内　　容	税　　率
2711 和 2705	用于驱动马达的天然气	0 克朗 / 兆瓦时
	用于供热的天然气	30.6 克朗 / 兆瓦时
	用于固定式发动机的天然气	30.6 克朗 / 兆瓦时

注：2012 年 1 月 31 日 ~ 2014 年 12 月，税额为 34.2 克朗 / 兆瓦时；
2015 年 1 月 31 日 ~ 2017 年 12 月，税额为 68.4 克朗 / 兆瓦时；
2018 年 1 月 31 日 ~ 2019 年 12 月，税额为 136.8 克朗 / 兆瓦时；
2020 年 1 月，税额为 264.8 克朗 / 兆瓦时。

关税按欧盟统一关税税则征收，对出口实行零税率。捷克没有需要公司缴纳的地方税。

（三）捷克对外国投资的有关优惠政策

1. 优惠政策框架

捷克对外商投资和国内企业投资采取同等的鼓励政策，主要集中在鼓励企业技术升级和鼓励企业扩大就业等方面，具体项目包括以下几项。

（1）鼓励企业技术升级的优惠政策

①加工业及高新技术国家补贴；

②促进高科技工业品出口计划；

③尖端工业产品技术中心计划；

④中小企业技术升级计划；

⑤高科技园区计划。

（2）鼓励企业扩大就业的优惠措施

①一般性就业奖励措施。在当地创造超过100个就业机会的投资者可申请从地方政府获得创造就业奖、培训和再培训奖励，以及获得廉价厂房和土地及使用其他基础设施。

②特殊地区就业扶持项目。主要以扶持某些特殊地区（如北摩拉维亚等高失业率地区）就业为目标，在上述地区创造50人以上就业机会的公司，可申请捷克工贸部的投资补贴等各项奖励。

（3）按照欧盟政策框架实施的优惠政策

作为欧盟成员，在捷克投资的非欧盟投资者享受来自欧盟层面的优惠政策，即欧盟《企业经营与创新计划》，目的是增强欧盟和捷克经济竞争力、提高捷克工业及服务业的创新效率。

2. 行业优惠政策

2012年，捷克政府出台新的《投资鼓励法》，新法案继续实行上述根据地区经济发展和就业情况区别对待的投资鼓励政策，调整了申请优惠的条件和可享受税收减免的年限，同时加强了对商务支持服务中心、技术中心及战略投资者的支持。

【制造业领域投资优惠政策】企业须满足以下条件。

（1）投资须是新建工厂或是扩大原有生产。

（2）3年内最低投资额为5000万克朗（约200万欧元）~1亿克朗（约400万欧元）（按所投资地区失业率高低决定，在失业率高于平均失业率50%以上区域，最低投资额为5000万克朗）。

（3）投资限额的50%以上必须来自投资者自有资金。

（4）50% 以上的投资额用于购买新机械设备，完成投资后还须持续运作此项目 5 年。

符合上述条件的投资者可申请享受下列优惠政策。

（1）免除企业所得税。新建企业享受免征所得税 10 年，对现有企业享受部分减免所得税 10 年。

（2）创造就业补贴。新增的就业岗位每个补助 5 万克朗。

（3）培训与再就业培训补贴。国家补贴培训费用的 25%。

（4）为项目提供有基础设施的优惠用地，以及低价转让土地所有权。以上所有优惠总和不能超过国家补贴额上限。

【技术中心优惠政策】企业须满足以下条件。

（1）最低投资金额 1000 万克朗或者长期有形或无形资产，且 50% 以上投资额用于购买新设备。

（2）至少创造 50 个工作岗位。

（3）适用成本可按投资的长期有形或无形资产成本计算，也可按新增就业 2 年期的工资成本计算。

（4）须在完成投资后持续运作项目 5 年，且维持就业岗位 5 年。

符合上述条件的投资者可申请享受下列优惠政策。

（1）免除企业所得税。新建企业享受免征所得税 10 年，对现有企业享受部分减免所得税 10 年。

（2）创造就业补贴。对新增的每个就业岗位补助 5 万克朗。

（3）培训与再就业培训补贴。国家补贴培训费用的 25%。

以上所有优惠总和不能超过国家补贴额上限。

【商务支持服务中心优惠政策】企业须满足以下条件。

（1）投资必须是建立软件开发中心、共享服务中心及维修中心。

（2）至少创造 100 个工作岗位（软件开发中心仅须创造 40 个工作岗位）。

（3）至少覆盖 3 个国家。

（4）适用成本可按投资的长期有形或无形资产成本计算，也可按新增就业 2 年期的工资成本计算。

（5）须在完成投资后持续运作项目 5 年，且维持就业岗位 5 年。

符合上述条件的投资者可申请享受下列优惠政策。

（1）免除企业所得税。新建企业享受免征所得税 10 年，对现有企业享受部分减免所得税 10 年。

（2）创造就业补贴。对新增的就业岗位每个补助 5 万克朗。

（3）培训与再就业培训补贴。国家补贴培训费用的 25%。

以上所有优惠总和不能超过国家补贴额上限。

【针对战略投资的优惠政策】对于制造业领域的战略投资，即最低投资额达 5 亿克朗、50% 以上投资额用于购买新机械设备，并创造 500 个就业岗位的投资，国家给予相当于投资成本 5% 的现金补贴，但最高补贴额不得超过 15 亿克朗。

对于技术中心领域的战略投资，即最低投资额达 2 亿克朗、50% 以上投资额用于购买新机械设备，并创造了 200 个就业岗位的投资，国家给予可适用投资成本 7% 的现金补贴，但最高补贴额不得超过 5 亿克朗。

3. 地区鼓励政策

捷克投资优惠政策除了有吸引外国投资的目的外，还服务于推动地区经济平衡发展的目标。捷克政府鼓励外国投资者在经济落后或者失业率高的地区投资。对经济相对发达、就业充分的布拉格地区，不给予投资鼓励。对在其他地区投资并符合规定条件者，均给予税收减免。此外，对布拉格以外地区，根据经济发展和就业情况制定不同鼓励政策。首先，规定不同国家补贴额上限（企业获得的各种优惠总和不得超过国家规定的补贴额上限），其中，经济落后地区的补贴额上限为适用成本的 40%，其他地区为 30%。其次，规定只有高失业地区才享受就业及培训补贴。再次，可享受投资优惠政策的最低投资额在失业率高于平均失业率 50% 以上区域为 5000 万克朗，其他地区为 1 亿克朗。

4. 欧盟结构基金支持

作为欧盟成员国，捷克获得了欧盟结构基金的支持，其中企业经营与创新计划（Operational Program Enterprise and Innovation，OPEI）主要用于增强捷克经济竞争力、提高捷克工业及服务业的创新效率。

【企业经营与创新计划（OPEI）】（2007 ~ 2013 年）共有 15 个项目可供企业申请，包括开始项目、进步项目、担保项目、发展项目、信息通信技术和商业支持服务项目、生态能源项目、创新项目、潜力项目、合作项目、繁荣项目、培训中心项目、咨询项目、房地产项目和市场项目。

【OPEI 申请条件】申请企业需满足以下基本条件：①投资领域为制造业；②投资所在地为捷克境内（布拉格除外）；③至少有 2 期连续完整的纳税记录；④财务状况评级至少达到 C+；⑤至少维持投资 5 年（仅针对大型企业）。符合条件的企业按照规模及所属区域给予 30% ~ 60% 的资金补贴（见表 16-8）。资金来源于欧盟区域发展基金（ERDF）。目前，2014 ~ 2020 年计划正在制订中，有望于 2014 年年底 ~ 2015 年年初出台。

表 16-8　OPEI 企业补贴资金比率

所在区域	小型	中型	大型
Central Moravia，North，Central Bohemia，Moravia-Silesia，Southeast	60%	50%	40%
*Southwest（1.1.2007-31.12.2010）	56%	46%	36%
★ Southwest（1.1.2011-31.12.2013）	50%	40%	30%

5. 特殊经济区域的规定

【特殊经济区域规划】2005 年 1 月 1 日，捷克工贸部颁布《工业园区开发支持规划》，成为规范和指导工业园区发展的主要规定。随后又颁布了《商业地产与基础设施建设支持规划》，旨在支持和推动国家战略工业园区的发展。

【重点园区建设】截至 2012 年年底，捷克已建成 109 个工业园区，包括 6 个国家战略工业园。国家补贴额超过 100 亿克朗（约 5 亿美元），园区入驻率达 70%。工业园区共有 606 家企业入驻，投资总额达 2100 亿克朗（约 122 亿美元），解决就业约 10.3 万人。目前，捷克政府重点推广的国家战略工业园区主要有：豪乐秀夫工业园、奥斯特拉瓦—莫斯诺夫工业园、三角工业园、约瑟夫工业园及科林—奥夫卡里工业园、诺莎维采工业园（全部由韩国现代公司入驻）等 6 大园区。

【园区优惠政策】工业园区投资者除能享受《投资鼓励法》优惠政策和欧

盟结构基金各项援助计划外，还可获得工业园及其所在地方政府提供的各种优惠措施，如基础设施配套、交通设施便利、全程跟踪式投资服务、土地优惠及特殊就业补贴等。另外，政府还对建立科技园区提供总金额 50% 的补贴，提供科技园区 50% 的建设经费。

（四）劳动就业的有关规定

1. 劳动法的核心内容

捷克新《劳动法》（No.262/2006 Coll.）于 2006 年经捷克议会批准，2007 年 1 月生效实施。新劳动法包含 14 部分，共 396 个条文，涵盖了雇用双方在工资、劳动时间、劳动保障与福利、赔偿等方面的一系列权利和义务。法律全文可浏览捷克劳动与社会事务部网站。

【劳动合同建立与解除】捷克新劳动法在有限的范围内承认“非禁止即为允许”的原则，即只要未规定受禁止行为，都是合法并许可的。但强调受本法约束行为人必须遵守“平等对待”原则。如第 13 条第（2）款（b）规定：雇主必须确保对所有雇员一视同仁，并不得歧视雇员及求职者。

为更好地保护雇员利益，以便其尽快地享受正式雇用合同的权利，新劳动法规定，如雇用双方在签订劳动合同之前同意实行试用期，那么在合同签订后，试用期最多不得超过三个月。新劳动法结合其他相关法令，将雇主支付解雇费提高至平均月收入 3 倍。同时规定，雇员若因为工伤或因从事该职业造成的疾病无法继续在该企业就职，雇主必须支付 12 倍平均月收入作为补偿。

新劳动法废除了雇主在解雇雇员前须为其提供其他工作岗位的义务。

【工作时间和加班】新劳动法规定，雇员每周工作时间上限为 40 小时，并规定 18 岁以下雇员（公民受雇年龄的下限为 15 周岁）的每周工作时间不得超过 30 个小时。同时新劳动法引入了“工作时间账户”的概念，以对工作时间和休息时间进行均衡、合理的分配（见新《劳动法》第 86 项）。新劳动法规定，除非得到雇员同意，否则每年加班时间不得超过 150 小时，每周加班时间不得超过 8 小时。

【工资和福利】新劳动法规定，同一雇主对其所有雇员应实行“同工同酬，按劳支付”的原则。同时第 111 条第（2）款规定，雇员最低工资应该不低于 8000 克朗 / 月或 48.10 克朗 / 小时。若加班须支付 110% ~ 125% 的工资，若是公共假期加班则须支付 2 倍工资。

【社保种类及比例】雇主必须为雇员缴纳法定的各种保险金和强制性的工伤保险，并替政府预扣雇员所得税。保险包括社会保障险（养老保险、疾病险与国家就业政策险）及健康保险，雇主承担 34% 的比例。

2. 外国人在当地工作的规定

涉及外国人在捷克工作的法律主要是《外国人居留法》（Act No.326/1999 Coll）和《劳动法》（No.435/2004）。根据规定，欧盟成员国、挪威、冰岛、列支敦士登和瑞士等国公民及其家庭成员在捷克工作无须申请工作许可或绿卡，其他国家公民来捷克工作和就业必须先向捷克当地劳动局申请工作许可，再凭工作许可和其他相关文件去捷克驻申请人所在国使领馆申办签证。只有获得有效工作许可和工作居留签证者才可在捷克工作。

工作许可分为常规工作许可和工作绿卡两种。担任公司股东、商业合伙人或法人代表职务，或者外国企业根据与捷克企业或自然人协议派到捷克短期工作人员均须办理工作许可。从事多个工作的，必须为每个工作单独申请工作许可。从事贸易或投资活动的外籍人不属于办理劳动许可范围。

2011 年 1 月 1 日起，捷克政府对《外国人居留法》进行修订，其中一项包括推出“蓝卡”计划——针对高素质外国员工的居住及工作双重许可。此举主要是吸引高技能、高素质的外国人才来捷克工作，简化了申请长期居留许可的程序。

2014 年 6 月 24 日起，捷克实行新的《外国人居留法》，取消了面向一般工作的外国人工作绿卡和工作签证，以一种新的外国员工卡代替，具备工作许可和工作居留的双重性质。现已在捷克持有工作签证的，应在有效期前转为外国员工卡，而面向高端技术人才的蓝卡制度仍将继续实行。此外，捷克政府拟进一步简化工作签证办理程序。赴捷克投资的外资公司，在捷克雇员超过 250 人的，其来自非欧盟地区的高技术雇员可通过简易程序办理工作签证，所需时间将从原来的 4 ~ 6 个月缩短至 1 ~ 2 个月。

3. 外国人在当地工作的风险

受国际金融危机和欧债危机影响，2013 年捷克注册失业率高达 8.6%。2014 年，失业率正在稳步下降。2014 年第一季度注册失业率为 6.9%。为保护国内就业市场，捷克政府已下令停止为非欧盟地区低技术劳工发放工作许可，已取得工作许可的劳工最长可延期 6 个月。捷克内务部外事警察局会根据举报线索等对外资企业突击检查，检查内容包括外国劳工所持签证是否合规，有无用旅游或商务签证在捷克工作的情况等。如违反签证规定，企业和个人会面临罚款、拘留等严重处罚。

（五）外资公司在捷克获得土地的有关规定

1. 土地法的主要内容

在捷克，与土地买卖相关的规定有 4 个：《土地及其他农用地所有权修改条款》（No.229/1991 Col）；《国有资产转移条款》（Act No.92/1991 Coll）；《国有农业和森林用地所有权转移条款》（No.95/1999 Coll）；《捷克土地基金条例》（No.569/1991 Coll）。

2. 外资企业获得土地的规定

根据捷克法律，国家、地方政府和其他机构，公司和个人均可拥有土地。外国企业和居民也可获得捷克土地所有权。土地所有者有义务根据土地用途使用土地和依法进行管理。土地所有者须办理土地登记手续，如在建筑用地上修建建筑物，须办理建筑审批手续。

自 2009 年 5 月 1 日起，私人所有土地可自由向外国人或公司转让，不需要外国人有捷克永久居留权或外国公司在捷克注册，但对国有农用土地或森林用地转让有严格限制。针对农业用地，欧盟居民或获得捷克永久居留权的居民有优先权。在捷克注册法律实体（无论是外资或捷克资本）获得农业用地条件很苛刻，须与捷克土地基金（Land Fund）进行谈判。森林用地仅能转让给市政府或某些公共机构。

外国人购买房地产如需贷款，银行通常要求提供永久居留权或公司注册证明。

（六）对环境保护的有关法律规定

1. 环保管理部门

捷克主管环境保护的部门是捷克环境部，其主要职责是负责国家自然水资源的环境保护、水土质量保持、空气质量保护、自然景观保护、国家自然地质资源保护、国家农业用地资源保护、地理环境保护（包括矿物资源与地下水保护，以及废物处理）。另外，捷克环境部还负责国家地质勘查、环评，以及国家环境保护政策法规的制定。

2. 主要环保法律法规名称

捷克政府非常重视环境保护，制定一系列环保法规，内容广泛，涉及空气、水、土壤、河流、自然环境以及废物处理等各个领域，主要有《矿产资源法》《空气保护法》《水法》《土壤保护法》《废物处理法》《自然保护法》《林地保护法》等。

捷克还是一系列国际环保公约的签署国，如《保护臭氧层维也纳公约》《气候变化框架公约》《生物多样性公约》《濒危野生动植物种国际贸易公约》以及《防止沙漠化公约》等。此外，捷克还签署了一些地区性环保公约，如《易北河保护国际委员会条约》《多瑙河保护和持续利用合作公约》《奥德河保护国际委员会条约》《边境河流与国际湖泊保护和利用公约》《斯德哥尔摩有机物污染公约》等。

3. 环保法律法规基本要点

在捷克，环保措施是越来越重要的市场管理措施。其中主要包括：重大工程项目施工前必须进行环境影响评估、对有害气体排放实行配额管理、严格产品有害物质含量标准、规定商品包装的种类、强制对某些废旧商品及其包装实行回收制度，如将禁止使用一次性饮料包装，用经济手段促进商品包装简化和回收。

根据 2008 年欧盟环保规定，捷克相应颁布了《污染综合防控法》。该法要求发电厂（50MW 以上）、金属及采矿加工、化工、废料处理、造纸等行业均须通过环保部申请综合准证，评估内容涵盖排放、噪声、废物、适用机械、化学物质等方面。除此之外，如有可能造成水污染或空气污染的，应根据《水保护法》和《空气保护法》单独申报。如无相应批准证书开工的，个人将被处以 800 ～ 20 000 欧元罚款；法人单位将被处以最高 40 万欧元罚款。

4. 环保评估的相关规定

【法律依据】1992 年，捷克颁布《环境影响评估条例》（Act No.244/1992 Coll），2002 年，第 100/2001 法（Act No.100/2001 Coll）取代 1992 年条例，成为规范环保评估的法规。2004 年、2006 年、2007 年又分别对该法做了修订。该法律规定了环评实施对象、实施范围、负责机构、申请流程及期限、所需材料等。

【环评程序】捷克环保部是负责环保评估的部门。通常流程包括：项目申报；信息披露与公开（10 天）；征求公众意见（20 ～ 35 天）；事实调查（35 ～ 45 天）；做出结论。有些项目还须根据需要提交环评文件、专家组审核、举行听证会等，所需时间更长。环保部对环评不收取费用。

（七）捷克反对商业贿赂的有关法律规定

捷克反商业贿赂法律主要包括《捷克共和国刑法》《执行 OECD 国家反贿赂公约的规定》《欧盟刑事互助公约》等一系列法律文件。其中，捷克刑法第 2 章第 160 ～ 162 条规定了受贿、索贿和斡旋受贿等内容。根据刑法规定，受贿将被判处 2 年以下有期徒刑，索贿将被判处 6 个月 ～ 3 年有期徒刑，如犯罪主体是政府官员，受贿或索贿将被判处 1 ～ 5 年有期徒刑，如获取了重大利益，将被判处 2 ～ 8 年有期徒刑。

（八）捷克对外国公司承包当地工程的有关规定

1. 许可制度

参与捷克工程建设招标的外国企业必须先在捷克设立公司，在工商登记部门注册并取得相关营业执照，然后缴纳通常为项目建设总额 1% 的竞标保证金，方可参加公开投标。自然人不能直接承揽工程承包项目。

捷克法律规定，外国承包商只要符合法律规定的条件，均可在捷克注册包括建筑公司在内的各类公司，取得相关的执照，并享有与捷克本国承包企业相同的待遇。

2. 禁止领域

按照捷克法律法规，外国公司承揽军工工程、对环境有可能造成污染的工程项目、某些资源开采等项目，须获得特许。

3. 招标方式

捷克法律规定，600 万克朗以上公共建筑必须通过招标方式实施，小额公共合同可通过内部或小范围议标方式实行。私人建筑工程项目可自主决定是否采用公开招标方式。

（九）捷克对中国企业投资合作的有关保护政策

1. 中国与捷克签署双边投资保护协定

2005 年 12 月，中捷签订《中华人民共和国政府和捷克共和国政府关于促进和保护投资的协定》，替代 1991 年 12 月中捷签订的《中华人民共和国政府与捷克斯洛伐克联邦共和国政府促进和保护投资协定》。

2. 中国与捷克签署避免双重征税协定

1987 年 6 月中捷两国签订《中华人民共和国政府与捷克斯洛伐克社会主义共和国政府避免双重征税和防止偷漏税协定》。2009 年 9 月，两国又新签了上述协定。

3. 中国与捷克签署的其他协定

2004 年 4 月，中捷两国签订《中华人民共和国政府与捷克共和国政府经济合作协定》，替代 1993 年 11 月双方签订的《中华人民共和国政府与捷克共和国政府经贸合作协定》。

2005 年 12 月，中捷两国签订《中华人民共和国农业部与捷克共和国农业部关于农业及食品加工工业合作的协议》《中华人民共和国国家林业局和捷克共和国农业部关于林业合作的协议》《中华人民共和国劳动和社会保障部与捷克共和国劳动和社会事务部合作谅解备忘录》等协议。

（十）捷克保护知识产权的有关规定

1. 当地有关知识产权保护的法律法规

【主管部门】捷克工业产权局是工业和知识产权保护管理部门，负责专利权、商标权以及所有涉及技术创造和工业产权等的保护。此外，文化部、内务部、司法部、农业部等设有负责国内市场工业和知识产权保护及处理侵权行为的部门。

【捷克签订的有关多双边条约】捷克是世界知识产权组织（WIPO）、欧盟和欧洲专利组织（EPO）的成员国，履行在工业产权保护方面的成员国义务，并积极参与国际多双边及地区关于工业产权保护问题的事务。捷克是《文学和艺术作品保护伯尔尼公约》《世界版权公约》《工业产权保护巴黎公约》、世贸组织《与贸易有关的知识产权协定》《商标国际注册马德里协定及其议定书》《里斯本协定》《国际专利分类斯特拉斯堡协定》《工业品外观设计国际分类洛迦诺协定》《工业外观设计国际注册海牙协定》《建立商标图形要素国际分类维也纳协定》《商标注册用商品和服务国际分类尼斯协定》《商标法条约》（TLT）、《专利合作条约》（PCT）、《专利法条约》（PLT），《国际承认用于专利程序的微生物保存布达佩斯条约》《集成电路知识产权条约（华盛顿条约）》《欧洲专利公约》《表演和录音制品条约》的签约国。

【捷克有关知识产权的法规】捷克通过立法保护各种类型知识产权，包括专利、版权、商标和半导体芯片版图等，其相关法规主要包括：

（1）《版权法》（第121/2000号，修正案）。从2000年12月1日起，捷克政府将文学作品版权保护期限从50年延长到70年，同时还加强捷克海关和商检部门没收假冒产品的权力。

（2）《专利法》。该法规定，专利自产权局专利授予公报发布之日起生效，有效期20年（自申请提交日起算）。专利证书签发后，专利权人应缴纳首笔前期专利保护费，此后每年按期缴纳。专利可出售，侵权案件可以由法院解决。

（3）《工业产权标准法》（第14号/1993）。

（4）《商标法》（附属法规，第441号/2003）。该法规定注册商标保护期限为10年（自注册申请提交日起算），应商标权人要求，保护期可再延长10年。

（5）《工业产权执行法》（附属法规，第 221 号 /2006）。

（6）《原产地名称和地理标志法，以及消费者保护法修正案》（附属法规，第 452 号 /2001）。

（7）《发明及其合理化建议法》（附属法规，第 527 号 /1990，2000、2004 修订）。

（8）《生物发明法》（第 206 号 /2000）和《动植物新品种保护法》（第 132 号 /1989）修正案。

（9）《实用新型保护法》（第 478 号 /1992，经修正）。从申请成功之日起，实用新型的保护期为 4 年（可以延期两次，每次延期 3 年）。

（10）《工业设计保护法》（第 207 号 /2000，2004 修订）。

（11）《半导体测量法》（第 529 号 /1991，经修订）。

（12）《集成电路设计保护法》。

其中《版权法》《专利法》《商标法》《工业设计保护法》《生物发明法》《植物新品种法》和《半导体测量法》是世贸组织知识产权贸易条约七条内容。捷克《商标法》和《版权法》与相关欧盟指令一致。在捷克，“知识产权贸易条约”涉及的所有项目均受保护，方式有两种：一是自动保护，如著作权；二是注册保护，如商标、设计等。捷克国内任何自然人和法人都有权向工业产权局申请专利或其他工业知识产权保护，境外法人或自然人须通过境内商标或专利注册代理人向工业产权局申请商标或专利注册。

2. 知识产权侵权的相关处罚规定

捷克法律规定，违反知识产权保护规定的行为应受到法律制裁。在版权方面，2006 年修订的《捷克民事诉讼法》使调查申请和执行更准确、方便，对盗版的确认及挽回权利人损失变得更加容易。

3. 与投资合作相关的主要法律

在捷克注册的外国企业是捷克经济实体，须遵守捷克法律。外资企业在投资经营过程中最常遇到的法律规定包括有关吸引外资的优惠政策、《贸易许可法》《商法》和《破产合并法》《外国人法》《劳动法》以及环保和行业法规。此外，收购境外企业还涉及《反垄断法》和《国家安全法》等。

四、在捷克开展投资合作应办理的有关手续

（一）在捷克投资注册企业需要办理的手续

来捷克投资，可向捷克投资局咨询。该局是捷克工贸部直属机构，免费向外国投资者提供投资政策和经营环境等方面的信息咨询服务。另外，捷克外商投资协会也为各国投资者提供公司运营方面的有偿咨询服务。捷克法律繁杂并不断修订调整，公司注册手续可委托律师或专业机构办理。

1. 设立企业形式

捷克《商法》规定的公司形式主要有有限责任公司、股份公司（a.s.）、普通商业合伙公司、合伙公司（有限合伙和共同合伙）、合作社、分公司等，还有所谓的欧洲公司等。成立数量最多的是有限责任公司、股份公司和分公司。

2. 注册企业的受理机构

捷克负责企业经营范围审批和营业执照的核发部门是工商管理局。根据捷克《营业许可法》规定，从事任何营业活动均需事先向工商管理局申报，经核准后进行营业登记，并签发营业执照。从事特殊行业的，须获得特许经营执照。企业取得经营执照后，还须在所在地商业法院办理商业登记注册。经法院核准并获得商业登记证书后，公司才算正式成立。目前，捷克设有七个商业法院。

3. 注册企业的主要程序

（1）准备公司成立文件。主要包括：公司章程、股东无犯罪记录证明，无重名的公司名称，公司营业场所及其证明文件等。有些文件须进行公证。

（2）申报经营范围和申领营业执照。向当地工商管理局申报公司经营范围和营业执照，所需文件包括公司章程、营业场所租赁合同/产权证明、经营范围清单、公司法人无犯罪记录证明、职业资格证明和信誉证明、申请表、1000 克朗手续费等。新修订的《营业许可法》将工商管理局受理和批准营业申请的时限由 15 日缩短至 5 日，即在收到申请 5 日内完成营业登记簿录入手

续并颁发营业执照。

（3）开立注册资本金专用账户。取得营业执照后，申请人应尽快在捷克银行开立注册资金专用账户，存入资本金，并在完成最后注册手续前不得支取该资金。开立账号时须向银行提供股东协议文件，银行将出具关于每个股东出资金额证明，供法院注册之用。股份公司最低注册资本金为200万克朗（公开募股公司最低2000万克朗）。有限责任公司最低注册资本金为20万克朗，并须在注册法院登记前缴纳30%的首期出资。以非现金方式出资的，必须一次缴清，且事先必须由法院认定的注册估价师进行估价（一般需要1～2个月）。如果是个人独资公司，须一次性存入全部注册资金。

（4）在商业法院注册登记处申请登记注册。在公司成立或取得营业执照90天之内，应以电子方式向所在地法院提交商业登记注册申请，所需文件主要有：商业登记专用申请表、经过公证的由发起人签名的公司成立文件、营业场所租赁合同或产权证明、营业执照、银行注册资金到位证明、股东出资证明、公司法人代表无犯罪记录证明、诚信证明和签字样本等。法院在受理注册申请后5个工作日内做出是否准予注册决定（特殊情况为10个工作日），登记注册费用为5000克朗。相关申请表、填表说明和其他附件可在捷克司法部网站下载。法院批准企业在商业登记簿登记注册后，将给其分配一个企业注册号码（163），该号码是企业统计代码。

（5）税务登记。企业获准注册后30日内应向所在地税务局申请公司所得税登记。如公司连续12个月营业额超过100万克朗，则必须以大额纳税人身份进行增值税登记；未达到此营业额的，可自愿进行增值税登记。如公司有雇员，须办理员工个人所得税登记。如公司有房地产或车辆等，还应办理房地产税或道路税登记。如涉及消费税、天然气税、电税等，也可一并进行登记。完成税务登记后，企业将收到一个税务注册号码（DIC）。当企业注册信息发生变化时，应在15日内向税务局报告，并在8日内向社会保障局和健康保险公司报告。

（6）社会保障登记。企业必须在雇用第一个雇员后8日内在当地社会保障局为员工办理社会保障登记，同时还应为自己办理雇主社保登记。捷克社会保障由养老保险（包括老龄、病残和遗属年金三部分）、疾病保险和国家就业政策缴款等三部分组成，雇主和员工必须按照法定缴款比例缴纳各自应负担缴款额。自雇人士如果参加国家养老保险，也应缴纳养老保险金和国家就业政策金，但疾病保险可自愿选择是否参保。

自 2012 年 1 月 1 日起，雇主缴纳的社保费（不含医疗保险）为员工毛工资的 25%（其中，养老保险 21.5%，疾病保险 2.3%，国家失业政策险 1.2%）员工须缴纳部分为本人毛工资的 6.5%。此外，捷克还设有自愿养老保险，自 2012 年 1 月 1 日起，该项保险最低投保金额为 1760 克朗。详细信息和登记表格可登录捷克社会保障局网站查询或下载。

（7）健康保险登记。企业必须在雇用第一个雇员后 8 日内在选定健康保险公司办理雇主和雇员的健康保险登记，雇主必须按期一次性向保险公司缴纳员工健康保险费，保费为员工毛工资的 13.5%，其中雇主负担 9%，员工本人负担 4.5%。员工最低保费计算基数为 8000 克朗（法定最低月工资）。有关登记表格可在捷克健康保险总公司网站下载。

（8）劳动用工登记。企业获准注册后，应尽快在当地劳动局办理劳动用工登记，报告已签订劳动合同雇员人数。如需雇用欧盟成员国及挪威、冰岛、列支敦士登、瑞士等国公民及其家庭成员以外的外籍劳务人员，则必须提前向当地劳动局报告公司空缺的工作岗位。在雇员工作时，雇主有义务保障其劳动安全。关于捷克《劳动法》的具体规定和雇主及雇员的权利义务，可在捷克劳动与社会事务部网站查询。

（9）刻制公司印章。一个合法的印章必须刻有公司名称、地址、企业注册号和税务注册号。

备注：股份公司在当前和上一会计期间达到以下三个条件之一、有限责任公司达到其中任何两个条件的，须在下一年度进行审计：①资产负债表总额超过 4000 万克朗；②年净营业额超过 8000 万克朗；③员工平均人数超过 50 人。

所有法人企业每年须向注册法院企业注册处提交电子财务报表。须依法进行法定审计的企业，必须准备年报，年报应包括审计财务报表、审计报告等信息。

（二）承揽工程项目的程序

1. 获取信息

【捷克公共采购的法律框架】捷克于 2004 年以欧盟成员国的身份加入世界贸易组织（WTO）《政府采购协议》。捷克的公共采购管理与欧盟基本相同，承认透明、非歧视、平等和相互承认的原则。

捷克公共采购体系以欧盟的《关于协调水利、能源、交通和邮政服务实体采购程序的指令》（2004/17/EC）和《关于协调建筑工程、货物和服务公共采购程序的指令》（2004/18/EC）为法律基础，在国家层面，捷克于 2006 年出台了《公共采购法》（Act No.137/2006 Coll.，on Public Procurement）和《特许权合同与特许权程序法》（Act No.139/2006 Coll.，on Concession Contracts and Concession Procedure）。捷克《公共采购法》经过多次修改，最近一次修改是 2010 年 12 月 7 日生效的第 423/2010 号修正案（Act No.423/2010 Coll.）。以上法律的英文文本可在捷克地方发展部的公共采购门户网站免费下载。

【捷克公共采购主管部门】捷克地方发展部是捷克公共采购主管部门，负责制定有关公共采购的法规并管理公共采购。

捷克公共采购监督机构有捷克最高审计局和捷克竞争保护局。最高审计局负责监督公共采购资金使用；竞争保护局是公共采购领域最高国家监督机构，负责对公共合同许可进行监督，并受理投诉。此外，捷克还制定了公共采购审查制度。布尔诺地方法院和捷克最高行政法院负责审查程序和诉讼。布尔诺地方法院负责审查竞争保护局行政决议，但最高行政法院有权撤销其判决。

【捷克公共采购的执行主体】根据捷克《公共采购法》，公共采购执行实体包括公共管理机关（即中央政府机构和其他行政管理机构、法院、州政府、市政府等）、政府资助机构（从公共管理机关获得 50% 以上资金支持，采购限额以上工程及服务的法人或自然人）和行业采购实体（主要指燃气、供热、电力、水务、交通和邮政电信等自然垄断行业的法人或自然人）三类。

【公共采购分类】捷克公共采购根据采购对象分为货物、服务和工程三类，并根据采购合同估算金额分为限额以上、限额以下和小额合同三种。限额以上是指：金额达到 12 545.1 万克朗（585.788 万欧元）的工程采购项目；金额达到 323.6 万克朗（15.128 万欧元)，由公共管理机关和政府资助机构实施的货物和服务采购；金额达到 499.7 万克朗（23.428 万欧元)，由地方政府和公共事业单位实施的货物和服务采购，金额达到 1002 万克朗（46.86 万欧元)，由行业实体实施的货物和服务采购。限额以下是指 600 万克朗以上的建筑工程采购和 200 万克朗以上的货物与服务采购。小额合同是指 600 万克朗以下的建筑工程采购和 200 万克朗以下的货物与服务采购。以上价格均不含增值税。

【捷克公共采购程序】捷克法律规定了 5 种公共采购程序，分别为：公开程序（任何有意向的经济实体均可参与投标)、限制程序（任何有意向的经济实体均可申请参加投标，但只有通过预审方可参与投标)、协商程序（公共部门通过与入围投标者就价格等合同条款进行磋商确定中标人，分发布性和非发布性两种)、竞争对话程序（公共部门通过与入围投标者进行对话决定符合要求的实施方案，并在此基础上由中标人完善方案。这种程序适用于技术难度较高合同）和限额以下简化程序（至少邀请 5 个投标人)。捷克公共采购法规定，限额以上和限额以下公共采购必须进行公开招标，小额公共采购可通过内部或小范围议标方式进行。公开程序是捷克最常用的公共采购程序，其主要程序包括如下三步。

（1）招标公告。国家出资的公共采购项目由主管政府部门发布信息，地方州市负责发布本地区建设项目信息；私有化项目招标信息由财政部发布，有关基础设施项目公共采购招标信息通常由捷克交通基础设施基金、公路局、铁路局、民航局和水运局等机构发布。公共采购国际招标项目的投标日期一般是发布招标公告之日起 180 天。

（2）公开投标。捷克法律规定，投标方无论是否属于 GPA 成员国，只需满足捷克认可的资格条件，均可参与投标。外国投标者需要提供相关资格证明的原件和经认证的捷克语翻译件。若提交虚假文件，将被列入“黑名单”，

3 年内不得在捷克投标。

（3）评标和授标。招标人必须设立独立公正的评标委员会，评标和授标必须依照经济有利或最低投标价两个标准之一进行，不得以投标人的资质标准代替授标标准。公共合同必须以书面方式签订。若公共采购中出现纠纷，须在 15 日内以书面形式提请招标方协调解决。如招标方拒绝或无法解决，可在 10 日内向竞争保护局投诉，如仍无法解决，则通过法律途径解决。

【捷克政府采购主要网站】捷克国内有关公共采购的网站如下。

（1）捷克地方发展部。

（2）捷克竞争保护局。

（3）公共采购和特许经营门户网站由地方发展部管理。该网站有合格供应商 / 承包商名录、特许供应商 / 承包商名录和公私合营合同登记备案系统等，向公众提供关于公共合同、公私合营项目和电子采购方面的综合信息。

（4）公共合同官网由捷克邮政局管理。该网站有采购实体清单和采购项目发布等信息，并可查询采购合同。

（5）公共采购信息系统由捷克地方发展部管理，仅有捷克文。该网站有合格供应商 / 承包商名录、年度采购统计等信息。捷克公共采购招标信息发布在该网站。

（6）公共采购网络。

（7）拍卖和其他采购信息系统由捷克邮政局管理。

【欧盟内公共采购的网站】欧盟层面的公共 / 政府采购网站如下。

（1）欧盟公共采购欧洲信息。

（2）公共采购信息网。

（3）欧盟投标电子报发布欧盟各成员国公共采购通知。

（4）欧洲委员会网站也可找到公共采购的信息。

2. 招标投标

根据捷克公共采购法规定，所有公共合同必须通过招投标程序实施，但小额公共合同可通过内部或小范围议标方式授予，私人建筑工程项目可自行决定是否采用公开招标方式实施。公共合同授予程序（招标方式）主要有公开程序、限制程序、协商程序（分为发布和非发布两种）、竞争对话程序（适用于技术难度较高的合同）和限额以下简化程序（适用于限额以下合同，至少邀请5个投标人）。进行国际招标公共采购项目投标截止日期一般是发布招标公告之日起180天。

招标人必须设立一个独立而公正的评标委员会，其成员应按照利益冲突原则选定。评标和授标须依照经济有利性或最低投标价两个标准之一进行，不得以投标人资质标准代替授标标准，在合同授予程序中招标人必须遵循透明、平等对待和公平竞争基本原则。公共合同必须以书面方式订立。

投标人若发现招标人规避法定程序、预设对某人有利条款、收受贿赂、投标人串通投标或缔结卡特尔协议等行为，可依法对招标程序或招标结果提出异议或投诉。投标人应在得知自己合法权益受到侵害或遭遇不公待遇之日起，15日内向招标人提出异议，招标人对异议未接受或未予答复时，投标人可向捷克竞争保护局投诉。

3. 许可手续

参与捷克建筑工程招标的外国企业必须首先在捷克注册成立公司，并取得建筑营业执照。外国公司申请捷克建筑营业执照的条件是要委任一名捷克的注册工程师或建筑师作为公司建筑业务责任人（即持牌人），并与其签署承担公司建筑业务持牌人身份证明文件。同时，为保证公司正常运转并有能力承接工程项目，建筑公司还需要申请获得设计、监理、施工、技术、安全、环保等不同执照。为省却成立建筑公司复杂烦琐的程序，许多外国建筑承包企业选择通过直接收购或参股捷克建筑企业方式进入捷克工程承包市场。中国工程承包企业也可通过收购或参股方式来捷克承揽工程项目，但建议事先雇请当地专业律师事务所或工程法律顾问提供相关服务。另外，为方便取得承揽工程项目资质，并获得相关法律和行业信息，外国承包商应申请加入捷克建筑企业协会（SPS）。

工程项目投标人须满足四个资格条件：基本资格条件、专业资格条件、财务资格条件和技术资格条件。捷克建筑企业协会是捷克“认证合格建筑承包商系统”的管理机构，对申请公共工程项目的建筑承包企业的分类、资质和资质审查标准有详细规定，通过资格审查的企业将获得资格证书，并被录入由该协会管理并在捷克地方发展部备案的“公共采购合格企业名录”（公共工程部分）。名录内企业可凭资格证书直接参加工程招投标，证书有效期一年，通过年审可延期一年。一般资质要求包括：公司未清算或破产的财务状况证明、工商管理局出具的公司合法经营证明、最近3年完成相同或类似工程项目的推荐证明、捷克法院商业登记证明、捷克行业协会会员身份证明、完税和缴纳医保证明、拥有项目所需要技术设备清单证明、公司负责人学历、职业资格和无刑事犯罪证明（股份公司需要出具董事会全体成员的证明，有限责任公司只出具公司总经理的证明），等等。评标委员会通常根据竞标公司报价、工期、施工经验、工程质量、违约金支付条件和工程保修期等因素决定招标结果。

（三）申请专利和注册商标

捷克是《工业产权保护巴黎公约》《文学和艺术作品保护伯尔尼公约》《专利合作条约》《商标法条约》《商标国际注册马德里协定及其议定书》等许多知识产权国际条约的签字国，也是世界知识产权组织（WIPO）的成员国。捷克工业产权局是捷克工业和知识产权注册和保护的主管机关。

按照有关法律规定，捷克任何自然人或法人（包括在捷克境内有住所或营业场所的外国人）均可向捷克工业产权局提出知识产权注册申请。外国法人或自然人向捷克工业产权局提出专利或商标注册申请时，必须委托捷克当地有资质的专利或商标代理机构作为代理人，某些情况下法律还要求由专业律师代理申请。

1. 申请专利

在捷克申请专利需向工业产权局提交申请，申请表可在该局免费索取，也可在该局网站下载。提交申请（一式两份）时须附上关于对拟申请专利进行详细图形或文字说明的文件（3份，其中至少1份必须达到印刷和复制要求）。申请表也可通过电子方式提交，但需有验证的电子签名。专利申请提交后，申请人即获得所谓优先权，同时该局对所申请专利进行检索和审查。若产权局认为专利申请符合受理条件，即在授予优先权之日起 18 个月内在该局公报上公布该申请。申请人应在申请提交之日起 36 个月内请求产权局全面审查该专利申请是否符合专利授予条件。如经审查符合法定条件，产权局将给该发明授予专利。专利自产权局专利授予公报发布之日起生效，有效期 20 年（自申请提交日起算）。专利证书签发后，专利权人应缴纳首笔前期专利保护费，此后每年按期缴纳。专利可出售，侵权案件可由法院解决。

捷克工业产权局也可受理欧洲和国际专利申请。

2. 注册商标

【商标申请】在捷克注册商标应向工业产权局提交商标注册申请，商标权自在产权局注册、进入该局商标登记库后生效。任何具法律行为能力的自然人和法人均可提出商标注册申请，申请人既可直接提交商标注册申请，也可委托律师或专利代理人提交申请，外国人必须通过捷克律师协会或捷克专利代理人商会正式会员代理提交商标注册申请，除非他在捷克开办公司或拥有永久住所。商标注册申请必须以捷克文提交。

【申请方式】商标注册申请可当面或以邮寄和电子方式（需有验证的电子签名）提交。若以传真或电子方式提交，15 日之内必须送达相关书面申请文件。工业产权局收到注册申请之日即为商标注册申请提交日，申请人由此获得对所申请商标的优先权。注册申请提交后，工业产权局即审查决定该申请是否满足注册条件。如果发现影响注册进程的问题，产权局将书面通知申请人在适当时间内（通常为两个月）解决问题。如果申请人未做出反应或未能解决问题，产权局可拒绝注册申请。如无问题或问题已解决，产权局将进行实质审查。如果符合注册条件，该商标注册申请将在产权局商标注册公报中进行公告。在公告发布之日 3 个月内，可对该申请提出异议。如无异议或异议被否决，产权局即将该商标录入商标登记库，并向商标所有人颁发商标注册证书。

【保护期限】注册商标保护期限为 10 年（自注册申请提交日起算），应商标权人要求，保护期可再延长 10 年。在捷克工业产权局登记注册的商标仅在捷克境内有效。若申请人想申请国际注册商标，也可向捷克工业产权局提出申请。欧盟商标注册申请可向设在西班牙阿里坎特的欧盟内部市场协调局（OHIM）或欧盟成员国的国家商标局提出申请。

（四）企业在捷克报税的相关手续

1. 报税时间

捷克的纳税期通常按日历年计算，也允许按财年计算，但必须事先向主管税务局书面报告并征得税务局同意。企业和个人纳税人都必须在法定报税最后期限之前向当地主管税务局提交年度报税表，清缴当期应缴税款。如未按期报税或报税不实，税务机关将进行罚款处理（最低 500 克朗，最高 30 万克朗）。年度报税的最后期限一般为次年 3 月 31 日。捷克对各税种单独征税，不实行合并报税的做法。

【公司所得税】（2012 年税率为 19%）一般根据上年实际纳税额以季度或半年为单位预缴（应纳税款在 3 万克朗以下的无须预缴），预缴税款和应缴税款之间的差额在年度报税时清算。公司所得税纳税人应在一个税期结束后 3 个月内向税务局报税，即报税最后期限为次年 3 月 31 日。税期不满一年的，应在税期结束后 25 天内报税。需要对财务报表进行审计或由税务顾问代理报税的企业，应在税期结束后 6 个月内报税（次年 6 月 30 日）。

【个人所得税】（2012 年税率为 15%）雇员的个人所得税由雇主按月从其工资中代扣代缴。如该雇员没有工资以外的其他收入，则由雇主向税务局提交纳税情况报告，雇员不必自行年终报税。自雇者按月或按季预缴税款，并在税期结束后 3 个月内（即次年 3 月 31 日前）自行报税和完税，由税务顾问代理的，应在 6 个月内（即次年 6 月 30 日前）报税和完税。

【增值税】（2012 年标准税率为 20%，低档税率为 14%。金融和保险服务免征增值税）个人 / 实体的年营业额在 200 万克朗以下的须按季度报税，年营业额超过 1000 万克朗的应按月报税，营业额在 200 万 ~ 1000 万克朗的可以选择按月或按季度申报增值税。纳税人必须在税期结束后 25 日内报税并完税。

【消费税】纳税期按月计算，最晚应在税期结束后 40 天内纳税。房地产转让税（税率为 3%）由转让人缴纳，应在转让完成之后 3 个月内报税。

2. 报税渠道

一般来说，企业需要备妥相关报税材料自行前往税务部门报税，同时也可在网上电子报税。电子报税必须事先向税务机关提出申请，经税务机关审核和准许，并获得电子签字或电子印章方可进行。

3. 报税资料和报税手续

纳税人报税时应提交填妥的报税申请表和财务会计报表等相关材料。有关各类报税表格及填表说明，可在捷克税务局（CDS）网站和电子报税系统下载查询。

中资企业在捷克投资设立企业后，如打算委托税务顾问报税，可与捷克税务顾问商会联系。

另外，2009 年 7 月 1 日生效的"电子行动法"规定，政府机构和企业必须在捷克内务部申请各自的"数据盒"，税务局等机构将通过"数据盒"与企业通信。

（五）赴捷克工作签证的办理程序

1. 主管部门

捷克负责外国人就业管理的部门是捷克劳动和社会事务部（MPSV）。工作许可由地方劳动局根据当地劳动力市场状况签发，目前捷克全国共有 77 个地方劳动局。关于外国人在捷克就业的法律法规、劳动力市场状况、地方劳动局名址、工作许可申请表和劳动中介结构名录等信息，可在捷克劳动和社会事务部专门网站查询。

2. 工作许可制度

根据捷克《外国人居留法》和《就业法》等相关法律规定，欧盟成员国、挪威、冰岛、列支敦士登和瑞士等国公民及其家庭成员在捷克工作无须申请工作许可或绿卡，其他所有第三国公民来捷克工作和就业必须申请工作和居留许可。

来自第三国的外国人到捷克工作和就业，必须先向捷克当地劳动局申请工作许可，再凭工作许可和其他相关文件去捷克驻申请人所在国使领馆申办签证（一般为以就业为目的的90天以上签证），只有获得有效的工作许可和工作居留签证才可在捷克工作。担任公司股东、商业合伙人或法人代表职务，或者外国企业根据与捷克企业或自然人达成的协议派员工到捷克短期工作的，也需要办理工作许可，但无须进行公示，直接到劳动局办理即可。从事多个工作的，必须为每个工作单独申请工作许可。工作许可一经签发不得转让。工作许可按具体工作时限签发，最长为两年，可申请延期（延期申请最晚必须在现有工作许可到期前30天提交到当地劳动局），每次延期最多两年。工作许可所载信息（如雇主名称、工作类型和工作地点等）发生变化的，必须重新申请新的工作许可。如果工作许可持有人的就业合同或雇用合同提前终止，其所持签证或居留许可也自动到期。如果雇主非法雇用没有工作许可的外国人，将会受到最高达200万克朗的罚款，雇员也会被处以最高1万克朗的罚款，并被吊销居留许可。

如果外国人提前结束工作，或被雇主解雇，或者自行放弃工作，雇主必须在10天内书面通知劳动局，否则雇主会受到最高达50万克朗的罚款。拥有个体营业执照的外国人不需要办理工作许可。

3. 申请程序

工作许可由捷克地方劳动局审批和颁发，雇主和雇员均须缴纳一定费用。雇主（如捷克法人企业、外国公司分支机构等）必须先向当地劳动局报告工作空缺情况，劳动局对这些工作机会进行公开发布并首先提供给在劳动局登记的本国求职者，如本国求职者在规定时间内（一般为1个月）无人应聘这些工作或无人符合这些岗位职业资格要求，该雇主才可向劳动申请招用外国员工的许可（雇主需付费2000克朗），获得许可后方可开始招聘外国员工。外国申请人在与捷克雇主进行磋商并取得雇主出具的“雇用承诺函”后，可自行向未来工作所在地劳动局提出签发工作许可的申请（申请人须付费500克朗），也可通过授权书书面委托雇主代办工作许可。根据捷克劳动和社会事务部最新规定，自 2012 年 1 月起，申请需要高学历工作的非欧盟成员国申请人，不仅要提供合法学历证明，同时还要提供一份由捷克本国大学出具的同等学力认证，申请人需要将申请提交到一所开办相同专业的捷克大学，学校会在 30 天内（特殊情况下 60 天内）决定是否颁发认证。获得同等学力认证后，申请人再将其他所需材料一起递交给当地劳动局，申请办理工作许可证。劳动局处理工作许可申请的法定时限为 30 天，特殊情况可延长至 60 天。在取得工作许可和居留许可后，方可与捷克雇主签订劳动就业合同，合同必须以书面方式订立。自 2012 年起，捷克各地劳动局不再向非欧盟成员国申请人发放低质量低技能工作岗位和要求中专高中毕业以下教育程度工作岗位的工作许可。如有特殊情况，需要由捷克劳动和社会事务部相关主管根据地方劳动局局长递交的详细书面说明和申请做出决定。

4. 提供资料

申请工作许可需提交的文件主要有：申请人护照个人资料页复印件；学历和相关职业资格证书的原件或经过官方认证的副本；由捷克本国大学出具的同等学力认证；雇主表示愿意雇用的声明。申请人的书面声明；健康状况医学检查证明（签发时间不得早于 1 个月）；500 克朗缴费单；经过公证的授权书（申请人委托雇主代其申请工作许可时）；雇主有权从事相关经营活动的证明文件等。以上所有材料必须提供原件或经过公证的副本，所有以外文出具的文件必须随附经过公证的捷文译文。

匈牙利共和国投资指南㊀

㊀ 部分资料来源于外交部网站和匈牙利驻华使馆所提供的材料。

匈牙利是欧洲内陆国家，地处中欧腹地，历史上是兵家的战略要地，匈奴人、蒙古人都是通过匈牙利深入西欧的。匈牙利的地理优势决定了其在“一带一路”中作为欧洲门户的作用。作为“一带一路”中线的重要节点，匈牙利是进入中欧的首站，也同时连接着西欧其他国家，具有关键的连接作用。

目前，匈牙利不仅是中欧地区的天然气集散地，也是中国商品在欧洲的集散地。中国正在加快向西开发的政策与匈牙利奉行向东开放的政策不谋而合，“一带一路”也将会把中国和匈牙利更加紧密地连接在一起。

2015 年 6 月，在匈牙利进行正式访问的中国外交部部长王毅在布达佩斯同匈牙利外交与对外经济部部长西亚尔托签署了《中华人民共和国政府和匈牙利政府关于共同推进丝绸之路经济带和 21 世纪海上丝绸之路建设的谅解备忘录》。匈牙利是第一个同中国签署此类合作文件的欧洲国家，也是第一个确认加入中国倡导的“一带一路”的欧洲国家，在共建“一带一路”方面发挥了引领和先行作用。

一、匈牙利共和国概况[一]

（一）地理环境

1. 地理概况

匈牙利是中欧内陆国。东邻罗马尼亚、乌克兰，南接斯洛文尼亚、克罗地亚、塞尔维亚，西靠奥地利，北连斯洛伐克，边界线全长 2246 千米。面积 93 030 平方千米。

2. 行政区划

全国划分为首都和 19 个州，设立 24 个州级市、274 个市、2854 个乡。首都是布达佩斯。

3. 自然资源

匈牙利自然资源比较贫乏。主要矿产资源是铝矾土，蕴藏量居欧洲第三位，此外有少量褐煤、石油、天然气、铀、铁、锰等。森林覆盖率为 20.6%。

㊀ 资料来源：中国外交部。

布达佩斯

4. 气候条件

匈牙利属大陆性气候，凉爽湿润，2013 年降雨量约为 588 毫米。2013 年平均气温 12.4℃，最高气温 38.7℃，最低气温 -5.8℃。

5. 人口分布

人口 987.7 万（2014 年 1 月）。

（二）政治环境

1. 政治制度

国会大厦

1989 年 10 月 18 日国会通过宪法修正案，对宪法做了重大修改，确定匈实行多党议会民主制，建立独立、民主、法制的国家，执行立法、行政、司法三权分立的原则。2011 年，青民盟推动国会通过宪法修正案，新宪法于 2012 年 1 月 1 日起生效。

2. 主要党派

登记注册的政党有 183 个，大部分成立于 80 年代末。主要政党有青年民主主义者联盟、基督教民主人民党、匈牙利社会党、尤比克党、绿党等。目前，国会中共有 3 个政党。

国会外的政党主要有：匈牙利共产主义工人党、匈牙利社会民主党、匈牙利民主论坛、匈牙利自民盟等。

3. 外交关系

匈主要外交目标和任务是：保障国民安全，服务国内经济发展和改善民生；高效应对全球化挑战；加强中欧地区合作，积极参与欧洲一体化建设；加强匈族人团结。在国际金融危机影响的情况下，匈致力于成为亚欧贸易桥梁，视中国、俄罗斯、印度为经济外交重点。目前，匈同 170 多个国家建立了外交关系。1999 年 3 月加入北约，2004 年 5 月加入欧盟。2007 年 12 月 21 日正式加入申根协定。

同欧洲、亚太等地区国家建立外交。2014 年，匈总统阿戴尔访问比利时、卢森堡、保加利亚等。奥地利总统费舍尔、波兰总统科莫罗夫斯基等分别访匈。匈重视发展与亚太地区各国的关系和加强同广大发展中国家的往来，入盟后更加关注迅速发展的亚洲地区。2014 年，总统阿戴尔访问卡塔尔、越南等；土耳其总统居尔、蒙古总统额勒贝格道尔吉等访匈。

1949 年 10 月 4 日，匈牙利宣布承认中华人民共和国，10 月 6 日，两国建立外交关系。建交后，两国友好关系全面发展，领导人互访等各种形式的往来密切，各领域合作不断加强，两国人民的友谊进一步加深，双方在国际事务中相互支持，密切配合。在中国抗美援朝、恢复联合国合法席位及涉藏等问题上，匈积极支持中国立场。2014 年 10 月，中匈两国领导人及外长就两国建交 65 周年互致贺电。

2014 年，总统阿戴尔访问欧盟总部、联合国总部、出席维谢格拉德集团峰会。总理欧尔班访问欧盟总部、出席北约、欧盟峰会等。

4. 政府机构

国会是立法机关和国家最高权力机构，实行一院制。根据匈新《选举法》规定，自2014年起匈国会议席减少至199席，每四年普选一次。本届国会于2014年5月由青民盟、基民党、社会党、尤比克、绿党5党组成，民主联盟和集结2014党未获足够议席，不得组建议员团，两党议员均以独立议员身份参与国会活动。大选结果为，青民盟与基民党共占133席，社会党占28席，尤比克占23席，绿党占5席，独立议员占10席。国会下设17个常设委员会。国会每年分春季会期和秋季会期。国会主席格维尔·拉斯洛（Kövér László，青民盟），2014年5月6日当选，1959年12月29日出生，毕业于匈牙利罗兰大学法律专业。青民盟创始人之一，历任政府情报部长、青民盟主席、国会国家安全委员会主席、青民盟议员团副主席，2010年8月当选国会主席，已婚。2014年6月连任国会主席一职。

政府是国家最高行政机构。按照法律规定，各部部长由总理提名，共和国总统任命。现政府于2014年6月组成，设有9个部。总理欧尔班·维克多1963年5月31日出生，毕业于罗兰大学法学院，1988年加入青民盟，为青民盟创始成员之一，1993年至今为青民盟主席，1990年起为国会议员，1998 ~ 2002年任匈牙利总理，已婚。2010年5月出任总理，2014年6月连任总理一职。

法院和检察院是国家司法机构。法院分最高法院、地区法院、州法院和地方法院四级，实行两审终审制；检察机构分最高检察院、州检察院和地方检察院三级。最高法院院长和最高检察院检察长由国会选举产生，任期六年。最高法院院长道拉克·彼得（Dr. Darák Péter），2012年1月当选。最高检察院检察长博尔特·彼得（Polt Péter），2010年10月当选。自1990年1月起设宪法法院，现任院长鲍佐劳伊·彼得（Paczolay Péter），2008年7月就任。

（三）社会文化环境

1. 民族

主要民族为匈牙利（马扎尔）族，约占90%。少数民族有斯洛伐克、罗马尼亚、克罗地亚、塞尔维亚、斯洛文尼亚、德意志等族。

2. 语言

官方语言为匈牙利语。

3. 宗教

马提亚教堂

居民主要信奉天主教（66.2%）和基督教（17.9%）。

4. 习俗

匈牙利人爱阅读书报、关心时事。

他们最爱郁金香花，认为它花形美观、色彩艳丽，观之赏心悦目，故称其是“百花皇后”，并尊其为国花。他们对白色感情特别深厚，认为白色是吉祥之色，会给人们带来光明与幸福。他们与红葡萄酒结下了不解之缘，相传埃格尔人痛饮红葡萄酒后抵御奥斯曼帝国的侵略，致使敌人误认为是喝了牛血誓死拼战，吓得敌人纷纷逃窜。此后，用优质葡萄酿制而成的“埃格尔的牛血酒”，便成了人民最喜爱的酒。他们在闲聊中，乐于谈论食品、酒和赞赏匈牙利突出成就方面的话题。

匈牙利人在社交场合与客人相见时，一般行握手礼。握手时，一定要坦然注视对方。匈牙利妇女一般多行屈膝礼。

一些须注意的问题：在匈牙利，不要给士兵或军事设施拍照。

称谓与问候礼仪：见面时通常握手为礼。男人应等女人先伸出手后再握。

款待与馈赠礼仪：如果你应邀去匈牙利人家里吃饭，可带西方的烈性酒或包好的鲜花（不要带红玫瑰）作为礼物。

交谈礼仪：恰当的话题是食品、葡萄酒、你所喜欢的匈牙利某些方面。不要谈论政治或宗教。

匈牙利人的信仰忌讳：匈牙利主要宗教有罗马天主教和新教，其次为东正教、犹太教。

匈牙利人忌讳“13”“星期五”，请客席位忌单数，尤其忌“13”号席位。他们认为“13”会给人带来灾难，“星期五”是个丧日。他们把打破玻璃看成是不祥的预兆，事后准会有不幸的事情要发生。他们在除夕之夜，忌吃飞禽和鱼类做成的食品，认为吃了飞禽肉，幸福就会像鸟儿一样飞走；吃了鱼肉，吉祥就会像鱼儿一样溜掉。匈牙利的农民习惯在新房落成之后往新居室内撒盐，认为这样可以避邪，他们认为黑色是丧葬的色彩，把见到黑猫看成是件非常懊丧的事情。他们忌讳谈论政治和宗教的问题。他们不愿意吃带有骨刺的菜肴；不吃奇形怪状食品，如海参、蟹等，也不喜欢吃用菠菜、萝卜制的菜肴。

5. 教育

匈牙利实行 12 年制义务教育，幼儿免费入托，小学免费教育。学制：小学 8 年，中学（包括职业中学）4 年，大学 4 ~ 6 年，医科大学 7 年。除公办学校外，还有教会学校、私立学校和基金会学校。1986 年 9 月实施新教育法，扩大各类学校业务上和经济上的自主权，促使学校生活民主化。1993 年通过了第一部高等教育法。2012 年教育预算支出 11 538 亿福林，文化预算支出 1900 亿福林。

6. 民生

匈牙利重视提高和改善居民生活水平，不断增加退休金、家庭补贴、生育和抚养儿童的补助金等。此外，在医疗、教育、文化、体育和旅游等方面实行优惠补贴。2012 年职工人均月净收入 140 180 福林。2013 年国家投入补贴总额为 3347 亿福林，平均每家月补 2.43 万福林。截至 2014 年 1 月，全国退休人员共有 280 万人，人均月退休金 110 665 福林。2013 年全国有医生 37 711 人，平均每万人拥有医生 38.2 人，每 10 万人拥有病床 70 张。2012 年人均食品消费量：奶制品 156.2 千克，肉类和鱼类 59.9 千克，鸡蛋 215 个，糖 27.5 千克，油类 33.6 千克。

7. 节假日

重要节日有 1848 年革命和自由斗争纪念日（3 月 15 日）；匈牙利国庆节（8 月 20 日）；1956 年革命和自由斗争纪念日暨 1989 年共和国成立日（10 月 23 日）。

二、匈牙利经济

匈牙利是一个开放的经济体，特别强调鼓励外国投资。拥有潜在投资者的伙伴关系被认为是国家的一个优先级；国家给予已经落户于匈牙利的公司的需要和商业环境的进一步改善以特殊的关注。外商直接投资存量达到 GDP 的 80%（截至 2013 年年底），是本地区的最高比例。

2014 年匈牙利的 GDP 增长为 3.6%，工业增长迅速，匈牙利经济已经经受住了全球经济衰退的考验，是中欧最具活力的经济体之一。

汽车行业是匈牙利的主导产业之一，占出口总额的 20%。约 700 家企业，雇用大约 112 000 人，2013 年收入超过 180 亿欧元；这些产品和服务大约 92% 用于出口。2014 年，大约有 240 万台发动机和 400 000 台轿车在匈牙利制造。产品系列 1（TIER1）和系列 2（TIER2）的设备制造商仍在增长：自 20 世纪 90 年代初以来多个原始设备制造商（OEM），比如铃木、奥迪、通用汽车、戴勒姆以及前 20 名产品系列 1（TIER1）供应商中的 15 家，已经在匈牙利开展生产业务。

据最新观察，电子行业现在发展最快。除了上面提到的多家全球 OEM，匈牙利也是一个受 EMS（电子制造服务）提供商欢迎的地区：六个全球十大 EMS 公司在这里生产（Videoton、伟创力、捷普、富士康、卓能和新美亚）。电子产品制造和研究是国家创新和经济增长的主要动力之一。该行业雇用了大约 10 000 人。

自从 20 世纪 90 年代第一个共享服务中心（SSC）在匈牙利出现以来，该行业蓬勃发展。外包给第一个匈牙利 SSC 的任务主要是简单的事务性活动，如客户服务、人力资源、金融功能标准化等，但是早期的积极体验导致了卓越中心的出现和大范围、更复杂的任务的执行。

迄今为止，大约 90 家企业建立了长期的 SSC 存在制度，雇用大约 34 000 人，主要是精通多种语言的年轻专业人士。

三、匈牙利的商业和投资环境

（一）概况

在过去的 25 年中，大量的跨国公司基于它们的制造业、服务运营和某些情况下位于匈牙利的欧洲总部和研发中心，为匈牙利引进了超过 780 亿欧元的外商直接投资。匈牙利吸引外资的成功得益于优越的地理位置、安全合法的环境、先进的商业基础设施和尽职尽责的劳动力，45 家世界前 50 大跨国公司和许多中小企业（SME）供应商，都在匈牙利建立了长期的办事处。

事实上，匈牙利是一个坐落在欧洲中心的繁华的商业中心；在历史、地理、文化和经济方面，欧洲所有的目的地都触手可及。由于匈牙利作为一个完整的欧盟成员国，因此设立在此的企业将加入超过 5 亿人的欧盟市场。

（二）选择投资匈牙利的因素

作为欧盟的成员国，匈牙利提供进入 1000 千米半径以内、拥有 2.5 亿人口的市场的机会，同时欧盟的共同市场拥有超过 5 亿人口。

匈牙利位于欧洲的中心，这使得该国最适合制造业、服务业和物流行业的发展。匈牙利是投资者规划企业发展的理想基地，包括那些虽然来自遥远国家但希望抓住欧洲市场的投资者。

1. 投资匈牙利的关键原因

（1）位于欧洲中心的理想地理环境适合制造业、服务业和物流行业；

（2）优越的基础设施，现成的产业场所、办公室和科技园；

（3）劳动力成本与质量的良好平衡；

（4）政府奖励（现金补贴、税收优惠）；

（5）友好的投资、经济政策；

（6）有竞争力的税收系统。

2. 位置

物流中心主任兼总经理迪尼斯·萨姆皮（Dinesh Thampi）曾表述："匈牙利独特的优势可以被总结为有利的地理位置（所有欧盟国家可以在 2 小时内方便地到达），增长中的经济，欧盟的扩张，技术合格、高技能、精通多种语言且费用合理的专家。"

任仕达集团匈牙利分公司业务经理福利多·戴欧埃文（Frido Dieoeveen）曾表述："在匈牙利劳动力的特点使布达佩斯成为跨国公司选址的理想选择的同时，匈牙利人也发现了这些公司带来的活力和多元文化气氛的巨大吸引力，为雇主和员工之间创造相互满足和长期适配的良好环境。年轻的匈牙利人接受高水平的教育，满足你对年轻、高质量的毕业生的需求。"

3. 高质量的劳动力

奥迪汽车匈牙利分公司总经理托马斯·福斯特曼（Thomas Faustmann）说："匈牙利员工优秀的工作文化、效率和灵活性让公司的快速发展成为可能。"

通用汽车匈牙利分公司前总经理鲁道夫·汉普（Rudolf Hamp）说："创造性的、灵活的劳动力是帮助通用汽车匈牙利分公司成功面对今日瞬息万变的汽车市场的优势之一。"

戴勒姆汽车公司首席执行官戴尔特·泽艾特（Dieter Zetsche）说："训练有素的劳动力、密集的供应网络和有利的物流条件是凯奇凯梅特发展的主要优势。"

在对共享服务中心与外包国际社团（SSON）芭芭拉·霍奇的采访中，引用英国石油公司炼油和营销部商业服务转型业务副主席凯文·詹姆斯（Kevin James）一段话："选择布达佩斯的决定是在对大量欧洲城市详细地理位置分析后做出的。选择标准包括合适的劳动力可行性（人口规模和增长情况，技能和语言可行性)、成本(劳动力和不动产)和风险(经济、政治和社会因素)。布达佩斯提供高技能和多样的劳动力,拥有我们所寻找的广泛的语言技能、技术性的与面向客户的技能组合。而且,它拥有全欧洲认可的完善的、久经考验的服务产业。”“外国资本很大程度上是被高技能和受过高等教育的劳动力吸引,特别是在工程、IT、制药、经济学、数学、物理学和专业服务部门。在匈牙利大约 2/3 的劳动力已经完成了中学教育、技术教育或者职业教育。匈牙利的劳动力富有竞争力,高英语水平(90% 的学生说英语)和每年大量的工作时间让匈牙利人成为高效率的劳动力。”

4. 匈牙利经济政策最重要的产业优势

中兴公司新闻稿写道:“随着市场的快速扩张,中兴正在增加在本地区的投资规模。因为布达佩斯优秀的人力资源、政府支持的开放性和该城市的自然环境,中兴选定其作为网络运营中心和电话中心的所在地。”

匈牙利经济环境具体有如下优势:金融和财政的稳定性;推动匈牙利经济的增长潜力;增加劳动力市场参与率和就业的水平;增强竞争力;减少公共债务。

5. 投资环境的概述

(1)基础设施

匈牙利位于欧洲大陆中心的战略地位,以及其作为中东欧地区的主要交通枢纽,使其成为越来越重要的区域配送中心。匈牙利是泛欧交通网络(TEN-T)不可或缺的一部分,并且坐落于四条泛欧交通网络线路和两条欧洲铁路交通管理系统(ERTMS)线路的十字路口,这使得匈牙利能方便地访问欧洲的所有部分。匈牙利临近欧洲主要的口岸,如中东欧(CEE)、独联体(CIS)、东南欧(SEE)等发展中市场。企业可以受益于匈牙利一流交通基础设施所带来的出色的效率和附加值。

(2)金融体系

匈牙利金融体系包括 40 家银行、9 家专业金融机构和 113 家合作金融机构。除了目前上市的匈牙利一家最大的金融机构 OTP 银行,最主要的商业银行都是外资银行的子公司或者分支机构。

（3）科技创新

匈牙利拥有几个学科研究中心，为寻找未来科学突破的创新型企业提供了一个完美的地点。匈牙利拥有多个著名的应用型工科大学，在劳动力教育中发挥了显著作用。大量的高质量的研究机构证明，匈牙利在科学技术上拥有传统优势。

（4）激励措施

关于投资的现金奖励主要类型主要集中于落实投资、创造新的就业机会和培训员工，取决于投资的目的和位置，匈牙利政府为大于1000万欧元或者2000万欧元、创造一定数量新工作岗位的投资将提供一个贵宾级（VIP）补贴机会。

此外，少于1000万欧元的投资也可以有资格从欧盟基金会得到大范围的招标电话。作为欧盟成员国，匈牙利可以获得欧盟基金会许多的发展目标，如资产收购，基础设施发展，建筑物新建、改造，服务业发展，创造就业机会和人力资源成本的融资。不同招标的申请条件、时间和补贴总额都不一样。

（5）劳动力市场

匈牙利的劳动力是高素质且高性价比的，这大大增加了国家的国际竞争力。2014年匈牙利的法定最低工资为368美元/月，平均工资约为1000美元。欧盟成员国2014年劳动力成本（工业、建筑和服务行业）如图17-1所示。部分欧盟成员国2013年劳动力工作时间如图17-2所示。

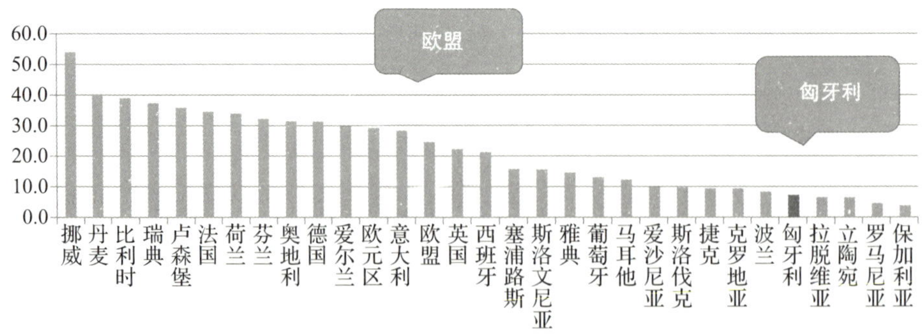

图17-1 2014年欧盟成员国每小时的劳动力成本（单位：欧元）

资料来源：欧盟统计局。

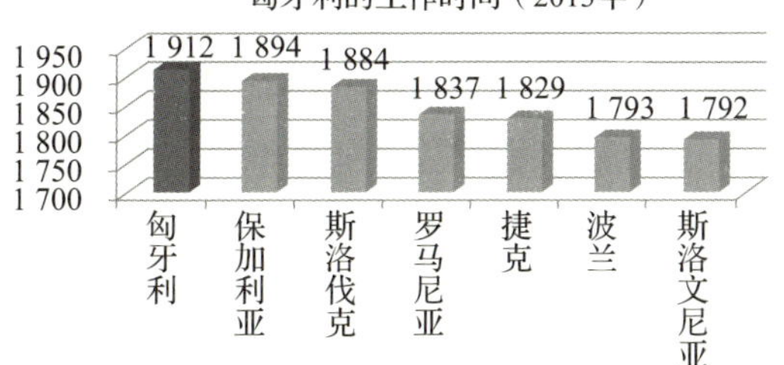

图 17-2　部分欧盟成员国劳动力工作时间

资料来源：瑞士国际管理发展学院（IMD），2014 年世界竞争力在线。

6. 企业成本

（1）电力

由于自由的竞争市场，价格是单独为每个潜在消费者提供的。工业用户的指导价格是 30 ~ 46 福林 / 千瓦。

（2）水供应

水费：504 福林 / 立方米；环境保护费：5.90 福林 / 立方米。

（3）天然气

每年基本费用详见表 17-1。

表 17-1　年基本费用

燃气表显示总量（立方米 / 小时）	每年基本费用（福林）	每年基本费用（福林 / 立方米 / 小时）	天然气价格（福林 / 兆焦耳）
低于 20	12 312	—	3 009 ~ 3 376
20 及以上	—	24 878 ~ 42 142	2 744

（三）法律环境

1. 匈牙利法律环境

匈牙利的立法规定从根本上与欧洲法律相协调。匈牙利民法典规定了私法最重要的方面，包括自然人和法人之间的关系。它包括了掌管商业生活不同领域的基本规定，如合同的签订、执行和终止，或者抵押和担保。

从 2014 年 3 月 15 日起，新民法典（2013 年第 5 版）规定了在匈牙利拥有注册办公室的企业的成立、组织和运营规范，以及公司创始人和成员的权利、义务和责任。

2. 商业导向型环境

为了商业环境的进一步发展，匈牙利政府将企业税率降低到了 CEE 地区的最低水平（10% ~ 19%），创建了一个拥有特殊税收和贡献补贴的自由企业区，制定了一部新的、更加灵活的劳工法以支持雇主和符合劳动力市场预期的重组型高等教育。

（四）匈牙利的税收系统

1. 基本信息

从 2013 年起，有一个统一费率为 16% 的个人所得税，通常适用于主动收入（如就业、转让费）和被动收入（如资本收益、股息和利息）。主动收入从属于社会保障体系。个人社会贡献的税率为 18.5%，雇主贡献的税率为 28.5%。被动收入根据它的来源从属于医疗保健税的不同税率：比如股息和资本收益税率为 14%，低于房地产租赁阈值；利息收入税率为 6%，出售权税率为 27%。某些活动不需缴纳医疗保健税（如证券交易所股票投资的资本收益）。

2. 主要税种

（1）企业所得税

在匈牙利，一般企业所得税是渐进的。税基达到 5 亿福林（1 545 000 欧元）征收 10%；超过这个数值，税率为 19%。税基是由多个增加和减少项修改过的税前利润。从 2015 年起，亏损可以结转 5 年。2015 年之前产生的亏损可以结转到 2025 年。

（2）增值税

一般增值税率为 27%，降低税率为 18%（如面包、牛奶和住宿服务）和 5%（如期刊、书籍、药品和集中暖气系统）。免增值税服务主要是银行服务、保险、投资相关服务、房地产销售和租赁、医疗医生和牙医提供的某些服务，教育、培训的某些类型和其他某些活动，这些服务因为它们的公共利益或特殊性质而免税。

（3）其他直接征税

当地营业税最大为 2%；创新贡献税为 0.3%；两个税种都是通过调整毛利率支付。一个特别附加税适用于某些领域，比如能源部门（除了企业所得税外的 31%）、银行部门（税收总额基于其总资产量）、电信部门（对于电信服务）

和公用事业税（对于公用事业管线的所有者，包括水供应、天然气、暖气和电力供应等）。

（4）其他间接税

在匈牙利其他间接税的类型包括消费税、环境保护税、金融事务税、保险税和“薯片税”或“人民健康产品税”（对不健康食品和饮料收税）。

（五）在匈牙利建立一家公司的步骤

步骤包括：

（1）起草建立公司所需的文件；

（2）开一个银行账户；

（3）提交公司注册申请书；

向匈牙利法院注册处提交申请注册书（公司由税务管理部门确定税收数量）。为了简化程序，法院注册处将在税务号码签发后一个工作日内确定该公司的注册申请，并在申请收据签发后 15 个工作日内确定该公司正常注册程序。

（4）注册。

在匈牙利，该过程须花费 5 天。

四、匈牙利的招商引资

（一）匈牙利投资促进局介绍

匈牙利投资促进局是政府官方的投资促进机构，致力于推动匈牙利成为一个主要的投资地区和可靠的商业伙伴。匈牙利投资促进局（HIPA）是根据政府法令成立的，有利于为投资匈牙利的外国企业提供专门的帮助。

该组织的任务是支持政府关键投资促进目标的实现和培养双边和多边的国际经济关系。

为此，HIPA 寻求和保持接触潜在的外国投资者，帮助它们准备和实施战略投资决策，以及提供决策制定后的支持并鼓励它们再次投资。HIPA 提供企业和特定行业的咨询工作，参加专业活动，推荐地址和组织现场参观。

HIPA 也充当一个大型国际公司和匈牙利公司之间的中介，以促进供应商关系、组织供应商培训和保持与行业协会的积极接触，尤其是在汽车和电子行业。它们的最终目标是看到匈牙利中小企业在当地的跨国供应链发挥尽可能大的作用。

HIPA 与政府机构合作，包括促进投资、在政府决策支持优先投资项目时扮演一个动态角色、起草外部经济援助计划的建议书。HIPA 还向特定公司在匈牙利提供补贴信息、欧盟共同资助项目和管理企业知识开发建模（EKD）的由独特政府决策支持投资计划。

（二）匈牙利投资项目补贴

匈牙利投资促进局提供一站式投资服务。作为支持服务的一部分，进行全方位的项目管理，对符合政府决定的项目提供直接现金补贴，给予贵宾待遇，并提供可能申请到的其他种类补贴的全面信息。

匈牙利政府将 HIPA 作为政府中介机构，提供一系列投资优惠，以协助投资者在匈牙利进行有力投资。

1. 现金补贴

（1）政府决定的具体项目，如企业知识开发建模（EKD）项目可获直接补贴；

（2）欧盟联合融资投标支持项目。

2. 开发税减免

3. 培训补贴

4. 新增就业补贴

5. 社会税减免

经调整的区域补贴上限对大型投资项目的补贴也适用，补贴范围详见表 17-2。

表 17-2　项目补贴范围

可补贴的开支	经调整的补贴上限
0 ~ 5 000 万欧元	区域上限的 100%
5 000 万 ~ 1 亿欧元的部分	区域上限的 50%
超过 1 亿欧元的部分	区域上限的 34%

6. 地区最大补贴力度

匈牙利中部地区，大型企业最大补贴力度为 20% ~ 35%（详见表 17-3）。

表 17-3 地区补贴力度

补贴	形式	补贴金额	条件	申请
政府对具体项目评估后决定的补贴	现金，不可退还	具体项目补贴金额由匈牙利政府决定	资产投资 区域投资额不低于 2 000 万欧元，创造 100 个新的就业机会：Transdanubia 西部地区、Transdanubia 中部地区、匈牙利中部地区 区域投资额不低于 1 000 万欧元，创造 50 个新的就业机会：匈牙利北部地区、北部大平原、南部大平原、Transdanubia 南部地区 在匈牙利中部地区，大型企业进行的投资及新增经济活动的情况下，投资额不低于 2 000 万欧元，创造 100 个新的就业机会（同样适用于中小型企业的规模扩大） 创造就业机会 投资额不低于 1 000 万欧元 优先区域：不低于 50 个就业岗位（北部匈牙利、北部大平原、南部大平原、南部 Transdanubia 地区） 发达区域：不低于 100 个就业机会	向 HIPA 提供包含核心投资数据的“需求清单”
欧盟联合资金支持项目	现金，不可退还	由投标决定	由投标决定	由投标决定
开发税减免	投资完成后免税	企业税在投资完成后 10 年内减免 80%	取决于新增的工作岗位及投资和收入开支增长	应向国家经济部提交申请
培训补贴，2014 年 12 月 31 日起适用	现金，不可退还	符合条件的培训开支的 25% ~ 60%	不低于 50 个新的就业机会，并须证明促进效果	向相关部长提供意向书
新增就业机会补贴	现金，不可退还	不低于 200 万欧元（6 亿福林）	不低于 50 名新学生签署合同，接受实践培训	向相关部长提供意向书
社会税减免，2014 年 12 月 31 日起适用	免税	社会税根据不同劳动群体，分别为 0 或 14%（而非 28.5%）	对优先群体提供工资总额 10 万福林的税收免除	免税情况应在税收文件中指出

现金补贴基于匈牙利政府的决定，可用于资产投资或创造就业。

在匈牙利中部地区，资产投资满足以下条件可给予补贴（仅限于与资产相关的开支)：投资总额不低于2000万欧元；100名新员工。

在匈牙利中部地区，创造就业满足以下条件可给予补贴（仅限于与创造就业相关的开支)：个人花费相关的开支不低于1000万欧元；100名新员工。

根据匈牙利中部地区适用法律，对于大型企业用于扩大规模的投资，不提供补贴。

在各成员国，甚至整个欧盟，在接下来的七个财政年期间的补贴适用法律尚处于发展过程中。

欧盟联合资金支持项目在匈牙利尚未成熟。接下来的七个财政年度，将呈现以下特点。

（1）来自欧盟的补贴60%将用于恢复经济（而非前一期的20%)；

（2）对中小企业、研发及农村发展的支持力度加大；

（3）简化申请系统。

欧盟资金可用于多重发展目标，如资产购置、基础设施建设、新建设、改造、服务发展、创造就业和人力资源成本融资。

7. 匈牙利投资促进局联系方式

地址：H-1055 Budapest，Honvéd utca 20

匈牙利布达佩斯市汉维特街20号H栋1055室

电话：+36 1/872-65-20

电子邮件：investment@hipa.hu

8. 免责声明

请注意，匈牙利投资促进机构提供的信息仅用于一般用途。HIPA未知悉且未编写某些情况下适用的特殊的参数或限制。根据此项条款，对于投资促进、区域补贴力度、汇率或其他规定的信息解读的准确性及完整性，或用于任何其他发布的信息、招股说明书和公告等用途，或文件信息使用造成的任何不利情况、收益损失等问题，HIPA均不承担任何责任。此外，HIPA不提供关于欧盟共同资助招标、发展税减免、创造就业的补贴、培训补贴和就业相关补贴的深度咨询和标书制作服务，如有需要，请联系咨询、顾问或投标文件编写公司。

五、中国与匈牙利的合作

匈牙利和中华人民共和国于 1949 年 10 月 6 日建立外交关系，即在 1949 年 10 月 1 日中华人民共和国宣布成立后不久。2014 年，双方庆祝了中国和匈牙利建交 65 周年。

（一）两国之间的高层会议

两国之间的政治关系的特点是经常性的高层会晤。总理欧尔班 · 维克托在 2010 年 10 月 31 日至 11 月 2 日访问上海期间和时任中国总理温家宝举行了会谈。温家宝总理在 2011 年 6 月对布达佩斯的正式访问中也会见了欧尔班 · 维克托总理。在中国和中东欧国家的第一次政府首脑会议期间，两国总理于 2012 年 4 月在华沙举行了一次进一步的双边会议。

2013 年 11 月 25 日至 26 日在布加勒斯特举行的中国和中东欧国家的第二次政府首脑会议期间，李克强总理和欧尔班 · 维克托总理参加了一次双边会议。

中匈两国关系政府专员西亚尔托 · 彼得在 2013 年的 4 月和 11 月、2014 年的 2 月和 6 月访问了中国。在他 2 月的访问中，作为中匈联合经济委员会主席，他参加了中匈联合经济委员会的第 18 次会议。

2014 年 2 月 12 日至 13 日，欧尔班 · 维克托总理对中国进行正式访问。访问期间，匈牙利总理会见了中国最高领导人、中国主席习近平，总理李克强和全国人民代表大会委员长张德江。

2014 年 10 月 27 日至 28 日，匈牙利外交和对外经济部部长西亚尔托 · 彼得访问中国并会见了中国外交部部长王毅。

2014 年 12 月 16 日至 17 日在贝尔格莱德举行的中国和中东欧国家的第三次政府首脑会议期间，欧尔班 · 维克托总理和李克强总理举行了第二次双边会议。

2015 年 6 月 6 日，中国外交部部长王毅访问匈牙利。王毅表示，虽然在地理上相距遥远，但是中国和匈牙利有很多的相似之处和共同利益。之后王毅在与匈牙利外交与对外经济部部长西亚尔托 · 彼得的会议上，双方签订了关于两国政府“一带一路”合作的谅解备忘录。匈牙利成为第一个签订关于中国“丝绸之路”倡议的合作协议的欧洲国家。

（二）两国之间的友好城市关系

中匈两国省级和市级层面的合作非常有助于双边投资和贸易的发展，有助于双边教育、文化和人民之间的交流。因此，匈牙利政府鼓励匈中两国省、市和城镇之间各级政府间的合作。匈牙利的省、市级政府可以自由、独立地发展这样的关系。各种类型的合作协议，以及将近 100 个官方友好城市关系已经在匈中两国的城市和城镇之间建立起来。

（三）在匈牙利的中国机构

布达佩斯有几个中国机构，其中一些机构专注于教育，一些机构在两国之间的商业往来或者中国文化遗产的保护等方面搭建了交流平台，分别是：匈中双语小学；罗兰大学孔子学院（活跃在 9 城镇、35 所学校；中国文化和艺术中心；匈牙利—中国商业联合会（培养两国之间的商业、经济和文化关系）。

在匈牙利的其他城市也有几个中国机构，比如佩奇大学的孔子学院，学生在这里学习如何将传统的中医学付诸实践。

（四）中国公司在匈牙利投资的成功案例

1. 万华（宝思德化学）

2011 年，中国万华公司收购宝思德是中国在欧洲最大的海外投资交易之一。宝思德是欧洲领先的异氰酸酯系列产品（MDI）、甲苯二异氰酸酯（TDI）和聚氯乙烯（PVC）等化学产品的生产商；现在宝思德是匈牙利最大的化学工业企业之一。

2. 华为

该公司为整个欧洲、中东和非洲地区生产电信设备（由伟创力和富士康代工制造）。该公司在匈牙利建立了欧洲物流中心（由 DHL 运营）。该物流中心负责供应欧洲、北非、中东和俄罗斯地区。

六、匈牙利项目清单

（一）三星级会议酒店

在布达佩斯开设一家三星级商务酒店一览表（见表 17-4）。

表 17-4

基本项目数据	在布达佩斯开设一家拥有 125 间客房的三星级商务酒店的难得机会。酒店位置在新的布达佩斯会议中心 200 米范围之内，酒店内设有会议设施、健身房、健康中心及饭店
资金要求	350 万欧元
行业	旅游
地点	布达佩斯 Vágóhíd 街 9 区
实施期	30 ～ 36 个月
寻找运营者	4 ～ 8 个月
银行融资	4 ～ 8 个月
建设施工	18 ～ 24 个月
项目总预算	700 万欧元
银行融资	350 万欧元

1. 项目背景

该项目业主是为了成功实施三星级会议酒店项目而成立的项目公司（S-HOTEL Kft.）。为筹集所需的 350 万欧元投资，项目业主愿意出售 100% 的股份，即项目公司所有权及开发权。

业主与 KRAFT & Associate 旅游开发公司签订了合同制订项目的商业计划和财务预测。KRAFT & Associates 公司还负责为酒店寻找运营者。已有数家国际连锁酒店表露了兴趣。

2. 项目描述

酒店地理位置优越，位于规划的新布达佩斯会议中心 200 米范围内，靠近匈牙利国家剧院和艺术宫殿等数个重要的文化场所。附近建有数座办公楼，租户包括摩根士丹利、沃达丰、IBM 和雀巢等国际公司。

活跃发展的 9 区吸引了越来越多的商务和休闲游客，也使对品牌酒店的需求不断增长。本酒店可以成为第一批紧邻新会议中心的国际品牌酒店。酒店设计将拥有 125 间客房、130 平方米的会议设施、80 平方米的健身中心、早餐区和私人停车场。

该项目的计划和准备阶段（包括寻找运营者、获得必要的许可和获取银行融资）预计将花费 12 个月，建设施工约另需 18 ~ 24 个月。一旦做出投资决定，新酒店可在 30 ~ 36 个月内投入运作。

（1）为何投资

总的来说，不断发展的布达佩斯市场保证了在新兴或成熟城镇地区已有酒店和新开设酒店的发展前景，可以预见未来成功和长久的运营。

根据项目的状况评估，项目已做好开发准备，未来投资者接手项目即获开发权。临近的会议中心将为酒店带来大量客流，在其他酒店设施出现之前，本酒店将是该区域唯一一家品牌酒店。即便有其他酒店开业，本酒店仍可借其已树立的地位和稳定的收入保持良好的性价比。

（2）竞争优势

- 即将开发的布达佩斯会议中心，可容纳 4000 ~ 5000 人；
- 区域内竞争有限；
- 9 区发展极具活力；
- 方便前往李斯特·费伦茨国际机场（Liszt Ferenc International Airport）（17 千米）；
- 临近艺术宫殿；
- 邻近国家剧院；
- 周边有大量跨国公司；
- 临近布达佩斯最大的露天俱乐部；
- 充足的停车设施；
- 交通便利，知名度高；
- 高效的公共交通。

（3）产权、牌照和证书

项目开发商拥有 1250 平方米的项目用地。已于 2014 年完成一套建筑方案，可供评估。最终方案将与选定的国际酒店运营公司共同完成，以符合相关的品牌标准和规范。

在建筑许可方面，方案已获初期建筑许可，但已过期。一旦方案最终确定下来，可在6个月内获得许可。

（4）市场定位

该项目旨在填补未来布达佩斯会议中心附近商务酒店的市场空缺。布达佩斯会议中心预计耗资约8000万欧元，由政府出资，并计划在48个月（2018～2019年）内竣工。为建设这一可容纳数千人的会议中心，匈牙利政府已发布登记号为1359/2014（2014年6月30日）的政府令，涉及多项重大开发项目，明确了管理“布达佩斯大型开发项目”的政府官员须执行的任务。

由于周边地区聚集有多家将总部设在Soroksári沿路办公楼的国际公司，且前往市中心的交通十分便利，该地区将吸引大量休闲和商务游客。

目标群体：商务游客，布达佩斯会议中心举办会议和其他活动的参加者、文化活动游客。

主要竞争者：根据目前的市场发展趋势，布达佩斯的国际会议需求正在不断增长。在布达佩斯举行的国际会议数量在欧洲排名第9，而匈牙利在欧洲最受欢迎的会议目的地中排名第18。2013年在匈牙利共举办了1017场国际会议，布达佩斯会议中心落成后，预计会议数量将得到显著增长，从而推动对市内高品质酒店的大量需求。

（5）财务指标

由首席执行官彼得·卡夫博士，1990～1997年任美国运通匈牙利分公司副总裁和地区经理，1999～2000年任匈牙利旅游局局长领导的KRAFT & Associates旅游发展公司，为本项目编写了财务预算报告（详见表17-5和表17-6）。

表17-5　主要指标

	第1年	第2年	第3年	第4年	第5年
客房数量	125	125	125	125	125
平均房价（欧元）	41	42	43	44	45
入住率（%）	55	57	60	63	63
每间可用客房平均收益（欧元）	22	24	26	28	29

表 17-6　定性指标　（单位：欧元）

	第 1 年	第 2 年	第 3 年	第 4 年	第 5 年
销售	1 509	1 609	1 739	1 880	1 935
税息折旧及摊销前利润	479	526	573	649	656
自由现金流	212	65	129	208	249

3. 投资

该项目所需投资总量为 350 万欧元（占 100% 股权），投资形式为现金，投资回报率为 13%。

（二）适用于全球的创新移动支付方式项目

1. 项目背景

（1）项目简介

Cellum 旨在为欧洲、北美及亚洲的广大消费者提供手机支付服务。为扩大其在全球范围内的市场份额，Cellum 寻求与国际银行及技术供应商建立合作伙伴关系，成立合资企业。

（2）公司概况

Cellum 是欧洲一家领先业内的手机钱包供应商。借助与银行的合作，Cellum 所提供的支付方式覆盖了移动商务的各个领域，使得手机购物更加方便、安全。

自 2000 年成立至今，公司为消费市场提供了大量服务和售后服务解决方案，并与多个重要商业伙伴建立了战略合作关系。通过 P2P、账单支付、抵押贷款、移动商务、无卡 ATM 等服务及解决方案，Cellum 在获取、维系客户方面为银行和其他金融机构提供帮助。Cellum 定位出众，旨在帮助商家接受并采用电子支付和移动账单。此外，Cellum 还为移动网络运营商提供新颖的增值移动支付方式，增加运营商在每位用户身上的平均收益，同时增加用户数量，维系用户关系。

Cellum 运营系统目前每月接手机安全移动交易约 200 万笔，MasterCard、主要电信运营商 Vodafone 和 Telenor、国际知名和各国国家银行以及规模各异的销售商都是Cellum的客户和合作伙伴。

公司管理层在这一领域具有丰富的专业经验。董事长兼首席执行官吒尼斯克·欧卡（János Kóka）不仅是一位私人投资者、IT企业家，并且就职于多家企业担任经理，他还曾担任匈牙利前任经济部部长一职。此外，管理层的其他成员也都是具有国际业务经验的专业人士。

2011年，在第一轮融资过程中，Cellum获得了匈牙利风投公司（PortfoLion）300万欧元的投资。Cellum也正是凭借此次融资，开始了其国际化征程。

2. 项目描述

（1）竞争优势

Cellum就如何保证交易安全进行了多年的探索，研发出了名为SplitSecret的专利卡片。运用此项技术后效率得到了极大的提高，到目前为止，诈骗、退款等事件发生0起。其中非常关键的一点是该项技术摆脱了银行卡数据被储存于单一数据库中的模式，从而使得黑客难以侵入支付系统。而且，Cellum符合PCIDSS3（第三方支付行业数据）1级标准。同时，也是中/东欧第一家符合行业全球安全标准的手机支付服务的供应商。

Cellum承诺让客户花费最少的费用享受即时、高效的服务。公司重视个体需求，并致力于为每一位客户提供定制化服务。

Cellum独立于其他手机支付生态系统的利益相关者，不受其任何决策的影响。

（2）市场定位

Cellum现已在奥地利、保加利亚、阿尔巴尼亚、美国、新加坡等多国成立了分公司，在东南亚地区也已开设了办事处，如在泰国、印度尼西亚和越南，Cellum一直都在推行公司的项目。同时，Cellum也已经开始进军海湾地区国家市场，目前公司正在与巴林的一个商业组织进行接洽，就在该地区成立合资公司的可能性进行商讨。

（3）目标群体

Cellum致力于为广泛的客户群体（银行、手机网络运营商、商人、政府等）提供全面的手机支付方式。

Cellum 着眼的目标市场为手机（尤其是智能手机）使用率高的国家。在已经开始的全球化征程中，北美、东南亚、印度和日本是公司的主要目标国家和地区。其中某些地区（如泰国）已经和公司签订了合作合同，建立了伙伴关系。

（4）简短的市场描述及主要竞争者

伴随着科技的不断进步、消费者喜好的变化以及日益增加的手机用户数量，全球手机支付市场获得了极大发展。2012 年，全球范围内利用手机进行支付的手机用户将近 3000 万，交易次数达 2.242 亿笔，每月交易金额为 40 亿欧元。

2012 年，美国的手机用户（7390 万）中 24.3% 的人都在使用手机银行。

在这样利好的市场环境下涌现出了不计其数的其他手机支付应用，然而其安全性却难以保证。

（5）主要合作伙伴

FHB 银行率先与 Cellum 和 MasterCard 进行合作，在匈牙利推 MasterCardMobile 产品。

匈牙利国内最大的银行 OTPBANK，在中东欧国家具有极强的影响力，同时也是 Cellum 的战略合作伙伴。

继与 Cellum 的合作在匈牙利和奥地利取得成功后，ErsteBank 愿进一步与 Cellum 扩大合作。同时，Cellum 与中东欧和亚太地区一些银行集团的谈判也取得了一定的进展。

2011 年，卡片发行公司万事达信用卡（MasterCard）选择了与 Cellum 合作，在匈牙利，推出了万事达信用卡移动手机，制造出了移动商务支付的多种实现方式。

Cellum 与 dtac、PaysBuy 以及 Telenor 在泰国的分公司都建立了合作关系，并与 VISA 卡携手推出了 3D 安全钱包服务。

移动网络运营商。Cellum 的全资子公司 MPP 拥有 Telenor、T-Mobile 及 Vodafone 在匈牙利的独家服务授权代理，提供运营商计费服务（如停车费、高速公路费、彩票购买费用和其他小额付款）。

自2011年起，Telenor及T-Mobile就与MasterCard和Cellum建立了合作关系，推广万事达信用卡手机（MasterCardMobile）服务。

Telenorgroup在泰国的（Dtac）分公司，近一年前，采用Cellum Mobile Next最新技术，即“我的钱包”（TelenorMyWallet）服务软件。Telenor在匈牙利的分公司最近推出了由Cellum研发的“我的钱包”服务。

（6）进军海外市场

Cellum面向世界范围提供白标服务，技术便于快速应用，能够与现有应用实现无缝对接，而且IT费用少。

在对一个新的海外市场进行潜力评估后，正式进军该国市场的第一步就是寻求合适的合作伙伴。Cellum理想的合作伙伴是致力于提供创新金融服务的银行和移动网络运营商（MNO）。在成立合资企业的过程中，Cellum负责提供技术，合作伙伴则通过其网络进行相应的支持。

（7）为何投资Cellum

Cellum已经完成了自身产品组合的构建，其中既包含功能齐全的白标钱包产品（Cellum MobileNext），还有软件即服务（SaaS）模式下的多种插件（Cellum Plug & Pay）。

符合PCI-DSS3（第三方支付行业数据）1级标准，全球独有的安全运行环境保证了欺诈事件0发生。

与MasterCard建立了战略伙伴合作关系，并推出了欧洲首个符合电子支付平台万事通（MasterPass）标准的电子钱包。在中东欧和亚太地区的三个国家运行着6种已上线的电子钱包。在全球10多个市场建立了20多条强大的数据信息渠道，包括银行、移动网络运营商（MNO）等。经研发、测试，推出了多款业内领先的移动商务应用。

3. 财务指标

2016年收益预测520万欧元，2018年预期收益2270万欧元（详见表17-7预期收益额和表17-8预期交易额）。

表 17-7　预期收益额　　（单位：10 万欧元）

	2014 年	2015 年	2016 年	2017 年	2018 年
收入（欧元）	2.6	2.7	5.2	11.0	22.7

表 17-8　预期交易额　　（单位：1000 欧元）

交易额	2014 年	2015 年	2016 年	2017 年	2018 年
与 CNW 的交易额	4	1 007	4 578	11 130	22 345
与 CB 的交易额	5 400	6 750	19 313	55 200	146 325
与 CP&P 的交易额	0	650	26 220	143 486	473 727
总交易额	5 404	7 407	50 110	209 815	642 397

4. 投资

（1）所需金额 1300 万 ~ 1500 万欧元；投资形式为股权。

（2）投资计划

根据 Cellum 集团的计划，资本的增加有助于公司在全球范围内扩展业务，增强研发能力，推行 Cellum Plug & Play 项目。

2016 ~ 2018 年的退出计划：优先首次公开募股（IPO）；可能的同行买卖。

（三）3D 显示器的革新项目

1. 项目背景

Holografika 有限公司是匈牙利一家科技公司，拥有 HoloVizio3D 专利技术，致力于制造下一代全息显示屏，研发其他 3D 相关技术（3D 采集、3D 软件、压缩、3D 应用）。多年来公司实施了集中的发展规划，凭借自身的 HoloVizio 显示屏产品进入市场。2005 年，*Red Herring*（《红鲱鱼》杂志）授予公司欧洲 100 强称号，2008 年荣获“千禧年大奖”和“欧盟信息通信技术最佳展览奖”，2012 年荣获“ EUREKA 创新奖”，2014 年 GPU 技术大会上荣获“One to Watch”奖。2005 年，匈牙利电子制造商 Videoton 购买了公司 5% 的股权。

公司创始人兼首席执行官蒂伯·巴洛格（Tibor Balogh），毕业后从事工程师工作，在全息摄影、电子光学技术、工程学等多个领域都具有丰富的经验。

Zsuzsa Dobrányi 是 Holografika 公司国际销售和营销部负责人。她是一名电信工程师，曾在松下和索尼担任重要的管理层职位。

DaveSinghal 是 Holografika 公司美国事务代表。他是硅谷一名电气工程师，曾担任思科（Cisco）公司副董事长，扶植了多家创业公司。

2. 项目描述

（1）“让显示器代替人脑去发现”

Holografika 公司研发出了真实的裸眼 3D 技术，创造出了光场显示器这一概念，受到了业内的广泛认同，光场显示器也因此成为 3D 显示器中的一个专门的类别。

“光场”概念的提出基于一种新颖的全息几何方法，与现有的裸眼 3D 技术相比具有以下几方面的优势。

- 自然的（窗格状）3D 影像：
  - 在屏幕前后方都能感受到 3D 效果
  - 能够看到物体背面
  - 影像连续，不会出现图像跳动的情况
  - 无须固定位置，无须跟踪影像
  - 不会产生视觉冲突或感到眼部不适
- 视野毫无限制，在房间内的任何一个角落都能感受到 3D 效果。
- 效果不会因使用人数和肢体移动而受到影响。
- 便于长期日常使用。
- 与常规的 3D 系统相比，HoloVizio 占尽优势，在充分保证 3D 效果的同时能够满足使用者对舒适度的要求。在 3D 效果方面，没有哪项技术能与此款高端显示屏相媲美。

除了以上几点外，Holografika 的优势还在于它兼容性的软件环境，让观者体验到一种身临其境的满足感。“光场”的软件环境让互动成为可能。HoloVizio 显示器既可以通过远程遥控，也可以利用手势来进行操作。

（2）发展现状

Holografika 推出的“光场”3D 显示屏已经上市，产品采用 HoloVizio 作为商标，在世界范围内的医疗机构、高校、汽车行业以及研究机构中已经拥有了部分使用者。不论是活动中的3D放映还是贸易展览、会议过程中的3D成像，Holografika都是不二的选择。公司在业内享有很高声誉，在欧洲、美国、巴西、日本等地区都有自己的经销商，如克里斯蒂（Christie）、埃尼集团（ENI）、英国宇航系统公司（BAESystems）、法国雷诺公司（Renault）、欧司朗（Osram）公司、三星公司、意大利国际太空站（ISSItaly）、法国标致（PSA-Peugeot）、卡尔加里大学神经外科实验室、奥林奇（Orange）、CRS4（I）、印度国际电话电报公司（ITT）等。

目前，公司有几款产品已经上市，但与此同时，公司的开发活动仍在继续，并且在技术领域开始布局新一代的产品。此外，公司还计划加快发展某些业务模块（如Holomobil——一项应用于手机的3D显示屏技术、3D相机等）。

Holografika在欧盟、美国、加拿大、日本、韩国、中国和澳大利亚等地区和国家共拥有33项3D显示屏技术专利。“HoloVizio”和“LightField”两个品牌受“商标法”保护。

（3）目标群体——B2B细分市场

- 政府部门：军事可视化，仿真，安全（行李扫描）；
- 科学、学术领域：高端3D可视化，油气勘探，CAD可视化，3D远程即席，地形可视化；
- 医疗市场：图像诊断，手术计划，遥控和自动，医疗美容，医学教育；
- 娱乐：主题公园，运动模拟器，全球活动，博物馆，文化遗产；
- 数字播放：有卖点的3D应用，房地产可视化；
- 汽车行业：3D平视显示器，设计，可视化中心。

（4）简短的市场描述和竞争对手

詹姆斯·卡梅伦说：“一切可视化影像终将成为3D影像，因为这就是我们看待世界的方式。”

3D是一个不断发展的领域。据业内专家预测，2016年全世界3D技术、产品和应用现有市场总量（TAM）将达到2270亿美元，市场复合年均增长率为 15.8%。2019 年，3D 显示屏市场将由 2011 年的 5080 万台（年收益 132 亿美元）增加到 2.26 亿台（年收益 670 亿美元）。

整个 3D 领域的 B2B 细分市场具有巨大的发展潜力。3D 领域的主要市场（医疗 3D 设备）的市场总量在 2016 年将达到 260 亿美元，美国将占据 36% 的市场份额。汽车 3D 平视显示器在 2012 年的市场总量为 10 亿美元，2017 年将增加至 29 亿美元。

人们普遍认为，鉴于当前立体眼镜和裸眼系统在使用过程中所存在的局限性，电视机和显示屏行业的下一个目标就是要给观众创造出真实的 3D 效果，而一些大公司现在就已经开始寻求科技的突破口了。

Holografika 技术实力雄厚，当前显示屏市场中涌现出的种种趋势给行业带来了机遇，但同时也会在未来几年内对组件价格产生极大的影响，而削减成本则会促使 3D 市场在追求真实 3D 效果的过程中取得不断的突破。

有一些公司（如 Dimenco、ZeroCreative、Magnetic3D 等）利用 2D 面板和柱状透镜相互重叠（柱状透镜位于 2D 面板之前）的方式来制造裸眼 B2B 的 3D 效果，但是这种方法比较低端，通常是为广告宣传而服务（如销售点应用）。

（5）进入外国市场，简要描述主要风险以及避免风险的措施

Holografika 希望通过进入新的市场模块和新的地区来扩大其全球市场份额。所需的投资能够帮助公司在美国、海湾地区和亚洲建立业务，在业务能力不断提升的过程中进入新的细分市场（比如数字播放、主题公园、博物馆、仿真和全球活动等）。

第一年，Holografika 将在美国西海岸的硅谷以及海湾地区成立分公司。美国分公司的 CEO 将由 Dave Singhal 出任，他本人目前就在为 Holografika 效力，帮助协调斯坦福大学的演示设备。第二年的重点是在亚洲成立分公司，办公地点将选在中国香港，同时为了方便与政府机构和医疗行业进行业务往来，公司将在美国东海岸成立第二家分公司。

显示器的主要生产制造工作将在匈牙利完成，但是为了节约成本尽早实现批量生产，公司将分别在美国和亚洲建立组装工厂。

Holografika 生产出来的产品一部分会直接出售给顾客，一部分则会由经销商代为出售。下发技术许可也将成为公司的赢利点之一，目前已经有几家

大型电子产品公司与 Holografika 取得了联系。

（6）为什么要投资 Holografika

Holografika 的产品都是久经市场检验的产品；客户和经销商从全球若干销售点购买产品。公司管理层在研发、生产、销售电子设备和 3D 显示器等方面具有数十年的丰富经验。随着 3D 领域（尤其是创新性的裸眼 3D 技术）估值的不断上升，3D 显示屏市场不断发展。

从时间层面上来说，消费者市场翘首企盼着下一个颠覆性的创新，而有效的裸眼 3D 科技无疑将是下一个变革强大的推动力，Holografika 极有可能成为这一核心技术的提供者之一。

3. 财务指标

预期和主要指标详见表 17-9。

表 17-9 收益主要指标

以 1 000 欧元为单位	2015 年	2016 年	2017 年	2018 年	2019 年
收入	465	1 612	5 504	18 430	59 810
总利润	414	923	2 943	10 170	36 522
息税摊销折旧前费用	−1 112	−2 519	−1 754	3 467	28 558
净利润	−1 095	−3 371	−2 740	2 133	23 334

4. 投资

（1）所需投资金额：1200 万欧元

（2）投资形式：股权

（3）投资计划

投资计划分为两期，即第一期 2015 年需要投资 850 万欧元；第二期 2018 年需要投资 350 万欧元。

（4）建议退出政策

建议将股权转让给战略投资者。

（四）创新型医疗产品项目

1. 项目背景

INNOMEDMedical 有限公司是一家私人创办的企业，成立于 1989 年，公司始终致力于研发、制造适用于人类和动物、经 CE 认证的医疗设备。在过去的 20 多年，公司始终坚守其核心业务，由于在研发方面不断增加投入，其产品种类日益丰富。公司发展稳定，业务范围包含制造、销售、服务及研发等。

INNOMED 的核心类产品为心脏病学类和放射类仪器。在心脏病学领域，公司的产品种类丰富，包括心电图仪器、除震器、动态心电检测仪以及病人监护仪等。在放射领域，INNOMED 是世界上为数不多的 X 射线发生器制造商，同时也可提供完整的放射服务。除了适用于人类的仪器外，公司同样研发了许多适用于兽医领域的产品，如心电图和动物监护仪等。该公司是匈牙利电子医疗设备领域的龙头企业，与 INNOMEDMedical 有限公司企业规模中等，拥有约 140 名员工，总部位于布达佩斯，并且在附近有其自己的工厂。管理层中不乏在技术和销售领域具有丰富经验的专业人士，该公司在研发、制造和销售等模块都具有了成熟的体系。2013 年，公司收入约为 700 万 ~ 750 万欧元，去年公司资产总额超过 1400 万欧元。

2. 项目描述

INNOMEDMedical 已经建立形成了 3 条新的产品线。新型二相除震监护仪目前仍处于研发阶段，预计 10 ~ 12 个月后制造完成，届时将与新型移动式 X 光系列产品一道上市。数字化胸腔断层 X 射线照相组合无疑是业界最为期待的产品。目前已有两台此类设备应用于匈牙利的医院中。

（1）数字化胸腔断层 X 射线照相组合

该产品是胸腔诊断领域内的一大创新，它的出现将有望取代计算机断层扫描在医学扫描领域的地位。美国国家肺筛查实验的调查表明，现有的扫描技术（如 CT）虽然能够降低肺癌死亡率，但是 CT 检查对人体的辐射大且费用昂贵。对比而言，断层 X 射线照相组合不仅具有与 CT 不相上下的功效而且费用低廉对人体辐射小。最新的美国市场预测显示，DT 设备有望在未来 5 年内取代大部分 CT 设备。

作为世界上第一批成立的电子医疗设备公司，INNOMED 已经形成了一套数字化胸腔断层 X 射线照相组合系统，该系统已被德国杜塞尔多夫的合作伙伴 MEDICA 引进使用。该系统中还包含了 INNOMEDMedical 有限公司的另一项最近研发成果——配备了 CAD 系统的数字遥控 X 光机。

（2）移动式 X 光系列产品

尽管市场上已涌现出多种移动式 X 光设备，但是终端用户普遍认为大多数此类设备在以下两方面仍须改进：设备重量以及 X 光发生器的功效。INNOMEDMedical 在发展的同时始终将这两个重要方面铭记于心，历经革命性创新，最终制造出了一套区别于传统的设备，该设备不仅在重量上比传统设备减轻了 30%，而且在动力和功效上也有了进一步的提升。

（3）新型二相除震监护仪

INNOMEDMedical 之所以能够成为世界上为数不多的除震仪器制造商，源于最初其从 CardiacScience 公司手中收购了 ARTEMA 除震仪的执照和技术。随着除震仪生产线日益成为 INNOMED 心脏病学分支的标志性业务，研发自己公司品牌的除震仪势在必行。公司当时的目标是利用较低成本研发出一套具有特色的设备，保证其在与市场上不断涌现的其他品牌的竞争中立于不败之地。精密性高是 INNOMED 生产出来的除震仪和监护仪的主要特点。

以上几种新产品目前正在国际专利认证过程中。想要在新的市场推广产品，当地执照必不可少，因此需要在尽快的时间内获得外部投资以帮助公司获得产品推广所需的执照。进入阿拉伯、美国（FDA 认证）、中国和南美市场的审批流程尤为复杂。

多适用于兽医领域的产品，如心电图和动物监护仪等。该公司是匈牙利电子医疗设备领域的龙头企业，与此同时，公司自成立以来对全球市场开拓所做出的努力是其不断获得成功的重要因素。

多年来，INNOMED 在几乎所有的新兴地区（尤其是中东和东盟国家）都建立起了高效的经销网络。该公司与俄罗斯和独联体国家中的多家公司建立了长期的合作关系，这也帮助公司在俄罗斯和独联体国家的市场中占有了绝对主动的位置。在全球合作伙伴（包括许多独家合作伙伴）的帮助下，公司业务遍及 100 多个国家。出口销售方面的工作由一支 12 人组成的专业团队负责。此外，INNOMED 在俄罗斯与当地公司成立了一家合资企业，在中国也设立了自己的办事处。

想要成功推广新型电子医疗产品，参展专业博览会是关键的一步。公司参加了一系列专业博览会（如 MEDICA——杜塞尔多夫、ArabHealth——迪拜、RSNA——芝加哥），新型数字断层 X 射线照相组合设备首次展出就是在德国杜塞尔多夫举行的博览会上。

INNOMED 公司的大部分收益来源于以下国家：俄罗斯、沙特阿拉伯、中国、乌克兰、墨西哥、美国、巴基斯坦和泰国。随着新产品的推出，INNOMED 有望在以下国家进一步巩固其市场地位：独联体国家、美国、中国和海湾国家。目前，除震监护仪最重要的销售市场是拉美国家，这些国家具有巨大的购买潜力。

据研究公司 GBIResearch 的数据显示，2012 年，公司在全球范围内销售乳腺断层 X 射线照相设备的收入约为 3.1 亿欧元，2019 年预计将超过 4.8 亿欧元。目前，断层 X 射线照相组合技术仅应用于乳腺 X 线摄影，但是 INNOMED 研发出来的设备同时可应用于所有放射治疗中。INNOMED 主要的竞争对手是 Hologic、GE 和 FujiFilm。电子医疗设备市场对低成本数字设备的需求越来越大。研究公司 IMSResearch 调查显示去年全球医疗、牙科及兽医 X 光设备的销售总额达 74 亿欧元，到 2017 年，销售总额将增至 88 亿欧元。低迷的经济环境，给低成本数字设备带来了巨大的机遇。

（4）为何要投资 INNOMED

- 在心脏病学及放射性医疗设备制造领域它们具备最前沿的技术；
- 在全球市场中它们占据着稳定的位置；
- 伴随着创新型新产品的诞生它们具有卓越的发展前景；
- 它们具有经验丰富的管理团队；
- 它们不断加大研发投入；
- 它们在全球范围内构建起了庞大的伙伴关系网络，未来有机会进入新的市场。

3. 财务指标

（1）预期和主要指标

财务收益指标如表 17-10 所示。

表 17-10　财务收益指标

	2015 年	2016 年	2017 年	2018 年	2019 年
销售量（新产品的台数）	40	340	540	680	840
收入（公司，1 000 欧元为单位）	10 300	19 275	27 900	37 950	47 100
息税前利润（公司，1 000 欧元为单位）	1 380	3 932	6 520	9 535	12 280

（2）定量化指标

定量化指标如表 17-11 所示。

表 17-11　定量化指标

收入（2015 年）	690 万欧元
中期收益（年预期）	2 200 万欧元
中期市场占有率预期（%）	3%
项目所有者可用资金	100 万欧元

4. 投资

（1）所需资金 1100 万欧元；投资形式为股权

（2）建议的资本 / 股权结构：长期投资者占有少数股权（25%）

（3）投资计划

2015 ~ 2016 年，公司需要 1100 万欧元的外部资金投资，即 2016 年投资 600 万欧元，用于营销、办理推广移动 X 光系列设备所需的执照（如 FDA 或中国执照、文件和验证流程）、扩大制造规模、增强在数字胸腔断层 X 射线照相组合以及除震监护仪方面的技术能力。

2015 年投资 500 万欧元，用于市场活动、办理所需执照、文件流程、扩大制造规模。

详细的资本投资用途（按产品划分）：数字胸腔断层 X 射线照相组合投资 550 万欧元；移动 X 光系列设备投资 350 万欧元；新型二相除震监护仪投资 200 万欧元。

（4）建议的退出政策

建议将股权转让给战略投资者：直接或间接收购。

（五）安全飞机座椅项目

1. 项目背景

LIFECHAIR 是一款创新安全飞机座椅，力求大力提高航空乘客的生存机会，专为私人及商业飞机设计。

项目所有方，即伊斯特万·古帕（Istvan Gubas）是此款座椅的发明者，创作想法源于人们对飞行的恐惧。之后作为一名成功的商界人士，他决定实现该想法并销售这款产品。他的工程经验对于此款飞机安全座椅的细节筹备方案而言不可或缺。作为经验丰富的商界人士，在 2011 年春形成初步想法后，古帕先生委托行业领先的 Admatis 公司筹备技术可行性研究，证实 LIFECHAIR 在技术上是可实现的。

Admstis 公司在航空探索领域有着 10 多年的专业经验，是该项目的技术支持机构。Admstis 公司曾成功推出不计其数的研发项目，在匈牙利是领先的航空航天产业专业企业。Admatis 为 LIFECHAIR 的专业方面提供支持，在产品实现阶段也将发挥积极作用。

2. 项目描述

LIFECHAIR 是一款创新安全飞机座椅，力求提高乘客在不利飞行情况下的生存机会。

（1）竞争优势

LIFECHAIR 的独特之处在于其新颖的外形、防护外壳和多项其他新功能。

此项创新发明将通过对普通飞机座位进行大幅改装，大大减少死亡事故的发生。

创新 LIFECHAIR 将安全认为是最重要的概念，并希望实现几种保护功能。

- 提供机械保护，防止机舱内物体飞落造成人员伤害；
- 座椅内部安装绝缘材料，防止火灾时传热；
- 特殊的能量吸收结构（规模）在碰撞时提供更多保护；
- 可双向开合的门，提供密封真空环境，避免可能的烟雾和有毒气体伤害（氧气系统保障乘客呼吸，直到救援队到达）；

- 密封盖也能防止可能的烟雾和有毒气体危害；
- 自带电池，在紧急情况下供电，停电期间仍能发挥保护作用。

LIFECHAIR 还配备安全带。经验显示，系安全带的乘客受力往往小于飞机本身的受力，原因是碰撞时飞机结构能吸收一些能量。

相关数据对比显示，使用 LIFECHAIR 后，生存率将增加至目前幸存率 24% 的两倍或三倍，即生存率会增加 75%。

因此，LIFECHAIR 在引发事故时，如出现技术问题（火灾、有毒气体）以及不利天气条件情况下，能增加 50% 的幸存机会。

（2）知识产权、许可、认证

为保障知识产权，已进行匈牙利、国际专利申请及运行注册，这充分说明了创新安全座椅的独特性。该项设计也得到匈牙利专利局（自 2010 年 3 月起）为期 10 年的实用新型专利保护。

（3）市场定位

项目针对最终发展阶段。项目所有方正努力研究“理念营销”。该产品在德国航空技术展获得广泛关注。接触到的主要潜在客户预示着未来的投资。俄罗斯市场的展示报告正在筹备中（主要针对不同会议的潜在投资者），LIFECHAIR 项目计划产品推出五年内达到 2% ~ 3% 的市场份额。

（4）目标群体

产品主要市场是私人飞机。推出 LIFECHAIR 时，项目所有方考虑了针对私人飞机的营销，还研究了商业飞机市场。该产品的优势在于，最初生产的两年或三年间，将在其他领域推出升级版本（如武装部队）的产品。

（5）短期市场简介，主要竞争对手

目前全球范围内约有 1.5 万架私人飞机，预计到 2020 年将达 2.5 万架。2010 ~ 2019 年，预计私人飞机的订单将新增 1 万个，总计金额将达 2540 亿美元。

预计每年需要的座椅数量，未来 10 年每年将有 10 000 个 LIFECHAIR 的需求。

研究客机市场同样必要，头等舱或豪华舱有安装 LIFECHAIR 座椅的需求。目前该市场几乎由空客和波音两大生产商 100% 控制。未来 20 年，新订单数量以及更换的飞机数量预计为 33 500 架（680 000 个座椅），预计总价值高达 4 万亿美元。

LIFECHAIR 项目的目的是要实现 2% ~ 3% 的市场份额，这意味着在市场上至少五年销售 1500 个 LIFECHAIRS。

尽管存在类似的解决方案（多功能飞机座位），LIFECHAIR 在市场上仍是独一无二的。目前已投放市场的产品中，还没有技术复杂、突出保护功能的产品。LIFECHAIR 的竞争对手主要强调设计和舒适性，乘客的身体保护尚未成为其关注焦点。

（6）重要的战略伙伴（包括参与项目融资）

LIFECHAIR 的想法在不同的展览中呈现过，并获得许多积极的反馈。项目所有方也建立了专业的关系网络。Admatis 公司是匈牙利航空领域领先市场的企业，István Gubás 与其建立了良好的关系。Admatis 公司的专家将参与整个样品开发及未来销售的过程。

（7）进入国外市场、出口市场

制作样品座椅后，LIFECHAIR 安全座椅将开始生产，同时推出声势强劲的市场营销活动。在本阶段，主要战略指导方针是向目标消费群体投放丰富的市场信息及工具，目标受众包括私人飞机的制造商、内部承包商，也包括私人飞机拥有者及使用者。

样品完成后将进一步发展联络网。这一阶段重点是在线上和线下发布公关文稿，增加在各种相关市场、会议及活动中终端产品的出现频率。

（8）为什么要投资

LIFECHAIR 是解决航空安全问题的独特理念。产品能够保护乘客不受机械碰撞，生存机会增加 75%。相比市场上其他空气座椅，LIFECHAIR 具有明显的竞争优势，其他座椅仅满足设计感及舒适感，而无法保护乘客。

3. 财务指标

（1）项目设想及主要指标

项目第一阶段：样品制作，三年期间不考虑任何销售。从第二期开始，营业额预测 2017 ~ 2021 年财务指标（详见表 17-12）。

表 17-12 财务指标

	2017 年	2018 年	2019 年	2020 年	2021 年
销售（数量）	73	163	308	447	590
市场份额（%）	0.25	1.1	1.8	2.3	3
收入（欧元）	1 943 750	4 232 500	8 090 250	11 785 000	15 575 375
未计利息、税项、折旧及摊销前盈利（欧元）	411 314	1 877 543	4 514 048	7 077 733	9 823 537
息税前利润（欧元）	249 444	1 715 673	4 352 179	6 915 864	9 661 667
净利润（欧元）	224 500	1 389 695	3 525 265	5 601 849	7 825 951

（2）定量指标

定量指标如表 17-13 所示。

表 17-13 定量指标

中期预计年均收入	200 万欧元
中期预计市场渗透率	2% ~ 3%

4. 投资需求

（1）投资额和投资形式

所需投资额 650 万欧元；投资形式为股权。

（2）建议的资本 / 股本结构

未来项目公司 LIFECHAIR 有限公司持有少数股权。

（3）项目投资进度

项目实施期限为 2015 ~ 2019 年。资金需求是 650 万欧元，用于样品的筹备、测试，以及国内外市场产品推介及人员开支。资源投入可一次性或分阶段完成。

（4）建议退出政策

通过购买支持资本或原始所有方等方式完成样品筹备后，退出计划在 3 ~ 4 年完成。

（六）多混合动力电动汽车项目

1. 项目背景

梭罗 – 杜奥（Solo-Duo）有限公司于 2008 年由安特罗（Antro）有限公司成立，创始者的想法是打造超轻多混合动力概念车系，公司目标是实现该理念，完成开发并投入生产。Antro 有限公司由 Zsolt Hegedús 和 Géza Hivessy 成立于 2001 年，Antro 致力于开发替代性环保型汽车，开发、生产和销售的产品能够提供可持续解决方案，减少 60% ~ 70% 能源需求。

Géza Hivessy 是 Solo-Duo 公司首席执行官（CEO），毕业于建筑工程专业，职业生涯中有 20 年投入与能源系统设计企业。Zsolt Hegedűs 是 Solo-Duo 的战略总监，其开发的环保型土壤和植被圆顶覆盖住宅结构获得专利，自此设计了 50 多个案例。Tamás Slezák 博士是 Solo-Duo 的项目总监。他是矿业工程师，获工程学博士学位及 MBA 学位。自 1997 年，他成立了 Pannonbeton 预拌混凝土有限公司，成为一名成功的企业家。公司拥有 1500 万美元的营业额，2007 年出售给 Holcim 公司。

2. 项目描述

基于 Antro 集团的可替代汽车 Solo 的概念，Solo-Duo 有限公司致力于开发、制造和销售多混合动力车系。这些汽车是环保型的超轻多混合动力汽车，油耗极低。开发的第一款车型是知名的四座跑车闪电（FULMO）品牌。此车是概念的先驱，限量版的跑车更利于品牌宣传。

（1）车系的独特性

- 高科技复合材料打造的单体自支撑式车身。
- 空气动力阻力系数低。
- 插电式多混合动力车或里程延长电动汽车（REEV），驱动四个电动轮内电机的能量有多个来源：
  - 锂离子电池包，城市路况驾驶里程为 35-70-105 千米。
  - 里程延长的多燃料发电机能在较长的车程中，为轮内电机和电池充电提供动力。在里程 1000 多千米的情况下，太阳能车顶产生的能量足以供应 20 千米的电磁减震器，将一大部分震动能转换为电能，从而提供良好的驾驶动力。
- 环境友好型（城市环境中无噪声、无排放）。
- 最低能源需求及能耗（城市路况速度 100 千米 7.5 ~ 8.5 度电，郊区路况速度 100 千米 2.0 ~ 2.5 度电）。

- 快速充电。
- 再生制动。
- 适宜越野驾驶：四轮驱动，高度可调节。
- 最高时速可达 150 千米。使用里程扩展器时，巡航速度是 130 千米 / 小时，空载重量约 660 ～ 790 千克。

生产成本低于普通汽车。Solo-Duo 车系的车身成本较高，但因为没有传统变速箱和差速器，生产成本将降低。另外，通用底盘设计大大降低了开发和制造成本。两辆车将完全相同，从 B 柱到整个技术内容均一致。因此，升级车型在第一批车生产后，只需要少量开发投入即可投产。

该公司已有升级车型计划，但尚未确定开发车型以及上市时间。这取决于闪电（FULMO）的市场反馈和市场需求。对第二款车而言，重要的是目标受众应贴近闪电（FULMO）系列，强化品牌建立。

Solo-Duo 对以下车型已有计划及开发概念：monocab（4+2）、2+2 开式床身皮卡、2+2 的小型乘用车。每辆车都将开发和生产两种版本：普通轿车及极低油耗汽车（欧洲 L7e 标准）。后者的购买和维护费用较低（低税和保险），更易获得批准。值得注意的是，基于 FULMO 的市场反馈，Solo-Duo 计划推出 2 ～ 3 个车型。

（2）项目筹备阶段

项目尚处于萌芽期，但技术背景已经存在。此车系的前身是 Solo 概念车，2008 年开发，受邀展出于当年的巴黎车展，2010 年获评《时代杂志》最佳发明 50 强。该理念及技术已融入适销汽车产品。

Solo-Duo 相关公司获得了研发项目补贴，用于开发 FULMO 环保汽车。项目结果表明未来发展将更加便利迅速。

Antro 有限公司是 Solo-Duo 的母公司，拥有知识产权。投资时，所有的知识产权将交予 Solo-Duo。

投资将为开发、样车测试、汽车生产和销售提供资金。在生产方面，将建立年产能为 1.5 万辆的匈牙利复合碳车架生产、车面处理及总装工厂。

（3）市场

2013 年，欧洲销售了 19 万辆混合动力和电动汽车。2014 年上牌量增加了 60%，到 2020 年，保有量将达 82.7 万辆。销量最高的欧洲国家是德国、挪威、英国、法国、荷兰和瑞典。2013 年，美国销售了近 50 万辆混合动力和电动汽车，其中绝大多数是在加利福尼亚州。

几乎所有现有的传统汽车品牌都有混合动力或纯电动汽车，也是新进入市场。

混合动力汽车的油耗和二氧化碳排放量均远高于 Solo-Duo。与传统汽车相比，混合动力车节油 20% ~ 30%，而 Solo-Duo 节油 60% ~ 70%。

插电式电动汽车每充一次电能驾驶的里程要远低于 Solo-Duo。纯电动汽车的驾驶里程是 200 千米，而 Solo-Duo 的驾驶里程是 1000 千米！

此外，针对伦敦电动车买家开展的研究显示，与成本、碳排放或车型价格相比，品牌影响较小。相对品牌而言，具有环保意识的消费者更在意功能性、燃料节约成本以及低排放。

（4）目标群体、销售与市场

目标群体是具有环保意识的消费者。由于这是市场上相对较新的产品，在产品周期的这个阶段，混合动力汽车和电动汽车的目标群体称为早期接纳者。目标群体的特性是：收入及教育水平高于平均水平；混合动力或电动汽车往往是家庭里的第二辆车；城市或城郊居住地；能充电的私人车库，每周里程少，环境敏感。

环境友好型跑车 FULMO 将首先在欧洲市场推出限量版，这将成为整个车系的先驱，建立起品牌。其他的车型开发在收到 FULMO 反馈后启动。

上市前，组织公关活动来吸引市场对车型推出的兴趣。投产时，汽车将在展览、贸易展览和其他活动中展出。公关活动将与事件营销并行推出，最大限度地吸引消费者关注。

汽车将通过独立经销商网络销售，尤其是与更多的品牌经销商合作，并直接通过自己官方网站等网络渠道。目前已与汽车经销商建立联系。将为经销商提供较高金额的销售佣金，激励其更努力地销售及推广品牌。基于研究，目标国家首先是欧洲发达国家，如德国、法国、挪威、荷兰、瑞典、英国和瑞士。其次是美国，主要在加利福尼亚州。

（5）为什么要投资

Solo-Duo 汽车在竞争优势和汽车价格方面是独一无二的。该车的多混合动力特性实现了超低油耗驾驶，无环境污染。

由于车型特征一致、零件组成特别，因此该车生产制造的成本效益高。电动和混合动力汽车市场正在不断增长；具有环保意识的消费者和电动汽车（充电站）的基础设施也在增加。管理层既能开发高品质汽车，也能打造成功汽车企业。

3. 财务指标

（1）项目设想及主要指标

财务主要指标包括销量、收入、息税前利润等（见表 17-14）。

表 17-14 财务主要指标预测 （单位：1000 欧元）

	2016 年	2017 年	2018 年	2019 年	2020 年	2021 年
销量（质量）		75	225	8 400	11 900	15 000
收入		3 713	11 138	179 900	245 300	311 575
息税前利润	–452	–1 375	–1 654	17 641	31 890	46 840

（2）定量指标

定量指标如表 17-15 所示。

表 17-15 定量指标

中期预计年均收入	179 900 000 欧元
中期预计市场渗透率	1.44%

4. 投资需求

（1）投资金额和形式

所需投资总额 5150 万欧元；投资形式为入股和贷款。

（2）投资计划

该项目实施期为 2015 ~ 2020 年。投资额可分为以下几个阶段。

第一轮 2015 年投资 500 万欧元，用于开发闪电（FULMO）品牌；

第二轮 2017 年投资 600 万欧元，用于开发 SOLO 及 FULMO；

第三轮 2018 年投资 800 万欧元，用于开发 SOLO、DUO 及可供选择的延伸车型；

第四轮 2019 年投资 2900 万欧元，用于 SOLO、DUO 及延伸车型投产；

第五轮 2020 年投资 350 万欧元。

（3）建议资本 / 股权结构

第一轮投资中，Solo-Duo 股份有限公司持有少量股份。

后续融资中，可有以下选择。

- 次级贷款或夹层融资。
- 持有另一家生产该汽车的企业的多数股权。在这种情况下，Solo-Duo 保有技术，但将其提供给生产企业，收取专利费用。

（4）建议退出政策

管理层收购，或战略投资者财务交易出售。

（七）办公楼建设项目

1. 项目背景

业主为 B&L 房地产投资有限公司。该公司活跃于匈牙利房地产市场，具备丰富的商业和住宅项目经验。业主公司在布达佩斯中心从事高档住宅开发，以及匈牙利乡村地区的五星级休闲度假项目，在物业管理方面也有着丰富经验。

B&L 房地产投资有限公司首席执行官是巴林特 · 厄尔德（Bálint Erdei）。

2. 项目描述

（1）项目概况

该项目带办公楼工程的空置土地。新的 Ecodome 办公楼将提供获能源与环境设计先锋（LEED）白金认证的优质办公室，共有 4946 平方米的可出租面积和 90 个地下停车位。

办公楼位于布达一侧，环境宜居，在较高楼层可尽览动人美景。由于开发经验丰富，规划时考虑到了后期成本，Ecodome 的维护将十分经济。

位于布达中心，享区位优势的 Ecodome 将是布达佩斯独一无二的高效绿色办公楼投资选择。这里是设立总部大楼的理想地点，可按照定制方案运营。

项目建筑坐落在布达佩斯的布达一侧，靠近 Déli Pályaudvar（火车站）和 M2 地铁站。布达大道（Alkotás 街）、Krisztina 环城公路和火车站都在附近。Mészáros 街道直通 Lánchíd（链桥），可通过 Várhegy（城堡山）隧道前往佩斯中心（中心商务区）。M1 和 M7 高速公路也轻松可达。

Ecodome 办公楼为在布达需求宜人环境的公司提供优质绿色环保办公室，在较高楼层可尽览动人美景。由于优化深度，现代风格的办公楼内的办公区域十分明亮，另外可在单层提供达 1000 平方米的办公区域满足大型办公需求。

计划获得 LEED（能源与环境设计先锋）铂金认证。

（2）为何投资

- 布达中心是办公大楼的优越地段；
- 环保认证（LEED）提供了市场竞争优势；
- 服务费低，利于吸引潜在买家；
- 附近无类似项目开展。

（3）竞争优势

布达中心是小型现代办公楼的理想地点。办公楼将配备最先进的绿色技术，保证低服务收费，吸引潜在租户和投资商。目前已获建筑许可，确定办公楼外形，但亦可根据租户要求定制施工。

（4）产权、牌照和证书

- 最终建筑许可；
- LEED 铂金认证；
- 100% 产权。

（5）市场定位

优越的办公楼地段，未来竞争有限。

（6）目标群体

为公司总部寻找位置优越，绿色环保办公楼的大型跨国公司、律师事务所或初创公司。

（7）主要竞争者

由于目前布达佩斯办公楼拟开发项目有限，且在过去一年里市场份额显著增长，项目没有主要竞争对手。项目的次要竞争对手（布达区域现有的办公楼）主要提供较大、较旧，缺乏弹性的办公空间，且通常服务收费较高，缺乏新办公楼必备的环保认证。

（8）主要战略合作伙伴（包括：参与项目融资）

匈牙利大型银行（资金方面）；仲量联行公司和 Robertson 公司（法国巴黎银行房地产公司、房地产方面）。

（9）主要风险及风险防范措施

市场风险：小型建筑不会带来总体量的大幅增加，并且拟开发的新项目也十分有限。

3. 财务指标

（1）主要指标

预期收入水平：预计 / 目标办公室平均租赁费用为 13 欧元 / 平方米 · 月。

建设成本：约 900 万欧元（包括土地成本）

办公楼建成投入运营的第二年起，税息折旧及摊销前利润（EBITDA）潜在毛收入预计将超过 771 500 欧元 / 年，内部收益率（IRR）、净现值（NPV）（基于当前市场水平）根据所选方案收益为 7.25% ~ 9.8%，市场估价为 1200 万欧元（完工后）。

（2）定量指标

表 17-16　定量指标

2015 年收入	不相关（开发阶段）
中期收入 / 年度展望	办公楼建成投入运营的第二年起，潜在毛收入预计将超过 771 500 欧元 / 年（稳定）
中期市场渗透率预期（%）	不适用
业主可用资源 / 可用资金	财产（土地）所有权、项目计划、建筑许可、LEED 认证

（3）定性指标

表 17-17　定性指标

	差	良	优
细化程度		×	
现有客户关系		×	
行业 / 市场竞争水平		×	
业主背景（市场占有率、经验）		×	
管理层背景（知识、经验）		×	
项目理念创新水平 / 附加值		×	
风险管理规划		×	

注：差 = 竞争激烈。

4. 投资

（1）投资回报测算

所需投资总量，基于与项目业主的协商，与投资形式有关。

投资形式：现有项目融资，100 万 ~ 200 万欧元；

预计收入：24 ~ 36 个月内为 9% ~ 10%/ 年；

项目完工后租赁（预租），面积：1500 ~ 4900 平方米；价格：13 欧元 / 平方米 · 月 + 增值税。

投资完工项目，1200 万欧元 + 增值税，预计收益：7.25%。

根据所选投资方式，预计收益为 7.0% ~ 18.0%。

预计退出时间约 36 个月。

（2）建议股本 / 股权结构

基于投资形式，股权 / 贷款结构基于融资谈判。

（3）投资计划

完工：施工开始起 15 ~ 16 个月。

项目总预算：900 万欧元。

基于所选方案：

项目开发融资（可作为合伙人）：100 万 ~ 200 万欧元；

预先租赁 1500 ~ 4900 平方米的项目办公楼；

完工后出售：1200 万欧元。

（4）建议退出政策

取决于谈判。预计完工后售出需约 48 个月。

（八）豪华住宅园区项目

1. 项目背景

项目业主是灵感花园公寓有限公司（IGR Ltd），即项目公司。IGR 有限公司为波图斯布达集团投资与资产管理公司（PBG Plc.）和匈牙利公教学校神职修士会共同所有，二者持等额股份。

PBG 公司主要活跃于中欧房地产业，常与非营利组织合作，从事特殊项目。无论是在营利或者非营利部门，PBG 公司都坚持其以价值观为导向的生活和企业管理。

PBG 的主要业务领域为基金管理、资产管理、物业开发及通信。

波图斯布达集团首席执行官 Ágost Wildner，副首席执行官 Sarolta Bittsánszky。PBG 房地产咨询有限公司董事总经理 Mihály Fodor。

该项目带豪华住宅开发项目的未开发土地。灵感花园位于布达佩斯最高档住宅区中心的一片美丽森林，包括多瑙河、议会和布达城堡在内的城市美景尽收眼底。该开发项目包括共 20 栋建筑内的 47 个高质量住宅单位和 1 个顶尖的休闲商业中心。

2. 项目描述

灵感花园是位于布达佩斯最高档住宅区中心的一片美丽森林。这一地块占地 36000 平方米，是开发豪华公寓和别墅的绝佳选择。拟开发的灵感花园将包括共 20 栋建筑内的 47 个高质量住宅单位。其建筑设计结合了现有的 Sváb 山建筑遗产风格和“森林生活”的理念，打造现代化的生活方式和奢华的生活空间。

根据建筑规划，总住宅建筑面积将达到 9031 平方米。可销售面积可达到 7470 平方米，包括占地 2513 平方米的别墅区和占地 4957 平方米的公寓区。

地块上部可另建一个 3000 平方米的建筑，适于修建小型购物中心。已通过国际物业顾问公司进行详细调研，确认住宅和零售功能的市场需求。

（1）为何投资

- 著名的投资方将获得较高的市场关注，强化产品营销；
- 预计开发利润水平适宜；
- 持有地块（独一无二的面积和位置）提供投资资本担保；
- 无类似项目开展。

（2）竞争优势

- 地理位置优越，尽享城市美景，地处绿地，靠近市中心。
- 凭借业主的综合背景和经验，打造独一无二的高私密性全新豪华门户社区。
- 目前处于预施工阶段，可根据潜在买家需求定制开发。

（3）产权、牌照和证书

- 100% 产权，无产权负担；
- 13 个地块中的 9 个最终建筑许可有效期到 2017 年（包括别墅和公寓建筑）；
- 剩余地块，业主持有所有经当地政府批准的许可文书。

（4）当前市场定位，预期份额

类似面积的豪华住宅园区未来竞争有限。

（5）目标群体

地处布达佩斯最高档住宅区内宜人的森林区域，独一无二的豪华住宅可将城市美景尽收眼底，适合高收入的本地和外国居民及外交官。

（6）主要竞争者

总体而言，在过去 6 个月，住宅市场需求显著增长。顶级住宅房地产市场虽相比一般市场透明度较低，但基于市场信息，目前布达佩斯豪华住宅拟开发项目有限。在最著名的豪华住宅区可开发地块有限，因此项目开发不存在特别大的新竞争。未来的销售价格和周期主要取决于专业的营销和细致的项目管理（考虑到潜在买家的所有要求）。

（7）主要战略伙伴

M-TeamPannon 有限公司（总体规划）；

- 仲量联行（利用研究）；
- 安阁物业（销售）；
- PBG 房地产咨询有限公司（概念、商业计划、财务规划、项目管理）；
- Ester 传播有限公司（营销）。

（8）主要风险及风险防范措施

- 市场风险：没有公开的类似规模的竞争；
- 定价风险（最终产品）– 专业市场营销，以客户 / 买家为中心的项目管理。

3. 财务指标

（1）主要指标测算

预计收入水平：住宅单位的预计 / 目标平均销售价格为 4000+ 欧元 / 平方米（含增值税）。

建设成本：约 2500 万 ~ 3000 万欧元（包括土地成本）。

4 年内税息折旧及摊销前利润（EBITDA）潜在毛销售收入预计可达 3000 万欧元。

内部收益率（IRR）、净现值（NPV）（基于当前市场水平）：

根据所选方案收益在 5.0% ~ 15.0%；

市场估价：2630 万 ~ 3000 万欧元（完工后）。

（2）定量和定性指标

表 17-18　定量指标

2015 年收入	不适用
中期收入 / 年度展望	基于销售计划
中期市场渗透率预期（%）	不适用
业主可用资源 / 可用资金	财产（土地）所有权、项目计划、70% 项目建筑许可、零售 / 服务建筑的市场调研

表 17-19　定性指标

	差	良	优
细化程度		×	
现有客户水平		×	
行业 / 市场竞争水平		×	
业主背景（市场占有率、经验）		×	
管理层背景（知识、经验）		×	
项目理念创新水平 / 附加值		×	
风险管理规划		×	

4. 投资

（1）投资总额、形式、利润率、预计退出时间

表 17-20　投资总量、形式、预收益

所需投资总额	基于与项目业主协商（见各投资形式）
投资形式	• 开发融资 2 500 万 ~ 3 000 万欧元； • 预计收益：取决于融资情况 • 成为权益合伙人与项目业主共同开发项目（项目业主出地、权益合伙人出资并负责开发）1 300 万 ~ 1 800 万欧元； • 预计收益：取决于融资情况 • 出售给愿意购买现有整块地皮和建筑许可的开发商或投资商（1 200 万欧元购买业主公司的业务股份）
保证利润 / 预计收益	根据所选投资方式和融资情况为 5% ~ 15%
预计退出时间	约 48 个月

（2）建议股本 / 股权结构：

基于投资形式；

股权 / 贷款结构基于融资谈判。

（3）投资计划

完工：项目施工起 48 个月（假设共 4 个阶段）。

项目总预算：2500 万 ~ 3000 万欧元。

基于所选方案：开发融资：2500 万 ~ 3000 万欧元；成为权益合伙人与项目业主共同开发项目（项目业主出地、权益合伙人出资并负责开发）1300 万 ~ 1800 万欧元；出售给愿意购买现有整块地皮和建筑许可的开发商或投资商（1200 万欧元购买业主公司的业务股份）。

（4）建议退出政策

取决于谈判。完工后售出需约 48 个月。

（九）羔羊、绵羊和山羊肉品加工厂项目

1. 项目背景

（1）背景简述

项目公司 SHEEP-PROJECT 有限公司成立于 2015 年。创始人是匈牙利羔羊、绵羊和山羊行业公认的专家，致力于将公司打造成行业内的主导者。作为一家立足欧盟的公司，SHEEP-PROJECT 希望能够获得欧盟、国家基金和补助金支持。

（2）管理层背景

SHEEP-PROJECT 公司的管理层由三名成员组成，他们都具备丰富的匈牙利羊肉行业知识和经验（市场、饲养、屠宰和销售）。管理层也积极参与并定期举办专业活动。

董事总经理 László MAJOR 拥有多年的屠宰场主管经验，管理自有农场 12 年，目前拥有 700 只羊。

财务经理 Miklós FÜLÖP 是食品和农业业务发展和会计领域的专业顾问。

品牌经理 László DOBOS 拥有大型畜牧场（数千只母羊）的管理经验。

2. 项目描述

SHEEP-PROJECT 的主要业务包括从屠宰、包装到销售成品在内的羊肉加工。本项目的目标是成功建立并运营一所能够为消费者提供高品质加工肉品的匈牙利企业。来自匈牙利低地平原的优质绵羊和羔羊肉经过加工和包装后将被送至中东和欧洲地区消费者的餐桌，直接打开就可放入烤箱。因此，本项目可填补这一细分市场的需求。

（1）为何投资

- 优良的生产环境；
- 支持产业经营者和次区域协会；

- 加工的肉类符合欧盟标准，宗教（如清真）和有机产品相关规定；
- 欧盟市场对羔羊肉、绵羊肉和山羊肉的需求不断增加；
- 快速的市场收购和扩张；
- 良好的投资回报。

（2）竞争优势

- 高品质；
- 开发覆盖整个行业供应链的业务网络；
- 高附加值；
- 规模经济；
- 可获得欧盟的农业和农村发展资助；
- 符合宗教规定和有机天然产品规定，可满足欧洲和中东地区的不同市场需求；
- 在匈牙利的绵羊育种项目具备熟练的劳动；
- 当地政府，以及非政府组织的支持。

（3）产权、牌照、证书

SHEEP-PROJECT 管理层具备相应经验和关系，可随时获取以下所需许可：建筑许可；食品安全生产许可；技术安全许可；消防许可；取水许可。

（4）当前市场定位、预期份额

项目预计在欧盟高端市场可占羊肉产品部分约 5% 的市场份额，在匈牙利可占到约 40%。

（5）目标市场和群体

根据商业计划，目标市场包括中东和西欧国家，包括斯堪的纳维亚。

在匈牙利市场，加工肉产品最重要的目标群体是大型鲜货市场配送中心、连锁零售和餐饮业（宾馆、饭店、餐饮）。后者是加工产品尤为重要的目标群体。

（6）市场简述和主要竞争者

该项目位于匈牙利最好的肉羊养殖地区之一。匈牙利的平原地区提供了优良的环境，可产出高品质的绵羊和羔羊肉。在项目区约有 240 000 ~ 250 000 只母羊（Bács-Kiskun 县、Pest 县和 Fejér 县）。

欧盟国家主要从新西兰、澳大利亚和乌拉圭进口绵羊、羔羊和山羊肉产品。2014 年，欧盟从新西兰共进口 164 918 吨的羊肉产品及活羊，从澳大利亚进口的数量则达到 21 293 吨。

项目的主要竞争对手是法国和西班牙，二者皆是欧盟该行业内的主要经营者。但就进口数据来看，欧盟市场可以轻松地消化更多的羊肉产品。

（7）主要战略伙伴

当地政府和城市。

生产者：匈牙利牧民和牧羊人；设计者：匈牙利最大的设计工作室 AGROPROFIL 食品工业设计有限公司，专门从事食品业工厂设计。

SHEEP-PROJECT 的管理层正与潜在客户进行磋商，更新他们的意向书，如 KonTiki Foods AS 公司、HIPP 有限公司、North Trade Stockholm AB 公司、Nor-Frost AS 公司、FrysekompanietAS 公司、CBA 贸易有限公司、Auchan 匈牙利有限公司、匈牙利穆斯林组织。

（8）进入国外市场、出口市场及主要风险和风险防范措施

销售主要集中在欧洲市场。特别要注意的是穆斯林居民人数正在增加或相对较高的国家，因为他们是主要的羊肉消费群体。

公司的商业计划综合考虑了潜在国际风险可能导致的几种情况，例如金融危机。可将风险对盈利水平的总影响降低至 10%。

3. 财务指标

（1）收入计划测算

收入计划已基于以下因素经过计算：

- 当前税务和会计法规；
- 预计国内通胀率；
- 根据之前的经验所得的产量百分比；
- 国内和国际价格。

（2）利润表

表 17-21　2016 ~ 2020 年基本利润表　（单位：1000 欧元）

	2016 年	2017 年	2018 年	2019 年	2020 年
收入	8 501	23 939	2 572	26 537	26 983
营业利润	1 910	5 917	7 232	7 606	7 807
税息折旧及摊销前利润	2 006	6 200	7 516	7 884	8 079

根据业务规划，项目实施后收入可达到 2500 万 ~ 2700 万欧元。加工率的上升可增加销售收入，从而可抵消通货膨胀（成本增加）和其他利润削减因素带来的影响。因此，在最初 5 年利润可实现持续增长。税前利润率在该阶段结束前可达到 25%。

（3）负债表

2017 ~ 2020 年基本资产负债详见表 17-22。

表 17-22　2017 ~ 2020 年基本资产负债表（单位：1000 欧元）

	2017 年	2018 年	2019 年	2020 年
总资产	12 213	16 066	20 394	24 981
总权益	8 804	13 167	17 824	21 839

内部收益率：30%；回收期：3 年。

（4）定量指标

表 17-23　定量指标

中期收益 / 年度展望	26 537 000 欧元
中期市场渗透率预期（%）	35%
业主可用资源 / 可用资金	2 163 935 欧元 （公司计划从国家和欧盟基金及资助中获取这部分资源）

4. 投资

（1）投资总额和形式

表 17-24　投资总额和形式

所需投资总量	1 836 065 欧元
投资形式	股权

（2）建议股本 / 股权结构

项目业主可向潜在投资者出让新项目公司 51% ~ 70% 的股份。

（3）投资计划

项目实施期包括屠宰场和相关建筑的计划和完工。实施期分为以下几个阶段：第一阶段 40%；第二阶段 40%；第三阶段 20%。工厂资本支出额如表 17-25 所示。

表 17-25 工厂资本支出金额 （单位：1000 欧元）

工厂资本支出	2015 年 12 月	2016 年 2 月	2016 年 5 月	总计
建筑	1 321	240	211	1 772
机械	799	493	324	1 596
车辆	—	—	33	33
家具等	—	—	33	33
IT	—	—	137	137
总计	2 100	733	722	3 572

（4）建议退出政策

项目成功运营的情况下。退出政策可在 5 年内实现。

斯洛伐克共和国
投资指南[㊀]

㊀ 部分资料来源于外交部网站、商务部网站《对外投资合作国别（地区）指南——斯洛伐克篇》；部分数据来源于商务部、国家统计局网站、《世界投资报告 2015》的公开资料。

斯洛伐克位于欧洲中部内陆，极具地理优势，北临波兰，东接乌克兰，南接匈牙利，西南与奥地利接壤，西连捷克，面积仅为49 037平方千米，但交通四通八达，航运线路密布，贯穿整个欧洲东西南北，是连接东西欧的重要枢纽，也是丝绸之路欧洲沿线的重要国家。

“营口港—斯洛伐克·多布拉”中欧国际直达班列已正式开通运行，全程运距11 000千米，运输时间15天，班列的开通对于构建丝绸之路经济带东线海铁联运大通道，实现与欧洲经济圈对接，融入“一带一路”建设意义重大。

这里旅游资源丰富，拥有许多独特的自然风光，地势南高北低，气候宜人，历史文物景点多，是世界上城堡数量最多的国家之一。

斯洛伐克工业发达，园区遍布全国，全球80个活跃企业已在斯洛伐克设立其中东欧的总部。汽车产业在其国民经济中占有重要的地位，构成该国工业支柱，拥有欧洲最先进的汽车组装生产线，汽车出口主要面向欧洲和中国市场，目前斯洛伐克已成为世界上每千人汽车产量最高的国家，并成为欧盟内经济增速最快的国家之一。

斯洛伐克是中国在欧盟和中东欧地区的重要合作伙伴。近年来，中斯关系总体发展顺利，两国高层交往密切，经贸合作稳步推进，文化、教育、科技等领域合作不断深化。“一带一路”战略构想的提出给两国务实合作带来了新的发展机遇，双方都希望以“一带一路”为切入点，拓展全方位合作，实现战略对接。

一、斯洛伐克国家概况㊀

（一）地理环境

1. 地理位置

斯洛伐克位于欧洲中部内陆、原捷克斯洛伐克社会主义共和国的东部。属于内陆国，北临波兰，东接乌克兰，南接匈牙利，西南与奥地利接壤，西连捷克。面积为49 037平方千米。斯洛伐克地势较高，领土大部分位于西喀尔巴阡山山区，西南和东南有小片平原。北部是西喀尔巴阡山脉较高的地带，大部分海拔1000 ~ 1500米，山地占据了国土的大部分地区。

㊀ 资料来源：中国外交部。

塔特拉山自然风光

2. 行政区划

斯洛伐克分 8 个州，每个地区以其首府命名，其下分区，一共有 79 个县，下设 2883 个市镇。8 个州分别是：布拉迪斯拉发州、特尔纳瓦州、特伦钦州、尼特拉州、日利纳州、班斯卡·比斯特理察州、普列索夫州、科希策州。重要城市有科希策、日利纳、尼特拉等。首都为布拉迪斯拉发，是斯洛伐克最大的内河港口和政治、经济、文化及石化工业中心。

斯洛伐克共和国首都布拉迪斯拉发俯视图

3. 自然资源

油气：斯洛伐克油气资源并不丰富，拥有的多为小型油田，零星分布在喀尔巴阡山脉及东部地区。斯洛伐克石油开采集中在扎里霍平原，年产量约为5.3万吨。

褐煤：斯洛伐克最重要的煤炭区是位于上尼特拉的汉德洛瓦、齐盖尔、诺瓦茨盆地等地区，总蕴藏量为1.5亿吨，年开采煤炭和褐煤约350万吨。

铁矿：斯洛伐克铁矿资源主要分布在皮什－格美尔地区，矿床包括鲁德那尼、斯洛温基和斯莫尼克等，但开采量只能满足国内需求的10%。

水资源：斯洛伐克水资源丰富。全国水资源总量为501亿立方米，人均水资源量为9279立方米。斯洛伐克河网稠密，均属多瑙河支流，河流全长367千米，大部分河流发源于山区。

金属矿：铜矿含铜量较低，位于鲁德那尼和格尔尼查等地区；镁主要开采区委耶萨瓦－鲁贝尼克－赫努斯塔等地区；金矿开采历史悠久，霍德鲁夏地区金矿含金量较高。

非金属矿：陶瓷矿位于米哈洛夫策附近，是欧洲最大的用于电陶瓷和建筑陶瓷生产的矿床；膨润土开采主要集中在克雷姆尼察附近；菱镁矿位于鲁多霍里山脉南侧，主要用作耐火原料。

4. 气候条件

斯洛伐克属海洋性向大陆性气候过渡的温带气候，四季交替明显。全国平均气温9.8℃，最高气温36.6℃，最低气温－26.8℃。年降水量500～700毫米，山区1000毫米以上。

5. 人口分布

斯洛伐克全国共计541.6万人（2013年）。其中主要城市人口分布情况为：布拉迪斯拉发，61.8万人；日利纳，69.0万人；科希策，79.5万人；班斯卡·比斯特里察，65.7万人；普雷绍夫，81.9；特尔纳瓦，55.8万人；尼特拉，68.7万人；特伦钦，59.2万人。

6. 基础设施建设

公路：截至2014年，斯洛伐克公路总长43 368千米，其中高速公路419千米，一级公路3546千米，二级公路3637千米，三级公路10 415千米。客运量总计3.06亿人次，货运量总计4464万吨。

斯洛伐克街头

铁路：斯洛伐克铁路截至 2014 年总长 3631 千米，其中复线 1020 千米，单向铁路 2489 千米，电气化铁路 1586 千米。客运量总计 4753 万人次，货运量总计 4164 万吨。

水运：欧洲第二大河流多瑙河流经斯洛伐克，在斯洛伐克境内全长 172 千米，与匈牙利、奥地利界河长 149.5 千米。布拉迪斯拉发和科马尔诺是主要的水运港口，年货运量总计 150 万吨。

空运：斯洛伐克机场分布在布拉迪斯拉发、科希策、皮耶什佳尼等地。客运量总计 60.3 万人次，货运量总计 7.2 万吨。

日利纳城市街头有轨电车

（二）政治环境

1. 政治制度

2012 年 3 月 10 日，斯洛伐克国民议会举行提前选举，中左党派方向党以 44% 的得票率获胜，在议会 150 席位中占据 83 席，独自组建中左政府。方向党主席菲佐再次出任总理（菲佐曾于 2006 ~ 2010 年担任联合政府总理）。方向党执政以来，斯政局稳定。

2. 主要党派

斯洛伐克注册党派有 100 余个，主要有以下几个。

（1）社会民主－方向党（简称方向党，Strana Smer-sociálna demokracia）：执政党。党员约 16 200 人。由原斯民主左翼党成员菲佐等人于 1999 年 11 月创立。2005 年 1 月，方向党与民主左翼党、民主选择党和社会民主党正式合并，更名为社会民主－方向党。把建立有序、公正和稳定的社会作为党的首要目标，政策具有明显的社会民主党性质。主席罗贝尔特·菲佐（Robert Fico）。

（2）基督教民主运动（简称基民运，Krest'anskodemokratické hnutie）：在野党。党员约 15 000 人。1989 年 11 月成立，该党崇尚基督教价值观，主张建立公正、民主国家。党主席扬·菲戈尔（Ján Figel）。

（3）民主基督教同盟－民主党（简称民基盟，Slovenská demokratická a kres'anská únia-Demokratická strana）：在野党。党员约 5200 人。2000 年成立，2006 年 1 月民基盟与民主党合并，正式更名为民基盟－民主党。主张建立基于基督教和民主价值观的民主法制国家及稳定和高效运转的自由市场经济体制。党主席帕沃尔·弗雷肖（Pavol Frešo）。

（4）自由与团结党（Sloboda a solidarita）：在野党。党员 164 人。成立于 2009 年 2 月，主张尊重个人自由和社会团结，推崇自由市场经济和私有制，反对国家干预。党主席理查德·苏利克（Richard Sulík）。

（5）桥党（Most-Híd）：在野党。党员约 4500 人。2009 年 7 月成立，由原匈牙利联盟党分化而出的主要党员创立，匈牙利族党团，主张睦邻友好和多民族和平共处。主席贝拉·布加尔（Béla Bugár）。

（6）普通公民和独立个人组织（简称普通公民组织，Obyčajní I'udia a nezávislé osobnosti）。在野党。成立于 2011 年 11 月。右翼党派，倡导为民请愿，反对腐败。主席伊戈尔·马托维奇（Igor Matovič）。

（7）匈族联盟党（Strana mad'arskej koalície）。未进入本届议会。党员约 10 000 人。由原反对党匈牙利族公民党、匈牙利基督教民主运动和匈牙利族共处党于 1998 年大选前联合而成。主张维护生活在斯境内的匈牙利少数民族的利益。主席约瑟夫·贝雷尼（József Berényi）。

3. 外交关系

斯洛伐克奉行独立自主的全方位外交政策。1993 年 1 月 19 日，联合国大会接纳斯洛伐克为会员国。

已于 2007 年 12 月成为申根协定成员国，2009 年 1 月 1 日加入欧元区。与俄罗斯关系逐步改善。斯是 2006 ~ 2007 年度联合国安理会非常任理事国。

与中国的关系：1993 年 1 月 1 日，中国承认斯洛伐克为独立的国家并同其建立大使级外交关系。2003 年 1 月，斯洛伐克总统舒斯特对中国进行国事访问，中斯两国签署联合声明。两国经贸合作获得了较大发展，贸易额持续增长。2004 年双边贸易额为 2.88 亿美元。2005 年 12 月，时任国务院总理温家宝对斯洛伐克进行正式访问。2009 年 6 月 18 日，时任国家主席胡锦涛对斯洛伐克进行国事访问，双方一致同意，以中斯建交 16 周年为契机，巩固传统友谊，丰富合作内容，推动两国友好合作关系进一步发展。2009 年 9 月，时任国防部长梁光烈访斯。2014 年 11 月 12 日，中国与斯洛伐克签署文化合作计划。

4. 政府机构

斯洛伐克政府由总理、副总理和各部部长组成。现政府于 2012 年 4 月 3 日正式就职，主要成员有：总理罗贝尔特·菲佐（Robert Fico），负责投资的副总理卢博米尔·瓦日尼（L'ubomír Vážny），副总理兼内务部长罗贝尔特·卡利尼亚克（Robert Kaliňák），副总理兼财政部部长佩特尔·卡日米尔（Peter Kažimík），副总理兼外交部部长米罗斯拉夫·莱恰克（Miroslav Lajčák），经济部部长帕沃尔·帕弗利斯（Pavol Pavlis），交通部部长扬·波恰特克（Ján

Počiatek)，农业部部长卢博米尔·亚赫纳特克（L'ubomír Jahnátek)，国防部部长马丁·格尔瓦奇（Martin Glaváč)，司法部部长托马什·伯雷茨（Tomáš Borec)，劳动、社会事务和家庭部部长扬·里赫特尔（Ján Richter)，环境部部长佩特尔·日加（Peter Žiga)，教育部部长尤赖·德拉克斯勒尔（Juraj Draxler)，文化部部长马雷克·马贾里奇（Marek Maďarič)，卫生部部长维利安·齐斯拉克（Viliam Čislák)。

斯洛伐克总统府德文城堡

5. 宪法

1992 年 7 月 17 日，斯洛伐克国民议会通过宪法，规定斯实行多党议会民主制。9 月 1 日，捷克斯洛伐克联邦斯洛伐克民族委员会通过斯洛伐克共和国宪法。宪法于同年 10 月 1 日起生效。

6. 议会

国民议会为斯洛伐克最高立法机构，实行一院制，共 150 个席位，每届任期四年。本届议会于 2012 年 3 月 10 日大选产生，有 6 个党派进入议会：社会民主 – 方向党 83 席、基督教民主运动 16 席，普通公民组织 14 席（原为 16 席，2 人退党)，桥党 13 席，民主基督教同盟 – 民主党 8 席（原为 11 席，3 人退党)，自由与团结党 6 席（原为 11 席，5 人退党)。议长佩特尔·佩列格里尼（Peter PELLEGRINI，方向党）。

7. 司法机构

宪法法院、最高法院是国家最高司法机关，总检察院是国家最高检察机关，其院长、副院长、总检察长、副总检察长均由议会选举产生，总统任命。

（三）社会文化环境

1. 民族

斯洛伐克主要民族为斯洛伐克族，占人口总数的 80.7%，匈牙利族占 8.5%，罗姆（吉卜赛）族占 2%，其余为乌克兰族、日耳曼族、波兰族和俄罗斯族。

2. 语言

斯洛伐克官方语言为斯洛伐克语。主要外语为英语、德语和俄语。主要少数民族语言为匈牙利语。

3. 宗教

斯洛伐克境内居民 68.9% 信奉罗马天主教，6.9% 的居民信奉斯洛伐克福音教，少数居民信奉东正教。

4. 习俗

仪态礼仪：斯洛伐克人热情好客，讲究谦逊礼让和遵守公共秩序，在公共场合不大声喧哗拥挤。

相见礼仪：斯洛伐克人民见面礼节以握手为主。在公共场合，关系亲近的妇女之间亲脸，男子之间抱肩拥抱，男女之间贴面颊，晚辈对长辈亲额头。

餐饮礼仪：在饮食上斯洛伐克习惯吃西餐，他们在口味上与法国人相似，喜食油炸、焖烹的菜肴。

商务礼仪：按照当地人的商务活动，随时宜穿保守式样的西装。会政府官员，须先订约会。交换名片时要在名片上注明公司名称和最高的学位。

主要禁忌：在拍照时不要给军人拍照。斯洛伐克人认为红三角形是有毒的标记。送花以单数枝为吉祥。小朵菊类花卉多为扫祭使用。喜欢使用数字 8、12、14 等，忌讳 13。

5. 教育和医疗

教育

斯洛伐克实行十年制义务教育，国家对食宿给予补贴。教育体制分为学前教育、初等教育、中等教育和高等教育。学前教育提供给 2 ～ 6 岁的儿童。初等教育面向 6 ～ 15 岁的少年儿童。小学分为 9 个年级。中等教育由中学、中专、技校、实践教学中心、专门学校和基础艺术学校组成。

医疗

斯洛伐克公民可通过参加公共健康保险获取免费的医疗和保健服务。医疗保险制度规定，除无经济能力的公民（包括失业者、退休、学生、儿童、军人和残疾人）的医疗保险由国家支付外，其他人必须缴纳一定数量的医疗保险，保险范围包括牙科服务费、住院看护费、疗养费、药费、医疗费等。

据世界卫生组织统计，2011 年斯洛伐克全国医疗卫生总支出占 GDP 的 7.9%，按照购买力平价计算，人均医疗健康支出 1917 美元。

6. 工会及其他非政府组织

斯洛伐克影响力最大的工会组织是斯洛伐克工会联盟（KOZSR），总部位于布拉迪斯拉发，由 38 家下属工会组成，有会员 48 万人，是国际劳工组织和欧洲工会联盟成员，经合组织顾问委员会观察员。

7. 社会治安

斯洛伐克的平安情势相对较好。偷窃和抢劫案件和针对异族人的暴力或辱骂案件时有产生。

8. 节假日

1 月 1 日：元旦，建国日；

1 月 6 日：三个国王节；

8 月 29 日：斯洛伐克民族起义纪念日（国庆日）；

9 月 1 日：宪法日；

11 月 17 日：争取自由和民主日；

12 月 24 ～ 26 日：圣诞节。

二、斯洛伐克经济发展状况

（一）经济概况

1. 宏观经济

近年来，大量外国企业到斯格伐克投资，并形成了汽车、电子等以外资企业为主的支柱产业，成为推动斯洛伐克经济和出口快速增长的主要动力之一。在外资、出口和内需的拉动下，斯洛伐克经济快速增长。2011 年，在德国等斯洛伐克主要贸易国市场需求拉动下，斯洛伐克全年 GDP 达 653 亿欧元，同比增长 3.3%。但是，为实现在 2012 年将财政赤字占 GDP 比重控制在 3% 以内的目标，斯洛伐克政府不断加强财政紧缩力度，出台包括增税、削减公共支出等政策，受此影响，斯洛伐克 2012 年、2013 年经济增速继续减缓。2008 年斯洛伐克宏观经济概况如表 18-1 所示。

表 18-1　2008 ~ 2013 年宏观经济概况

	2008 年	2009 年	2010 年	2011 年	2012 年	2013 年
GDP 总额（亿美元）	950	889.2	869.9	963.1	918.2	958
GDP 增长率（%）	6.4	–4.7	4	3.3	2	0.9
人均 GDP（美元）	17 600	16 436	16 006	17 686	17 012	17 688
第一产业占比（%）	2.6	2.6	2.7	2.9	3.3	2.7
第二产业占比（%）	33.2	33.3	41.2	29.5	32.9	31.2
第三产业占比（%）	64.2	64.1	56.1	67.6	63.8	66.1
通胀率（%）	4.6	1.6	1.0	3.9	3.6	1.4
通胀率（%）	9.6	12.1	14.4	13.5	14	14.2
外资（亿美元）	13.2	11.7	13.4	21.8	66.7	76.8
财政赤字占比	1.1	6.7	7.9	4.7	4.35	2.77
外汇储备（亿美元）	178	18.4	16.2	26	24.4	20.7
外债（亿美元）	483.7	653.1	681.4	684.9	709.2	823.1

注：表如有误，请与国家发展和改革委员会国际合作中心联系。

资料来源：斯洛伐克统计局网站、斯洛伐克央行。

截至 2013 年年底，斯洛伐克政府债务共计 400 亿欧元，占 GDP 比重为 55.42%。

截至 2013 年，斯洛伐克外汇储备约为 20.7 亿美元。

截至 2013 年，斯洛伐克外债总额为 823.1 亿美元。

各主权债务评级机构对斯洛伐克的信用评级如下：穆迪评级为 A2；标准

普尔评级为 A，惠誉评级为 A+。

2. 重点 / 特色产业

2013 年斯洛伐克工业生产总值为 175.03 亿欧元，占国内生产总值的 24.3%。主要工业部门有钢铁、食品、烟草加工、石化、机械、汽车等。从业人员 60.2 万，约占总劳动力 25.8%。

（1）汽车工业

汽车工业是斯洛伐克主要支柱产业之一，在其经济中占有重要的战略地位。2013 年，斯洛伐克交通设备制造产值达 215.7 亿欧元，同比增长 5.9%，占制造业总产值的 31.5%。全年出口 195.5 亿欧元，增长 8.6%，占出口总份额的 30.4%。其中，整车出口 110.3 亿欧元，占 17.1%，汽车零部件出口 79.1 亿欧元，占 12.3%。

目前，大众、标致雪铁龙和起亚三大世界知名汽车厂均在斯洛伐克投资建厂，并成为斯洛伐克汽车产业核心企业。2013 年，三大汽车厂年产汽车 98 万辆，斯洛伐克平均每千人生产 181 辆，成为世界人均汽车产量最多的国家（见表 18-2）。

表 18-2　斯洛伐克三大汽车厂 2013 年经营情况

名称	成立时间	雇员数	年产能	产量	主要车型
大众	1991 年	7 000	40 万辆	41.9 万	途锐 Q7、UP
标致雪铁龙	2003 年	3 000	30 万辆	24.8 万	207、C3
起亚	2004 年	3 000	30 万辆	31.3 万	CEE'D、现代 X35

资料来源：斯洛伐克投资贸易促进局。

（2）电子

电子工业是斯洛伐克经济的重要产业之一。近年来，在政府鼓励政策支持下，外资进入斯洛伐克电子工业的增速明显上升，三星、索尼等跨国公司纷纷在斯洛伐克落户。这些大型外资项目的实施给斯洛伐克电子工业发展带来了雄厚的资金、先进技术和管理经验，使其产品质量得到提升，附加值增加。同时，斯洛伐克汽车行业，特别是二大汽车厂的快速发展为汽车相关的电子产品，如车载通信设备和车载娱乐设备的发展带来了较大空间，进一步促进了电子工业的发展。2013 年，斯洛伐克电子产品工业产值达 60.6 亿欧元。

（3）冶金和机械制造

斯洛伐克冶金和机械制造业历史悠久，早在17世纪就出现了采矿、冶金和金属加工业。第一次世界大战后，斯洛伐克机械制造业有了较大发展，并在20世纪90年代成功转型。目前，斯洛伐克主要冶金企业是位于科希策的美国钢铁公司。机械制造业主要产品有：建筑机械、林业机械、电站及其他锅炉、铁路机车、车厢、机床、教练机发动机、医疗器械、轴承等。2013年采矿冶金工业产值5亿欧元，机械设备制造业产值36.9亿欧元。

（4）农业

据斯洛伐克农业部数据，2012年农业生产总值为23.76亿欧元，占国内生产总值的3.3%。农业用地192.75万公顷，可耕地面积为136万公顷。森林覆盖率约40%。农业人口约占总劳动力的4.4%。农作物总产量481.2万吨，主要农作物有大麦、小麦、玉米、油料作物、马铃薯、甜菜等（见表18-3和表18-4）。

表18-3 近几年主要农牧产品产量 （单位：万吨）

	2010年	2011年	2012年
小麦	118.53	163.11	127.53
大麦	36.14	52.50	47.04
玉米	92.13	144.44	117.04
土豆	12.59	21.73	16.57
甜菜	97.77	11.61	89.45
油料作物	50.07	57.46	45.43

资料来源：中国驻斯洛伐克大使馆经商参处。

表18-4 近几年主要农畜存栏数

（单位：万头、万匹或万只）

	2010年	2011年	2012年
牛	46.71	46.34	47.1
奶牛	15.93	15.41	63.2
猪	68.73	58.04	41
羊	39.42	39.40	0.6
家禽	129.92	113.76	1 185

资料来源：斯洛伐克统计局Slovstat数据库。

（5）旅游业

斯洛伐克自然风光静谧质朴，历史文物景点众多，拥有城堡、温泉、雪山、森林、喀斯特岩洞等多种旅游资源。自斯洛伐克加入欧盟和申根协定后，旅游业成为斯洛伐克发展迅速、前景广阔的产业之一。从地区结构来看，斯洛伐克首都布拉迪斯拉发是斯洛伐克游客访问率最高的地区，其次是日利纳、普雷绍夫、班斯卡比斯布里察以及科希策地区。2012 年斯洛伐克共接待外国游客 156 万人次，同比增长 7%，游客主要来自捷克、波兰、德国、匈牙利、英国、意大利和奥地利。

(二)国内市场

1. 销售总额

据斯洛伐克统计局数据，2013 年斯洛伐克零售（不含汽车）总额为 179.5 亿欧元，同比增长 0.1%。餐饮业规模为 8.3 亿欧元，同比增长 0.8%，住宿行业为 3.17 亿欧元，同比增长 1%，汽车及汽车保养维修业为 40.8 亿欧元，同比增长 3%。

2. 生活支出

2013 年斯洛伐克人均月工资为 824 欧元，同比增长 2.4%。2012 年斯洛伐克居民全年净收入为人均 4331 欧元，支出 3919 欧元，其中食品支出 811 欧元，占 20.7%；住房、水、电、气及家具和家居用品购置 712 欧元，占 18.2%；交通 345 欧元，占 8.8%；文化娱乐 274 欧元，占 7%；邮政通信 209 欧元，占 5.3%；教育 20 欧元，占 0.5%。

3. 物价水平

2013 年，斯洛伐克平均住房价格为 1048 欧元 / 平方米，其中：布拉迪斯拉发地区 1811 欧元 / 平方米、科希策 1114 欧元 / 平方米、特尔纳瓦 1061 欧元 / 平方米、尼特拉 965 欧元 / 平方米、日利纳 948 欧元 / 平方米、普雷绍夫 923 欧元 / 平方米、班斯卡 · 比斯特里察 840 欧元 / 平方米、特伦钦 718 欧元 / 平方米。

2013 年，斯洛伐克主要食品平均价格为：大米 1.5 欧元 / 千克，面粉 0.6 欧元 / 千克，猪肉 5.6 欧元 / 千克，牛肉 10.9 欧元 / 千克，牛奶 0.9 欧元 / 升，鸡蛋 0.15 欧元 / 个，西红柿 2.4 欧元 / 千克，土豆 0.4 欧元 / 千克，苹果 1.6 欧元 / 千克，矿泉水 0.4 欧元 / 升，食用油 1.8 欧元 / 升（冬季食品价格略高）。

（三）基础设施状况

1. 公路

斯洛伐克公路总长 43 368 千米，其中高速公路 419 千米，一级公路 3546 千米，二级公路 3637 千米，三级公路 10 415 千米。

2. 铁路

斯洛伐克铁路总长 3631 千米，其中双向铁路 1020 千米，单向铁路 2489 千米，电气化铁路 1586 千米。

3. 空运

斯洛伐克机场分布在布拉迪斯拉发、科希策、皮耶什佳尼等地。由于最大的布拉迪斯拉发机场距离维也纳只有 65 千米，运输客源受到很大影响，年客流量约 200 万人次。从中国到斯洛伐克一般乘坐北京到维也纳的直航，再乘车至布拉迪斯拉发，约 45 分钟车程，每小时有一班客车往返布拉迪斯拉发和维也纳机场。

4. 水运

欧洲第二大河流多瑙河流经斯洛伐克，在斯境内全长 172 千米，与匈牙利、奥地利界河长 149.5 千米。布拉迪斯拉发和科马尔诺是主要的水运港口，年货运量约 150 万吨，另外，随着莱茵—美因—多瑙河运河的通航以及斯洛伐克境内盖巴斯科夫湖调蓄能力的扩大，斯洛伐克航段运载能力大幅提升。

多瑙河流经许多欧洲知名城市，特别是在奥地利、斯洛伐克、匈牙利河段将维也纳、布拉迪斯拉发和布达佩斯三个城市连接起来，2006 年 6 月，布拉迪斯拉发至维也纳的“双子城”观光线正式通航。

5. 通信

斯洛伐克电信业发展时间较早，普及程度高。早在 2009 年，登记在用移动电话数量已超过人口总数，覆盖率大于 100%。互联网已应用于政府公务、贸易、供气、能源、交通和金融等领域。较大的电信运营商有 T-Mobile、T-Com、Orange、O2 和 Swan 等。

6. 电力

斯洛伐克电力供应充足，2013 年供电量为 279 亿度，其中 56% 为核电发电，18% 为水力发电，25% 为火力发电。斯洛伐克电网已同欧洲电网联网。

（1）近期重点项目

斯洛伐克正加紧对铁路的现代化改造，其中包括将铁路时速提至 160 千米的项目。项目总长 450 千米，已完成 100 千米，涉及电缆建设、铁路电气安装、安全设施、铁路桥梁建设和维修、地下污水道、地下通道、电缆放置及周边环境监测等。

D4 环城高速公路项目总长 47 千米，将采用 PPP 方式进行建设，由财团融资并特许经营 30 年。

（2）远期重点项目

宽轨铁路项目东起科希策 Cieran nad Tisou，西至布拉迪斯拉发，预计投资 60 亿欧元，建设周期 6 年。项目具体由俄罗斯铁路公司发起，目前项目尚处于论证阶段，项目最终方案将在项目融资落实后敲定。

芝林那至卡托维兹高速公路项目北起波兰卡托维兹市向南穿过塔特拉山抵达斯洛伐克芝林那。项目全长 421 千米，隶属于欧盟“TEN-T”优先项目第 25 号。

德累斯顿 – 布拉格 – 布拉迪斯拉发 – 布达佩斯 – 康斯坦塔铁路斯洛伐克境内段项目北起德国德累斯顿通过布拉格横穿匈牙利至罗马尼亚康斯坦塔市。项目在斯洛伐克境内段全长约 70 千米。

以上大多数项目资金来源都属于欧盟结构基金。根据 2013 年 11 月欧洲议会决议，2014 ~ 2020 年，斯洛伐克将得到 140 亿欧元的欧盟资金援助。斯洛伐克在 2014 ~ 2020 年已规划六个领域的运营项目，涉及研究创新、基础设施、人力资源、环境质量、综合区域规划和公共管理改革等。

斯洛伐克高速公路公司及斯洛伐克铁路公司分别负责斯洛伐克公路及铁路基础设施建设项目具体招标工作。

（四）对外经贸关系

1. 贸易关系

2013 年斯洛伐克外贸总额达 1244 亿欧元，同比增长 2%。其中进口 601

亿欧元，增长 2.5%；出口 643 亿欧元，增长 3.6%。欧盟市场占斯洛伐克出口的 82.8%，其中德国和捷克占斯洛伐克的出口份额比重分别达 21.1% 和 13.6%，居前两位。据斯方统计，2013 年斯洛伐克贸易顺差扩大至 42.8 亿欧元，德国、捷克和波兰是其主要顺差来源国，韩国、俄罗斯和中国为其前三大贸易逆差来源国。

主要贸易伙伴有德国、捷克、意大利、奥地利、匈牙利、波兰、英国、法国、俄罗斯、中国、韩国等。

主要出口商品有汽车及零部件、电气设备及备件、电站锅炉、钢铁制品等；主要进口产品有机械、电子设备、交通工具及零配件、矿产品和非贵金属等。

2. 吸收外资

斯洛伐克 2004 年加入欧盟后，进行了包括税收、劳动力市场、社保、医疗、公共财政等一系列改革，投资环境得到全面改善，吸引了大批外商到斯洛伐克投资，利用外资项目数量和金额逐年增长。据斯洛伐克投资和贸易发展局公布的数据，2013 年斯洛伐克吸引外国直接投资 4.42 亿欧元，涉及项目 18 个，新创造就业岗位 3678 个，与 2012 年（4.66 亿欧元，18 个项目，创造就业岗位 3200 个）相比大体持平。最具影响的两个投资项目分别为：德国大陆集团增资扩大生产马牌轮胎，创造就业岗位 600 个；德国公司控股的塔特拉机车厂在斯洛伐克投资生产火车牵引机车和机车底盘，创造就业岗位 350 个。

截至 2013 年 9 月，斯洛伐克累计吸引外资 352.92 亿欧元。主要投资国是德国、意大利、奥地利、荷兰、韩国、捷克、匈牙利和日本等国家。外资主要投向金融、房地产和汽车、电子等制造业。主要跨国公司有西门子、大众、三星、起亚、索尼、戴尔、联想等。主要外资项目有大众汽车制造厂、标致雪铁龙汽车制造厂、起亚汽车制造厂、三星液晶显示器厂、索尼液晶电视机厂等。

据联合国贸发会议发布的 2014 年《世界投资报告》显示，2013 年，斯洛伐克吸收外资流量为 5.9 亿美元；截至 2013 年年底，斯洛伐克吸收外资存量为 588.3 亿美元。

3. 中斯经贸

据中国商务部统计，2013 年中斯贸易额达 65.4 亿美元，同比增长 7.6%，创历史新高，斯洛伐克已成为中国在中东欧第四大贸易合作伙伴。其中，中国出口 30.8 亿美元，同比增长 27.3%；中国进口 34.6 亿美元，同比减少 5.4%。同时，双边贸易商品结构不断优化，中国对斯洛伐克出口商品中机电产品占 85% 以上。

据中国海关统计，近年来，中国对斯洛伐克出口商品主要类别为：船舶及浮动结构体；皮革制品；旅行箱包；动物肠线制品；机械器具及零件；电机、电气、音像设备及其零附件；钢铁制品；针织或钩编的服装及衣着附件；鞋靴、护腿和类似品及其零件；非针织或非钩编的服装及衣着附件；无机化学品；贵金属等的化合物；肥料。

据中国海关统计，近年来，中国自斯洛伐克进口商品主要类别为：车辆及其零附件，但铁道车辆除外；机械器具及零件；木及木制品；木炭；鞋靴、护腿和类似品及其零件；塑料及其制品；贱金属杂项制品；电机、电气、音像设备及其零附件；光学、照相、医疗等设备及零附件；钟表及其零件；家具；寝具等；灯具；活动房。

近年来，中斯相互投资快速增长。呈现出“规模扩大化，领域宽泛化，方式多样化”的特点，在电信、研发、机械、农业和新能源等诸多领域的合作取得积极进展。据中国商务部统计，2013 年当年中国对斯洛伐克直接投资流量 33 万美元。截至 2013 年年末，中国对斯洛伐克直接投资存量 8277 万美元。斯洛伐克在华累计投资项目 74 个，2013 年新增项目 3 个。中国在斯洛伐克投资合作主要项目有联想欧洲、中东和非洲地区支持中心、ZVL AUTO 汽车轴承厂、华为 3G 核心网新建项目和青岛软控欧洲研发和技术中心等（见表 18-5）。

表 18-5　中斯经贸情况　（单位：亿美元）

	2008 年	2009 年	2010 年	2011 年	2012 年	2013 年
进出口总额	29.5	23	37.5	60	60.8	65.4
中方对斯出口	19.7	14	19.6	25.1	24.2	30.8
中方自斯进口	9.8	9	17.9	34.6	36.6	34.6

资料来源：中国海关。

（五）金融环境

加入欧盟后，斯洛伐克金融环境得到很大改善，外汇管制逐渐放宽，为外国投资者创造了良好的金融环境。

1. 当地货币

斯洛伐克当地原货币名称为斯洛伐克克朗，可自由兑换。2009 年 1 月 1 日斯洛伐克加入欧元区。根据欧洲央行数据，2013 年欧元对美元的平均汇率为 1 欧元兑 1.3281 美元。

2. 外汇管理

斯洛伐克《外汇法》（No. 202/1995 Coll）规定，在斯洛伐克注册的外国企业可在斯洛伐克银行开设外汇账户，用于进出口结算。外汇进出需要申报。外汇汇出斯洛伐克无须缴纳特别税金。携带现金 1 万欧元以上出入欧盟外国家需要申报。在斯洛伐克工作的外国人的合法税后收入可全部转出国外。

3. 银行机构

斯洛伐克央行主要职责是保持价格稳定，制定货币政策，发行货币；控制、协调和保证货币流通及银行支付系统的正常运转；保持金融市场稳定、金融市场监督等。斯洛伐克金融业开放度较高，主要商业银行已基本被国际大公司控股，现有 17 家商业银行和 6 家外国银行分行。

4. 融资条件

在融资方面，外资企业与当地企业享受同等待遇。根据斯洛伐克《商业法》（Act no. 513/1991 Coll），在斯洛伐克境内注册并经营的法人均可向斯洛伐克银行申请融资。

5. 信用卡使用

斯洛伐克当地信用卡使用比较普遍。中国发行的 VISA 卡和 MasterCard 在当地可以使用。

（六）证券市场

布拉迪斯拉发证券交易所（BSSE）成立于 1991 年，1993 年 4 月开始交易，是斯洛伐克唯一的证券交易市场，经营股票、期货、债券交易等。股票交易实行会员制，仅有会员可以在该证券交易所直接进行交易。2004 年 6 月 1 日成为欧洲证券交易所联合会正式会员。该证券交易所注册资本 1100 万欧元，共有 13 位股东，斯洛伐克国有资产基金会是其最大股东，占 74.2% 的股份。2013 年交易额为 81.8 亿欧元。

（七）商务成本

1. 水、电、气、油价格

斯洛伐克水、电、气供应充足，价格在欧盟国家中属于中上水平。2013 年，斯洛伐克每月用电固定资费 0.78 欧元（1.04 美元）/ 每户电表，家庭用电每度约 0.07（0.09 美元）欧元，对于年用电量超过 250 兆瓦时的用户，具体价格须询问供电公司，但基本同家庭用电持平。

2012 年 4 月 1 日，斯洛伐克实施新的燃气资费标准，新标准的征收对象分为家庭、企业和大型用户三类（见表 18-6 和表 18-7）。

表 18-6　斯洛伐克家庭用燃气资费

项目	标准（月用量）	每月固定缴费（欧元 / 美元）	欧元 / 千瓦时
D1	0 ~ 200 立方米	2.11/2.8	0.064 6
D2	200 ~ 1700 立方米	4.98/6.61	0.048 1
D3	1700 ~ 6500 立方米	7.75/10.29	0.046 2
D4	6500 ~ 6 万立方米	35.93/47.72	0.057 0

资料来源：斯洛伐克天然气公司。

表 18-7　斯洛伐克企业用气资费

类型	标准（月用量）	每月固定缴费（欧元 / 美元）	欧元 / 千瓦时
Ml	0 ~ 200 立方米	2.86/3.8	0.069 4
M2	200 ~ 1700 立方米	5.35/7.11	0.053 3
MS	1700 ~ 6500 立方米	7.93/10.53	0.053 6
m	6500 ~ 6 万立方米	32/42.5	0.052 7
其他	6 万立方米以上	需询供气公司	

资料来源：斯洛伐克天然气公司。

2013 年，斯洛伐克自来水价格如下：生产及居民用水 1.12 欧元（约合 1.49

美元）/ 立方米，降雨等污水处理费用为 1.11 欧元（约合 1.47 美元）/ 立方米。

2013 年 9 月，斯洛伐克布拉迪斯拉发汽油价格每升约为 1.5 欧元。

2. 劳动力供求及工薪

2013 年斯洛伐克平均工资为 824 欧元。据斯洛伐克央行数据，2013 年斯洛伐克就业人数 232.93 万人，与 2012 年基本持平。全年失业率为 14.2%。

3. 外籍劳务需求

斯洛伐克加入欧盟后，由于欧盟内劳动力市场逐渐放开和东西欧国家间存在很大工资差距，部分技术人员流向西欧国家就业。同时，外资持续进入，斯洛伐克技术工人需求增加，导致其汽车、电子及机械等行业均面临技术工人短缺问题。金融危机爆发后，情况有所改善。

4. 土地及房屋价格

斯洛伐克中部和东部地区土地价格较便宜，西部价格较高。其中布拉迪斯拉发地价最高。据 2012 年 4 月数据，布拉迪斯拉发建筑用地平均 285 欧元 / 平方米，日利纳约 49 欧元 / 平方米，特尔纳瓦约 42 欧元 / 平方米，普雷绍夫约 36 欧元 / 平方米，尼特拉约 34 欧元 / 平方米，班斯卡 · 比斯特里察约 32 欧元 / 平方米，特伦钦约 26 欧元 / 平方米，科希策价格最低，约 20 欧元 / 平方米。

布拉迪斯拉发每年租金约 120 欧元 / 平方米，普雷绍夫约 108 欧元 / 平方米，科希策约 96 欧元 / 平方米，特尔纳瓦、日利纳和尼特拉约 84 欧元 / 平方米，班斯卡 · 比斯特里察及特伦钦约 84 欧元 / 平方米。

三居室公寓平均价格：布拉迪斯拉发地区 1753 欧元 / 平方米、特尔纳瓦 1098 欧元 / 平方米、尼特拉 838 欧元 / 平方米、特伦钦 789 欧元 / 平方米、日利纳 954 欧元 / 平方米、班斯卡 · 比斯特里察 1071 欧元 / 平方米、科希策 983 欧元 / 平方米，普雷绍夫 1030 欧元 / 平方米。

别墅价格：布拉迪斯拉发地区 1631 欧元 / 平方米，特尔纳瓦 786 欧元 / 平方米，尼特拉 398 欧元 / 平方米，特伦钦 482 欧元 / 平方米，日利纳 573 欧元 / 平方米，班斯卡 · 比斯特里察 472 欧元 / 平方米，科希策 274 欧元 / 平方米，普雷绍夫 410 欧元 / 平方米。

5. 建筑成本

2012 年斯洛伐克厂房的造价约 500 欧元 / 平方米，办公楼造价约 660 欧元 / 平方米。

主要建材价格：钢线材 1.8 欧元 / 千克；水泥 2.8 ~ 3.3 欧元 / 包（25 千克）；石子 17 ~ 22 欧元 / 吨；沙子 13 ~ 19 欧元 / 吨；混凝土 48 ~ 100 欧元 / 立方米。

三、对外国投资合作的法规和政策

（一）对外贸易的法规和政策规定

1. 贸易主管部门

斯洛伐克经济部是斯洛伐克贸易主管部门，负责内贸、外贸政策制定及消费者保护等。

2. 贸易法规体系

斯洛伐克国家小，资源短缺，经济对国外市场依存度大，对外贸易在国民经济中占有重要位置。斯洛伐克贸易政策的主要任务是，通过国际商品交换促进经济快速增长，提高就业和居民生活水平。前捷克斯洛伐克共和国是关贸总协定发起国。1993 年 1 月，斯洛伐克共和国成立，成为关贸总协定成员，1995 年又转为世贸组织首批成员。2004 年 5 月，斯洛伐克加入欧盟，开始执行欧盟的对外经济政策。

斯洛伐克与贸易相关的法规主要有：欧盟在 1994 年 12 月颁布的《EC3286/94 规则》及 1995 年 2 月公布的《EC 356/95 规则》，斯洛伐克《商业法典》（Act No. 513/1991 Coll）、《保护竞争法》（Act No 136/2001 Coll）、《海关法》（Act No. 13/1993 Coll）等。

3. 贸易管理的相关规定

加入欧盟后，斯洛伐克贸易管理主要发生了以下变化：开始实施欧盟的配额、反倾销、反补贴等限制措施和关税措施；照搬欧盟的非关税贸易限制措施，统一了同欧盟的技术标准、卫生检验检疫措施和消费者保护措施等；开始执行欧盟的对外关系战略，配合欧盟的国别和地区政策发展对外经济关系；执行欧盟新的普惠制国别政策及援助政策。

斯洛伐克贸易管理政策有以下特点：贸易管理不仅是围绕进出口环节进行的管理，而是涵盖进出口和国内整个商品流通环节；贸易管理手段不断发展，目前已涉及关税、进出口配额、许可证和其他限制、动植物检疫、国内市场规范、商品标准、检验和进入市场认证、卫生检验、环保以及知识产权保护和消费者保护等；斯洛伐克贸易管理部门除了负责对外经济关系及进出口贸易管理外，还负责国内市场管理和消费者保护，并下设市场检查部门，代管国家技术标准部门等。此外，斯洛伐克有关部门内还设有部门间协调机构，用于协调部门间的贸易政策。完备、合理的部门职能为斯洛伐克贸易管理创造了条件，提供了便利。

从管理的措施形式来分，斯洛伐克的贸易管理大体可分为鼓励性政策和限制性政策两大类。鼓励性政策主要涉及出口鼓励政策，其中包括提供出口贷款和担保，建立信息服务系统，资助国内企业到国外参展等。限制性政策主要包括对部分商品实行进出口配额和许可证、反补贴、反倾销和超量进口保护措施等，也包括实行产品技术安全标准、卫生标准及卫生检验检疫制度；对武器、危险化工品等实行特许经营等。

为了保证斯洛伐克经济的稳定，部分产品进出口仍须得到斯洛伐克经济部的许可。当前，需要获得进口许可的产品主要有褐煤、黑煤、电力、牲畜、部分农产品、香烟等，需要获得出口许可的产品主要是原油、天然气等原材料产品。此外，汽车等产品要进口到斯洛伐克市场还须通过认证。为证明产品符合斯洛伐克技术标准，斯洛伐克海关可能要求在进口产品前提供产品认证。如果该产品已通过符合斯洛伐克标准的外国认证，则不需要测试即可发给产品一致性证书。

4. 进出口商品检验检疫

斯洛伐克对各类动植物产品的进口有检疫要求，要求对进口产品的特征及进口商等相关信息进行检查。动物及动物制品、植物和蔬菜进口到斯洛伐克，进口商须向海关提供斯洛伐克检验机构出具的检验检疫证明。斯洛伐克农业部下属的国家兽医和食品局负责动物及动物制品的检验检疫工作，国家农业监测所负责植物产品的检验检疫。中斯签有《动物检疫和动物卫生协定》和《植物检疫及植物保护的合作协定》。

5. 海关管理规章制度

斯洛伐克于 2004 年 5 月 1 日加入欧盟后，开始采用欧盟的统一关税税率。斯洛伐克与欧盟成员国之间的进出口产品享受零关税，但出口商应提供交货核对证明；非欧盟成员国出口货物到斯洛伐克，根据商品价值按欧盟共同关税税率（CCT）征收。一般而言，制成品平均关税为 4.2%，纺织服装和食品关税（平均关税 17.3%）仍较高，而且受配额和其他限制措施的制约。

（二）对外国投资的市场准入规定

1. 投资主管部门

斯洛伐克经济部主要负责投资资助政策的制定和实施。

投资贸易发展局为促进外来投资和外贸出口，斯洛伐克政府于 2001 年成立了投资贸易发展局（SARIO）。该局为独立法人，局长由政府任命，受经济部长领导，下设外国直接投资、对外贸易和欧盟结构基金三个部门，在斯洛伐克各州设有办公室。

2. 投资行业的规定

军品生产、博彩业、广播电视、部分矿产资源开采及影响环保的行业，投资者需满足相关行业要求并得到政府部门的许可后方能注册。

工业生产、技术中心、战略中心（IT 研发、客服中心等）。

3. 投资方式的规定

外国投资者可在斯洛伐克新设企业，也可通过收购斯洛伐克现有企业股权或资产方式进行投资。

（1）并购方式及法律依据

斯洛伐克法律对外国公司和个人并购地企业没有限制。在企业并购方面与斯洛伐克国内企业和公民享有同等权利。但是一些特定的行业并购须经过斯洛伐克有关主管部门批准，如并购商业企业须经斯洛伐克反垄断办公室批准，并购银行须经斯洛伐克央行批准。根据斯洛伐克法律规定，并购斯洛伐克企业可以通过多种方式进行，其中最常用的是收购有限公司或股份公司的股权，其他并购方式包括收购选定资产、购买企业的全部或部分等。

斯洛伐克有关反垄断和经营者集中的法律法规主要由2001年《竞争保护法》和反垄断办公室颁布的《罚款办法指引》《并购程序提前披露》《经营者集中》《与集中直接相关的竞争限制》等行政指令组成。其中《竞争保护法》的主要目的是保护竞争，促进消费者权益保护。共分为10部分45条，规定了对竞争的非法限制形式、经营者集中评估、统治地位滥用、竞争保护主管部门权限及构成、商业机密保护、法律后果等内容。

此外，由于斯洛伐克是欧盟成员国，收购行为也受欧盟《竞争法－收购控制适用准则》等相关法律和指令约束。

（2）并购流程

外资并购流程主要见于斯洛伐克1991年《商法典》。根据该法第218条，外资收购或合并当地企业首先应与后者签署收购协议并经公证。协议中须列明：

- 如以股权置换方式收购，双方股份的置换比率及各自股份的等级、种类、面值、限制转让条款等；
- 如以现金方式购买被收购公司股份，溢价不应超过股份面值的10%；
- 被收购公司普通股股东、优先股股东、可转换债券所有人、董事会及监事会成员的各项权利。

收购协议签署后，收购公司与被收购公司董事会向各自监事会提交并购报告供其审议，监事会通过后交由股东大会表决通过。

双方股东大会批准收购后，收购公司持批准文件到公司注册部门进行收购注册登记。

中资企业如拟收购斯洛伐克企业，可事先登录斯洛伐克司法部公司注册网站查询企业信息，并宜聘请当地律师事务所对目标企业进行收购前尽职调查，全面掌握有关情况。

由于斯洛伐克失业率持续高企，扩大和维持就业成为公司并购中斯方的重点关切。2012 年，浙江某民营企业受邀考察某欧洲大型灯具公司在斯洛伐克的工厂，洽谈收购事宜。收购已进入实质性阶段，但因当地工人工资较高、工会限制裁员和降薪，导致成本超出预期，该企业最后不得不放弃收购。

4. BOT 方式

斯洛伐克境内工程和基础设施建设项目资金主要来源为欧盟基金，因此斯洛伐克 BOT 法律法规均沿用欧盟相关规定。

根据欧洲议会 2004/18/EC 指令，欧盟基金可用于服务、供应和工程三类项目。欧盟下辖的欧洲援助局（EuropeAid）制定的《实务守则》规定，工程项目包括满足经济或技术目的的建筑和民用工程项目，与欧盟签订融资协议的成员国可申请欧盟基金进行项目建设。

标的额在 500 万欧元以上的工程项目原则上应进行国际公开招标，如项目性质特殊，确须限制招标，应事先提交欧盟委员会审议。

标的额在 30 万 ~ 500 万欧元的工程项目，原则上应进行本地公开招标，30 万欧元以下项目可进行议标。

（三）企业税收规定

1. 税收体系和制度

斯洛伐克于 2004 年建立了符合欧盟要求的新税收体系，对所有收入种类征收 19% 的所得税，无双重征税和股息税，税率在欧盟成员国中较低。斯洛伐克税种主要有：关税、企业所得税、个人所得税、增值税、房地产交易税、房地产税、消费税（啤酒、葡萄酒、酒精、烟草制品以及矿物油）等。

2012 年 12 月斯洛伐克议会通过法案，打破统一税率。根据新的规则，自 2013 年 1 月 1 日起，企业所得税率自 19% 提高至 23%；个人月收入超过 3246 欧元，其个人所得税自 19% 提高至 25%。

2. 主要税赋和税率

（1）海关关税

斯洛伐克执行欧盟的统一关税税则。海关关税税率分为普通税率、最惠国税率（协定税率）和普惠制税率。欧盟同中欧自由贸易协定成员国、土耳其等国家签有关税减免协定，相互提供关税减免。斯洛伐克与欧盟成员国之间的进出口产品享受零关税，但出口商须提供交货核对证明。非欧盟成员国出口货物至斯洛伐克，关税根据商品价值按照欧盟共同关税税率征收，制成品平均关税为 4.2%，纺织服装和食品平均关税较高，约 17.2%。

（2）增值税

斯洛伐克增值税税法与欧盟第六号增值税指令（77/388/EEC）保持一致。

登记和注销登记：在斯洛伐克注册或在斯洛伐克发生商业活动的机构，如 12 个月内收入累计超过 5 万欧元，须进行增值税登记。此外，以下团体及个人也需要进行增值税登记：通过销售合同营业的单位或个人；在斯洛伐克进行经济活动的外国团体；在斯洛伐克进行远程销售，销售对象非斯洛伐克增值税登记对象，年总销售额超过 5 万欧元；在斯洛伐克远程销售个人消费品，属于消费税课税对象者；不属于增值税登记对象但在一个年度内从其他欧盟国家获取产品超过 1.4 万欧元者。

以下情况可以注销增值税登记：纳税人已经停止需要缴纳增值税的相关经济活动；在 12 个月内总销售额低于 5 万欧元的；外国企业停止远程销售活动，且供货总额连续 12 个月或 1 个年度内未达到 5 万欧元的；因从欧盟其他国家进口货物进行登记后，连续 12 个月进口额低于 1.4 万欧元。

税率。2011 年 1 月 1 日，斯洛伐克政府将增值税税率由 19% 上调至 20%，医疗、医疗生产、制造生产、书籍和音乐录制等产品及经济活动为 10%。征收范围涉及斯洛伐克境内的货物和服务贸易以及进口商品和服务。

增值税退税。法人和自然人申请退税的条件如下：在斯洛伐克设有注册办公机构、分支机构，并被批准从事经营活动；出口的货物和服务，以及从斯洛伐克境外为出口而进口的货物；在报税期内，申请退税人没有出售的已纳税的货物和服务。在一个年度内，当提供的应税货物和服务金额达到 33 欧元，纳税人可以向布拉迪斯拉发税务局提出退税申请。退税申请只能在上一年度过后 6 个月内提交。如果退税申请金额超过 265 欧元，并且连续 3 个月提出退税申请，退税申请可以在年度结束前提交。如果退税申请被批准，退税款在填表后 6 个月内到账。

（3）企业所得税

企业所得税税率为 23%。国外企业所得税缴纳原则是：在斯境内获得的收入须缴纳企业所得税。需要缴纳企业所得税的外国公司是在斯设有分支机构或固定经营场所，或须代扣代缴在斯洛伐克境内收入所得税的外国公司。避免双重征税通过两国政府间避免双重征税协定解决。中斯两国签有政府间避免双重征税协定。

（4）个人所得税

个人月收入低于 3246 欧元，个人所得税为 19%；超过 3246 欧元税率为 25%。下列人员被认为是斯洛伐克纳税居民：有证件证明在斯洛伐克拥有永久居所（具有斯洛伐克国籍），或者在斯洛伐克有居留权（在斯洛伐克旅居），在斯洛伐克累计时间或连续停留时间超过 183 天的。

非斯洛伐克纳税居民是指不符合上述条件，但在斯洛伐克境内获得收入者。斯洛伐克纳税居民在世界范围内的全部收入须缴纳个人所得税，避免双重征税协定或斯洛伐克法律有规定的例外。非斯洛伐克纳税居民只缴纳在斯洛伐克境内收入的个人所得税。

纳税范围：工资收入、投资收入、经营企业收益或个人经营收益、利息收入、特殊许可费、租赁或买卖在斯洛伐克的财产，以及通过博彩获得的收益。

（5）消费税

消费税的征收对象包括：烟草制品、酒类、矿物油等。

（6）土地税

斯洛伐克法律规定，在斯洛伐克登记的土地所有人须缴纳土地税。土地税涉及耕地、草地、花园、森林、鱼塘、建筑用地等。外交用途、社会或宗教组织，或未开发的林地等非商业经营用途的土地免征土地税。土地登记的所有者、国有土地的管理者或者土地承租人负责缴纳土地税。如果土地所有者不明确，由土地的实际使用者缴纳土地税。

（7）建筑税

根据斯洛伐克法律规定，地上和地下建筑物均须缴纳建筑税。国家、地方政府、学校、科研机构、宗教组织等非营利性机构免缴建筑税。新建的家庭住房免征 15 年的建筑税，文物保护建筑改建成住房的，免征 15 年建筑税。

（四）对外国投资优惠的规定

1. 优惠政策框架

斯洛伐克是欧盟成员国，其吸引外资的优惠措施须满足欧盟相关法律法规的要求，斯洛伐克根据欧盟法律制定本国的投资资助法，其投资优惠标准不能高于欧盟规定的标准。《国家资助法》是斯洛伐克为缩小地区差异，吸引外资而制定的基本法律，所有相关配套措施以此为准。该国家资助又称国家地区资助，其实质是地区鼓励政策。

2. 行业鼓励政策

斯洛伐克没有专门针对行业的外商投资优惠政策。

3. 地区鼓励政策

斯洛伐克于 2008 年 1 月 1 日开始实施新的《国家资助法》，其适用范围是特定地区，旨在解决地区间发展不均衡和扶持欠发达地区经济发展，向欠发达地区提供引资和创造新就业岗位支持。2009 年和 2011 年，斯洛伐克政府先后对该法进行了修订，最新的《国家资助法》自 2011 年 8 月 1 日开始实施。

（1）资助比例

资助比例是根据当地具体条件和特点而决定的。按照地区失业率水平，斯洛伐克将国内可享受补贴地区最高补贴比例划分为认定投资支出的 50%（A 区，失业率高于平均失业率 150%）、45%（B 区，失业率为平均失业率 125% ～ 150%）、35%（C 区，失业率为平均失业率的 100% ～ 125%）、30%（D 区，失业率为平均失业率的 75% ～ 100%）和 25%（E 区，失业率低于平均失业率 75%）五档。失业率最高的东部地区最高补贴比例为 50%。

对于中型企业，最高补贴比例可提高 10 个百分点；对于小型企业，最高补贴比例可提高 20 个百分点。大型投资项目的补贴比例按地区补贴上限进行调整。对于超过 5000 万欧元（含）以上的大型投资项目，合格费用低于 5000 万欧元的部分，补贴上限为地区补贴比例的 100%；合格费用在 5000 万 ~ 1 亿欧元的部分，补贴上限为地区补贴比例的 50%；合格费用超过 1 亿欧元的部分，补贴上限为地区补贴比例的 34%。

（2）认定投资支出

认定投资支出包括：购买土地、厂房建筑、技术和机械设备等有形资产，以及许可、高新技术和商标等无形资产，其比例可以达到有形资产的 50%；新工作岗位两年的工资，包括全部社会医疗保险。其中对于已享受国家鼓励措施的有形和无形资产，不能计算在认定投资支出中。无论申请何种形式的资助措施，其总额不得超过全部认定投资支出的 50%，不含对新的就业岗位培训员工的费用。其中，技术和机械设备必须是近 3 年内生产的。

（3）投资资助项目分类

投资资助法根据项目内容和享受资助措施的条件，将投资项目分为四类：工业生产、技术中心、战略服务中心和旅游。

（4）申请享受投资资助的条件

工业生产：建立新设施，为了实施新生产项目而对原有设施进行升级，对现有设施进行根本性的改造和并购濒于破产的企业；80% 以上的销售收入来自该投资企业；用于购买新技术、新设备的投入至少占其有形资产和无形资产的 60%；根据项目特点符合环保要求。

申请工业生产投资资助条件最为严格。根据具体地区失业率与斯洛伐克平均失业率水平的差异，斯洛伐克政府对投资者固定资产和最低投资金额做了以下规定：如当地失业率低于斯洛伐克平均水平，对固定资产的最低投资额 1400 万欧元，其中至少投入 700 万欧元。如当地失业率高于斯洛伐克平均水平，对固定资产的最低投资额为 700 万欧元，其中至少投入 350 万欧元。如当地失业率高于斯洛伐克平均水平 50%，对固定资产的最低投资额为 350 万欧元，其中至少投入 175 万欧元。

技术中心：包括研发和对现有设施的升级。设立新设施，对现有设施进行升级；投入不少于 50 万欧元购买有形资产和无形资产，其中投资者至少投入 25 万欧元；至少 60% 的员工具有大学学历。技术中心必须体现其高附加值的性质，申请此类投资资助条件的严格程度仅次于工业生产，在审核过程中同时参照当地失业率水平。

战略服务中心：包括 IT 程序研发中心、客户支持中心及跨国公司总部等，旨在为客户提供高附加值产品和服务，在服务领域提供相关软件技术以及涉及高级人才的高科技。设立新设施，对现有设施进行升级；投入不少于 40 万欧元购买有形资产和无形资产，其中投资者至少投入 20 万欧元；至少 30% 的员工具有大学学历。

旅游：旅游服务设施至少提供三种不同的服务，如客房、体育健身及餐饮服务，项目必须符合环保要求。斯洛伐克政府根据当地失业率情况对最低投资限额作了以下规定：如当地失业率低于斯洛伐克平均水平，对固定资产最低投资额为 1000 万欧元，其中至少投入 500 万欧元，且新技术设备购置支出至少占 40%；如当地失业率高于斯洛伐克平均水平，对固定资产的最低投资额为 500 万欧元，其中至少投入 250 万欧元，且新技术设备购置支出至少占 20%。

（5）资助方式

国家提供投资资助包括以下几种方式：现金资助、所得税减免、对创造就业机会予以补贴、以低于市场价转让国有或地方政府所拥有的不动产和财政馈赠补贴。

税收减免：享受税收减免的投资者，根据上述资助比例，在提交纳税申报单时可以申请税收减免。享受税收减免的期间最多为连续的 10 个税收年度，从获准享受资助时算起，最迟不晚于获准资助后的第 3 年。

新就业岗位补贴：补贴比例根据当地失业率决定。对新就业岗位的补贴金额不得超过一定比例，补贴期间不超过 2 年。如果投资者雇用就业竞争力较弱的人员（如长期失业者、新毕业的学生及残疾人员），补贴按月发放。按所在地失业率高低，每个就业岗位的补贴金额 995 ~ 5311 欧元。补贴比例等于当地资助比例。因此，如投资者在斯洛伐克东部投资，当地最高资助比例为 50%，申请的补贴比例也为 50%。

现金资助：购置有形和无形固定资产提供的资助，根据具体地区实际情况确定资助额度。该项资助只有失业率高于平均失业率的地区方可申请。

以低于市场价转移国有及地方政府不动产（市场价与实际价格之间的差额视同补贴）：提供这种类型的补贴，需要根据当地具体情况及所涉及的产业与生产活动而定。

培训补贴：该项补贴在新法中没有规定，但在欧盟相关法律中有规定。培训和教育被分为特殊教育类型和一般教育类型。补贴金额不得超过认定投资支出的一定比例：特殊教育类型的比例为35%，一般教育类型的比例为60%。

（6）申请国家资助审批程序

斯洛伐克采取具体项目具体审核的办法。申请人向斯洛伐克经济部提供包括各种附件在内的投资计划书；斯洛伐克投资贸易发展局（SARIO）对内容完整的计划书进行审查；如果申请合格，SARIO 准备评估意见，对申请人的商业计划、申请国家资助的金额、预计财政收入及财政馈赠补贴提出意见；经济部在其基础上提出国家资助措施的报价，包括资助金额和资助方式；投资者就上述报价做出承诺；对投资人的国家资助申请批准与否及资助金额等条件，最终由斯洛伐克政府决定。整个申请过程从提交投资计划书之日起，需要 6 个月。

需要指出的是政府决定给予国家资助，并不意味着政府有义务履行其做出的承诺。特别是资助金额的确定，政府将根据现有财政情况、投资金额、新就业岗位的数量、新建厂的厂址、失业率以及各地区经济社会情况等因素进行综合考虑后决定。

4. 特殊经济区域的规定

2001 年 5 月，斯洛伐克国民议会在 180/1995 Coll 号文件基础上批准出台了《关于建设工业园区补贴和斯洛伐克国民议会关于解决土地所有制的有关措施及其修正案》确定了向工业园区提供补贴的条件、规模、种类和审核办法等措施。主要资助条件包括：工业园区所在地须纳入市政府规划批准区域，市政府至少须拥有建设该工业园区所需资金的 15%，获得斯洛伐克土地基金的同意，与相关机构就商业计划和融资协议达成初步合同，获得能源供应商（水电供热）向该园区提供能源供给的有约束力的证明材料。斯洛伐克政府提供的补贴主要有用于园区基本基础设施建设、土地开发以及购置、转移、租赁或置换的相关费用。

据斯洛伐克投资贸易发展局统计，斯洛伐克全国共有 83 个工业园 / 工业区（含 1 个科技园）。斯洛伐克工业园区入驻企业大部分为斯洛伐克传统重点行业，主要集中在汽车及零部件制造、化工、电子电气、工程、钢铁及金属加工、木材加工、食品和物流等。据悉，目前尚无中国企业入驻上述工业园区（见表 18-8）。

表 18-8　斯洛伐克工业园区分布情况

地区	园区数量（个）	总面积（万平方米）	企业入驻园区数量（个）
布拉迪斯拉发	4	237.7	3
特尔纳瓦	9	568.3	8
尼特拉	8	409.8	4
特伦钦	15	805.6	8
日利纳	13	812.4	7
班斯卡·比斯特里察	18	470.3	9
普雷绍夫	10	273.7	5
科希策	6	156.9	5

（五）劳动就业规定

斯洛伐克《劳动法》（Act No.311/2001 Coll）对劳工关系的产生，劳资双方的权利、义务、福利、报酬、就业及保护、劳资纠纷的处理做了规定。

雇用员工的依据是工作合同。工作合同分为定期、无限期、工作时间少于 8 小时、留职及特殊任务等 5 种。如果是定期合同，一般不超过 3 年，否则被视为无限期合同。

解除劳动合同必须提前 2 个月书面通知员工，如果员工工作满 5 年以上，须提前 3 个月书面通知。员工辞职不须说明原因，雇主辞退员工须符合劳动法规定。在书面通知中须包括以下理由中的一条。

（1）企业或企业部门被解散或改组；

（2）在组织结构变化基础上雇主做出的关于该员工被裁员的书面决定；

（3）因为健康原因，员工不适合长期工作；

（4）员工没有达到该工作要求的条件；

（5）其他主要原因，如企业重组。如果员工犯罪或严重违反工作纪律，雇主可马上终止合同。

试用期不超过 3 个月。试用期期间任何一方均可自由地随时解除合同。

劳工报酬每周工作时间 40 个小时，每周加班不超过 8 小时，雇主一年内不能让员工加班 150 小时以上，如果确实有原因需要加班，须征得员工同意，但加班不超过 250 小时。加班时间（包括周六）除正常工资外，雇主还应支付相当于其平均工资 25% 的加班费。在国家法定假日（包括周日）加班，雇主应支付不低于其平均收入 50% 的加班费。加夜班的，每小时雇主应支付不低于最低工资 20% 的加班费。

斯洛伐克现执行 108/2009 号关于社会保险的法律。该法律规定的雇主和雇员缴纳社会保险的义务如下：雇主须为其雇员向医疗保险基金和社会保险基金投保，雇员需要缴纳的部分，由雇主在其工资中扣除。

（1）医疗保险。雇主支付 10%，雇员支付 4%，个体从业人员支付 14%，国家支付 4%；雇主有义务在与其雇工建立劳动关系 8 日内，将其雇工向社会保险机构注册，或与其雇工解除劳动关系后 8 日内注销注册。如果雇工受雇于多个雇主，雇工只能选择一个保险机构注册保险。

（2）社会保险。社会保险包括：疾病保险、养老保险、意外伤害保险、伤残保险、失业保险、保障基金和储备基金。

- 疾病保险。雇主支付 1.4%，雇员支付 1.4%；
- 养老保险。雇主支付 14%，雇员支付 4%；
- 伤残保险。雇主支付 3%，雇员支付 3%；
- 意外伤害保险。意外伤害保险完全由雇主支付，根据危险情况分为 1 ~ 10 级，雇主根据不同等级所需支付的比例为 0.3% ~ 2.1%；
- 保障基金。保障基金由雇主支付，比例为 0.25%；
- 失业保险。雇主支付 1%，雇员支付 1%，自愿支付 2%；
- 储备基金。雇主支付 4.75%。

1. 外国人在当地工作的规定

斯洛伐克劳动、社会事务和家庭部为斯洛伐克劳动政策主管部门，斯洛伐克地方劳动局根据劳动力市场情况签发工作许可，并定期公布岗位空缺情况。劳动局须在失业登记系统查询是否有斯洛伐克公民适合这一岗位的情况，如果可以找到当地合适的应聘者，将优先考虑本国公民。

斯洛伐克对部分国家劳工申请工作许可的数量有配额限制，该配额在双边的协定中予以规定。有关协定可以在地方劳动局查询。外国劳工需要遵守《劳动法》和劳动政策主管部门的规定。

根据斯洛伐克关于签证及居留许可的相关规定，如中国公民拟赴斯洛伐克长期（停留 6 个月以上）工作，须履行工作许可及临时居留手续，具体程序如下。

（1）向斯洛伐克劳动管理局申请工作许可，耗时约 45 天。

（2）通过斯洛伐克领事机构或直接向斯洛伐克外事警察局申请居留许可，耗时约 90 天。

（3）入境后在斯洛伐克外事警察局办理后续手续，约 30 天。

2. 外国人在当地工作的风险

斯洛伐克山区地形复杂，天气变化无常，一旦出现紧急情况，很难及时开展救援行动。在山区曾发生了几起登山者不幸遇难的事件。中国驻斯洛伐克使馆提醒在斯和拟赴斯的中国公民加强风险防范意识，提高自救能力，确保人身安全。

（六）外国企业在斯洛伐克获得土地的规定

1. 土地法的主要内容

根据斯洛伐克国家法律，当地土地所有权和使用权都属私人永久所有，在斯洛伐克获取土地涉及民法典（No.40/1964 Coll）、外汇法（No.202/1995 Coll）、公寓及非居住房屋所有权法（No.182/1993 Coll）和土地登记法（No. 162/1995 Coll）等法律。斯洛伐克于 2004 年加入欧盟后，基本向外国法人及自然人开放土地买卖市场，但仍对以下领域交易设有限制，包括部分农业用地以及涉及矿产开发、水资源、健康、历史古迹等房地产买卖。

2. 外资企业获得土地的规定

根据《外汇法》（N0.202/1995），外国企业或实体可以购买农业或林业用地外的土地。但如果投资人获得斯洛伐克国籍或是来自欧盟成员国且已经在农业用地上开发三年以上或属于遗产所得，外国企业或实体也可获得相关农业或林业用地所有权。

（七）外资公司参与当地证券交易的规定

根据斯洛伐克《证券法》在斯洛伐克注册的外国公司可参与证券交易，享受本土公司待遇。外国证券公司在获得批准后可在斯洛伐克提供投资服务。

（八）反对商业贿赂的法律规定

《斯洛伐克刑法典》中第 332 ~ 335 条款涉及贿赂法规，其主要内容如下。

（1）任何人直接或通过中间人向另一方许诺将提供贿赂，以期规避或践踏正常程序，达到就业、职位或其他目的，并实际行贿的，处 3 年以下有期徒刑。情形严重的，处 1 ~ 5 年有期徒刑；情形特别严重或数额特别巨大的，处 4 ~ 10 年有期徒刑。

（2）其他直接或通过中间人许诺提供贿赂，以期达到事关公共利益采购相关目的，并实际行贿的，处 6 个月 ~ 3 年有期徒刑。向政府公务人员行贿或其他严重情形的，处 2 ~ 5 年有期徒刑。情形特别严重或数额特别巨大的，处 5 ~ 12 年有期徒刑。

（3）任何人直接或通过外国官员或其他人，向另一方许诺提供与外国公务相关的贿赂，谋求或维持某种不正当优势的，处 2 ~ 5 年有期徒刑。数额特别巨大的，处 5 ~ 12 年有期徒刑。

（4）任何人直接或通过议员、法官、斯洛伐克国际法庭承认的公法人工作人员、斯洛伐克作为成员或有契约关系的国际政府组织工作人员等其他公职人员，向另一方许诺提供与执行公务相关的贿赂，并实际行贿的，处 2 ~ 5 年有期徒刑。数额特别巨大的，处 5 ~ 12 年有期徒刑。

（九）对外国公司承包当地工程的规定

斯洛伐克项目建设分为两个部分，即公共采购部分和私人建设项目部分。公共采购部分主要是依靠政府和欧盟资金，建设公共领域内的基础设施及其他项目，主要为基础设施建设、货物及服务的采购，采购方式为公开招标。中国企业如参与这一领域的竞标，须满足各种准入条件。私人建设项目部分指私人企业及自然人为自己建设的项目，这部分项目金额相对较小，采购方式及条件由业主根据自己的需要制定且不透明。采购方式有小范围招标及直接采购。工程建设不论采取何种方式采购，工程质量必须满足当地要求。因此，本部分内容介绍纳入公共采购范围的承包工程的许可制度，即准入制度。

1. 许可制度

斯洛伐克《公共采购法》于 2006 年 2 月 1 日生效。2012 年 2 月，斯洛伐克国民议会又对该法律进行了补充修订。出台该法的目的是为了增加公共采购过程中的透明度，减低费用，加快进程并将产生腐败的机会最小化。该法规定了如下内容。

采购范围：公共领域的货物、服务、建筑工程、设计竞争等。

采购管理机构：斯洛伐克公共采购办公室监督采购过程是否透明，采购项目的基本和具体条件是否已得到满足。为了保证采购的透明度，公共采购办公室定期公布采购信息、采购结果及相关信息。

采购基本原则如下。

（1）报价最低。

（2）从经济的角度讲是最有利的条件，具体通过评估采购方提出的下列具体要求：价格、技术要求、实用性、环保要求、运营费用及效率、后续服务保证、技术援助以及交工期等。采购方提出的要求必须是非歧视性的，而且支持公平竞争。自 2011 年 4 月 1 日起，斯洛伐克对公共采购项目采用电子竞标方式。

2. 禁止领域

为保护《政府采购协议》成员国利益，斯洛伐克《公共采购法》也在第一条中列明了承诺的例外情况：如国防、医疗、广播电视、不动产购置或租赁等领域。

3. 招标方式

招标方式包括公开招标、限制招标、协议招标、竞争性对话。

公开招标：不限制投标候选人数量的招标。

限制招标：不限制投标候选人数量，但投标方可能只选择其中几家来投标。

协议招标：投标人与选择的投标候选人对合同内容进行谈判的招标。不限制投标候选人数量，但招标人可能只选择其中几家来递交标书或进行协商。

竞争性对话：不限制投标人候选人数量，但招标方可能只选择其中几家来进行对话，通过对话产生满足招标人条件的一个或几个解决方案，在此基础上，选出可以递交标书的投标候选人。

（十）对中国企业投资合作的保护政策

1. 中国与斯洛伐克签署双边投资保护协定

1991 年 12 月与原捷斯联邦签署了《中华人民共和国和捷克斯洛伐克联邦共和国关于投资保护的协定》；2005 年 12 月，中斯双方签署了《投资保护协定附加议定书》。

2. 中国与斯洛伐克签署避免双重征税协定

1987 年 6 月与原捷斯联邦签署了《中华人民共和国和捷克斯洛伐克社会主义共和国关于避免双重征税的协定》。

3. 中国与斯洛伐克签署的其他协定

1994 年 2 月中斯双方签署了《政府经济贸易协定》，2004 年修订为《政府经济合作协定》。中斯签署的其他经贸协定还有：《动物检疫和动物卫生协定》（2001 年 2 月）；《植物检疫及植物保护的合作协定》（2001 年 2 月）；《信息通讯领域合作协议》（2005 年 12 月）。

此外，两国还签有海关事务合作协定，技术标准化、计量和质量控制合作协议等部门间合作协议和协定等。

4. 其他相关保护政策

1994 年，建立了中斯两国政府间经济合作联合委员会（简称“联委会”）。联委会为双边磋商解决投资、贸易过程中出现的问题提供了一个平台，同时在促进双边投资、贸易便利化方面发挥了积极的作用。

（十一）知识产权保护规定

1. 当地有关知识产权保护的法律法规

斯洛伐克政府十分重视知识产权保护，是许多多边和双边知识产权保护协议的签署国。斯洛伐克法律对专利、商标、注册设计、版权和商业秘密都提供保护。知识产权保护的主要法律有 1990 年 11 月 27 日通过的《发明、工业设计和合理化建议法》、1997 年通过的《商标法》Act No. 55/1977，及 Act No. 577/2001 和 Act No.14/2004 修正法案。

（1）专利

有创新步骤并可以用于工业化应用的技术发明都可以获得专利保护。要获得保护，必须在斯洛伐克工业产权办公或欧洲专利局注册。专利保护期限 20 年。

（2）注册商标

需在斯洛伐克工业产权办公室、世界知识产权组织国际局或欧洲内部市场协调局注册。商标保护期限 10 年，可申请延期。

（3）注册设计

需在斯洛伐克工业产权办公室或欧洲内部市场协调局注册。保护期 5 年，可申请延期，但最高期限不超过 25 年。

（4）版权

斯洛伐克《版权法》对作者的创造性文学、艺术和科学作品提供保护。版权不需注册。在作者有生之年和逝世后 70 年期间版权受到保护。

（5）商业秘密

商业秘密指的是对企业而言，在其行业内一般不能得到的有潜在价值的贸易、制造及技术信息。如果没有企业授权商业秘密被公开，企业可要求公开信息方赔偿损失。商业秘密没有具体时间限制。只要该商业秘密存在就受到保护。

2. 知识产权侵权的相关处罚规定

如果发生知识产权侵权行为，知识产权所有者有权向侵权人提出赔偿。除法律授权斯洛伐克工业产权办公室裁决的事项除外，知识产权的争端由法庭或者相关仲裁机构来裁决。在斯洛伐克境内无固定居所也无总部的人员享有与斯洛伐克公民同等的权利，并履行同等义务。

四、在斯洛伐克开展投资合作办理相关手续

（一）投资注册企业需办理的手续

1. 设立企业的形式

根据斯洛伐克《商业法典》，在斯洛伐克可设立以下形式的公司：有限责任公司（S.R.O)、股份公司（A.S)、普通商业合伙公司（V.O.S)、有限合伙公司（K.S）和外国企业代表机构等。

2. 注册企业的受理机构

斯洛伐克商业登记注册主管部门是法院企业注册处。该机构负责其行政辖区内的商业注册登记。根据行政区划，该类机构共设有 8 个，分别位于：布拉迪斯拉发州、特尔纳瓦州、尼特拉州、特伦钦州、日利纳州、班斯卡・比斯特里察州、科希策州和普雷绍夫州，有关详情请登录斯洛伐克商业登记注册网址。

3. 注册企业的主要程序

申请出具《无犯罪记录证明》：当地人 1 个工作日，外国人 2 周。出具机构：当地司法机构，费用 3.3 欧元 / 人。该证明主要用于申请营业执照。

核对公司名称单一性：通过公司注册管理机构查询，费用 3.3 欧元；通过

www.orsr.sk 查询，免费。时间：1 个工作日。

《公司章程》及公证：1 个工作日，收费 1000 ~ 1660 欧元。

营业执照标准执照：5 个工作日，费用 33 欧元。特别经营许可执照：30 个工作日，费用 66 欧元。申请人必须在斯洛伐克有永久或临时居所。营业执照发放单位：营业执照局。布拉迪斯拉发地区营业执照局地址：Hviezdoslavova 2254/36，915 01 Move Mesto nad Vahom，Slovakiao。

开立银行账户：1 个工作日，费用 17 欧元（因不同银行而异）。在办理公司注册之前，申办人必须开立银行账户，并存入资本金。如果是个人独资企业，需要全部一次性存入；如果几个股东共同设立公司，每人需要存入全部资本金的 30%。有限责任公司最低注册资本为 5000 欧元，股份公司最低注册资本为 25 000 欧元。

在地方法院申请注册登记：5 个工作日，费用 332 欧元。须提交公司注册申请表。所有公司发起人需要在文件上签字，并需要公证。公司注册代码将由注册法院颁布。

税务登记（所得税及增值税）：30 个工作日，免费。增值税登记，在斯洛伐克注册或在斯洛伐克拥有固定经营场所的经营机构。营业额 12 个月内达到 5 万欧元的，须进行增值税登记。外国公司在斯洛伐克境内从事经济活动，在开展业务前，必须办理增值税登记。公司在办理完公司登记后 30 日内，必须办理公司所得税登记，办理地点为公司附近的税务局。如果公司有雇员，还须办理个人所得税登记。该登记必须在其第一个雇员领取工资后 15 日内完成。公司所得税和个人所得税可以一并申办登记。

社会保障登记：雇主必须为雇员在当地社会保险公司办理养老、疾病、伤残、失业保险登记和工伤保险登记。时间：1 个工作日，免费。有关登记表格可以从社会保障局网站下载。雇用超过 20 名以上雇员的雇主必须每月向社会保障局报告社会保险情况。

健康医疗保险登记：雇主必须根据雇员选择的保险公司为其办理健康医疗保险。办理登记的时间为雇员正式开始工作的 8 日内。办理时间：1 个工作日，免费。

（二）承揽工程项目的程序

1. 获取信息

斯洛伐克主管公共采购的部门为公共采购局。

有关基础设施项目的公共采购招标信息通常在下列网站发布。

（1）中央财政合同局。

（2）公共采购办公室。

（3）招标信息在欧盟网址上发布。

（4）公共采购项目一般分为货物类、工程类和服务类，根据不同项目分类，规定有不同的最低金额限制，凡达到公开招标数额标准的，必须采用公开招标方式。有关详情，请参阅公共采购局网站。

2. 招标投标

根据斯洛伐克新修订的公共采购法，所有在斯洛伐克实施的基础设施建设项目，都需要通过招投标程序进行采购，招标方式包括公开招标、限制招标、协议招标、竞争性对话。在法律规定和技术标准方面，斯洛伐克全面施行欧盟的规定和标准。项目投标商须具备相应资质。招标单位在公司业绩、公司财务状况和企业资质等方面对竞标者提出要求。

3. 许可手续

公共采购法对投标商做了如下规定。

投标人要求只有满足下列条件的个人或法人才能参与投标：

（1）投标人、其法定组织或法定组织成员没有贪污罪记录，没有损害过欧盟的金融利益，没有为犯罪团伙洗钱，没有建立、策划和支持犯罪组织；

（2）投标人、其法定组织或法定组织成员没有因职业商业行为被判罪；

（3）没有在进行破产宣告程序，没有破产或已难以再继续经营；

（4）未拖欠医保、社保和养老金；

（5）无欠税；

（6）已被批准可以提供供应、开展建设工程和提供服务；

（7）之前 5 年内，无非法雇工行为；

（8）之前 5 年内，没有犯过招标人可以证明的严重行业操作错误。

投标人应当通过以下资料来证明其满足上述条件：

（1）和（2）提供司法记录简介信；

（3）法院确认信；

（4）社保和医保机构证明函；

（5）当地税收部门开具的证明函；

（6）经营范围的证明文件，或加入专业组织的注册文件；

（7）劳动巡查员出具的证明函。

替代声明：

（1）如果投标人没有在斯洛伐克营业，其所在国不能提供上述要求的文件或相对应文件，可以由其所在国法律规定生效的郑重声明代替。

（2）如果投标人是在其他欧盟成员国营业，成员国法律如果没有规定郑重声明的，可由成员国法律规定生效的在法庭、行政部门、公证人、专业机构或者贸易机构所做的声明代替。

投标人资信证明是由银行或外国银行分支机构出具的资金证明；需要提供保险证明时，可提供职业责任保险蓝卡或商业责任保险蓝卡；资产负债表或资产和债务目录；连续 3 年的营业额概况，或者和投标内容相关的营业额概况。

投标人技术能力和专业要求可由已提供过的供应、建筑和服务的类型、数量及重要性等的书面材料来说明，包括之前三年所提供的供应或者服务，应说明价格、日期和客户等主要内容，并提供由客户确认的执行情况；此前 5 年执行的建设项目情况，并附上包括价格、地点、完工日期、施工情况等内容的建设工程满意度证明；在建设项目中将要被投标方聘请执行该项目的负责工程质量的工程人员或者技术机构；在建设项目招标时，应提供项目管理人员的教育和职业经验或者职业资格；执行项目时所要采取的环保措施；此前三年的年度职工和管理人员数量；机械和硬件情况。

当招标人要求提供由独立机构出具的质量证明时，可能会优先选择欧盟标准的质量保证体系。欧盟成员国相应机构出具的质量证明应获得招标人承认。招标人也应当承认投标人提交的根据相关证书标准颁发的等同于质量保证的证明文件。

招标程序：

（1）公布采购公告；

（2）投标人提出参与投标意愿；

（3）资格审查；

（4）投标；

（5）成立评标委员会；

（6）开标；

（7）评标；

（8）公布评标信息；

（9）结标。

（三）申请专利和注册商标

1. 申请专利

负责专利管理的部门为斯洛伐克工业产权局。该局负责发明、实用新型及外观设计专利的授予与管理。

申请专利所需文件包括：

（1）专利申请表；

（2）说明书：说明书应当对专利做出清楚、完整的说明，以所属技术领域的技术人员能够实现为准；

（3）权利要求书：权利要求书应当以说明书为依据说明专利的技术特征，清楚、简要地表述请求专利保护的范围；

（4）说明书附图：说明书附图是专利申请的必要文件。专利申请如有必要也应当提交附图。附图应当使用绘图工具和黑色墨水绘制，不易涂改或涂擦；

（5）说明书摘要及摘要附图。

有关专利申请的程序，请参见斯洛伐克专利法（Decree of the Industrial Property Office No. 223/2002 Coll. Implementing the Act No. 435/2001 Coll）。有关申请文件的内容要求和格式请参见 The Instruction of the President of the

Industrial Property Office of the Slovak Republic，文件可在工业产权局网站下载。

申请专利途径可以通过两种途径：直接制或代理制。直接制是指申请人自备申请文件，直接邮寄或递交到斯洛伐克工业产权局专利处。代理制是指申请人委托专利代理机构、公证处以及商务律师办理申请手续。

发明专利申请经实质审查、实用新型和外观设计专利申请经初步审查，没有发现驳回理由的，工业产权局应当做出授予专利权决定，发给专利证书，并同时予以登记和公告。专利权自公告之日起生效。在授予专利权之前，工业产权局应当发出授予专利权的通知书。

2. 注册商标

斯洛伐克工业产权局负责商标的注册与管理。

申请注册商标所需文件包括：

（1）注册商标申请表；

（2）提供商标图样；

（3）提供营业执照复印件一份；

（4）提供申请商标在斯洛伐克及在本国的首次使用时间，所提供的时间应力求准确；

（5）如果申请的商标已在国内取得注册，应提供申请注册商标的国内注册证复印件。

申请注册商标可以通过直接制或代理制两种途径。直接制是指申请人自备申请文件，直接邮寄或递交到斯洛伐克工业产权局商标处。代理制是指申请人委托专利代理机构、公证处以及商务律师办理申请手续。

注册商标程序：

（1）注册准备：注册方式选择；商标在先注册权利的查询工作；申请商标资料的准备；

（2）申请注册：按商品与服务分类申请；商标申请日的确定；

（3）商标审查；

（4）初审公告；

（5）注册公告；

（6）领取商标注册证。

根据《商标国际注册马德里协定》，申请人可以向位于西班牙阿里根特市的内部市场协调局（OHIM）申请欧盟注册商标，经核准注册后可在欧盟成员国受到保护，不需再向每个国家分别申请。申请人可以直接向协调局申请，也可以通过中国国内代理机构申请。有关规定请详见国家工商总局第7号令《马德里商标国际注册实施办法》。在斯洛伐克申请欧盟商标的机构为斯洛伐克工业产权局。欧盟商标费用3500欧元，包括申请费及代理费。

（四）企业报税的手续

1. 报税时间

（1）增值税

纳税人以1个月为一期纳税的，自期满之日起25日内申报纳税。纳税人以1个季度为一期纳税的，自期满之日起25日内申报纳税。

（2）个人所得税

纳税人以1年为纳税期，于次年3月31日前申报纳税。

（3）公司所得税

按年申报，应纳税款必须在下一个纳税年度第3个月月底前交付完毕。

2. 报税渠道

纳税人报税途径有：直接报税、邮局报税和电子报税。

3. 报税手续

纳税人到就近的税务局递交报税材料；

邮局报税：

（1）应使用统一纳税申报专用信封；

（2）以邮政部门收据作为申报凭据；

（3）申报日期为寄出的邮戳日期。

电子报税：

（1）指税务机关确定的网络传输等电子方式；

（2）按照税务机关规定的期限和要求保存有关资料，并定期书面报送税务局；

（3）申报日期以税务机关计算机网络系统收到该数据电文的时间为准；

（4）与数据电文相对应的纸质申报资料按税务机关规定的期限报送。

4. 报税资料

纳税人办理纳税申报时，应当如实填写纳税申报表，并根据不同的情况相应报送下列有关材料。

（1）《纳税申报表》；

（2）财务会计报表及其说明材料（公司企业纳税人）；

（3）与纳税有关的合同、协议书及凭证；

（4）《外出经营活动税收管理证明》和异地完税凭证；

（5）境内或者境外公证机构出具的有关证明文件；

（6）其他有关证件、资料。

（五）工作准证

1. 主管部门

斯洛伐克劳动、社会事务和家庭部为斯洛伐克劳动政策主管部门，斯洛伐克地方劳动局根据劳动力市场情况签发工作许可。

2. 工作许可制度

（非欧盟成员国公民）工作许可有效期最长可为2年，季节性工作许可有效期为6个月。如果在原工作单位继续工作，需要延长工作许可有效期，须在到期前30日提出申请。雇主只能雇用持有居留许可及工作许可的外国人，法律另有规定的除外。如果在斯洛伐克停留超过3个月，需要办理临时居留许可。

不需要申请工作许可的情况包括：

（1）在斯洛伐克境内有永久居所的外国人；

（2）因与家庭团聚而获得暂时居留许可的外国人；

（3）因参加特殊项目而获得暂时居留许可的外国人；

（4）斯洛伐克外侨；

（5）被批准申请庇护的外国人；

（6）被批准难民身份的外国人；

（7）下列人员，在斯洛伐克工作连续不超过 7 天，或 1 年累计不超过 30 天，无需工作许可：从事教育、科学研究及学术研究的学者，为从事某项具体的研究工作；艺术工作者参加某项具体的活动；26 周岁以下的学生；执行合同项下提供货物或服务工作，或提供保修期内的维修服务；

（8）根据国际公约规定，在斯洛伐克无需工作许可的外国人；

（9）外交使团及国际组织成员家属，根据其所属国与斯洛伐克签订的互惠协议；

（10）国际援助救助机构人员根据国际协议提供救助工作；

（11）被位于欧盟成员国境内的雇主派往斯洛伐克境内工作；

（12）在斯洛伐克从事投资业务合伙组织或合伙企业的外国合伙人；

（13）受雇于国际运输组织，并被外国雇主派往斯洛伐克工作的外国人；

（14）外国记者。雇主和劳动者之间的法律关系必须通过合同方式确定。合同签订前，被雇者应先到指定医院体检。雇用双方签订书面工作合同后，才产生雇用双方的劳动关系。合同主要内容包括：工作内容、地点、工作时间、报酬、劳动保护、工作条件和专业发展、雇主和劳动者之间的权利和义务等。

3. 申请程序

外国人在斯洛伐克境内就业，需要向当地劳动局申请工作许可。劳动局将视当地就业情况和申请人自身条件，决定是否签发工作许可。劳动局须在失业登记系统查询是否有斯洛伐克公民适合这一岗位的情况，如果可以找到当地合适的应聘者，将优先考虑本国公民。斯洛伐克对部分国家劳工申请工作许可有配额限制。地方劳动局负责审批劳动许可的工作，审批时间为 30 天。

工作许可申办材料可以由工作者本人递交，也可由雇主递交。如果通过雇主递交，需要出示委托证明。

申请工作许可所需文件如下。

（1）合法有效的劳动合同或者雇主雇用承诺书；

（2）斯洛伐克劳动局关于劳动力市场情况的结论（该岗位是否有合适的斯洛伐克公民）；

（3）雇主雇用的说明函；

（4）学历学位证明，需要由斯洛伐克法院宣誓翻译译成斯洛伐克文；

（5）申请者护照复印件；

（6）斯洛伐克无犯罪记录证明；

（7）雇主承担各种税务保证；

（8）工作许可申请表。

一、塞尔维亚共和国概况

二、塞尔维亚经济发展情况

三、塞尔维亚主要投资政策和法规

四、塞尔维亚总体投资环境介绍和中塞经济合作

五、目前中国在塞尔维亚重点项目进展情况

塞尔维亚共和国投资指南[一]

[一] 部分资料来源于外交部网站、塞尔维亚驻华使馆提供的材料，以及中国驻塞尔维亚大使馆网站资料。

塞尔维亚共和国是位于欧洲东南部，巴尔干半岛中部的内陆国，欧洲第二大河多瑙河流经其境内。处在欧洲心脏地带的塞尔维亚既是连接东西欧的“金桥”，也是连接欧洲和亚洲的“十字路口”，区位优势明显，在“一带一路”战略中意义重大。

塞尔维亚与中国友好关系源远流长，塞尔维亚是中东欧地区第一个同中国建立战略合作伙伴的国家，双方各领域、各层次交往频繁。

近年来，塞尔维亚国民经济呈现出稳中有升的态势，2014 年塞尔维亚 GDP 为 3.88 万亿美元，人均 5820 美元，同比增长 1.5%，通货膨胀率 2.08%。据中华人民共和国商务部欧洲司数据统计，2015 年 1 ～ 9 月中国与塞尔维亚进出口总额为 40273 万美元，同比增长 1.1%。其中，从中国进口 31 045 万美元，同比降低 0.8%；对中国出口 9228 万美元，同比增长 7.9%。中国目前是塞尔维亚第四大进口来源地。

2015 年 6 月 22 日，国务院副总理张高丽在贝尔格莱德会见塞尔维亚总统尼科利奇时说，双方要稳步推进匈塞铁路等交通基础设施领域重大项目合作。深挖产能和投资领域合作潜力，推进中塞经济技术园区、科斯托拉茨电站等项目建设。扩大农产品贸易，加强金融合作，鼓励两国企业探讨更加灵活多样的合作模式和融资方式。通过互设文化中心，深化教育、体育、旅游合作，提供签证便利等方式，进一步密切人文交流。

一、塞尔维亚共和国概况[㊀]

（一）地理环境

1. 地理概况

塞尔维亚位于巴尔干半岛中北部，东北与罗马尼亚、东部与保加利亚，东南与马其顿、南部与阿尔巴尼亚、西南与黑山、西部与波黑、西北与克罗地亚相连。

㊀ 资料来源：中国外交部。

贝尔格莱德夜景

2. 自然资源

资源矿藏有煤、铁、锌、铜等，森林覆盖率 25.4%，水力资源丰富。

3. 人口

塞尔维亚少女

资料来源：塞尔维亚旅游局。

人口 930 万（2013 年）。

（二）政治环境

1. 政治

政局总体保持稳定。2012 年 5 月，塞举行总统、议会、地方选举。前任塞前进党主席尼科利奇当选总统。2014 年 3 月，塞举行提前议会选举。4 月，本届政府成立，主要由前进党与社会党组成，武契奇任总理。

2. 宪法

2006 年 11 月，塞尔维亚议会通过新宪法。

3. 国家元首

塞尔维亚共和国国家首脑是总统，由直选产生，任期 5 年。现任总统托米斯拉夫・尼科利奇（Tomislav Nikolić），2012 年 5 月当选。1952 年 2 月生，毕业于诺维萨德大学经济和工程管理学院。曾任塞激进党副主席、塞前进党主席，是塞前进党创始人。1992 年起任塞议会议员，曾任副总理等职。2012 年 5 月当选塞尔维亚总统。就任总统后辞去塞前进党主席职务。已婚，有两个儿子。

4. 双边关系

1955 年，中国同前南斯拉夫建立外交关系。南斯拉夫解体后，中国驻前南斯拉夫大使馆先后更名为中国驻塞尔维亚和黑山大使馆（2003 年）、中国驻塞尔维亚共和国大使馆（2006 年）。2009 年，中塞宣布建立战略伙伴关系。两国外交部合作良好，建有磋商机制。

5. 议会

国家最高权力机构是议会，实行一院制。议员通过直选产生，任期 4 年。本届议会于 2014 年 3 月选举产生，共有 250 席。其中塞尔维亚前进党联盟 136 席，塞尔维亚社会党 25 席，塞尔维亚民主党 17 席，塞尔维亚新民主党 12 席，塞尔维亚退休者联盟党 12 席，塞尔维亚社会民主党 10 席，统一塞尔维亚党 7 席，伏伊伏丁那社民人士联盟 6 席，新塞尔维亚党 6 席，伏伊伏丁那匈牙利人联盟 6 席，塞尔维亚复兴运动 – 民主基督教党 6 席，桑贾克民主行动党 5 席，其他 2 席。议长玛雅・戈伊科维奇（Maja Gojković），1963 年生，毕业于诺维萨德大学法律系。塞前进党主席团成员。1996 ~ 2000 年，任伏伊伏丁那自治省议会议员。1998 ~ 1999 年，任南斯拉夫联盟共和国副总理。2004 年 9 月地方大选后，任诺维萨德市市长。自 2012 年 5 月，任塞尔维亚国民议会议员，及外事委员会，司法和国家管理、地方自治委员会成员。

6. 政府

最高权力执行机构是政府。本届政府于2014年4月组成，是以塞前进党、塞社会党、塞民主党等组成的联合政府。塞前进党主席阿莱克桑达尔·武契奇（Aleksandar Vučić）任总理，塞社会党主席伊维察·达契奇（Ivica Dačić）任第一副总理兼外交部部长。其他政府成员有，副总理兼建设、交通和基础设施部部长佐拉娜·米哈伊洛维奇（Zorana Mihajlović），副总理兼贸易、旅游和电信部部长拉希姆·利亚伊奇（Rasim Ljajić），国家管理和地方自治部部长科里·乌多维契基（Kori Udovički），财政部部长杜尚·武约维奇（Dušan Vujović），农业和环保部部长斯奈扎娜·博戈萨夫列维奇－博什科维奇（Snežana Bogosavljević -Bošković），矿产和能源部部长阿莱克桑达尔·安蒂奇（Aleksandar Antić），司法部部长尼科拉·塞拉科维奇（Nikola Selaković），内务部部长奈博伊沙·斯特法诺维奇（Nebojša Stefanović），国防部部长布拉蒂斯拉夫·加希奇（Bratislav Gašić），教育和科技部部长斯尔詹·韦尔比奇（Srđan Verbić），卫生部部长兹拉蒂博尔·隆查尔（Zlatibor Lončar），退役军人和社会问题部部长阿莱克桑达尔·武林（Aleksandar Vulin），青年和体育部部长瓦尼亚·乌多维契奇（Vanja Udovičić），文化和信息部部长伊万·塔索瓦茨（Ivan Tasovac），负责欧洲一体化的不管部长亚德兰卡·约克西莫维奇（Jadranka Joksimović），负责紧急情况的不管部长韦利米尔·伊里奇（Velimir Ilić）。

（三）社会文化环境

1. 语言

官方语言为塞尔维亚语。

2. 宗教

主要宗教东正教。

贝尔格莱德的建筑

3. 教育

教育方面，塞尔维亚实行八年制义务教育。全国主要大学有贝尔格莱德大学、诺维萨德大学、尼什大学、克拉古耶瓦茨大学和普里什蒂纳大学。2010/2011 年度各级学校情况如下：小学生 57.33 万人，中学生 28.16 万人，大学生 22.85 万人。各类教师共计 9.6 万人。

4. 民生

居民生活水平方面，2011 年全国共有医生 2.11 万名，病床 4.11 万张。2012 年塞尔维亚人均税后月工资约 365 欧元，居民消费价格同比增长 12.2%。

5. 简史

9 世纪起，移居巴尔干半岛的部分斯拉夫人开始建立塞尔维亚等国家。一战后，塞尔维亚加入南斯拉夫王国。二战后，塞尔维亚成为南斯拉夫社会主义联邦共和国的六个共和国之一。1991 年，南斯拉夫开始解体。1992 年，塞尔维亚与黑山组成南斯拉夫联盟共和国。2003 年 2 月 4 日，南联盟更名为塞尔维亚和黑山。2006 年 6 月 3 日，黑山共和国宣布独立。6 月 5 日，塞尔维亚共和国宣布继承塞黑的国际法主体地位。

二、塞尔维亚经济发展情况

（一）2014 年塞尔维亚经济概况

2014 年，塞经济持续低迷，国民生产总值为 446 亿美元，全年经济发展为负增长 1.8%，人均 GDP 为 6129 美元。

由于遭受百年不遇洪灾，塞上半年农业、工业、住房和日常生活均受到影响。但在国际社会救助和塞政府的努力下，2014 年塞农业生产依然增长，在满足国内需求的同时仍可部分出口创汇。塞工业增长 5.3%，也是经济增长的重要动力。（见表 19-1）。

表 19-1　2014 年塞尔维亚宏观经济数据表

项目	数值
GDP（亿美元）	438
同比增减（%）	–1.8%
人均 GDP（美元）	6129
工业产值（亿美元）	115.9
工业增减（%）	–6.5%
外贸额（亿美元）	354.9
同比增减（%）	1.0
出口（亿美元）	148.4
同比增减（%）	1.6
进口（亿美元）	206.5
同比增减（%）	0.5
贸易差额（亿美元）	–58.1
通胀率（%）	1.7
失业率（%）	16.8
货币名称	第纳尔
汇率	1 美元≈ 88.5 第纳尔
人均工资（美元）	694
同比增减（%）	–2.8
累计引进外资（亿美元）	300
累计外债（亿美元）	345
累计外汇储备（亿美元）	131.5

（二）产业结构及支柱产业

塞以农业为主，积极发展汽车和信息通信业。

农业是塞传统优势产业之一。塞土地肥沃，雨水充足，农业生产条件良好。塞共有农业土地 509 万公顷，主要集中在北部伏伊伏丁那平原和塞中部地区。其中耕地 330 万公顷，果园 24.2 万公顷，葡萄园 5.8 万公顷，草场 62.1 万公顷。在农业生产中，种植业占 62.1%，畜牧业生产占 37.9%。主要农作物有小麦、玉米、甜菜、向日葵、马铃薯、苹果、李子及葡萄等。其中，2014 年小麦产量 231.4 万吨，同比减少 14%，主要是受 5 月份洪灾影响；玉米产量 731.4 万吨，同比增长 24.7%。2014 年，塞农产品出口额 25 亿美元，占出口额的 17%。

汽车工业曾是塞经济的辉煌产业之一。2008 年，塞政府再次将汽车工业列为经济重点发展产业，引进意大利菲亚特集团控股原属国有的克拉古耶瓦茨市“红旗汽车厂”(ZASTAVA)，并以此为中心重建汽车产业中心，包括整车制造和零配件生产，计划将其打造成东南欧地区的汽车制造和零配件加工中心。2000 年以来，共有 27 家外资企业在塞投资汽车组装、零配件生产等，投资总额约 15 亿欧元，占塞吸引外资总量的 10%，其中意大利菲亚特汽车集团投资达 10 亿欧元。2012 年 7 月，意大利菲亚特集团在塞尔维亚投资生产的 500L 型汽车正式投产，日产量达 550 辆。2014 年，塞汽车出口额 20 亿美元，占出口额的 13.8%，不仅为塞出口创汇，更带动了相关产业发展。

信息通信技术产业（ICT）是塞具有比较优势的产业之一。目前，塞共有 1600 余家 ICT 企业，约 14 000 名从业人员。微软也在塞投资设立了研发中心，拥有 130 余名技术人员。

塞工程师、技术人员良好的教育背景（70% 以上具有大学及以上学历）和相对较低的薪金水平（税前工资 1000 ~ 2000 欧元）是塞信息通信技术产业的核心竞争优势。

同时，信息通信技术产业也是塞政府大力推动发展的核心产业之一，计划将其打造为塞经济的支柱产业。塞政府积极完善信息通信产业法律法规，推动实施电子商务、电子政务、电子财会、电子健康等智能信息化计划，以提升政务公开、商业效益、政府廉洁和民生关怀水平。此外，塞进一步向国外投资者开放了数字电视、有线和无线宽带网络基础设施等信息通信市场，吸引更多外商投资。

（三）主要经济政策改革

目前，制约塞经济发展的因素主要有三个方面。

一是财政赤字、公共债务、失业率仍然高企。2015 年一季度，塞公共债务达 265.6 亿美元，占 GDP 比重超过 75%，继续刷新历史新高。尽管塞政府已采取了强有力的财政整顿手段，但目前来看塞公债仍将继续攀升，恐将达到 GDP 的 80%，严重制约了政府投资能力；实际失业率仍然高达 21% 以上，而且随着国有企业私有化程度的加深及政府计划继续削减公共部门冗余人员，失业率仍有进一步攀升的可能。

二是缺乏更多经济增长点。农业虽然在 2014 年勉强维持增长，但受气候影响较大、"靠天吃饭"的弊病暴露无遗，由于大片耕地受洪灾影响需几年时间才能恢复，未来几年作为主要出口创汇的农产品产量将无法保持稳定；实体经济中只有汽车工业一枝独秀，2014 年汽车出口（菲亚特汽车是塞最大出口品牌）在 2013 年大幅增长 259.8% 后降低 4.3%，出口额约 25 亿美元，占出口额的 16.8%，亟须发掘新的增长点。

三是内需不足，外需疲软。据德国捷孚凯公司《2013/2014 年欧洲购买力水平》统计，塞居民整体购买力约 220 亿欧元，在 42 个欧洲国家中名列第 32 位，人均购买力不足欧洲平均水平的 1/4。随着塞新政府通过新《劳动法》大幅削减公共部门工资和退休金，2014 年塞人均工资下降至 694 美元，同比下降 3%。

塞经济发展很大程度上仍然借助外需，严重依赖外部市场特别是欧盟市场。2014 年塞尔维亚与欧盟进出口贸易额 226.3 亿美元，占全年贸易总额的 63.8%，对塞尔维亚的外国直接投资中，90% 以上来自欧盟。由于俄乌紧张局势及其经济制裁、欧元近期的大幅贬值，使得欧元区经济长时间停滞的可能性依然很大，因此塞经济也将面临相当大的下行风险。

塞新政府上台后，经济发展与改革便被摆在首要位置。新政府计划用 2 ~ 3 年时间复苏经济，使国家重回健康发展轨道。执政一年来，新政府采取了一系列措施巩固国家财政及改善投资经营环境等。

1. 加强监管、巩固财政

大力削减预算，严格控制公共部门开支，其中包括大幅削减公共部门薪资达 20% 以上，清理公务用车 1500 多辆等。同时，实行统一税制，加强税收管理，简化征税手续，加强执法力度，清查逃税漏税行为，打击灰色经济，加强海关监管，增加财政收入。

2. 完善相关法律、改善投资环境

通过新的《劳动法》和《养老和残疾人保险法》，平衡企业用工权利和劳工福利保障，一方面吸引投资，提高青年人就业率，另一方面也鼓励员工长期、稳定工作，促进塞经济发展。同时还推动《能源法》《规划建设法》等法律的修改与实施，改善基础领域投资环境，加快行政审批，为企业经营提供便利，为民众创造更多就业机会。此外，针对银行坏账问题严重等问题，积极推动修改金融银行业相关法律，加强金融监管，减少对问题银行的预算补贴，保护存款人和投资人利益，维持金融稳定，促进金融银行业的健康发展。此外还通过财政支持措施，鼓励银行向企业发放低息贷款，为实业部门提供融资，刺激经济发展。

3. 深化国有企业改革

通过新的《私有化法》，确定国企私有化改革时间表，宣布出售 502 家国有企业，邀请有兴趣的国内外投资者对其进行私有化投资。塞政府计划于 2015 年年底前完成对 502 家国企的私有化，对于到期未完成的企业，将依法进行破产及清算程序。

4. 加快相关大项目实施

加快推进交通、能源等基础设施建设项目，拟于 2016 年年底前完成泛欧 10 号走廊高速公路塞境内路段建设；加快泛欧 11 号走廊高速公路塞境内路段建设及有关大城市环城公路建设；与中国、匈牙利共同研究推动塞匈铁路建设；推进有关煤电、水电等项目的可研与尽早实施，并积极邀请中方企业参与有关融资建设等。同时，塞政府积极推动“水上贝尔格莱德”房地产开发项目实施，成立了水上贝尔格莱德公司代表塞方参与，推动有关特别法案的通过等，为该项目实施创造条件、扫清障碍。2015 年 4 月，塞方与阿联酋伊戈 – 希尔斯公司签署 35 亿欧元的项目协议，正式启动该项目。

5. 积极寻求国际支持

2014 年年底，塞政府与国际货币基金组织（IMF）谈判达成一项为期 3 年、金额 10 亿欧元的预警安排协议。2015 年 2 月，又将金额上调为 12 亿欧元并签署相关备忘录。塞政府承诺将采取一系列措施巩固财政、维持宏观经济稳定、推进国企改革、改善投资经营环境等。2015 年 5 月 6 日，塞尔维亚总理武契奇在同 IMF 代表会谈后表示，IMF 对塞政府财政整顿成果给予了充分肯定。塞政府将继续落实早前同 IMF 达成的相关方案。

三、塞尔维亚主要投资政策和法规

（一）投资主管部门及投资行业规定

塞尔维亚主管国内投资和外国投资的政府主管部门是经济部。塞经济部直属机构——外国投资和出口促进署具体负责向外商投资提供服务和咨询。

塞尔维亚限制的行业是博彩业、军工行业。

塞尔维亚重点鼓励的投资行业是：

（1）汽车产业；

（2）农牧业；

（3）基础设施建设；

（4）通信信息技术产业；

（5）电子和家电产业；

（6）清洁能源产业。

（二）对外国投资的优惠政策

塞尔维亚政府对外来投资给予政策优惠，主要内容有：

（1）给予外资企业国民待遇；

（2）外资可投资任何工业；

（3）资金、资产、利润、股份及分红等可自由转移；

（4）外资可在对等条件下购买房地产，租用建筑用地期限最长可达

99年；

（5）投资项目可获得国家主要信用机构、国际信用驻塞尔维亚机构、塞尔维亚出口信用担保；

（6）外资还可进一步受双边投资保护协定保护（指与塞尔维亚已签署投资保护协定的32个国家，与中国也已签署）；

（7）塞尔维亚将加强与德国在能源、基础设施领域的合作。

2007年以来，塞尔维亚政府为促进外商直接投资，对投资5000万欧元以上的大型战略投资者提供优惠安排。对经过塞尔维亚外国投资促进局审批后符合条件的投资者，塞尔维亚政府给予利率1%的优惠贷款。主要鼓励投资的领域包括：公路建设、卫生和环保、经济开发建设（增加就业、促进企业生产、能源和交通、农业、水利、科技、旅游）、公共行政建设。

地方政府财政支持主要包括减免部分地方税，对投资商给予土地价格优惠或无偿提供土地，对有关使用土地进行基础设施建设和发展企业生产等提供审批及减免费用便利。

对外资企业给予的具体奖励和减免税办法如下。

1. 新增就业人员奖励

（1）生产性企业

最低投资额100万～500万欧元，并且新增就业人员最低达到50人，政府一次性奖励2000～5000欧元/人。

（2）国际营销服务业

最低投资额50万欧元，并且新增就业人员最低达到10人，政府一次性奖励2000～10 000欧元/人。

（3）研发企业

最低投资额25万欧元，并且新增就业人员最低达到10人，政府一次性奖励5000～10 000欧元/人。

2. 专项优惠信贷基金

塞尔维亚政府设立了专项优惠信贷基金，用于资助外资和内资企业的发展，主要针对开发性和并购性投资项目。优惠信贷的利率为1%。

（1）资助领域：工业生产、国际营销和服务、贸易和旅游及服务、农业研发。

（2）资助标准：投资商在塞尔维亚参与最终产品生产，并且在当地的投资项目富有成效；投资项目具有可持续性和可实施性；投资项目具有研发有效性；投资项目能有效使用当地的人力资源；投资项目具有环保性；投资项目符合国际化营销战略；投资项目对当地社会发展有贡献；投资项目取得地方政府支持，并获免地方税优惠。

（3）基金申请和发放方式：投资商将申请表递交到塞尔维亚外国投资和出口促进署。有关材料、信息和申请表等可在外国投资和出口促进署的官方网站下载获取。所申报投资项目经评估后，根据所获得的评分数，确定应给予的基金资助金额，由外国投资促进局在外资项目有效期内分四次发放。

3. 税收减免优惠

对固定资产投资达 800 万欧元，投资期内新增就业人员 100 人以上的外资企业，免征 10 年企业所得税。对以租赁方式开展基础设施项目大型投资，免征 5 年企业所得税。

对投资不足 800 万欧元的外资企业给予按比例抵扣减税优惠。外商固定资产投资额的 20%，可作为免税额度抵扣应交所得税（称为免税抵扣额度），但该免税抵扣额不能超过外商当年应交税额的 50%。免税抵扣额度可留用，使用有效期最长为 10 年。

对特定领域的外资实行高额免税抵扣办法。免税抵扣额度可达外商固定资产投资额的 80%。免税抵扣额度可留用，使用有效期最长为 10 年。特定投资领域包括：农业、渔业、纺织生产、服装生产、皮革生产、初级金属加工、金属标准件制造、机械设备、办公设备、电气设备、广播电视及通信设备、医疗器械、汽车、再生资源、影像制品。

对中小企业也给予免税抵扣优惠。抵扣额度比例为企业当年投资总额的 40%，但免税抵扣额不能超过外商当年应交税额的 70%。如免税抵扣额度未用，可留用 10 年。

对新增就业工人的企业，两年内全免新增工人的工资税和社会保险税。

企业在不定期内新雇员工（用人最低期限为一年），雇主在 1 ～ 3 年内免交新员工工资税。

企业新创就业还可根据用工类别，在 2 ～ 3 年期内免交新增人员的社会保险税。

企业的退税税金损益可以结转，并可冲减企业未来 10 年期内的税前利润额（所得税基数减少）。

企业有权提高其固定资产的折旧率，在规定的折旧率基数上再提高 25%。提高固定资产折旧率的优惠政策仅限于对环保、科研、教育、人力资源培训及计算机硬件领域的固定资产投资。

对租赁经营实行免税。对投资租赁经营的企业，在其经营的前 5 年给予全免税的优惠。

对外国投资项下的设备、固定资产、科研设备、建材、卫生和环保设备及塞尔维亚不能生产的物资等全免进口关税。

对商品出口及服务出口，免征增值税。

（三）金融及外汇管理政策

塞尔维亚国家银行（National Bank of Serbia，央行）负责制定金融、货币和外汇管理政策，下辖外汇管理局、反洗钱局等相关部门。

塞法定货币第纳尔（RSD）为不可自由兑换货币，如需兑换人民币等其他货币，须折换为美元或欧元等可自由兑换货币兑换。塞对外汇管制相对宽松，本国和外国国民（包括个人和企业）均可在塞银行开立外汇账户并进行外汇的汇入汇出，且对金额没有严格限制，但须提供相应证件、交易证明（如发票等，证明交易的合理合法）并缴纳手续费等。

塞法律规定，企业资金往来一般均须通过银行账户，否则相关支出将无法被税务机关认可为税前成本，可被认可为税前成本的现金支出仅包括出租车费等个别费用。此外，企业提取现金受到严格控制，每次提现均有上限规定。

由于塞本国货币币值波动较大，通货膨胀时有发生，因此民众偏好持有欧元等币值稳定的外汇，中资机构的本地雇员也大多要求以欧元或美元支付薪酬。企业和民众在进行大额交易时，一般习惯以欧元报价，再按即期汇率中间价进行折算。

塞境内的正规交易只能以本地货币结算。对于进口业务，可在网上银行系统中填写并提交外汇使用申请，同时将发票交银行审核，银行确认后在其网上银行系统中进行支付。提取外汇现金可向开户银行申请，须列明目的，并在日后提交发票等资料核销。塞央行对境外发票管理较严格，只有住宿等差旅费用能入账报销，同时按照塞公司法和税法规定，境外差旅费要根据定额标准进行纳税调整。

(四) 财政及税收政策

塞实行以中央税为主的税收征管体制，各种税收均由立法确定并保护。根据塞法律规定，税金估算、征缴、退回等业务的执行权限期为 10 年，但对税务违法行为可终身追溯。塞目前主要税种有增值税、个人所得税、企业所得税、公司牌照税及其他地方行政性收费等。其中，增值税占国家税收的 30% 以上，是塞目前最主要的财源。现行增值税法由德国协助设计并于 2005 年实施。征收范围包括一切商品销售和劳务提供，涵盖制造业、服务业和建筑业等大多数行业。目前，普通增值税率为 20%，农产品、生活必需品和儿童用品等享受优惠税率 10%。按照塞税法规定，发票上应分别明确注明销售价格和增值税。个人所得税约占国家税收的 10%，个人所得税基本税率为 12%，由雇员缴纳。企业所得税在占塞税收收入比重较小，当前税率 15%。

(五) 利用外资政策

为优化投资环境，吸引外来投资，塞中央及地方政府推出一系列优惠措施，减免企业所得税，对来塞投资企业给予国民待遇，放开外资对工业部门投资，在建筑用地等方面提供了相关便利和优惠。

同时，塞积极推动自贸园区和工业园区建设，为园区内企业提供更加优惠政策和便利条件，吸引外资、扩大出口。为吸引中国企业投资，塞方还积极中方推介交通及配套设施等条件相对优越的地区，建议在上述地区建设中国企业自贸园专区，并且提供相关便利。目前，中塞投资合作对口部门及有关企业正就此不断协商、推动合作进展。

（六）用工制度

塞劳动法较严格，用工制度及劳工保障要求较高。2014 年 7 月，塞修改《劳动法》等，平衡企业用工权利和劳工福利保障，一方面吸引投资，提高青年人就业率；另一方面也鼓励员工长期、稳定工作，促进塞经济发展。根据新的法律要求，塞企业雇用员工除支付必要薪资外，还须为员工缴纳保险等，并根据员工连续工作时间提供休假，裁员须根据工龄支付一定补偿金。男女退休年龄均为 65 岁，如提前退休须满足工作满 40 年条件等。

员工与雇主依法签订劳动合同。合同主要内容包括：雇主名称和地址，雇员姓名和居住地，雇员类别和专业水平，雇员所从事工作的种类和工作内容，工作地点，劳动方式（固定工或临时工），劳动合同期限，劳动开始日期，劳动时间，基本工资和奖金及补贴等，劳动报酬支付期限，劳动规章，每日工作时间等。

1. 解除工资合同

雇主和雇员均有权依法解除劳动合同。解除合同须以书面形式提前 15 日送达对方。

2. 劳工报酬

劳动工资中包括工资税和社保金，最低工资限额由塞尔维亚社会经济委员会确定。

3. 职工社会保险

雇主和雇员须依法缴纳社会保险（见表 19-2）。

表 19-2 塞尔维亚的雇主社保责任

保险种类	占工资额的比重（%）	支付责任
养老和伤残保险	22	雇主和雇员各承担一半
医疗保险	12.3	雇主和雇员各承担一半
失业保险	1.5	雇主和雇员各承担一半
病假保险	无	雇主全部承担
事故保险	无	雇员全部承担
劳动基金	无	雇主全部承担

资料来源：塞尔维亚劳动、就业、退伍军人和社会问题部。

塞对外籍劳工实施居留许可和劳动许可管理制度。塞规定，有意在塞工作的外国人须向塞内务部外国人管理局申办居留许可，有效期 1 年，每年须申办一次。凭居留许可及其有效时间，再向塞尔维亚国家就业局申办劳动许可，有效期最长 1 年。

当前塞失业率高企，就业形势严峻，塞严格限制外来劳务，工作许可常带有限制条件。但是，塞在高新技术产业、技术外包、软件设计等行业存在大量人才需求，鼓励外来高技术人才到塞工作。

（七）企业注册的主要程序

在塞尔维亚投资设立企业的形式包括四种类型：股份公司、有限责任公司、合股公司、合伙公司。

在塞尔维亚注册企业，无论申请注册何种形式的企业，均须到塞尔维亚商业注册署办理注册手续。注册费 70 欧元，最低注册资金 500 欧元。

在塞尔维亚办理投资相关手续，须向当地律师和相关咨询机构寻求帮助，具体事项可与中国驻塞尔维亚大使馆经商参处联系。

1. 注册申请

提交成立公司申请和成立公司合同及新公司章程。

2. 注册审批

塞尔维亚商业注册署负责审核批准成立公司，两个工作日内即可批准，并颁发《注册公司登记证》。

3. 申请统计代码

向当地统计局申办统计代码。

4. 刻制公司印章

企业获准注册后须在指定机构刻制依法规定的公司印章。

5. 设立银行账号

企业获准注册并取得统计代码后，应及时在塞尔维亚的银行开立公司账户。

6. 申请增值税号

取得《注册公司登记证》后，须到当地税务机构办理税务申报登记，领取纳税号码。

外国公司在塞尔维亚设立代表处的程序是：首先向塞尔维亚经济部提出申请，批准后到塞尔维亚商业注册署办理注册登记手续。代表处不得从事商业经营活动，无法人资格。

（八）土地使用有关规定

塞尔维亚涉及土地和不动产的法律有《塞尔维亚土地法》。

《塞尔维亚土地法》规定塞尔维亚土地分为建设土地和农用土地两种。其中，建设土地又分国有产权土地和私有产权土地。农用土地又分可耕土地和未开垦土地（包括国有产权土地和私有产权土地）。投资获取土地有三种方式：第一，租赁使用建设土地，国有产权土地租赁使用期限最长可达 99 年。第二，获得土地使用权。购买建筑物产权的同时，也获得建筑物所占土地的使用权，土地的使用期限与建筑物同存。第三，农用土地转为建设用地。在获取私有产权土地条件下，可依法申请将农用土地转为建设用地，并遵照城建规划有权申办建筑许可。

目前塞尔维亚尚未制定《不动产法》。有关不动产及建设问题的法规，主要是《城建规划与建设法》。其内容包括：

（1）不动产可依法自由转让，买卖双方通过签订合同并对不动产进行注册登记实现转让；

（2）建设房屋等不动产简化了审批手续，取消了城建许可和建筑许可，投资建设方只需申办建设批文。

外资租用建筑用地期限最长可达 99 年。塞现行法律规定未经开发的土地不得有偿转让。

（九）海关关税

根据《塞尔维亚海关法》，塞尔维亚海关每年公布新的海关税则表作为海关法的附属文件，税则表中分别列出自主关税、协议关税、优惠关税、减让关税及零关税等不同的税率。

依据关税税则规定，海关注册税为报关基数的 0.5%。塞尔维亚的平均关税率为 12%，税率的幅度为 0 ~ 30%。

按产品类别平均关税税率的调整幅度一般为：

（1）塞尔维亚不生产的原材料、零附件、设备的关税为 0 ~ 1%；

（2）塞尔维亚生产的原材料、零附件、设备的关税为 3% ~ 5%；

（3）塞尔维亚生产并拥有足够数量的设备关税为 8% ~ 10%；

（4）塞尔维亚国内大量生产的工农业产品的关税为 15% ~ 30%；

（5）塞尔维亚不生产，既属于日用消费品，同时又是再生资料产品的关税税率为 10% ~ 20%；

（6）对进口日用商品，如短缺将影响居民的生活水平，关税税率为 15% ~ 20%；

（7）塞尔维亚有能力生产的日用品关税税率为 18% ~ 25%；

（8）奢侈消费品的关税税率为 30%。

依据《关税法》与《外国投资法》的规定，对外商投资的设备、部件及规定所需物品等实行减免关税。主要有：

（1）除小轿车、游戏机与赌博机外，外商作为股本投入的设备进口免进口关税。

（2）塞尔维亚不生产的设备（需提供商会证明），具备以下理由进口，可免进口关税：

①为替换在自然灾害、火灾、爆炸、武装冲突或交通事故中毁坏的设备；

②为直接服务于科研、教育与文化活动，保健，残疾人专业培训及就业相关工作；

③为直接保护人类生存环境；

④为完成与外商长期生产合作合同而进口的原材料、半成品、构件及成品可享受全免关税或减免 50% 关税的优惠待遇，但前提是塞尔维亚商会证明上述产品在塞尔维亚不生产，或生产的数量有限或产品质量达不到规定要求。

塞尔维亚主要商品进口关税税率如表 19-3 所示。

表 19-3 塞尔维亚主要商品的进口关税

商品名称	关税税率（%）	商品名称	关税税率（%）
酒类、烟草	10 ~ 30	纸浆、纸制品	1 ~ 20
矿物原料	1 ~ 5	纺织品	0 ~ 22
化工产品	1 ~ 30	鞋帽	5 ~ 30
塑料和橡胶制品	1 ~ 20	机械设备	1 ~ 15
生皮、毛，皮革	1 ~ 10	汽车、飞机	1 ~ 20
木制品	1 ~ 10	武器及武器装备	1 ~ 25

资料来源：塞尔维亚海关。

（十）对外国公司承包当地工程的有关规定

按塞尔维亚法律规定，外国承包商在塞尔维亚从事承包工程首先须在当地注册公司，然后申请获得相应许可。

1. 企业参加承包工程项目投标的基本条件和规定主要包括：

（1）企业须在塞尔维亚工商注册局申办成立公司的注册登记和经营业务注册登记，申办成立的公司须在塞有合法经营地点；

（2）公司 5 年内无违法、犯罪及经济违规行为；

（3）无法院或工商、行政执法机构的强制勒令破产、清算或停业整顿等处罚记录；

（4）企业须遵照塞尔维亚法律规定及时纳税；

（5）企业须有塞尔维亚工商行政主管机构颁发的从事公共采购业务有效许可，该许可要依据政府行政主管部门的特别规定颁发（外国企业受一定限制）；

（6）企业具有足够的经营业务资金和融资能力；

（7）企业拥有一定的经营能力和符合法律规定的技术实力（外国专业技术人员的执业资格受到限制）。

2. 投标商参加承包工程项目投标的基本资质要求主要包括：

（1）塞尔维亚工商注册局的注册登记证明；

（2）企业在塞尔维亚纳税证明；

（3）在塞尔维亚营业许可证明；

（4）财务年度审计证明；

（5）近3年在塞尔维亚经营业绩（新成立公司受到限制）；

（6）提供企业质量保证说明，设计和工程质量标准和规范要符合塞尔维亚的有关规定（外国公司受到限制）；

（7）企业主要工程技术人员和专家，负责质检人员的执业资格和声明（中国公司人员受到限制）；

（8）投标商已承揽和实施的主要项目图片及资料；

（9）提供标书要求的技术标准和技术规格及质检认证证明；

（10）对工程、生产、服务的保质、能力调查报告；

（11）外国投标商还须提供塞尔维亚当地机构对其投标资质的认证和公证（中国公司受到限制）；

（12）投标商须特别确认接受塞尔维亚《公共采购法》第45章第1、2条关于在塞尔维亚注册公司和及时纳税的规定，并注明总承包还是选项承包；

（13）承包工程施工单位务必在投标时出具由塞尔维亚工商会颁发的“施工企业登记证明”；

（14）投标商在建筑、水利、能源、交通及通信项目上应用的设计标准、技术标准要取得塞尔维亚各权威机构一致的技术认定。塞尔维亚承包项目招标委员会根据《塞尔维亚共和国公共采购法》，按照上述资质要求，对投标商进行严格的资格预审。

3. 企业申办“承包工程项目设计许可”和“承包工程项目施工许可”的基本条件和规定主要包括：

（1）提供企业基本情况资料；

（2）企业在塞尔维亚注册行政批文（须公证），法院和工商注册登记证明；

（3）企业主要领导和主要工程技术人员名单、人员业绩和简历，附主要设计师和主要工程师的执业资格许可，企业工程施工许可；

（4）施工单位与职工的劳动关系证明；

（5）企业专业人员执业资格证明，包括注册设计师、注册工程师、注册建造师、注册结构工程师、注册土木工程师及注册监理工程师等执业资格证书；

（6）已完成的工程项目证明；

（7）企业“从业资质证书”。

（8）《塞尔维亚规划与建设法》关于承包工程设计、施工和监理的主要规定主要包括：

- 设计分为总体设计、意向设计、主设计、施工设计、施工图设计；
- 设计许可和施工许可根据项目建设规模大小分别由国家部委，地方市、区建设部或城建部门颁发；
- 设计和施工单位必须是在塞尔维亚境内注册登记的公司；
- 设计和施工单位设计人员、工程和技术人员的学历和资质必须是塞尔维亚认可、承认的学历和资质；
- 工程监理必须由塞《规划与建设法》规定的合格人员进行；
- 设计标准应用塞尔维亚的技术规范、工程质量和安全规则，并符合欧盟的基本要求；
- 企业须持塞尔维亚工商会建筑行业协会的推荐信和该会颁发的“施工企业名录登记证明”申办设计和施工许可；
- 塞尔维亚工商会是审核、认定、公布关于企业设计许可和施工许可申请资格和条件达标的国家法定部门。

（9）塞尔维亚工程商会关于认定承包工程施工单位资格和确定施工单位名录的规则条例主要包括：

- 审核、认定企业参加承包工程项目招标、公共采购招标应具备的资格和条件；

- 根据塞《公共采购法》、项目招标公告或政府部门决定，确定建设项目施工单位名单（即“商会施工单位名录”）。塞尔维亚国家工商会可授权地方商会确定施工单位名单；
- 商会向通过资格认定、列入名录的施工单位颁发“招标项目施工企业名录登记证明”；
- 申请登记进入“商会施工单位名录”的基本条件是：国内外法人、自然人作为施工单位须符合《塞尔维亚公共采购法》第45条和塞尔维亚关于建筑工程的有关规定、资质标准、基本条件和要求；
- 公司注册地址在塞尔维亚境内的施工单位可以直接申请登记“施工企业名录”。注册地址在塞境外的施工单位，除要满足上述规定和要求的条件外，还须具备的额外条件是：该施工单位所在国政府与塞尔维亚政府签订相应协议。满足全部条件后，才能申请登记名录；
- 塞尔维亚商会于招标公告在塞尔维亚《国家公告》公布后的次日确定施工单位名录，并将名录发布在国家商会和地方商会的网站上，或通过其他方式公布。

（10）承包工程施工单位申办进入“施工企业登记名录”并获取证明的主要手续和程序主要包括：

- 要依法提供8项书面证明文件，包括法院注册；工商注册；法院和工商部门出具的未违法违规证明；相应业务证明；施工证明；企业主要管理人员和工程技术人员资质证明；业绩证明；企业能力和实力证明（上述证明均须在塞尔维亚办理公证）；
- 商会定期审核申请企业的会员资格，核实申请单位是否履行了商会会员义务；
- 对不符合条件和未达标的申请单位，商会不受理。对手续不齐、未补交证明者，商会在受理申请8日后取消该企业的登记名录；
- 商会颁发的“施工企业名录登记证明”是投标商参加承包工程和公共采购项目投标所必备证明，是申办设计许可和施工许可的证明之一；

- 受理申请、确定“登记名录”、颁发名录登记证明等具体业务工作的部门是塞尔维亚商会所属建筑协会、建材协会、住宅行业协会。在此项工作领域，塞尔维亚商会与其他国家商会或相关机构有协调、合作关系（主要与前南国家）。

（11）租赁承包经营基础设施建筑工程担保条件主要包括：

- 信誉良好的银行出具租赁保函，为租赁项目投资预算的 10%；
- 履约保函，投资预算的 10%；
- 过失责任保函，投资预算的 5%；
- 租赁者履约抵押金，协议确定。租赁合同期内，租赁者须办理保险种类：为施工企业办理全险；第三者险；避免专业责任险；项目人员、劳务工人险及财产损害险；租赁合同规定的其他担保和保险。

四、塞尔维亚总体投资环境介绍和中塞经济合作

针对外商投资者，塞尔维亚具有多项投资激励措施。其中，企业利润税率是欧洲最低，增值税率在欧洲经济共同体中也极具竞争力。企业所得税的统一税率为 15%，除双重税收公约特殊规定外，分红、股票利润、版税、利息和资本收益（适用于非居民）的税率是 20%。如企业投资固定资产额超过 900 万欧元，且在投资期雇用至少 100 位额外员工，将免收该企业的企业利润税，免税周期自企业征税首年开始，为期 10 年。雇主有权返还部分缴纳的税款。拥有 1 ~ 9 名新员工的企业可以减征 65% 的税款；拥有 10 ~ 99 名新员工的企业可以减征 70% 的税款，超过 100 名新员工的企业可以减征 75% 的税款。增值税的标准税率为 20%，减税税率为 10%。年所得税为 10%，税率范围从年所得税起征点至塞尔维亚平均年薪的 6 倍，超过 6 倍则征收 15% 年所得税，另有低于 50% 所得税减征的可能性。养老金和伤残保险为 26%，健康险为 10.3%，失业险为 1.5%。此外，外国投资商在进口设备和机械时免征关税，这代表了外国投资商在塞尔维亚企业的股份权益。在进口用于出口生产的原材料和半成品时，政府也免征进口关税。只要企业在塞尔维亚任一自由

贸易区内经营，或取得海关对外加工生产办事处的许可文件，即可享受该关税免征政策。以上两种情况中，生产的产品必须是100%指定出口。自由贸易区提供诸多便利条件，如获取土地、优越的地理位置，以及到位的基础设施。目前，共有13个工业园区具有免关税资质。从这些园区进口和出口产品将免征增值税、关税和清关税。此外，在这些园区内生产所得的收入也免征税收。如果产品在园区生产且使用了一半以上的国内元件，这些产品将被视为塞尔维亚原产品，因此，根据自由贸易协定，产品进口和出口至塞尔维亚都将免征关税。在政府的批准下，外资企业可以建立私营自由贸易区。在塞尔维亚成立有限责任制公司需要前往相关政府机构办理手续，整个办理流程不超过10天。在塞尔维亚企业登记署（SBRA）注册企业十分便捷和优惠。外国投资商可以以创业者身份经商，也可以使用股份制公司、有限责任公司、有限合伙及普通合伙的形式创办企业。

对外国投资商而言，塞尔维亚最大的优势之一是在现有的自由贸易协定上，免征拥有8亿人口市场的出口关税，这其中包括：欧盟、俄联邦、哈萨克斯坦、土耳其、东南欧、欧洲自由贸易协定成员国及白俄罗斯。该关税免征适用大部分主要的工业产品，只有极少产品不适用或有年度限额。此外，塞尔维亚是唯一一个与俄罗斯签有自由贸易协定的独联体国家。塞尔维亚的主要产业是农业、食品业、汽车业、金属制造业、机械制造业、电子产品业、信息与通信业、纺织业、木材与家具业、共享服务业，以及商务流程外包业。对中国合作商而言，可以在水文、防洪和旅游业领域开展相关项目。塞尔维亚资源丰富，地理位置独特，拥有超过2000个注册的矿点、矿区和矿物储备点，其中，900个为金属矿物资源，超过1200个为非金属矿物资源，另有超过150个为油页岩，可提供大量投资能源和矿业的商机。此外，塞尔维亚在可再生能源，如水电、太阳能和风力发电等领域拥有巨大的商业潜能。受惠于中国的优惠贷款和技术，塞尔维亚在稳定和完善其能源供应体系上取得了长足的进步。科斯托拉茨发电站的建成将使总电能生产提高10%。目前，该项目二期的合同已签署，届时将建设价值7亿欧元的B厂区。

塞尔维亚政府已做出完成各行业（农业、工业、服务业等）现有的国有企业的私有化转变的决定，中国企业已对此措施表示了兴趣。尽管中国企业对投资塞尔维亚具有较大的兴趣，现有的中塞合作也相当令人满意，但来自中国的直接投资额仍然相对较少，且塞尔维亚方存在巨大贸易逆差，因此，塞尔维亚欢迎中国企业加大投资合作。对塞尔维亚出口商而言，寻找中国战略合作企业非常重要，这能提高他们的出口能力，使其出口的产品更适应中国市场的需求。

塞尔维亚与中国友好的双边关系推动了两国战略合作伙伴关系的建立，这也是中国在中东欧地区建立的第一个战略伙伴关系。2014 年 12 月，中国国务院总理李克强在访问塞尔维亚时明确表示两国的双边关系正处于历史“最高点”。外商投资对塞尔维亚的经济发展具有重要的意义。凭借其位于东西方分界处的地理优势，塞尔维亚常被誉为通往欧洲的门户。作为一个物流基地，塞尔维亚绝佳的地理位置使企业可以高效地服务其在欧盟、东南欧或中东的客户。两条十分重要的欧洲走廊：七号多瑙河和十号国际高速公路及铁路在塞尔维亚国内交汇，为西欧和中东提供优越的交通运输服务。

“新丝绸之路”和“21 世纪海上丝绸之路”项目将对中国与其他国家之间的政治和经济的发展产生积极的影响，尤其是中国和塞尔维亚的政治和经济发展。凭借其独特的战略地理位置，塞尔维亚将地中海地区、爱琴海及亚得里亚海与中东欧地区相连，这也是塞尔维亚最大的优势。由中国、匈牙利和塞尔维亚参与实施的三边高速铁路项目将连接贝尔戈雷格和布达佩斯，目前该项目进展顺利。此外，塞尔维亚还有许多由中国优惠贷款资助并由中国企业实施的基础设施类项目，例如：修筑邻近贝尔戈雷格的多瑙河跨河大桥，以及修建位于欧洲长廊 11 号的 E-763 号高速公路，该高速公路将欧洲高速公路与位于亚得里亚海岸的蒙特利格伊洛地区相连。此外，中国专家组已完成有关多瑙河 – 摩纳瓦河 – 瓦尔达尔河航道（项目名“ Kanal Morava”）的项目可行性报告，该项目将使欧洲航道网络与希腊和爱琴海的港口相连。然而，需要强调的是，塞尔维亚已达债务限额，今后将优先考虑和选择诸如公私合作模式、特许权，以及通过直接投资或私有化建立经贸伙伴关系的融资模式。

五、目前中国在塞尔维亚重点项目进展情况

（一）主要在建项目

1. 泽蒙－博尔察跨多瑙河大桥（现塞方已正式更名为普平大桥）及附属连接线项目

该项目包括 1500 米主桥及 21 千米附属连接线，主桥为预应力钢筋混凝土连续梁公路桥，主跨 172 米，主跨长度在世界同类桥梁中排名第三。该项目由中国路桥工程有限责任公司承建，2010 年 4 月 15 日，路桥公司与塞方签署项目商务合同，合同金额约 2.6 亿美元，塞方提供 15% 的预付款，其余部分利用中方优惠出口买方信贷，塞方提供主权担保，是塞首个利用我国优买贷款建设的项目。

该项目是 2009 年中塞两国在北京签署《两国政府间基础设施领域经济技术合作协定》后，我国企业在塞承建的第一个大型基础设施项目，也是我国企业在欧洲承建的第一座桥梁，被誉为“欧洲第一桥”。

2010 年 7 月，吴邦国委员长访塞期间，双方签署了贷款协议并举行项目奠基仪式。该项目主桥合同工期 36 个月，配套道路工期 24 个月，自正式开工起算工期。路桥公司负责项目 55% 的工程，包括主桥和两座立交桥的施工。桥梁部分工程于 2011 年 10 月 27 日正式开工。附属连接线部分工程交由当地分包商完成，由于征地拆迁等因素影响，于 2012 年 2 月 2 日正式开工。目前，大桥主跨已经合龙，桥梁部分工程已于 2014 年年底前按合同规定完工。由于塞方业主未按合同约定按时征地并签发建筑许可，连接线部分工程进度滞后，双方已就连接线部分工期延长事项签署补充协议。塞方主管部门表示，大桥项目是近年来塞基建项目唯一按期完工且不超预算的大项目。

2. 科斯托拉茨电站项目

项目由中国机械设备工程股份有限公司（CMEC）承建，总合同于 2010 年 7 月 22 日签署，分两期执行，总金额约 10.6 亿美元，塞业主自筹 15%，其余 85% 拟向中国进出口银行申请优买信贷，塞政府提供主权担保。其中一期项目金额约 3.44 亿美元，中国进出口银行提供 3 亿美元优买信贷；二期项目金额约 7.16 亿美元。

一期项目商务合同于 2010 年 12 月 8 日签署，主要包括电站现有两台机组的大修改造、附属公路和码头的改扩建以及附属铁路的修建。2011 年 7 月贺国强书记访塞期间宣布向一期项目提供 3 亿美元优惠出口买方信贷，双方于 2011 年年底正式签署贷款协议。该项目于 2012 年 7 月 15 日正式开工，截至目前，项目大修工作进展顺利，大修部分于 2014 年年底前完工，确保机组冬季运营发电；项目脱硫部分工期原定于 2015 年 1 月 15 日结束，根据实际执行情况，双方已于 2014 年 7 月 17 日正式签署合同，将脱硫部分工期延至 2015 年 12 月 31 日。

二期项目是实施我国与中东欧国家政策以来，第一个使用我国优买贷款的电站项目，主要包括新建一台 350MW 燃煤发电机组以及扩建附属煤矿（由目前的年产 900 万吨扩至 1200 万吨），预计工期 52 个月。二期商务合同于 2013 年 11 月 20 日签署，塞方已履行完成法律程序并按中国进出口银行要求全部提交贷款协议评审所需材料。经各方促进，中国进出口银行以 CMEC 为对外唯一承建单位履行贷款评审手续。2014 年 12 月 17 日，中国进出口银行与塞财政部在李克强总理访塞期间签署贷款协议。目前，CMEC 已做好承建该项目准备工作，待塞方财政部与电力公司签署转贷协议并向 CMEC 支付预付款后，CMEC 即可按合同开工。

3. E763 号高速公路项目

该项目由山东高速集团所属对外经济技术合作集团有限公司承建，是中东欧政策以来，第一个正式签约的高速公路项目。山东高速于 2013 年 5 月 10 日与塞建设和城市规划部及走廊公司正式签署合同。项目由泛欧 11 号走廊的 Obrenovac 至 Ub 段和 Lajkovac 至 Ljig 段组成，全长 50.8 千米，工期 34 个月，总金额 3.3 亿美元，由塞政府提供主权担保，中国进出口银行提供优惠出口买方信贷。预付款到位后，部分项目已于 2014 年 6 月 30 日正式开工，目前项目进展基本顺利。

（二）主要跟踪项目

1. 泛欧 11 号走廊高速公路特许经营项目

2013 年 11 月，塞上届政府提出拟采用特许经营模式建设 11 号走廊高速公路项目，并根据中塞两国政府间基础设施领域经济技术合作协定，向中资企业定向招标。标的包括：11 号走廊 Surcin-Pozega 段 151 千米高速公路运营维护，其中包括 Surcin-Obrenovac 段约 17.6 千米和 Preljina-Pozega 段 30.9 千米新建。我国四家企业（中国交通建设集团、中国建筑股份有限公司、山东高速集团、中国水电建设集团）参与资格审查，其中中交集团和山东高速通过了资格审查。但由于塞政府改组及内阁重组等原因，该项目一时搁置，其间塞方对采用其他模式建设该项目也进行了论证。

此后，塞建设、交通和基础设施部表示，鉴于塞政府财政困难，塞方无力举债实施大型基础设施项目，因此仍按特许经营模式建设 11 号走廊高速公路项目。2014 年 10 月 20 日，塞建设、交通和基础设施部向通过资格预审的中交集团和山东高速出具招标文件并开始谈判，请两家企业提出报价及方案等。截至目前，塞方已与两家中国企业进行了多轮谈判，但由于塞方预估数据与中方企业预期收益相差较大，且塞方不提供收益担保等，企业报价和议标一再推迟。塞方通过我使馆协调，希望与两家中方企业继续详谈。目前暂无具体时间表。

2. 贝尔格莱德 – 布达佩斯铁路现代化改造项目

该项目由中、塞、匈三国总理于 2013 年 11 月 26 日在布加勒斯特举办的第二届中国 – 中东欧领导人会晤上宣布。项目全长 350 千米，其中塞境内 184 千米，匈境内 166 千米，计划设计时速 160 ~ 200 千米 / 小时，初步预计投资 20 亿 ~ 30 亿欧元。该项目建成后，不仅能完善塞、匈两国交通网络建设，更能进一步向北联通西欧发达国家，向南延伸至希腊港口入海，成为贯通中东欧地区的骨干铁路线。

目前，匈境内路段情况较为明晰，有关工作进展较快。塞境内路段情况相对复杂，俄罗斯、欧盟等均已在此前介入跟踪，有关工作进展相对缓慢。贝尔格莱德 – 斯达拉帕搜瓦段（Belgrade-Stara Pazova）全长约 34 千米，目前为复线铁路，塞方希望进行提速改造，计划投资约 1.2 亿欧元，拟自筹资金或与中方合作进行可研、设计和建设；斯达拉帕搜瓦 – 诺维萨德段（Stara Pazova-Novi Sad）全长约 40 千米，2014 年 10 月 10 日，塞交通研究所与俄国家铁路公司在贝尔格莱德签署该段铁路现代化改造及由单线增建为复线铁路项目设计合同。项目设计时速200千米/小时，设计费用900万美元，计划投资4.5亿美元（约3.7亿欧元），利用俄罗斯提供的优惠贷款进行建设。项目对现有铁路的现代化改造部分预计于2015年6月完工，新建铁路部分预计于2017年年底至2018年年初完工；诺维萨德－塞匈边境苏博蒂察段（Novi Sad-Subotica）全长约110千米，目前为单线铁路，塞方希望增建为复线铁路并进行提速改造，计划投资5.15亿欧元，尚未确定融资模式，欧盟入盟援助基金（IPA）已同意提供400万欧元用于该段可研、设计等工作，但要求后期建设时必须公开招标，塞方对此尚未接受。

目前，贝尔格莱德至布达佩斯铁路现代化改造项目中、塞、匈三方工作组均已成立，并在北京举行了两次三方工作组会议（非正式会议，无会议纪要签署），但未能对塞方提出的由中方出资进行规划设计等建议提出明确意见，也未能明确下一步具体工作方案。

2014年6月6日，中匈塞交通基础设施合作联合工作组第一次会议在北京举行。塞方于2014年8月中旬，向中方提出第一次会议纪要建议文本，希望尽早签署并按纪要要求，由中方在纪要签署后一个月内由中方提出合作方案。

2015年1月14日，国家发展改革委率团访塞并同塞交通、建设和基础设施部、匈牙利对外经济与外交部在贝尔格莱德召开联合工作组第二次会议。三方签署《会议纪要》和《匈塞铁路项目合作规划》。按照计划，塞、匈双方将于2015年4月15日前完成各自境内项目可研并交由中方汇总，中方将于6月底前完成项目总体可研，同时有关技术人员实时跟进，保证项目于2015年年底前开工，用最少两年时间完工，于2017年内建成通车。目前，三方正抓紧时间进行技术可研和融资模式协商。

3. 塞铁路支线改造和新建项目

该项目由中国机械设备工程股份有限公司（CMEC）跟踪，共包含四个铁路段，其中改建铁路段三段，新建铁路一段—改建Mala Krsna-Majdanpek-Zajecar-Prahovo Pristaniste铁路段；改建Mala Krsna-Smederevo铁路段；改建 Ruma-Sabac-Rasputnica Donja Borina-State Border 铁路段；新建“NIKOLA TESLA”机场至现有铁路网铁路段。2014 年 4 月 16 日，CMEC 与塞尔维亚铁路公司签署备忘录，拟采用企业资产担保模式或塞农产品或其他出口产品换项目模式进行。目前，CMEC 正就融资问题与有关银行和信保接洽。

4. 铁路通信系统现代化项目

该项目由华为贝尔格莱德子公司跟踪，主要包括塞国内现有铁路通信信号系统的现代化改造，以提高塞铁路运输能力和信息化水平。根据双方签署的框架商务合同，该项目计划分多期实施该项目，总金额 2 亿欧元，拟申请我国优买贷款。双方已于 2014 年 5 月 14 日签署一期项目商务合同，合同金额 2470 万美元。目前，塞方业主正在申请塞政府为该项目提供主权担保。

一、俄罗斯国家概况

二、俄罗斯经济发展状况

三、俄罗斯外商投资相关法律制度介绍

四、俄罗斯联邦外国投资法

五、中俄双向投资数据

俄罗斯
投资指南㊀

㊀ 部分资料来源于外交部网站、商务部网站《对外投资合作国别（地区）指南——俄罗斯篇》以及俄罗斯大使馆提供的材料；部分数据来源于商务部、国家统计局网站、《世界投资报告 2015》的公开资料。

俄罗斯是“一带一路”亚欧万里行的第一站，也是历史上丝绸之路的重要国家。俄罗斯地跨亚欧大陆，是世界上国土面积最大的国家。

纵观丝绸之路，从亚洲到欧洲的快速通道中，俄罗斯是丝绸之路北线的一个重要中转站，东部陆海丝绸之路的主要经过地。俄罗斯远东开发战略与中国提出的“一带一路”战略在本质上相同，东北亚是东部陆海丝绸之路的源头，中俄之间区域一体化合作和发展，将促进东部陆海丝绸之路蓬勃发展。在“一带一路”建设中，俄罗斯的地位和作用无可替代。

2014 年 9 月，习近平总书记出席中俄蒙三国元首会晤时提出，建设中俄蒙三国经济走廊，并将亚欧经济联盟的成员国纳入其中。建设中俄蒙经济走廊是发展亚欧经济走廊的第一步，亚欧经济走廊将是亚欧地区的贸易区，也将是丝绸之路经济带的主要组成部分。

目前，两国已开启中俄原油管道项目、西线天然气输送项目等，两国还计划加强在俄罗斯油气开采领域的合作，俄罗斯在高铁建设和西伯利亚铁路改造方面也有意吸引中国投资。俄罗斯一直努力转变之前依靠石油、天然气出口的经济发展模式，改善其基础设施发展滞后的困境，这为两国扩大基础设施的合作提供了区位优势。

俄罗斯是中国的好邻居、好朋友、好伙伴，中俄两国地缘毗邻，政治互信，“一带一路”的实施对中俄双方都十分有益，双方在未来将会致力于欧亚经济联盟发展战略同“丝绸之路经济带”建设对接，为欧亚间货物互通有无、往来物流提供更加牢固的保障，促进制造业、服务业的发展。

一、俄罗斯国家概况㊀

（一）地理环境

1. 地理位置

克里米亚并入俄罗斯联邦前，俄罗斯国土面积 1707.54 万平方千米，占原苏联总面积的 76.3%。俄罗斯横跨欧亚大陆，东西最长 9000 千米，南北最

㊀ 资料来源：中国外交部。

宽 4000 千米，领土包括欧洲的东半部和亚洲的西部，是世界上国土最辽阔的国家。俄罗斯国界线长 60 933 千米，其中，海岸线长达 38 808 千米，濒临大西洋、北冰洋、太平洋的 12 个海；陆界长达 14 509 千米，与 14 个国家接壤，南部和东南部同中国、朝鲜接壤，南连哈萨克斯坦、蒙古、格鲁吉亚、阿塞拜疆，西南连接乌克兰，西部与芬兰、白俄罗斯、爱沙尼亚、拉脱维亚、立陶宛、挪威毗邻而居。加里宁格勒州与波兰、立陶宛相邻。东面与日本和美国隔海相望。领土 36% 在北极圈内，自北向南为北极荒漠、冻土地带、草原地带、森林冻土地带、森林地带、森林草原地带和半荒漠地带。

克里姆林宫

2. 行政区划

根据俄罗斯的宪法，俄罗斯联邦现由 85 个平等的联邦主体组成，其中包括 22 个共和国、9 个边疆区、46 个州、2 个联邦直辖市（莫斯科、圣彼得堡）、1 个自治州和 4 个民族自治区。为维护国家统一，强化总统对地方的管理，俄罗斯联邦主体按地域原则划分为 8 个联邦区（中央区、西北区、南部区、伏尔加河沿岸区、乌拉尔区、西伯利亚区和远东区、北高加索区）。

首都莫斯科是俄罗斯政治、经济、金融、科学、艺术、教育、商业中心，也是欧洲最大的城市。根据 2012 年 7 月 1 日起实施的扩大方案，面积为 2510

平方千米。常住人口 1198 万（根据 2014 年俄罗斯联邦统计局数据）。

俄罗斯主要经济中心城市有：莫斯科、圣彼得堡、新西伯利亚、下诺夫哥罗德、叶卡捷琳堡、萨马拉、鄂木斯克、喀山、车里雅宾斯克、顿河畔罗斯托夫、乌法、伏尔加格勒、彼尔姆等。

圣彼得堡

3. 自然资源

俄罗斯自然资源十分丰富，种类多，储量大，自给程度高。

【森林资源】森林覆盖面积 8.67 亿公顷，占国土面积 51%，居世界第一位，木材蓄积量 820 亿立方米。

【矿产资源】主要矿产资源有煤、铁、泥炭、石油、天然气、铜、锰、铅、锌等。储量居世界前列的有：天然气已探明蕴藏量为 48 万亿立方米，占世界探明储量的 21%，居世界第一位；石油探明储量 252 亿吨，占世界探明储量的 5%；煤蕴藏量 1570 亿吨，居世界第二位；铁矿石蕴藏量 650 亿吨，居世界第一位，约占 40%；铅蕴藏量 4 亿吨，居世界第二位；铀蕴藏量占世界探明储量的 14%；黄金储量 1.42 万吨，居世界第四至第五位；磷灰石占世界探明储量 65%；镍蕴藏量 1740 万吨，占世界探明储量 30%；锡占世界探明储量 30%；铜 8350 万吨。

非金属矿藏也极为丰富，石棉、石墨、云母、菱镁矿、刚玉、冰洲石、宝石、金刚石的储量及产量都较大，钾盐储量与加拿大并列世界首位。

【水力和渔业资源】水力资源丰富，境内有300余万条大小河流，280余万个湖泊；贝加尔湖是世界上蓄水量最大的淡水湖。渔业资源相当丰富，生物资源总量2580多万吨，鱼类为2300万吨。

4. 气候条件

俄罗斯幅员辽阔，气候复杂多样，总体属于北半球温带和亚寒带的大陆性气候，依其大陆性程度的不同，以叶尼塞河为界分为两部分，西部属温和的大陆性气候，西伯利亚属强烈的大陆性气候。西北部沿海地区具有海洋性气候特征，而远东太平洋沿岸则带有季风性气候的特点。俄罗斯大部分地区冬季漫长寒冷，夏季短暂、温暖，春秋两季很短。1月份平均气温为–37℃，7月份平均气温为11℃～27℃，相对湿度30%～80%。

5. 人口分布

截至2014年1月1日，俄罗斯人口为1.43亿，其中城市人口1.06亿（74%），农村人口0.37亿（26%）。2013年平均寿命男子为65.5岁，女子为76.5岁。

俄罗斯的人口主要分布在中心城市，约1/5的全国人口和超过1/3的城市人口聚集在莫斯科、圣彼得堡、新西伯利亚、下诺夫哥罗德、叶卡捷琳堡、萨马拉、鄂木斯克、喀山、车里雅宾斯克、顿河畔罗斯托夫、乌法、伏尔加格勒、彼尔姆等13座大城市。2013年1月1日，俄罗斯人口超过100万的城市有15座，人口在50万～100万的城市有21座，人口在25万～50万的城市有39座，人口在10万～25万的城市有94座。

（二）政治环境

1. 政治制度

俄罗斯实行总统制的联邦国家体制。宪法规定，各联邦主体（共和国、边疆区、州、直辖市、自治州和自治区）的权利、地位平等，俄罗斯联邦主体的地位只有在俄罗斯联邦和俄罗斯联邦主体根据联邦宪法进行相互协商后才能改变。

【宪法】1993 年 12 月 12 日经全民投票通过，同年 12 月 25 日正式生效。该宪法是俄罗斯独立后的第一部宪法，规定俄罗斯是共和制的民主联邦制国家，确立了总统制的国家领导体制。

【总统】俄罗斯联邦总统是国家元首，是俄罗斯联邦宪法、人民和公民权利与自由的保障；总统按俄罗斯联邦宪法和联邦法律决定国家对内对外政策；总统任命联邦政府总理、副总理和各部部长，主持联邦政府会议；总统是国家武装力量最高统帅并领导国家安全会议；总统有权解散议会，而议会只有指控总统犯有叛国罪或其他十分严重罪行并经最高法院确认后才能弹劾总统。俄罗斯联邦总统弗拉基米尔·弗拉基米罗维奇·普京 2012 年 3 月 4 日当选，5 月 7 日宣誓就职。

【俄罗斯议会】俄罗斯联邦会议（议会）是俄罗斯联邦代表和立法机构，是常设机构，由联邦委员会（上院）和国家杜马（下院）两院组成。行使立法和监督职能，工作主要集中在三个方面：立法活动，对国家财政实施监督，对政府实施监督。联邦委员会目前共 166 名代表（议员），由每个联邦主体的权力代表机关和权力执行机关各一名代表组成。主要职能是批准联邦法律、联邦主体边界变更、总统关于战争状态和紧急状态的命令，决定境外驻军、总统选举及弹劾、中央同地方的关系问题等。联邦委员会主席瓦莲京娜·伊万诺芙娜·马特维延科（女），2011 年 9 月 21 日当选。

国家杜马共 449 名代表（议员），自 2007 年 12 月第五届国家杜马起按比例代表制原则从各党派中选举产生，规定得票率达到 7% 的政党能参与议员席位分配。2011 年 12 月，国家杜马代表选举法再次修订，政党进入国家杜马的“门槛”没有改变，但规定得票率超过 5% 不足 6% 的政党可获 1 个席位，得票率在 6% ~ 7% 的政党可获 2 个席位；代表任期由 4 年延长至 5 年。主要职能是通过联邦法律、宣布大赦、同意总统关于政府首脑的任命等。本届国家杜马为第六届，于 2011 年 12 月 4 日选举产生。共有 4 个议员团，分别为统一俄罗斯党党团（238 席）、俄罗斯共产党党团（91 席）、公正俄罗斯党党团（64 席）、俄罗斯自由民主党党团（56 席）。共设 30 委员会。谢尔盖·耶夫根尼耶维奇·纳雷什金（“统一俄罗斯”党）同年 12 月 21 日当选国家杜马主席。

【政府】俄罗斯联邦政府是国家权力最高执行机关。俄罗斯联邦政府由俄罗斯联邦政府总理、副总理和部长组成；总理依据俄罗斯联邦宪法、联邦法律和俄罗斯联邦总统令，确定俄罗斯联邦政府活动的基本方针和组织政府的工作。2012 年 5 月 8 日普京签署总统令，任命德米特里·阿纳托利耶维奇·梅德韦杰夫为政府总理。5 月 21 日，梅德韦杰夫提交的政府结构和人员组成建议获总统批准，新政府设总理、1 名第一副总理、6 名副总理和 21 个部。

【司法机构】俄罗斯联邦司法机构主要有联邦宪法法院、联邦最高法院、联邦最高仲裁法院及联邦总检察院。联邦委员会根据总统提名任命联邦宪法法院、联邦最高法院和联邦最高仲裁法院法官以及联邦总检察长。俄罗斯联邦境内的审判权由法院行使。法官是独立的，法官不可撤职，只服从俄罗斯联邦宪法和联邦法律。法官不可侵犯，不能追究法官的刑事责任。法院的经费只能来自联邦预算。俄罗斯联邦最高法院是民事、刑事、行政以及其他案件的最高司法机构。俄罗斯最高仲裁法院是解决经济争议和仲裁审理的其他案件的最高司法机构。俄罗斯联邦宪法法院根据总统、联邦会议、政府和其他最高司法机构的要求，对有关案件进行裁决。俄罗斯各级法院按照俄罗斯联邦宪法、共和国宪法、刑事和民事法、劳动法以及法院组织法，在各自管辖的范围内，对有关民事、刑事、行政以及其他案件进行审理。联邦宪法法院院长瓦列里·德米特里耶维奇·佐尔金，2003 年 2 月起任该职。联邦最高法院院长维亚切斯拉夫·米哈伊洛维奇·列别杰夫，1989 年 7 月起任该职。联邦最高仲裁法院院长安东·亚历山德罗维奇·伊万诺夫，2005 年 1 月起任该职。总检察长尤里·雅科夫列维奇·柴卡，2006 年 6 月 23 日起任该职。

【军事】俄罗斯军队是在苏联军队基础上组建的。俄罗斯联邦总统是国家元首和俄罗斯联邦武装力量的最高统帅，并通过国防部长和总参谋长对武装力量实施作战指挥。在组织编制结构上分为陆军、空军、海军 3 个军种和战略火箭兵、航天兵、空降兵 3 个独立兵种。未编入武装力量的其他军队包括内卫部队，联邦安全总局、联邦警卫总局所属部队，民防部队等。兵员补充实行双轨制，即义务兵役制与合同兵役制相结合。从 2008 年 1 月 1 日起，应征入伍的义务兵服役期缩短至 1 年。总统兼武装力量最高统帅为普京（2012 年 5 月 7 日正式就任）。国防部长绍伊古（2012 年 11 月 6 日任现职）。2013 年军费开支为 688 亿美元。

2. 主要党派

2012 年 4 月，修改后的《政党法》正式生效，政党登记注册条件放宽，俄罗斯政党数量大幅增加。截至 2013 年上半年，在俄罗斯司法部获准注册的政党已超过 70 个。俄罗斯主要的党派有：统一俄罗斯党、共产党、自由民主党和公正俄罗斯党。统一俄罗斯党是俄罗斯国内最大党派。2011 年年底，俄罗斯举行第六届国家杜马（议会下院）选举，统一俄罗斯党、俄罗斯联邦共产党、公正俄罗斯党和自由民主党等四个政党进入本届杜马。尽管杜马政党组成情况与上届基本相同，但力量对比情况发生较大变化。俄共、公俄党和自民党所占席位均有所上升，统俄党所占席位大幅下降，仅略高于半数。

【统一俄罗斯党】成立于 2001 年 12 月 1 日，由“统一”党、“祖国”运动和“全俄罗斯”运动合并而成。该党拥护总统的各项方针政策，在经济上主张将文明的市场经济与社会公正结合起来，经济改革和发展必须以改善人民物质生活水平为宗旨；在政治上主张将强有力的国家与尊重公民自由和人权结合起来，改革国家治理方式，提高政府工作效率，逐步实现国家职能由经营者向调控者的转变。截至 2013 年 10 月 5 日，共有党员 215 万人。在全国各级立法机构中，议员均占据多数。在本届国家杜马中有 238 名代表，占半数以上。在联邦委员会中有 121 名议员。俄罗斯绝大多数联邦主体行政长官由该党党员或其支持者担任，该党因此被称为“政权党”。党主席为俄罗斯政府总理梅德韦杰夫，2012 年 5 月出任。

【俄罗斯联邦共产党】成立于 1990 年 6 月，当时是苏联共产党的一部分。1991 年“8・19”事件后，俄共被当局禁止活动，财产被没收。1993 年 2 月，俄共召开第二次代表大会，重建并恢复活动。1995 年 1 月，俄共第三次代表大会通过新党纲，规定俄共主要目标之一是建立人民政权，主张用和平手段进行社会改革。2008 年 11 月通过新党纲，重申俄共为当局强硬反对派的政治定位，明确理论创新、干部队伍年轻化和党内民主等党现阶段的 20 项迫切任务。中央委员会主席久加诺夫。截至 2013 年 1 月 1 日，俄共党员人数为 158 900 人。在国家杜马拥有 91 名议员。

【公正俄罗斯党：祖国－退休者－生活】2006 年 10 月 28 日，由“祖国”党、退休者党和生活党合并而成。公正俄罗斯党自称是具有社会民主主义取向的左翼政党，主要目标是建立社会伙伴关系，实现社会民主、团结，在人道主义基础上，达到社会公正。截至 2011 年 4 月，党员人数为 414 304 人。党主席列维切夫，公俄党国家杜马议会党领导人是米罗诺夫。

【俄罗斯自由民主党】成立于 1989 年 12 月，是苏联实行多党制后成立的第一个政党。该党具有较浓厚的民族主义色彩，并夹带有极端主义成分，形成了较为稳定的选民队伍。对内主张集权，建立单一制国家，对重要部门实行国家垄断。对外主张在苏联时期的领土内恢复俄罗斯帝国版图，提出国界“只能外推，不能内缩”；主张加强同东欧的联系以建立斯拉夫国家联盟；推行南下战略，称俄罗斯士兵应“洗靴印度洋”。“9・11”事件后，又主张与西方结盟。该党在政治上奉行投机路线，党主席日里诺夫斯基经常发表轰动性言论，以吸引民众注意力。基本支持普京当局在各领域的政策。截至 2012 年 1 月 1 日，党员人数为 204 693 人。

2011 年 5 月，在时任俄罗斯政府总理普京的提议下，“全俄人民阵线”创立，最初目的是支持普京竞选下任总统。2013 年 6 月 11 ~ 12 日，“全俄人民阵线”正式举行成立大会，成为超党派社会运动组织，更名为“人民阵线——为了俄罗斯”，推举普京为最高领导人。

3. 外交关系

2013 年 2 月 18 日，俄罗斯总统普京批准了新的《俄罗斯联邦外交政策构想》，确定了俄罗斯外交的四大优先方向。其中发展同中国和印度的“友好关系”被视为俄罗斯外交政策的“最重要”方向之一。而亚太地区则被称作“发展最快的地缘政治空间，世界经济和政治重心正在向其转移”。俄罗斯外交的重要方向之一是发展同中国的友好关系，继续增进与中国平等互信的全面战略协作伙伴关系，积极发展各领域合作。中俄在主要国际政治问题上保持一致的原则立场是维护地区和全球稳定的重要基础之一。在这一前提下，俄罗斯将在多方面发展同中国的外交合作，包括寻找途径应对新挑战和威胁，解决地区和全球性紧迫问题，与联合国安理会的合作，以及在20国集团、金砖国家、东亚峰会、世界贸易组织、上海合作组织和俄罗斯其他多边合作组织框架下开展合作。俄罗斯认为俄印中合作机制将是重要的长期发展机制，有益于三国发展互惠互利的外交和经济合作关系。此外，亚太地区国家和亚太区域组织都是俄罗斯外交新的关注重点。

俄罗斯对外政策的绝对优先目标是苏联地区的一体化。新“构想”对独联体、关税联盟、欧亚经济共同体、集体安全条约组织、俄A联盟等给予特别关注。其次的优先方向是欧盟，德国、法国、意大利和荷兰被称为俄罗斯最重要的欧洲伙伴，它们也是俄罗斯在天然气领域最重要的合作伙伴。接下来是美国。俄罗斯将在对美外交中寻求“反导系统不针对俄罗斯核威慑力量的法律保证”，并要求美国“遵守包括不干涉他国内政原则在内的国际法准则”。

新的《俄罗斯联邦外交政策构想》提出3个关键目标：一是协助拯救世界经济。为此“俄罗斯将积极促进建立公平、民主的全球经济贸易与货币金融体系”。二是反对干涉别国内政。为此莫斯科将“确保尊重人权和自由”，但要“考虑每个国家的民族、文化和历史特点”。在国际互联网上，将抵制以干涉内政为目的的新技术的使用。三是坚持联合国的“不可替代性”，即不允许以负有“保护责任”为借口，“实施军事干预或其他形式的干涉”。

新《俄罗斯联邦外交政策构想》对世界形势做出的基本判断是：世界更加“不稳定”和“难以预料”，主要有五个不稳定因素：一是全球经济危机，它是“地缘政治格局深层次变革的强大催化剂”。二是西方对别国内政的干涉。例如，在“阿拉伯之春”中“将自己的价值标准强加给他国的做法”蕴藏着导致“国际关系陷入混乱和失控”的危险。三是联合国地位的削弱。体现在试图“绕过联合国安理会，通过采取单方面制裁和武力行动的方式来解决危机”“肆意曲解联合国决议”以及“推行以颠覆合法政权为目的的理念”。四是跨境威胁和挑战日益扩大。这里首次将“来自信息空间的威胁”列为重要威胁之一。五是“（西方国家）重新注重国际关系中意识形态问题的倾向”。

【与中国的关系】中俄两国于1949年10月2日建交（苏联解体后，1991

年 12 月 27 日，中俄两国签署会谈纪要，解决了两国关系的继承问题)。2013 年，中国副部级以上（含副部级）官员到访俄罗斯 180 人次。俄罗斯领导人访问中国 14 次。

2013 年，在中俄两国领导人的战略引领和大力推动下，中俄全面战略协作伙伴关系发展成果丰硕，亮点纷呈，已成为层次最高、基础最牢固、内涵最丰富、最具地区和全球影响力的大国关系。

双方成功举行中俄总理第十八次定期会晤，两国立法机构领导人实现互访，能源、人文、经济、经贸、国际等五个副总理级合作或磋商机制工作富有成效。双方还新建立起中俄执法安全合作机制、中国长江中上游地区和俄罗斯伏尔加河沿岸联邦区合作机制，拓展了新的合作领域。

4. 政府机构

俄罗斯联邦政府是国家权力最高执行机关。2012 年 5 月 8 日，梅德韦杰夫被任命为俄联邦政府总理。

俄罗斯联邦执行权力机构的管理体制和职能：俄罗斯联邦执行权力机构组织结构模式实行联邦部、局、署三级管理体制。联邦部划分为归总统直接领导和政府领导两类，联邦局和联邦署划分为归总统直接领导、政府领导和联邦部管辖三类。

俄罗斯联邦部的职能是制定分管领域的国家政策，对分管领域的活动进行法律调节，对所辖联邦局、署的活动进行监督和协调。同时，联邦部还对国家非预算基金的活动进行调节。俄罗斯联邦局的职能是对分管领域的活动进行监督和调控，在国防、国家安全、国家边境保护、公共安全和打击社会犯罪等方面履行专门职能。俄罗斯联邦署的职能是对分管领域的活动提供国家服务（如发放许可、配额等)。同时，联邦署还行使除监督和调控职能以外的国家财产管理和执法职能。

【主要经济部门及职能】俄罗斯联邦经济发展部：主管宏观经济规划、预测、调控和经济改革。俄罗斯联邦工业和贸易部：主管工业政策、对外贸易政策制定，管理各大工业部门。俄罗斯联邦财政部：主管联邦财政预算政策制定、与央行共同制定中央银行法。

俄罗斯外交部办公大楼

（三）社会文化环境

1. 民族

俄罗斯联邦是一个多民族国家，有 193 个民族，其中俄罗斯族占 77.7%，主要少数民族有鞑靼、乌克兰、巴什基尔、楚瓦什、车臣、亚美尼亚、阿瓦尔、摩尔多瓦、哈萨克、阿塞拜疆、白俄罗斯等族。

俄罗斯人属斯拉夫种族，斯拉夫种族的根源最早可上溯到远古时期。而斯拉夫种族的重要一支东斯拉夫人诞生在乌克兰境内著名的第聂伯河沿岸。第聂伯河的一条支流名为罗斯河，在这里居住着东斯拉夫人的一个部族——俄罗斯人。俄罗斯人的名称就源于这条河。

2. 语言

俄罗斯共有大约 150 种语言（其中有将近 80 种符合标准语）。境内的民族语言分为 4 大语系，即印欧语系、阿尔泰语系、高加索语系、乌拉尔语系。

俄语为主要语言，属印欧语系的斯拉夫语族，是俄罗斯联邦各族人民进行民族交往最常用的语言。俄语为俄罗斯境内的官方语言，同时承担国际交流语言的功能。在俄罗斯，近 90% 的“非俄罗斯族”居民精通俄语。

3. 宗教

俄罗斯联邦境内宗教主要有基督教、伊斯兰教、萨满教、佛教（喇嘛教）和犹太教等。基督教以俄罗斯东正教流传最广，教徒人数最多，约有 5000 万。其次是穆斯林，主要是逊尼派教徒。东正教神学主要由希腊语的拜占庭神学和俄语的俄罗斯东正教神学构成。

喀山大教堂

4. 习俗

古希腊和古罗马都有左凶右吉的观念。受这些文化的影响，俄罗斯民族中形成了右为尊、为贵、为吉，左为卑、为贱、为凶这一观念。在俄语中，“右”这个词同时又是“正确的，正义的”意思；而“左”则有“反面的”意思。东礼：东正教会禁止与不同信仰的人结婚，因此来教堂举行婚礼的人必须是经洗礼入教者，而且必须持有公民证和在官方民政部门办理的结婚证件。按照东正教的习俗，在斋戒期间、某些宗教节日、星期二、星期四、星期六不举行婚礼。无论正式或非正式宴会上，俄罗斯人都喜欢敬酒。在俄罗斯，送鲜花是很好的礼物，但给亲戚朋友、老师等送花必须是单数，只有给去世的人送花是双数。

在俄罗斯，人们见面忌讳打听个人收入、年龄、情感等隐私。

5. 教育和医疗

【教育】俄罗斯教育分为基础教育和专业教育两种。基础教育包括：学前教育、初级基础教育（小学 1 ~ 4 年级）、基本基础教育（初中 5 ~ 9 年级）、完全基础教育（高中 10 ~ 11 年级）。专业教育包括：中等专业教育（相当于中国的高等职业技术学院）、高等专业教育（大学本科和硕士）、大学后专业教育（副博士、博士）。

俄罗斯教育体系包括了 14 万所各级别、各类型以及各种形式的国立教育机构；另外还有接近 1500 所研究机构、创新中心以及技术车间。2013 年，俄罗斯共有公立普通教育机构 44 700 所（比 2012 年减少了 3.7%），在校生 1378.3 万。俄罗斯高等教育机构共分为三类：综合性大学、专科院校和研究院，2013 年共有高校 969 所（国立高校 578 所，非国立高校 391 所），在校大学生总计 564.67 万人，在编教师共 31.90 万人，其中，具有博士学位的有 4.1 万人，具有副博士学位的有 16.9 万人。实施职业技术教育的学校有三种：①职业技术学校，培养从事最简单工种的工人；②中等职业技术学校，培养高度熟练技巧的工人，同时接受完全中学教育；③技术学校，培养掌握复杂技能的工人和初级技术员。

高等教育由大学、学院及其他高等学校实施，主要任务是培养有高深专业理论知识和实际技能的专家。硕士研究生也属于高等教育的范畴。博士不属于高等教育的范畴。取得博士学位者必须在工作中卓有成绩，对专业知识有深入的研究并通过博士论文答辩，由国家最高学位评定委员会决定授予。

莫斯科国立大学

俄罗斯教育的强项学科有：数学、物理、化学、医学、教育学、航空、航天、航海、核能利用、军工、光学精密机械等。

【医疗】俄罗斯是世界上医药卫生事业比较发达的国家，平均每万名居民拥有医生 50 名，医疗水平比较高，尤其是复杂的眼科手术水平处于世界领先地位。

俄罗斯至今保留着国家卫生医疗体制，所有俄罗斯人都有权享受其服务。强制性医疗保险制度始建于 1991 年，1994 年以后在全国范围内普遍推广实施，1996 年通过了居民强制性医疗保险法，强制性医疗保险基金由两个部分组成：第一，企业、组织等投保单位缴纳的强制性医疗保险费；第二，国家预算拨款资金主要用于支付儿童、残疾人、退休人员和其他非在业人员的医疗费用；第三，从事个体劳动和私人经济活动的公民缴纳的强制性医疗保险费。约 95% 的俄罗斯人持有医疗保险卡。

俄罗斯有种类齐全的医院、门诊部，各种专业的医务人员和医学科研机构。卫生机构的建设及其设备的完善一般由国家拨款进行。俄罗斯约有 400 万人从事医学工作，分布在医学科研部门、医疗预防机构、门诊及卫生部门。据世界卫生组织统计，2011 年俄罗斯全国医疗卫生总支出占 GDP 的 6.1%，按照购买力平价计算，人均医疗健康支出 1354 美元。2006 ~ 2013 年，平均每万人拥有医生 44 人、护理和助产人员 86 人、牙医 4 人、药师 1 人；2006 ~ 2013 年，平均每万人拥有医院床位 97 张。

6. 工会及其他非政府组织

【俄罗斯独立工会联合会】成立于 1990 年 11 月，目前是俄罗斯最大的工会组织，下属 120 个会员组织，其中产业工会 42 个，州一级工会 78 个，基层组织 30 余万个，拥有会员约 4000 万人，工会组织率为 70%。工会通过三方机制发挥作用。

俄罗斯独立工联以《俄罗斯联邦调节社会劳动关系三方委员会条例》为法律依据开展工作。俄罗斯政府、俄罗斯工联和俄罗斯雇主联合会组成调节社会劳动关系三方委员会，在经济政策、劳动关系、社会福利和保险等方面发挥了重要的协调作用。俄罗斯劳动关系三方协调机制的运作，主要在三个层次展开，即联邦级、州级和产业级，其主要活动是围绕不同层面劳动关系的重大事宜签署三方框架协议，该协议一般每 5 年签订一次。俄罗斯集体协议制度大致可分三级，最高一级是政府、工会和雇主签订的总协议；其次是产业工会同政府和雇主签订的产业三方协议，以及各联邦主体的工会分会同联邦主体政府签订的地方三方协议；最低一级是企业工会和企业主签订的集体协议。三方委员会的主要任务是签署总协议。协议涉及主要劳工和社会问题，如最低工资、社会保障、最低生活保障等。

【俄罗斯联邦工商会】包括 173 家地方工商会，178 家企业家联合会和 37 家联邦范围的商业机构，450 个由工商会参与组建的企业及公司，在地方范围内为企业提供信息服务，在 14 个国家注册有 15 家代表处，6 家同其他国家共同组建的合作性商会。工商会下属国际商业仲裁法庭、海事仲裁委员会、中立法庭和翻译联合会。俄罗斯联邦工商会通过下属的部和委员会从事以下几类活动：法律、展览展销、价格评估、检验、信息及其他形式的服务。工商会还提供商品检验证书和质量检验、原产地证书、法律咨询和组织企业家进修。

2013 年俄罗斯发生 3 起罢工，参加罢工的人员数量为 196 人，工时损失为 235 人 / 日。

7. 社会治安

2013 年，俄罗斯犯罪案件数量比 2012 年减少 4.2%，为 220 万起。其中，未侦破案件的比例占到 43.2%。共发生了 661 起带有恐怖主义性质的案件。2013 年俄罗斯网络犯罪率较去年上升 8.6%，最常见的是利用互联网诈骗和从电子银行系统及自然人银行账户盗款，2013 年此类犯罪案件共登记 3958 起。2013 年，莫斯科领区发生 1 起中国人被绑架事件，人质成功获救。2013 年，俄罗斯提起诉讼刑事案件 176 万件。俄罗斯法律规定居民不能持有枪支。

8. 节假日

俄罗斯实行每周 5 天工作日，周六、周日为公休日。全体职工每年都有带薪休假，平均休假日为 22 天。一年全部节假日总数为 120 ~ 130 天。

【主要国家节日】新年：1 月 1 日；圣诞节（东正教）：1 月 7 日；祖国保

卫者日（男人节）：2月23日（原苏联建军节）；卫国战争胜利日：5月9日；国家主权宣言通过日（国庆日）：6月12日；民族团结日：11月4日（原十月革命纪念日11月7日）；宪法日：12月12日。

另外还有俄罗斯旧历年元旦、海军节、建筑工人节、“俄罗斯之冬”狂欢节、桦树节、春耕节、夏至节等多种节日。军界、警界方面还有边防节、克格勃节。

二、俄罗斯经济发展状况

（一）经济概况

1. 宏观经济

【经济增长率】2013年，俄罗斯GDP为66 755.3亿卢布，按汇率计算约为20 396亿美元，同比增长1.3%，人均国内生产总值约为1.4万美元。

【产业构成】2013年，第一产业（农、林、牧、渔业）产值占GDP的4%，第二产业产值（采矿业、制造业、电力、燃气及水的生产和供应业、建筑业）占GDP 35.9%，第三产业产值占60.1%。

【财政收支】2012年俄罗斯联邦财政预算收入为13.02万亿卢布，支出为13.33万亿卢布，财政赤字3105.18亿卢布，占GDP的0.5%。根据俄罗斯政府2013～2015年预算草案，2013年财政赤字在GDP中的占比限定在0.8%。

【外汇储备】2014年1月1日俄罗斯国际储备额为5095.95亿美元。2013年4月1日国际储备额为4861.31亿美元。

【外债余额】2014年4月1日，俄罗斯国家外债余额556.12亿美元。

【通货膨胀率】2013年，俄罗斯通货膨胀率为6.5%。

2. 重点/特色产业

【石油天然气】石油天然气工业长期以来在俄罗斯经济中发挥核心作用，乌拉尔牌石油价格是俄罗斯制定国家财政预算的重要依据。2013年俄罗斯石油（包括凝析油）产量为5.232 75亿吨，同比增长1%；原油加工量2.741 87亿吨，同比增长3%；初级提炼石油为2.728 39亿吨，同比增长2.8%；出口石油 2.35 亿吨，同比增加 2.1%；当年俄罗斯天然气开采量为 6680.24 亿立方米，同比增长 2%；出口量为 2049.11 亿立方米，同比增长 10%。本行业主要企业如下。

（1）天然气工业股份公司（GAZPROM）：成立于 1993 年 2 月，主要从事天然气勘探、开采、运输、加工和销售，为俄罗斯营业额和利润最大的公司，也是世界最大的天然气开采企业。2014 年《财富》500 强第 17 位。2013 年该公司天然气开采量为 4804.5 亿立方米，同比减少 0.4%。

（2）卢克石油公司（LUKOIL）：成立于 1991 年，俄罗斯最大的私人石油公司，2014 年《财富》500 强第 43 位，当年石油产量 8692.3 万吨，同比增长 14%。

（3）俄罗斯石油公司（ROSNEFT OIL）：成立于 1993 年，是俄罗斯最大的国有石油公司，2014 年《财富》500 强第 46 位，当年石油产量 2.0303 亿吨，同比增长 0.4%。

（4）苏尔古特石油天然气股份公司（SURGUTNEFTEGAS）：成立于 1993 年，2014 年《财富》500 强第 472 位，当年石油产量为 6145.3 万吨，增长 0.07%。

（5）俄罗斯石油运输公司（Transneft）：成立于 1992 年 11 月，为俄罗斯国有石油运输公司，垄断俄罗斯国内生产石油的管线运输。

此外，2013 年俄罗斯其他大型油气公司产油量为：俄罗斯天然气工业石油公司 4931 万吨，同比下降 0.5%；鞑靼石油公司 2641.9 万吨，同比增长 0.4%；俄罗斯石油公司 881.7 万吨，同比下降 0.2%；巴什基尔石油公司 1607.3 万吨，同比增长 4%。

【冶金行业】俄罗斯矿产资源丰富，铁、铅、铜、镜等金属矿产的储量和产量都居于世界前列，矿石开采和冶金行业在俄罗斯经济中发挥重要作用，有色冶金行业是俄罗斯重要的工业部门之一，其产值约占俄罗斯国内生产总值的 2.8%，占工业生产的 10.2%。有色冶金产品是俄罗斯主要出口商品之一。从出口创汇额来看，俄罗斯冶金行业占俄罗斯所有行业创汇额的 17%，仅次于燃料动力综合体，列第 2 位。该行业俄罗斯主要企业包括：①诺里斯克镍业公司（Norisk Nickel's）。成立于 1993 年，前身为“诺里斯克镍业”康采恩，1997年完成私有化，为世界最大的镍和钯生产企业。②俄罗斯铝业联合公司（Rusal）。2006年由俄罗斯铝业公司、西伯利亚乌拉尔银业公司和瑞士嘉能可公司联合组建，是世界最大的铝和氧化招生产企业，其铝产量占世界产量12%，氧化铝产量占世界产量15%。③北方钢铁公司（Severstal）。1993年成立，为股份公司，世界最大的黑色金属冶金公司之一。④欧亚集团（Euroasia）。成立于1992年，世界最大的矿石开采和冶炼企业。

【国防工业】俄罗斯国防工业继承了苏联庞大国防的大部分，从设计、研发、试验到生产体系较为完整，部门较为齐全，是世界上少有的能生产海、陆、空、天武器和装备的国家。在俄罗斯国内装备更新速度有限的情况下，俄罗斯国防工业大力发展对外合作与出口，2013年俄罗斯向国外出口的军事装备总价值超过130亿美元。在俄罗斯出口的武器名单中，占据首位的是军用飞机，随后依次为海军舰艇、陆军装备和防空武器。

2014年，俄罗斯有8家企业入选《财富》500强（见表20-1）。

表 20-1　俄罗斯入选《财富》500强的企业

2014年排名	2013年排名	公司名称	营业收入（百万美元）	利润（百万美元）
17	21	俄罗斯天然气工业股份公司（GAZPROM）	165 016.7	35 769.4
43	46	卢克石油公司（LUKOIL）	119 118	7 832
46	99	俄罗斯石油公司（ROSNEFT OIL）	117 079.3	17 111.4
186	228	俄罗斯联邦储蓄银行（SBERBANK）	54 778.8	11 422.2
339	308	俄罗斯系统公司（SISTEMA）	34 792	2 257.5
443	—	VTB Bank 公司（VTB Bank）	27 001.4	3 186.8
472	445	苏古特石油天然气股份公司（SURGUTNEFTEGAS）	25 563	8 053.8
498	—	俄罗斯电网公司（Russian Grids）	23 854.8	–4 147.9

资料来源：《财富》杂志。

3. 发展规划

根据俄罗斯经济发展部制定的《2020年俄罗斯联邦社会经济长期发展构想》，2015 ~ 2020年，俄罗斯国民生产总值将位居世界前5名；2020年，人均国民生产总值将达到3万美元，俄罗斯高科技产品将在5 ~ 7个领域中占全球市场5% ~ 10%的份额，俄罗斯将进一步加强在一体化的欧洲的领导地位，并逐步成为世界经济中心之一。

在普京再次当选总统后，俄罗斯将继续实施 2020 年前发展战略，重点进行产业结构调整、扩大投资、发展创新经济，加快对传统工业的升级改造，改善基础设施建设，稳步推进国企私有化。入世后，俄罗斯将会更加开放市场，改革市场体制。

（二）国内市场情况

1. 销售总额

根据俄罗斯联邦统计委员会公布的数据，2013 年俄罗斯零售贸易总额为 23.6684 万亿卢布。按可比价格计算较 2012 年增长 3.9%。

2. 生活支出

截至 2013 年第二季度，俄罗斯居民储蓄率为 7.1%。截至 2014 年 2 月，俄罗斯居民储蓄存款总额为 195 659 亿卢布，较上年同期增长 16.6%。

根据俄罗斯联邦统计委员会公布的数据，截至 2013 年第三季度，俄罗斯居民平均月收入 24 899.3 卢布，平均月支出 22 871 卢布。用于购买商品和服务的消费支出约占收入总额的 77.5%。

3. 物价水平

2012 年年底，俄罗斯人均住房面积为 23.4 平方米，截至 2013 年年底，俄罗斯新房价格平均 50 208 卢布 / 平方米，二手房价格平均 56 478 卢布 / 平方米，较上年同期分别上浮 4.2% 和 0.2%。

（三）基础设施状况

俄罗斯幅员辽阔，地理环境复杂多变，公路交通较落后，铁路和航空、水运有一定基础，但多为在苏联时期建造，较为陈旧。俄罗斯政府正大力投资改善基础设施建设，但除莫斯科、圣彼得堡等大型城市外，基础设施陈旧的现状并没有得到根本改变。2011 年 11 月，俄罗斯总理宣布，俄罗斯政府拟在今后 10 年向交通领域注入巨资，全面提升现有铁路、公路和航空的运营条件，加快港口和机场等基础设施的现代化步伐。政府鼓励建立多种投资渠道，

弥补财政不足。2013 年，俄罗斯交通运输货运周转量达 5.083 万亿吨千米，同比增长 0.5%

1. 公路

截至 2012 年年底，俄罗斯公路网总里程 144.4 万千米。2012 年，俄罗斯公路客运周转量 1464 亿人千米，货运周转量 2490 亿吨千米，同比增长 11.76%。2014 年 1 ~ 2 月，俄罗斯公路客运周转量 185 亿人千米，货运周转量 327 亿吨千米。俄罗斯半数以上公路质量不符合养护标准，世界经济论坛发布的全球竞争力报告显示，在被调查的 144 个国家中，俄罗斯的公路状况位列 136 名，远次于阿塞拜疆、塔吉克斯坦、哈萨克斯坦等独联体国家。俄罗斯政府拟在未来 5 ~ 10 年之内对全国公路网进行现代化升级，并支持乡村公路建设。根据俄罗斯总理梅德韦杰夫签署的命令，自 2014 年起，俄罗斯联邦公路署计划将公路养护资金供给达到 100%，确保到 2019 年使整个联邦公路网达到标准路况。

俄罗斯公路主要位于欧洲部分，共有 25 条与芬兰、乌克兰、白俄罗斯、立陶宛等欧洲国家公路相连。此外，仅有少数几条与哈萨克斯坦、中国等亚洲国家相连。

2. 铁路

截至 2012 年年底，俄罗斯铁路网总运营里程为 12.1 万千米（仅次于美国，居世界第二位）。2013 年，俄罗斯铁路客运周转量为 1385 亿人千米，同比下降 4.2%；客运量 10.81 亿人次，同比增长 2.1%。货运量 12.37 亿吨，同比下降 2.8%；货物周转量 2.20 万亿吨千米，同比下降 1.2%。

俄罗斯铁路公司已成立高铁项目部，计划建成从乌拉尔地区到大西洋之滨的连接十几个主要城市的统一高铁网络。

目前，俄罗斯共有 10 条国际铁路干线与芬兰、立陶宛、乌克兰、白俄罗斯、阿塞拜疆、蒙古、中国、朝鲜等国家相连，主要是十月铁路、北高加索铁路、莫斯科铁路、伏尔加河流域铁路、跨西伯利亚铁路、贝阿铁路。

3. 水运

俄罗斯内河通航里程为 10.1 万千米。截至 2011 年年底，俄罗斯拥有海运客货船2750艘，内河客货船3.06万艘。主要海港位于波罗的海、黑海、太平洋、巴伦支海、白海等，包括摩尔曼斯克、圣彼得堡、符拉迪沃斯托克、纳霍德卡、瓦尼诺、东方港、新罗西斯克等。其中，欧洲地区主要是伏尔加河，为俄罗斯与欧洲国家相连的最重要的河运航道，莫斯科有"五海之港"的称号。远东地区最重要的河运航道是阿穆尔河（黑龙江），全线通航。2012年，海运货运周转量1260亿吨千米，海洋客运量110万人次，内河客运量1400万人次。2013年，俄港口货运量为5.89亿吨，同比增长3.9%。

4. 空运

俄罗斯机场总数232个，其中国际机场71个，主要机场有莫斯科的谢列梅捷沃国际机场、伏努科沃1号国际机场、多莫杰多沃机场、圣彼得堡国际机场、下诺夫哥罗德机场、新西伯利亚机场、叶卡捷琳堡机场，哈巴罗夫斯克机场等。2011年政府投入410亿卢布完成对部分空港的建设改造，并在偏远地区建立小型国有机场，以便有效降低航空成本。

俄罗斯现有航空公司46家，其中年运力超过100万人次的大型航空公司11家。2013年，俄罗斯民航客运量达8443万人次，同比增长14%，其中约一半的客流量来自俄罗斯国内航线。2013年俄罗斯各机场共接待俄罗斯及外国航空公司乘客1亿人次。

目前，中国国际航空公司、南方航空公司、东方航空公司和海南航空公司已开通到莫斯科、圣彼得堡、新西伯利亚、伊尔库茨克、符拉迪沃斯托克、克拉斯诺亚尔斯克等城市的直航班机，中俄航空交通顺畅。

目前，俄罗斯国际航线共有114条，其中，俄罗斯"空中舰队"航空公司73条、俄罗斯航空公司54条、俄罗斯洲际航空公司46条、俄罗斯西伯利亚航空公司22条、联合航空公司6条。

5. 管道运输

截至2012年年底，俄罗斯石油、天然气输送管道总长25万千米，其中天然气管道17.5万千米，石油管道7.5万千米。2010年中俄原油管道全线贯通，11月1日开始试运行，2011年1月1日起投入商业运营。2011年，俄罗斯"北溪"天然气管道建成输气，开辟了绕开乌克兰直接向欧洲输气的新途径。2012 年，输油气总量 10.96 亿吨。管道运输货运周转量 2.45 万亿吨千米，同比增长 1%。2014 年 1 ~ 2 月，俄罗斯管道运输货运周转量 4315 亿吨千米。

近年来，俄罗斯国际管道运输合作步伐加快。为规避土耳其海峡瓶颈，俄罗斯修建了亚历山德鲁波利斯—布尔加斯石油管道；为摆脱乌克兰、白俄罗斯和波罗的海国家的限制，修建了波罗的海石油管道、“北溪”天然气管道；为遏制欧盟对中亚天然气的觊觎动议，开始修建“南溪”天然气管道；为扩大油气出口多元化，修建了中俄原油管道，正在探讨修建中俄天然气管道。

6. 通信

【电信】近几年来，俄罗斯固定通信市场趋近饱和，用户纷纷转向使用 IP 电话和移动通信，俄罗斯固定电话用户每年减少 80 万 ~ 100 万。2013 年，俄罗斯电信市场规模为 16 350 亿卢布（约合 467 亿美元），同比增长 6%，但增速与 2012 年相比下降 1 个百分点。分析机构预测，2014 ~ 2018 年，俄罗斯电信市场增速将放缓，长途电话和国际电话通信量不断流入移动运营商和 VIP 网络。目前俄罗斯移动通信普及率按 SIM 卡计算达 166%，按活跃用户计算达 110%，预计到 2018 年移动通信市场占有率将接近 75%。分析机构数据显示，近 80% 的俄罗斯电信市场由 Rostelecom、MTS、VimpelCom 和 MegaFon 四大运营商占据，截至 2013 年年底，四大运营商共同控制移动通信市场 89% 的收入，本地电话市场 78% 的收入，长途和国际长途电话市场 90% 的收入，宽带互联网接入市场 58% 的收入，及有线电视市场 38% 的收入。

【互联网】俄罗斯互联网建设近年来发展迅速，基础设施和用户不断提高，2013 年俄罗斯互联网用户达 7380 万。2012 年，俄罗斯宽带用户数量达 2740 万，市场规模达 1260 亿卢布（约合 36 亿美元），成为全球第五大宽带市场，其中 69% 来自个人用户。俄罗斯企业宽带用户普遍采用光纤数据传输技术，即 FTTx（FTTB+GPON）。2012 年，ADSL 技术在个人用户中的占有率为 33%，在企业用户中的占有率为 49%，GPON 宽带用户接入数量达到 79 万户，比 2011 年增长了 2.5 倍。俄罗斯宽带用户主要集中在百万人口以上城市，中小城市宽带市场也具有广阔发展前景，目前中小城市宽带用户占到全部用户的 28% 左右。俄罗斯宽带市场前五大巨头分别是俄罗斯电信公司、Er-

Telecom、VimpelCom、MTS 和 TTK 公司。J'son & Partners Consulting 公司专家预计，到 2016 年，俄罗斯宽带个人用户和企业用户数量将分别增至 3750 万和 157 万。未来 3 年，俄罗斯宽带个人用户的增长率将为 48% ~ 68%，企业用户的增长率将为 66% ~ 74%。

7. 电力

俄罗斯电力资源充足，不仅可以满足本国经济和社会发展的需要，而且还向独联体、中国、蒙古等国家出口。2012 年，俄罗斯的总发电量为 10649 亿千瓦时，与 2011 年同期指数相比增长了 1.1%，生产热能 5.096 亿兆千卡，同比下降了 1.8%。2012 年俄罗斯东方电力公司向中国供电量为 26 亿千瓦时。2013 年，俄罗斯发电量为 10 520 亿千瓦时，同比下降 1.6%。电力出口 131 亿千瓦时，同比下降 23.4%。

8. 基础设施发展规划

2013 年 7 月，俄罗斯总统普京推出扩大基础设施投资新政策，计划从国家福利基金中划拨 4500 亿卢布（约 140 亿美元），投资建设莫斯科州中央环线公路，对贝阿铁路和跨西伯利亚铁路进行现代化改造，新建莫斯科—喀山高速铁路。此后，俄罗斯经济发展部长乌柳卡耶夫表示，俄罗斯国家福利基金将划拨 10% 的资金（3000 亿卢布，约合 100 亿美元），用于俄罗斯直接投资基金的基础设施项目建设。根据俄罗斯政府规定，国家福利基金对项目的投资总额不应超过基金总额的 40%，且在每个项目中基金投资比例不应超过项目造价的 40%。目前申请使用国家福利基金的项目已经达到 37 个，但仅有莫斯科州中央环线公路、阿穆尔 – 贝加尔和跨西伯利亚大铁路两个项目获得通过，其他项目审批工作还在进行中。俄罗斯直接投资基金遴选了 11 个投资项目，涉及推广能源使用效率和信息技术，建设海港、公路和运输管道等。2014 年 3 月，普京再次强调，必须确保俄罗斯基础设施建设领域的资金需求，尤其是能源、电力、通信领域。目前，俄罗斯政府和央行正在进行研究，必要时可考虑制定相关法律予以保障。发展高速铁路是俄罗斯基础设施建设的重点方向之一。莫斯科—喀山高铁项目计划于 2018 年投入运营，俄罗斯希望通过该项目促进投资，拉动经济增长，提升旅游市场吸引力。这只是俄罗斯发展高铁的第一步，是连接俄罗斯中部地区、乌拉尔及伏尔加河地区高铁干线的试验段，未来还将延伸到克拉斯诺亚尔斯克，进而打造西伯利亚地区 8 小时经济圈。

2013 年，俄罗斯对 2008 年出台的《2030 年前俄罗斯交通运输发展战略规划》进行修订，修改后的规划资金预计达 106.4 万亿卢布（约合 3.22 万亿美元），比原规划超出 35.9 万亿卢布（约合 1.09 万亿美元）。根据《2013 ~ 2025 年俄罗斯航空发展规划》，俄罗斯拟投资 1.73 万亿卢布（约合 540 亿美元）促进航空工业发展，其中，俄罗斯联邦预算投资 1.2 万亿卢布（约合 375 亿美元），预算外投资 5304 亿卢布（约合 165 亿美元）。其中，飞机制造投资 160 亿美元；航空技术 105 亿美元；直升机制造 48 亿美元；飞机发动机 62 亿美元；飞机成套设备 21 亿美元。2015 年前俄罗斯将投入 1 万亿卢布（约合 330 亿美元）发展核能。其建设的核反应堆不仅能发电，还将进行海水淡化，发展前景可观。

（四）商务成本情况

1. 水、电、气、油价格

2012 年 7 月 1 日以来俄罗斯电价为 2.51 卢布 / 度；水价为 20.26 卢布 / 吨；天然气为 3795 卢布 / 千立方米。

2013 年 7 月 1 日后，俄罗斯居民水电气价格进行了调整，具体为：电价 2.84 卢布 / 度，水价 22.95 卢布 / 吨，天然气 4363 卢布 / 千立方米。

截至 2013 年 7 月 1 日，俄罗斯 95 号汽油的平均价格为每公升 31 卢布，为欧洲国家中油价最低的国家之一。

2. 劳动力供求及工薪

【劳动力供求】2014 年 2 月俄罗斯劳动适龄人口（15 ~ 72 岁）为 7520 万（占总人口的 52%），其中就业人口 7100 万，失业人口 420 万，登记失业人口 100 万。2014 年 2 月，俄罗斯总体失业率为 5.6%。目前俄罗斯就业市场上从业人员最紧缺的行业是建筑业、制造业、贸易、教育和不动产。

【劳动力成本和社保】根据俄罗斯劳动部数据，2014 年俄罗斯最低工资标准为 5554 卢布（约合 156.45 美元，按 1 美元约合 35.5 卢布）。截至 2014 年 1 月俄罗斯居民名义月薪为 2.95 万卢布（约合 843.9 美元）。

俄罗斯社保政策对企业经营成本影响较大。根据俄罗斯《养老金法》，雇主按工资总额的 31.6% 缴纳费用，工人和公司职员按本人工资收入的 5% 缴纳，每 3 个月按物价上涨情况对养老金进行调整，以抑制由于通货膨胀而引起的养老金实际水平下降。《俄罗斯联邦公民医疗保险法》规定，医疗保险基金的来源是，各企事业单位按工资总额的 3.6% 上缴医疗保险金，被保险者本人缴纳工资额的 1.8%。《关于居民就业》法规定，雇主将员工工资的 2% 缴纳至就业基金，以保障失业人员的最低生活水平。

3. 外籍劳务需求

俄罗斯在劳动力资源方面存在较大缺口。外来劳务大多为劳动年龄人口，能直接进入劳动力市场，对优化俄罗斯劳动力市场结构起到很大作用。近年来外籍劳务需求呈下降走势，2013 年俄罗斯发放外籍劳务许可 1 631 586 份，（2009 年为 1 397 647 份，2010 年为 1 944 356，2011 年为 1 745 584 份，2012 年为 1 745 584 份）。根据 2013 年 7 月俄罗斯联邦移民局局长宣布的数据，目前在俄罗斯的外籍合法务工人数为 180 万，非法务工人数为 350 万。俄罗斯移民政策将向吸引高技术人员倾斜，为引进高端人才，俄罗斯移民局将向外国专家发放两年劳务许可，向高端专业人员发放三年劳务许可。根据统计，2013 年上半年到俄罗斯工作的外籍高端管理人员和专家数量达 1.1 万人。

俄罗斯 2020 年前创新发展战略提出，2011 ~ 2013 年俄罗斯政府主要工作是提高并激励企业创新意识，从 2014 年起进行大规模的工业现代化改造升级。财政鼓励政策将向引进人才方面倾斜，吸引创新领域的科学家、企业家、专业人士等人才流入。

俄罗斯政府决定 2014 年引进超过 160 万人的外籍劳务。引进劳务具体数量为 163.1586 万人。其中，建筑和维修工人 55.7 万人；司机及移动设备操作人员 11.9 万人；机械制造及金属加工业人员 10.8 万人；低技术工人 27.5 万人。其他职业还包括机构领导者、科学领域专家、工程技术人员等。目前，政府已批准了超过 35.7 万份来俄罗斯的邀请函。

4. 土地及房屋价格

俄罗斯土地市场分为两级，一级市场必须配备公用设施和必要的基础设施，二级市场为空地及废弃建筑，不具备必要的基础设施。

2013 年 3 月份，俄罗斯全国新建住房平均价格为 50 586 卢布 / 平方米，同比上涨 1.61%。二手房均价为 51 314 卢布 / 平方米，同比上升 1.91%。写字楼为 76 481 卢布 / 平方米，同比下降 0.68%。车库为 440 795 卢布 / 每车位。土地为 2151 卢布 / 平方米。截至 2013 年年底，俄罗斯全国新建住房平均价格为 50 208 卢布 / 平方米，同比上涨 4.2%。二手房均价为 56 478 卢布 / 平方米，同比上升 0.2%。

2013 年 3 月份房屋平均租赁价格：一居室为 14 758 卢布 / 月，同比上涨 2.53%；二居室 19 636 卢布 / 月，同比上涨 2.15%；写字楼为 8033 卢布 / 平方米 / 年；商场为 10 644 卢布 / 平方米 / 年。

5. 建筑成本

根据俄罗斯统计署统计，2014 年 3 月建筑成本：水泥 3823 卢布 / 吨，混凝土 4119 卢布 / 立方米，建筑用砂浆 3447 卢布 / 立方米，碎砖 1009 卢布 / 立方米，建筑用天然砂 387 卢布 / 立方米。

三、俄罗斯外商投资相关法律制度介绍

（一）外来投资的概念

俄罗斯的外来投资概念指的是外国投资者及俄罗斯法人在国外的分支机构以盈利为目的向俄境内项目投资的活动。资本包括现金、股份、股票和其他有价证券，贷款、技术、机器、设备、许可证和任何其他财产，知识产权等。投资包括购买企业或机构全部或部分所有权，购买股份及其他证券，对合资企业（股）资本的投资，向企业和个人贷款，以及银行存款及不动产购置。

（二）俄罗斯外商投资法律体系及主要法律基础

1. 俄罗斯外商投资法律体系

目前，俄罗斯调节外商投资的基础性法律是《俄联邦外国投资法》，对外

国投资的政策分散于各种法律法规中，除《俄联邦外国投资法》外，与外国投资有关的法律还有《俄罗斯联邦产品分成协议法》《俄罗斯联邦海关法典》《俄罗斯联邦税务法典》《俄罗斯联邦经济特区法》《俄罗斯联邦矿产资源法》《俄罗斯联邦对保护国防和国家安全具有战略意义的经济主体进行外国投资的程序法》《俄罗斯联邦劳动法典》《俄罗斯联邦民事法典》《俄罗斯联邦建筑法典》《俄罗斯联邦证券市场法》《俄罗斯联邦环境保护法》《俄罗斯联邦租赁法》《俄联邦土地法典》等。

2. 主要法律基础

《俄联邦外国投资法》是俄调节外国投资的主要法律之一，根据该法，为外国投资者提供的法定待遇不低于俄本国投资者；政府部门可按俄联邦海关法和俄联邦税法对实施优先投资项目的外国投资者和外资商业组织提供海关、税费优惠；俄联邦主体和地方自治机关有权在各自管辖范围内给予外国投资者各项优惠，有权为外国投资者提供相应保障并可用联邦预算资金和地方预算资金以及预算外资金对外国投资者实施的投资项目进行拨款或给予其他形式的支持。《俄联邦外国投资法》确定的优先投资项目是指被俄联邦政府批准列入优先投资项目清单、外国投资总规模不少于10亿卢布（约合3125万美元）或者外国投资者在外资商业组织注册资本中的最低投资额不少于1亿卢布（约合312.5万美元）的投资项目。对参与优先投资项目的外国投资者和外资商业组织实行专门的优惠和法律保障，保证其投资条件的稳定性，在一定时期内不受俄法律法规变化的影响。在优先投资项目开始实施后，如果俄政府颁布关于调整关税及其他税费的新法律法规或对现行有关法律法规做出修改和补充，使外国投资者和有外国投资的商业组织在执行优先投资项目中的税赋总额加大，或对在俄联邦的外国投资的禁令和限制增多，则这些新的法律法规以及相关的修改在投资项目回收期（最长不超过7年）内将不适用于执行优先投资项目的外国投资者和有外国投资的商业组织。对于回收期超过7年的优先投资项目，如果其涉及生产、交通或其他基础设施建设，且外国投资总额不少于10亿卢布（约合3125万美元），俄联邦政府可延长优惠政策期限。

《俄联邦产品分成协议法》是调节国内外投资者在俄境内投资寻找、勘探和开采矿物资源及有关活动的联邦法，该法极大简化了投资者与国家之间的相互关系，特别是在税收方面，征税基本上被按协议条款分配产品所取代。在协议有效期内，投资者免交除企业所得税、资源使用税、俄籍雇员的社会医疗保险费和俄罗斯居民国家就业基金费以外的其他各种税费。

（三）外商投资管理机构及其职能

1. 主管部门

俄罗斯主管国内和国外投资的政府部门主要有：经济发展部、工业和贸易部、国家资产委员会、司法部国家注册局、反垄断署、联邦政府外国投资咨询委员会、中央银行、财政部、联邦金融资产管理署等。

2. 各部门主要职能

- 俄经济发展部负责制定包括外商投资企业在内的商业活动等领域的国家政策和规范性法律文件，包括俄经济特区建立和运作等相关法律；
- 工贸部负责制定国防科工业相关国家政策及法规，对机械制造等具体行业提供管理服务，对关税及俄入世以外的对外经贸活动行使管理职能；
- 国家资产委员会负责国有财产的管理；
- 俄联邦国家注册局负责对外资企业、外国公司驻俄境内的代表处进行统计和注册、办理燃料能源综合体外资企业及外资额超过1亿卢布企业的注册、对在俄境内注册的外资企业进行国家登记、办理外国公司派驻俄境内代表处的委派手续和国家综合登记等职能；
- 反垄断署负责对外国投资的反垄断监督与调节；
- 联邦政府外国投资咨询委员会主要职能是为政府制定和调整吸引外资政策提供决策参考；
- 俄中央银行的职能有：负责与政府配合制定和执行统一的国家货币信贷政策，制定银行业务原则，发放、暂停和吊销从业许可证，组织和实施外汇调节和外汇监督，确定与国际组织、外国、法人和自然人间结算程序，制定外汇交易所进行外币买卖的业务程序和条件，发放、暂时终止和吊销外汇交易所进行买卖外币业务许可证等；

- 财政部具有负责制定联邦税收的分成定额草案，采取措施发展金融市场，对联邦预算资金的收入和使用情况实施财政监督等职能。
- 俄罗斯联邦资产管理署负责组织联邦财产私有化活动，出售联邦财产，依据司法决定或有权做出财产处罚决定的组织的决定实施强制执行措施，将没收财产、私有无主财产和其他财产转为国有财产等。

（四）在俄罗斯投资注册企业的准入制度及办理程序

在俄罗斯投资合作，必须成立相应机构。

1. 设立企业的形式

在俄罗斯可以创建有外国资本的公司（外资企业或合资企业）、分公司或者外国公司代表处。外资企业或合资企业是有外国投资的法人机构，分为有限责任公司、封闭式股份公司、开放式股份公司，其中外国资本不少于 10%，创立人可以是外国自然人或法人。分公司、代表处不具法人资格。公司、分公司、代表处的注册方式不同，建议咨询并委托当地律师事务所或服务机构办理。

2. 注册企业的受理机构

俄罗斯联邦税务部及各地方税务机关为企业的国家注册机构。俄罗斯司法部国家注册局或俄罗斯工商会为公司代表处的注册机构。

3. 注册企业的主要程序

【提供创建文件】

（1）如果是俄罗斯法人需提供已公证的以下文件复印件：章程、建立有限责任公司或股份公司的合同、法人国家注册证、税务注册证、国家授权代码委员会信函、开立账户的银行证明。

（2）如果是俄罗斯自然人需提供以下文件复印件：公民护照、注册信息（带邮编的居留证明）、统一纳税人号码。

（3）如果是外国法人须提供以下文件：国外公司的注册证明文件、国外公司驻在国国家商务机关对公司注册或认证的证明、章程或备忘录，或公司条文，或股份协议，或合意证明、外国银行公司账户的证明、税务证明。

（4）如果是外国自然人须提供以下文件：带签证的护照（复印件）、外国人个人账户的银行证明（原件或公证过的复印件）。

【提供以下信息】

（1）总经理及总会计师信息（可以是同一个人）；

（2）有关注册法人的地址信息；

（3）有限责任公司的注册资本额，与创建份额相符（注册资本额、股份数量及股东间关系）。

【文件公证】

外国文件必须公证及认证，并需同时准备几份经公证和认证的文件副本。公证及认证的取得须经过以下四个步骤。

（1）由具有翻译资格的公司译成俄文；

（2）在本国的国家公证处进行公证；

（3）经本国外交部领事司认证；

（4）经俄罗斯驻本国使馆领事部认证。

（五）外商投资的限制性措施

1. 投资行业规定

在俄联邦，外资禁止投资的行业为赌博业、人寿保险业。2008 年 5 月，普京签署了《俄罗斯联邦对保护国防和国家安全具有战略意义的经济主体进行外国投资的程序法》的联邦法。该法第 5 款明确规定 13 大类 42 种经营活动被视为具有战略性意义行业，主要包括：国防军工、核原料生产、核反应堆项目的建设运营、用于武器和军事技术生产必需的特种金属和合金的研制生产销售、宇航设施和航空器研究、密码加密设备研究、天然垄断部门的固定线路电信公司、联邦级的地下资源区块开发、水下资源、覆盖俄领土一半区域的广播媒体、发行量较大的报纸和出版公司等。上述行业为限制外资进入的行业。

2. 投资方式规定

【跨国并购】俄罗斯允许外资并购本地企业，但对战略性企业的并购比重有明确的法律限制：对联邦级地下资源公司的控股权不得超过 5%，对其他部门战略性公司的控股权不得超过 25% ~ 50%。若外资企业希望在按法律规定具有战略意义的相关公司或地下资源区块项目中取得 10% 以上的控股权，必须向相关全权机构（之前为向俄联邦反垄断署）提交申请，并经由联邦安全会议牵头组成的跨部门专门委员会审核。

【股票收购】俄罗斯《有价证券市场法》规定，外国投资者有权购买俄罗斯联邦境内企业的股份、股金、股票和其他有价证券。购后必须在俄罗斯联邦财政部或其他授权的国家机构进行登记，按照证券交易所的有关规定进行。

【金融服务】根据俄入世承诺，在银行领域，允许外资在俄罗斯投资成立银行，或者收购现有的俄罗斯银行。同当前一样，每个单独银行的资本金允许 100% 外资，但是外国银行不得开设分行。承诺不为直接分支机构的市场准入提供任何过渡期。保留现行法律规定的在银行体系内实行外资额度限制，即外资在俄银行体系总额占比不超过 50%。2007 年 1 月 1 日前进入俄银行系统的外资以及在俄罗斯入世后进入俄银行私有化的外资不计入比例内。俄中央银行有权对外资信贷机构在业务和最低注册资本方面提出补充要求。外商只能以俄罗斯法人的身份才能进入证券市场。同时，证券市场的几种参与者（证券登记公司、通过贸易商实现交易记账的专门存款公司）外资占比不超过注册资本的 25%。

【保险服务】根据俄入世承诺，保留现行法律规定的保险体系外资占比限制，但比例由 25% 提高到 50%。2007 年 1 月 1 日前进入对俄保险体系的外资以及在俄罗斯入世后进入俄保险公司私有化的外资不计入比例内。根据承诺，入世 9 年后，俄罗斯将允许外国公司分支机构在俄罗斯从事经营活动，但是这些分支机构不能经营强制险（强制汽车责任保险除外）以及政府采购保险。开设和经营此类分支机构将以获得许可证、保证金融稳定、缴纳保证金等为要求。此外，还将对拟在俄罗斯境内开设分支机构的母公司提出一定要求（包括对资产数额、工作经验的要求）。承诺允许对外国保险公司分支机构的资本提出要求。外国公司分支机构的资本额度将考虑外国资本在俄罗斯保险体系中的总份额，如外资比重超过 50%，将不允许在俄罗斯成立新的分支机构。

【相关限制】在外资信贷机构中，俄罗斯雇员数量不能少于雇员总人数的 75%；产品分成项目中，投资者聘用的俄籍雇员数量应不少于雇员总数的

80%。只有在按协议进行的工程初期，或在俄国内缺乏具有相应专长的工人和专家的情况下方可聘用外国工人和专家。在航空业领域，外国投资者不能参加股东大会和董事会的管理工作。

（六）俄罗斯对外国投资的鼓励行业和相关优惠政策

1. 鼓励行业

俄罗斯政府鼓励外商直接投资领域大多是传统产业，如石油、天然气、煤炭、木材加工、建材、建筑、交通和通信设备、食品加工、纺织、汽车制造等行业。2011 年，俄罗斯对《外国投资法》进行了修改，旨在降低外资进入门槛，目前政府已通过一揽子修改条款，涉及简化外资进入食品、医疗、银行及地下资源使用等行业的手续。

2. 鼓励性措施

（1）税收优惠

减免进口关税和增值税：外国投资者作为法定投入而进口的技术设备及零配件属于生产性固定资产的物资免征进口关税。

减免利润税：外商投资俄政府鼓励的优先发展领域项目，且外方投资占项目总投资的 30% 以上，投资额不低于 1000 万美元，前两年免缴利润税，第三年缴纳 40% 的利润税，第四年缴纳 50% 的利润税。

《俄联邦产品分成协议法》提供的税收优惠是征税基本上被按协议条款分配产品所取代。在协议有效期内，投资者免交除企业所得税、资源使用税、俄籍雇员的社会医疗保险费和俄罗斯居民国家就业基金费以外的其他各种税费。

俄罗斯海关法和俄联邦税收法规定，对外国投资者和有外国投资的商业组织实施优先投资项目时给予海关税费优惠。

（2）经济特区优惠政策

税收方面，根据特区法规定，入驻企业的利润税由 20% 降至 15.5% ~ 16%；5 年内免征财产税、土地税和交通工具税（个别特区可免 10 年）；在进口用于本企业生产所需货物时，可免缴俄罗斯联邦进口关税和增值税，或在货物输出俄罗斯关境时予以退税；区内生产的商品可免税出口；技术推广型特区企业的强制保险缴费可以享受过渡期优惠。

财务方面，加快和简化对企业研发费用支出的确认程序。特区企业在优惠期内计算利润税时，研发费用可作为成本扣除，其中包括研发无果所耗费用。另外，工业生产型特区和旅游休闲型特区企业可以按照高折旧率对固定资产加速折旧，但折旧率不得超过法定折旧率的 2 倍。

特殊行政制度方面，降低行政门槛，提供海关、税收、移民注册等“一站式”服务。各个特区都设立商务中心、办事处、展览和会议中心，税务局、移民局、海关署、房地产局、国家建筑监管机构等实行联合办公。

（3）地区优惠政策

一是一般性地区优惠政策。俄联邦主体和地方自治机关在各自管辖范围内可以给予外国投资者优惠和保障，用俄联邦主体预算资金和地方预算资金以及预算外资金对外国投资者实施的投资项目进行拨款并给予其他形式的支持。俄罗斯各地区、州、边疆区、共和国分别根据本地区的不同情况，制定地方法律和法规，对外国投资实行不同的减免税的优惠政策，以吸引外国投资者对本地区进行投资活动。

二是促进远东地区开发的政策和措施。①俄联邦政府直接指导远东和西伯利亚地区开发工作，成立了国家远东和西伯利亚地区社会经济发展委员会，由第一副总理舒瓦洛夫领导。②出台《2025 年前俄远东和贝加尔地区社会经济发展战略》，将提振经济、调整结构、改善民生、加强对外合作列为首要任务。按照这一战略规划，俄远东和贝加尔地区居民收入水平将从 2010 年的每月 1.9 万卢布（1 美元约合 30 卢布）增加到 2025 年的 6.6 万卢布；人均住房面积从 2010 年的 19 平方米增加到 2025 年的 32 平方米；创新产品数量在全部产品中所占的比重从 2010 年的 8.9% 增加到 2025 年的 16%。俄政府计划分三个阶段发展该地区经济。第一阶段是 2009 ~ 2015 年，主要目标是加快该地区的投资增长速度，在该地区推广节能技术，提高劳动就业率，兴建新的基础设施项目、工业领域和农业领域项目。第二阶段是 2016 ~ 2020 年，主要目标是兴建大规模能源项目，增加过境客运和货运量，建立核心运输网络，对原材料进行深加工并加大其产品的出口份额。第三阶段是 2021 ~ 2025 年，主要目标是发展创新型经济，对石油天然气进行大规模开采、加工并出口，完成对大型能源和交通项目的建设等。为了稳定远东和贝加尔地区的居民数量，政府将为居住和愿意前往该地区居住的俄罗斯公民一次性无偿提供不超过 0.3 公顷土地用来修建私人住宅。③成立远东和贝加尔地区发展基金。俄外经银行成立远东和贝加尔地区发展基金，这是继北高加索发展基金之后外经银行成立的第二个地区发展扶持基金。基金法定资本 5 亿卢布，2015 年前以国家私人合作模式进行的项目融资额将不少于 700 亿卢布。

3. 保护性措施

对俄联邦境内外国投资者的权益给予充分的无条件的保护。对于因国家机关、地方自治机关或其工作人员的非法行为（不作为）而给外国投资者造成的损失，外国投资者有权根据俄联邦民事立法要求赔偿。俄政府保障外资重点项目在投资期内免受政策法令变更的影响；外资的权利与义务可以向第三方转让；其财产不被非法没收、征用和国有化，因特殊原因发生上述情况，俄政府必须给予赔偿；外资依法纳税后，可以自由支配其收入（利润、股息、利息等），包括将收入汇出境外；外资在俄境内发生争议和诉讼时将得到公正待遇；其有权将投资带入的资产、资料带出俄境。

4. 近期俄新出台的政策和举措

（1）简化公司注册程序

2013 年 3 月，俄总理梅德韦杰夫批准了俄经济发展部起草的“简化法人和个体工商户注册程序”路线图，其中提出在 2018 年前将公司注册时间从 30 个工作日缩短到 5 个工作日，将俄在全球营商排名提升到第 20 位。为实现上述目标，拟计划采取的措施主要有：可通过中介（公证处、律所、银行）递交注册材料，放宽注册资本金缴纳期限，出台注册标准化公司供注册人使用，缩短联邦税务局和预算外基金间信息交换时间，取消公司注册前必须持有公章和对法人及个人账户须向税务部门和非国家基金方面通报开设与关闭银行账号的信息的规定。

（2）批准《公私合营法》

2013 年 3 月，俄政府批准《公私合营法》，法案允许国家和地方政府与私人投资者签订各种形式的合同，对私人投资、外资进入俄垄断行业、公共服务，并参与政府采购奠定了法律基础，是俄改善投资环境重大举措。

（3）批准禁止外国银行设立分行法律

2013年3月，俄联邦委员会（议会上院）批准了一项涉及禁止外国银行在俄境内设立分行的法律，该法律是俄政府根据俄银行业2015年前发展战略以及俄入世议定书而起草的。据此，未来有关外资信贷机构登记注册的相关规定条款中将取消“外资银行分行”一词，外国银行可在俄设立子行或外资参股和控股。

（4）吸引外资政策放宽

加入世贸组织后，放宽对国内外投资商投资领域的限制政策，吸引和鼓励外商和私有资金投资俄市场。

（七）相关外汇管理制度

2006年6月末，俄联邦政府通过了对《外汇调节及监管联邦法》的有关修订，从2006年7月1日起取消了对外汇资本流动的有关限制，允许居民自然人和法人开立境外账户，并取消了自然人向境外账户汇款不能超过15万美元的限制。旅客携带外币等值3000美元（含3000美元）以下出入境，无须向海关申报。携带卢布超过俄联邦所规定最低劳动报酬的500倍、外币等值3000美元以上，10 000美元（含10 000美元）以下出入境，需要填写海关申报单，选择“红色通道”，向海关如实申报。

此外，根据该法，外国人可以在指定银行自由开立外汇账户，存入带进、汇进的资金，接受经营或投资收益、利息等。也可使用账户内的资金支付商品和劳务，用于储蓄生息。账户内的资金可不受限制地汇出境外，包括投资收益和分红。利润为税后部分，可以自由汇出。

（八）外商投资争议解决制度

在俄外商投资活动的争议解决途径主要有：①俄境内的诉讼与仲裁；②国际诉讼与仲裁；③ICSID仲裁。

此外，还可借助诉讼与仲裁前的调停机制解决争议问题。

（九）多双边投资条约与俄国内法关系

根据入世议定书规定，俄罗斯将确保所有国内法律、法规及其他与贸易相关的投资措施协议符合世贸组织规定，与其不一致的投资措施，包括优惠关税和关税豁免等计划及协议，均须在 2018 年 7 月 1 日终止。据安永会计事务所研究报告初步估计，2001 ~ 2011 年，俄政府所颁布与入世相关的各种法规、修改条例及总统令共计 33 项。

四、俄罗斯联邦外国投资法

本联邦法确定对外国投资者的投资及其投资收益和利润权利的基本保证，以及外国投资者在俄联邦境内的经营条件。

本联邦法旨在吸收和在俄联邦经济中有效地利用外国物资和资金资源、先进技术、工艺及管理经验，保障外国投资者经营条件的稳定性并使外国投资法律制度符合国际法准则及投资合作国际惯例。

第一条　本联邦法所调节的关系及其适用范围

本联邦法调节外国投资者在俄联邦境内投资时国家对其权利加以担保的相关关系。

本联邦法不调节外国资本对银行及其他金融机构，以及保险组织进行投资的相关关系，这些关系分别由俄联邦关于银行及银行活动的法律和关于保险的法律进行调节。

本联邦法也不调节与外国资本为达到一定的社会公益目的，其中包括教育、慈善、科学或宗教等方面的目的，而对非商业组织进行投资的相关关系，这些关系由俄联邦关于非商业组织的法律进行调节。

第二条　本联邦法所使用的基本定义

为了本联邦法的宗旨，使用下列基本定义。

外国投资者——按照所在国法律确定民事权利能力并根据该国法律有权在俄联邦境内进行投资的外国法人；按照所在国法律确定民事权利能力并根据该国法律有权在俄联邦境内进行投资的外国非法人组织；按照国籍所在国

法律确定民事权利能力和行为能力并根据该国法律有权在俄联邦境内进行投资的外国公民；按照永久居住地所在国法律确定民事权利能力和行为能力并根据该国法律有权在俄联邦境内进行投资的长期居住在俄联邦境外的无国籍人员；根据俄联邦的国际协议有权在俄联邦进行投资的国际组织；按照俄联邦法律规定程序行事的外国；

外国投资——外国资本以属于外国投资者所有的民事权利客体的形式，如果这些客体根据联邦法律在俄联邦未被禁止流通或限制流通，其中包括货币、有价证券（外币及俄联邦货币）、其他财产、财产权、有货币估价的智力活动成果排他权（知识产权）以及服务和信息，投入俄联邦境内的经营活动客体；

外国直接投资——外国投资者根据俄联邦民事法律在俄联邦境内获得以公司形式成立的或重新成立的商业组织注册资本（合股资本）10% 以上股份（投资）；对俄联邦境内成立的外国法人分支机构固定资产的投资；外国投资者在俄联邦境内作为融资租赁出租人出租独联体海关进出口税则第十六类和第十七类所列海关估价不少于 100 万卢布的设备；

投资项目——外国直接投资的经济可行性、规模及期限的论据，包括按照俄联邦法律规定标准制定的设计预算资料；

优先投资项目——被俄联邦政府批准列入项目清单的投资项目，其外国投资总规模不少于 10 亿卢布（不少于按本联邦法生效之日俄联邦中央银行当日汇率折算的等值外币金额）或者外国投资者在有外国投资的商业组织注册资本（合股资本）中的最低股份（投资）不少于 1 亿卢布（不少于按本联邦法生效之日俄联邦中央银行当日汇率折算的等值外币金额）的投资项目；

投资项目回收期限——从利用外国直接投资的投资项目开始拨款之日起至包括折旧在内的累计纯利润金额与有外国投资的商业组织或外国法人的分支机构或融资租赁合同出租人的投资支出额之间的差额开始出现正数之日止的这段期限；

再投资——外国投资者或有外国投资的商业组织将外国投资所得收入或利润向俄联邦境内经营活动客体进行投资；

税赋总额——利用外国投资实施投资项目的外国投资者及有外国投资的

商业组织在投资项目开始拨款之时所应支付各种形式税费的货币结算总额，其中包括进口关税（按照俄联邦法律在对外商品贸易中俄联邦经济利益保护措施所涉及的关税除外）、联邦税（俄联邦境内所产商品的消费税、增值税除外）及国家预算外基金费（俄联邦退休基金费除外）。

第三条　俄联邦境内外国投资的法律调节

对俄联邦境内外国投资实施法律调节，适用本联邦法、其他联邦法、俄联邦其他法规，以及俄联邦签署的国际条约。

根据本联邦法及其他联邦法律，俄联邦主体有权就其管辖的问题及俄联邦与其主体共同管辖的问题通过对外国投资进行调节的法律和法规。

第四条　外国投资者及有外国投资的商业组织活动的法律制度

除了联邦法律规定的一些例外，外国投资者的活动及其使用投资所得利润的法律制度所提供的优惠不能少于俄罗斯投资者的活动及其使用投资所得利润的法律制度。

联邦法律可以为外国投资者规定一些限制性例外，其限度只能是维护宪法制度原则、道德，保护他人健康、权利和合法利益，保证国家防卫和安全所必需的。

可以根据俄联邦社会经济发展的利益对外国投资者以优惠的形式规定鼓励性例外。优惠的种类及提供方式由俄联邦立法加以规定。

外国法人在俄联邦境内设立的分支机构可以履行部分职能或全部职能，包括以建立它的外国法人（下称母公司）的名义行使代表处的职能，其条件是母公司设立的目的及其活动具有商业性质；母公司应按其在俄联邦境内开展上述活动所接受的义务直接承担财产责任。

有外国投资的商业组织的子公司及其附属公司在俄联邦境内从事经营活动时，不得享受本联邦法所规定的法律保护、保障及优惠。

外国投资者、在俄联邦境内建立的有外国投资的商业组织（外商对该组织法定（合股）资本的投资份额不少于10%）进行再投资时，完全享受本联邦法规定的法律保护、保障及优惠。

俄罗斯的商业组织，从外国投资者加入之日起，即获得有外国投资的商业组织地位。从该日起，有外国投资的商业组织及其外国投资者即享受本联邦法所规定的法律保护、保障及优惠。

外国投资者从商业组织中撤出（如有几个外国投资者参加的，则所有外国投资者全部撤出）之日起，该商业组织失去有外国投资的商业组织地位。从该日起，上述商业组织及外国投资者即丧失本联邦法所规定的法律保护、保障及优惠。

第五条　对外国投资者在俄联邦境内活动的法律保护的保障

对俄联邦境内外国投资者的权益应给予充分的无条件的保护。这种保护是以本联邦法、其他联邦法、其他俄联邦法规，以及俄联邦签署的国际条约为保障的。

对于因国家机关、地方自治机关或其工作人员的非法行为（不作为）而给外国投资者造成的损失，外国投资者有权根据俄联邦民事立法要求赔偿。

第六条　外国投资者运用各种方式在俄联邦境内进行投资的保障

外国投资者有权在俄联邦境内以俄联邦立法所不禁止的任何方式进行投资。

应根据俄联邦立法对有外国投资的商业组织法定（合股）资本的投资额进行估价。

对投资额的估价应以俄联邦货币进行。

第七条　外国投资者权利和义务向他人转让的保障

外国投资者根据合同有权转让自己的权利（让渡诉求）和义务（转移责任）。根据法律或法院判决，外国投资者有义务依照俄联邦民事立法向他人转让自己的权利（让渡诉求）和义务（转移责任）。

如果外国或其全权国家机构为了外国投资者利益而为其出资，对在俄联邦境内的投资进行了担保（根据保险合同），此项投资的外国投资者的权利又转让（让渡诉求）给该国或其全权国家机构，则在俄联邦这种权利转让（让渡诉求）是合法的。

第八条　外国投资者及有外国投资的商业组织的财产被国有化及征用时的赔偿保障

除联邦法律或俄联邦签署的国际条约所规定的特殊情况及理由之外，外国投资者或有外国投资的商业组织的财产不应被强制没收，包括被国有化和征用。

在被征用的情况下，应向外国投资者或有外国投资的商业组织支付被征用财产的价款。引起征用的情况终止时，外国投资者或有外国投资的商业组织有权通过司法程序要求追回仍保留的财产。但在此情况下，他们应退回已得到的赔偿金，同时应考虑到因财产价值降低而带来的损失。

在实行国有化的情况下，应向外国投资者或有外国投资的商业组织赔偿被国有化的财产的价值及其他损失。有关损失赔偿的争议应按本联邦法第十条规定的程序解决。

第九条　保障外国投资者和有外国投资的商业组织不因俄联邦法律发生变化而受到不良影响

在向优先发展的外国投资项目开始划拨资金的当日，如果出台了关于调整征收进口关税（按照俄联邦法律在对外商品贸易中俄联邦经济利益保护措施所涉及的关税除外）、联邦税（俄联邦境内所产商品的消费税、增值税除外）、上缴国家预算外基金费（上缴俄联邦退休基金费除外）幅度的新的俄联邦法律法规，或对现行俄联邦法律法规做出了修改和补充，使外国投资者和有外国投资的商业组织在执行优先投资项目中的税赋总额加大，或对在俄联邦的外国投资的禁令和限制增多，则这些新的俄联邦法律法规以及对现行俄联邦法律法规的修改和补充在本条第 2 款规定的期限内将不适用于执行优先发展的外国投资项目的外国投资者和有外国投资的商业组织，但前提是上述外国投资者和有外国投资的商业组织运入俄联邦海关境内的货物专用于执行优先投资项目。

本款第一段适用于外商对法定（合股）资本的投资份额超过 25% 的含外资商业组织以及执行优先投资项目的含外资商业组织，而不管该商业组织中外商对法定（合股）资本的投资份额多少。

本条第 1 款关于保证外国投资者投资条件和制度稳定性的规定适用于投资项目回收期，但不超过自外商向该项目划拨资金之日起的 7 年。根据项目种类对投资项目回收期的分类应按俄联邦政府规定的程序进行。

在外国投资者和有外国投资的商业组织所执行的优先投资项目涉及生产领域、交通设施建设或其他基础设施建设，且外国投资总额不少于 10 亿卢布

（不少于按本联邦法生效之日俄联邦中央银行当日汇率折算的等值外币金额）、回收期超过 7 年的特殊情况下，俄联邦政府应决定延长本条第 1 款规定的对上述外国投资者和有外国投资的商业组织实行稳定投资条件和制度的期限。

本条第 1 款的规定不适用于为维护宪法制度原则、道德，保护他人健康、权力和合法利益，保证国家防卫和安全而对俄联邦法令进行的修改和补充或实行的俄联邦新法律法规。

俄联邦政府应确定对在征收进口关税、联邦税收和上缴国家预算外基金费、对俄联邦境内外国投资的禁令和限制等方面对外国投资者和有外国投资的商业组织发生不利变化的评定标准；确认本法律第二十四条指定的联邦权力执行机构对优先投资项目进行注册的程序；对外国投资者和有外国投资的商业组织在按本条第 2、3 款规定执行优先投资项目期间履行应尽义务的情况进行监督。

如果外国投资者和有外国投资的商业组织不履行本款前半部分所规定的义务，则将取消本条所规定的对其实行的优惠。因享受上述优惠而未支付的金额，应按俄联邦法律规定程序予以追回。

第十条　保障妥善解决外国投资者在俄联邦境内进行投资和经营活动中发生的纠纷

外国投资者在俄联邦境内进行投资和经营活动中发生的纠纷应根据俄联邦签署的国际条约和俄联邦法律在法院或仲裁法庭，或者国际仲裁法庭上予以解决。

第十一条　保障在俄境内使用和向俄境外汇出收入、利润及其他合法所得款项

外国投资者在遵照俄联邦法律纳税后有权在俄联邦境内自由使用其收入和利润，用于遵照本联邦法律第四条第 2 款规定进行的再投资或其他与俄联邦法律不相抵触的目的，有权不受任何限制地向俄联邦境外汇出其投资所得收入、利润及其他合法所得外汇款项，其中包括：

- 投资所得利润、股息、利息和其他收入；
- 有外国投资的商业组织或在俄联邦境内设立分支机构的外国法人在执行合同及其他交易中履行义务所得款项；

- 外国投资者因撤销有外国投资的商业组织或外国法人设立的分支机构或出让投资财产、财产权和知识产权所得款项；
- 本法律第八条规定的补偿金。

第十二条　保障外国投资者享有将最初作为外国投资带入俄联邦境内的器材和以文件或电子载体记录形式的信息无障碍地带出俄联邦境外的权利

最初将器材和以文件或电子载体记录形式的信息带入俄联邦境内的外国投资者有权无障碍地（不实行配额、许可证和采取其他对外贸易活动的非税率调节措施）将上述器材和信息带出俄联邦境外。

第十三条　保障外国投资者享有购买有价证券的权利

外国投资者有权根据俄联邦有价证券法购买俄罗斯商业组织的股票及其他有价证券和国家有价证券。

第十四条　保障外国投资者享有参与私有化的权利

外国投资者有权按照俄联邦有关国有和地方所有财产私有化的法律所规定的条件和程序，以获得国家和地方财产所有权或者在私有化企业法定（合股）资本中获得一定份额（投资）的途径参与国有和地方所有财产的私有化。

第十五条　保障给予外国投资者土地、其他自然资源、建筑物、设施和其他不动产的权利

外国投资者应按照俄联邦和俄联邦主体的法律享有获得土地、其他自然资源、建筑物、设施和其他不动产的权利。

如俄联邦法律未作其他规定，有外国投资的商业组织可以在招标（拍卖、竞买）中获得租赁土地的权利。

第十六条　给予外国投资者和有外国投资的商业组织海关税费的优惠

外国投资者和有外国投资的商业组织实施优先投资项目时的海关税费优惠应按照俄联邦海关法和俄联邦税法予以提供。

第十七条　俄联邦主体和地方自治机关给予外国投资者的优惠和保障

俄联邦主体和地方自治机关在各自管辖范围内可以给予外国投资者优惠和保障，用俄联邦主体预算资金和地方预算资金以及预算外资金对外国投资者实施的投资项目进行拨款并给予其他形式的支持。

第十八条　外国投资者必须遵守俄联邦反垄断法和进行善意竞争

外国投资者必须遵守俄联邦反垄断法，不进行恶意竞争及限制性经营活动，包括以生产某种抢手商品，尔后将外国生产的类似商品打入市场而自行停业为目的在俄联邦境内建立有外国投资的商业组织或外国法人的分支机构，甚至利用有关价格、划分商品销售市场或参与招标（拍卖、竞买）的恶意协议。

第十九条　有外国投资的商业组织和外国法人分支机构的母公司所实施的财产保险

如俄联邦法律未做其他规定，有外国投资的商业组织应自行办理有关财产损失（灭失）、短缺或损坏的风险，民事责任风险和企业经营风险的财产保险，而外国法人分支机构的上述财产保险则由其母公司自行办理。

第二十条　有外国投资的商业组织的设立和撤销

（1）有外国投资的商业组织的设立和撤销应按照俄联邦民事法典和其他联邦法规定的条件和程序进行，但联邦法律根据本联邦法第四条第2款所做的规定除外。

（2）有外国投资的商业组织作为法人应在向有关机关呈送下列文件的一个月内，到司法机关办理国家注册。

- 有外国投资的商业组织章程和成立合同（俄联邦民事立法规定的情况下）；
- 外国投资者所在国家商业目录，或其他能确认外国投资者法律地位的文件的摘录；
- 由为外国投资者服务的银行开具的有关其支付能力的证明文件；
- 关于支付注册税的单据。

为维护宪法制度、道德，保护他人健康、权利和合法利益，保证国家防卫和安全等目的，有外国投资的商业组织可能被拒绝办理注册。

外国投资者可因未被办理国家注册而依照法律程序提出申诉。

第二十一条　外国法人分支机构的设立和撤销

外国法人分支机构设立的目的是在俄联邦境内进行其母公司在俄联邦境

外所从事的经营活动，撤销时则应根据作为外国法人的母公司的决定。

应按照俄联邦政府确定的程序并通过注册办法对外国法人分支机构的设立、经营活动及撤销实施国家监督。

本联邦法第二十四条中所规定的联邦执行权力机构实施对外国法人分支机构的注册。

为维护宪法制度、道德，保护他人健康、权利和合法利益，保证国家防卫和安全等目的，外国法人分支机构可能被拒绝办理注册。

第二十二条　对外国法人分支机构章程的要求

母公司应向本联邦法二十四条所列的联邦执行权力机构呈交外国法人分支机构章程及其他文件，文件清单以及在本条第2、3款中涉及的对文件内容的要求应由俄联邦政府予以批准。

在外国法人分支机构的章程中应注明分支机构及其母公司的名称，母公司的法律组织形式，分支机构在俄联邦境内的所在地，母公司的法定地址，建立分支机构的目的及其经营项目，分支机构固定资产投资的构成、金额及期限，分支机构的管理程序。外国法人分支机构章程中可以载入其他反映该分支机构在俄联邦境内的经营活动特点及与俄联邦法律不相抵触的信息。

对外国法人分支机构固定资产投资的估价由母公司根据国内价格或国际市场价格进行。投资额的估价应以俄联邦货币进行。外国法人分支机构固定资产投资估价的金额应在外国法人分支机构章程中注明。

外国法人分支机构有权自注册之日起在俄联邦境内从事经营活动。

外国法人分支机构自撤销注册之日起应停止在俄联邦境内的经营活动。

第二十三条　制定和实施外国投资领域的国家政策

按照《关于俄联邦政府》这一联邦宪法法律的规定，俄联邦政府应制定和实施国际投资合作领域的国家政策。

俄联邦政府应当：

- 确定对俄联邦境内的外国投资实行禁止和限制措施的合理性，制定有关上述禁止和限制措施清单的法律草案；

- 确定对外国投资者在俄联邦的经营活动进行监督的措施；
- 批准本联邦法第二条所规定的优先投资项目清单；
- 制定联邦吸引外国投资的纲要并保证其实施；
- 吸引国际金融组织及外国的投资性贷款，用以向俄联邦发展预算及联邦一级的投资项目提供资金；
- 就国际投资合作事宜与俄联邦主体进行协调行动；
- 对同外国投资者准备并签订关于由其实施大型投资项目的投资协议的全过程进行监督；
- 对准备并签订俄联邦关于鼓励和相互保护投资的国际条约的全过程进行监督。

第二十四条　负责协调吸引外国直接投资事务的联邦执行权力机构

俄联邦政府应确定负责协调吸引外国对俄联邦经济直接投资事务的联邦执行权力机构。

第二十五条　原先已经通过的俄联邦法律文件及其某些条款因本联邦法已被通过而告失效

鉴于本联邦法已被通过，下列法律文件及条款即告失效。

- 《俄罗斯苏维埃联邦社会主义共和国外国投资法》(俄罗斯苏维埃联邦社会主义共和国人民代表大会及最高苏维埃通报，1991 年，第 29 期，第 1008 页)；
- 《俄罗斯苏维埃联邦社会主义共和国最高苏维埃关于将俄联邦外国投资法付诸实施的决定》(同上，第 1009 页)；
- 《由于俄联邦“关于标准化法”“关于保证计量统一法”“关于产品和服务质量鉴定法”已被通过而对俄联邦法律文件进行修改补充的联邦法》第六条（俄联邦法律汇编，1995 年，第 26 期，第 2397 页)；
- 《由于“俄联邦仲裁法庭”联邦宪法法律及俄联邦仲裁程序法典已被通过而对俄联邦法律及其他法律文件进行修改补充的联邦法》第一条第 4 款（俄联邦法律汇编，1997 年，第 47 期，第 5341 页)。

第二十六条　将俄联邦法律与本联邦法取得一致

建议俄联邦总统及俄联邦政府将其法律文件与本联邦法取得一致。

责成俄联邦政府按规定程序向俄联邦会议、国家杜马提交关于因本联邦法而需要对俄联邦法律文件进行相应修改补充的建议。

第二十七条　将俄联邦境内建立的外国法人分支机构章程与本联邦法取得一致

- 凡在本联邦法开始生效前建立的分支机构，其母公司必须：
- 在本联邦法开始生效之日起6个月内将外国法人分支机构章程与本联邦法取得一致；
- 在本联邦法开始生效之日起一年内办理外国法人分支机构的注册。

第二十八条　本联邦法开始生效日期

本联邦法自正式公布之日起开始生效。

五、中俄双向投资数据

(一) 双向投资统计数据

1. 中国对俄投资

2014年，中国对俄罗斯的投资流量6.34亿美元，同比下降38%，占流量总额的0.5%。从行业分布情况看，投资主要集中在制造业（19.5%）、租赁和商务服务业（15.9%）、批发和零售业（14.3%）、建筑业（10.2%）、农/林/牧/渔业（10%）、采矿业（8.6%）、金融业（8.6%）等。

截至2014年年底，中国对俄罗斯的投资存量86.95亿美元。占中国对外直接投资存量的1%。共在俄罗斯设立境外企业1000多家，雇用外方员工1.51万人。从存量的主要行业分布情况看，制造业27.48亿美元，占31.6%；农/林/牧/渔业21亿美元，占24.1%；租赁和商务服务业9.79亿美元，占11.3%；采矿业7.96亿美元，占9.2%；金融业7.62亿美元，占8.8%；房地产业5.66亿美元，占6.5%；批发和零售业3.75亿美元，占4.3%；建筑业2.75

亿美元，占 3.2%[㊀]。

2. 俄对华投资

截至 2012 年年底，中国累计实际使用俄直接投资 8.5 亿美元。其中 2012 年，我国实际使用俄直接投资 2992 万美元，同比下降 3.6%。2013 年 1 ~ 3 月，我国实际使用俄直接投资 192 万美元，同比下降 43.7%。

（二）劳务及工程承包合作

截至 2012 年年底，中俄双方累计签署工程承包合同金额 135.3 亿美元，完成营业额 90.3 亿美元。其中 2012 年，中俄双方签署工程承包合同金额 22.4 亿美元，同比增长 62.3%，完成营业额 16.5 亿美元，同比增长 17.9%，期末在外人数 18 822 人。

2013 年 1 ~ 3 月，中俄签署工程承包合同金额 4.6 亿美元，同比增长 39.4%，完成营业额 2.3 亿美元，同比下降 21.5%，期末在外人数 13 933 人。我国对俄劳务合作集中在俄远东、西伯利亚地区，主要从事农业种植、建筑、森林采伐、木材加工、制衣、医疗及其他服务行业。

1. 承包工程方面

（1）应注意借力当地技术机构，实现对当地标准的理解和转换：俄罗斯有完整的技术体系和标准体系，在当地承包工程往往必须采用俄罗斯标准，但标准浩瀚如海，较好的办法是采用国内设计院与当地设计机构结合，专业人员对专业人员，这样能在较短时间内掌握标准的主要差异；

（2）应了解业主、包括当地政府机构对工程进行监管的结构、做法、惯例等。

案例 1：某中资公司在俄罗斯项目实施之初，即发现对于这一个项目，从政府至业主，都是有各种方面的监管，多头管理，多头审批，甚至多头发出不同的指令，使工程效率严重降低，“中国效率”完全发挥不出来，为此，该公司多次正式呼吁业主，成立统一的项目指挥部、统一其内部各部门、授权指挥者进行决策，百般推动之下，业主才重视该问题对工期的影响并有所

㊀ 数据来源：2014 年中国对外直接投资统计公报。

改善。

案例2：某中资公司在俄罗斯项目聘请了相关会计师、代理等进行协助和咨询，并充分熟悉当地法律环境，全面梳理项目的人员引进、机具材料采购、项目财务、税务、外汇、资金、海关进口、认证等各项流程，以确保在当地合法合规。

2. 劳务合作方面

劳务合作方面，必须避免非法打工，而应当办理正规手续，否则，如果出现安全或其他方面的问题，不仅个人的权益得不到保证、企业形象也会受到很大损害。承包方要想引进外国劳务，须提前一年（即上一年的5月1日前）向所在州移民局提出申请，第二年2月才能获得审批。从递交配额申请，到劳动者本人具备在俄罗斯当地从事劳务的合法身份，要经过提交翻译公证手续、缴纳国税、办理打工卡、邀请函、办理签证、办理当地体检、落地签等很多道手续。如果劳动者需要办理延期，则要提前3个月开始做文件准备。因此，要求企业早做规划，早做申请。

案例：某中资公司在车里亚宾市分公司先后成立了安全生产、电气焊工、行车工、司索工等特殊工种上岗培训委员会，按照俄罗斯技术监督局的要求，组织上述特殊工种的岗前培训、考试及资格认证工作，为特殊工种工人能在短时间内尽快完成资格认证工作创造了必要条件。

（三）其他注意事项

俄罗斯境内存在少数地方分离主义分子、民族极端分子和少量反政府武装，主要活动范围是车臣共和国、鞑靼斯坦共和国境内。同时，图瓦共和国、楚瓦什共和国、北奥塞梯共和国也时有民族极端分子活动。近年来，在莫斯科及少数民族聚居地区曾发生过恐怖袭击。2010年3月，车臣恐怖分子在莫斯科制造地铁爆炸案。2010年7月21日，北高加索卡巴尔达–巴尔卡尔共和国巴克桑水电站发生爆炸事件。2010年10月19日，车克共和国议会大厦发生自杀式袭击案。2011年1月24日，莫斯科多莫杰多沃机场遭恐怖袭击，造成35人死亡、180人受伤。2012年5月3日，北高加索塔吉斯坦共和国首府马哈奇卡拉发生两起汽车炸弹爆炸，造成 13 人死亡，122 人受伤。

2013 年以来，俄罗斯加大力度整顿和规范市场秩序。俄罗斯总统普京明确表示将在俄 – 哈关税同盟境内大力打击“灰色清关”，严打假冒伪劣和走私。7 月 19 日，俄罗斯内务部莫斯科内务总局以涉嫌仿冒国际名牌商品为由，查封某中国企业在莫斯科市库房存放的 4.7 万箱货物。俄罗斯联邦移民局正在制定系列措施严厉打击非法劳务移民，2013 年以来莫斯科市已遣返非法劳务移民逾 4000 人。随着俄罗斯扩大市场整治范围，以及强力部门介入，预计将涉及更多的外国非法移民务工和违规经营案件。为此，特提醒在俄华商及中资企业对个人身份、货物合法文件、经营行为等进行全面自查，及时完善相关手续，加强风险防范，采取有效措施保护人员、财产和货物安全，切勿抱有侥幸心理。已建立突发事件应对预案的华商及企业须做好启动预案的准备，尚未制定预案的应尽快拟定。

（四）防范投资合作风险

在俄罗斯开展投资、贸易、承包工程和劳务合作的过程中，要特别注意事前调查、分析、评估相关风险，事中做好风险规避和管理工作，切实保障自身利益。包括对项目或贸易客户及相关方的资信调查和评估，对项目所在地的政治风险和商业风险分析和规避，对项目本身实施的可行性分析等。企业应积极利用保险、担保、银行等保险金融机构和其他专业风险管理机构的相关业务保障自身利益，包括贸易、投资、承包工程和劳务类信用保险、财产保险、人身安全保险等，各类担保业务（政府担保、商业担保保函）等。如果投资或工程承包的周期较长，要关注俄罗斯自身的通胀率、物价水平，并有一定的风险储备。

案例 1：中国五矿公司承包车钢项目 2008 年开始，但执行是 2010 年～2013 年，2010 年可以锁定价格的材料，到 2012 年就全面涨价了，这对于实现项目预期利润很不利。

案例 2：中国机械进出口（集团）有限公司（CMC）于 2008 年与俄罗斯亚洲水泥公司签订宾萨州日产 5000 水泥熟料生产线项目，CMC 根据以往经验，国际工程 EPC 项目从签约到项目生效的时间较长，这期间的汇率波动会承包商的利益产生较大影响，为规避汇率风险的发生，在签订合同时在合同条款中规定“以人民币兑美元汇率 7.15 为基准，人民币升值 3% 以上时，业主将予以补偿”，并明确规定汇率补偿公式。通过这一有效保护手段，CMC 成功从业主处获得了 750 万美元汇率补偿款。

中国出口信用保险公司是由国家出资设立、支持中国对外经济贸易发展与合作、具有独立法人地位的国有政策性保险公司，是中国唯一承办政策性出口信用保险业务的金融机构。公司支持企业对外投资合作的保险产品包括短期出口信用保险、中长期出口信用保险、海外投资保险和融资担保等，对因投资所在国（地区）发生的国有化征收、汇兑限制、战争及政治暴乱、违约等政治风险造成的经济损失提供风险保障。

建议企业在开展对外投资合作过程中使用中国政策性保险机构——中国出口信用保险公司提供的包括政治风险、商业风险在内的信用风险保障产品；也可使用中国进出口银行等政策性银行提供的商业担保服务。如果在没有有效风险规避情况下发生了风险损失，也要根据损失情况尽快通过自身或相关手段追偿损失。通过信用保险机构承保的业务，则由信用保险机构定损核赔、补偿风险损失，相关机构协助信用保险机构追偿。

一、阿塞拜疆国家概况

二、阿塞拜疆经济发展状况

三、阿塞拜疆的基础设施状况

四、对外国投资合作的法律法规

五、在阿塞拜疆开展投资合作相关手续

六、中国企业到阿塞拜疆开展投资合作应注意的事项

阿塞拜疆共和国
投资指南[㊀]

㊀ 部分资料来源于外交部网站、商务部网站《对外投资合作国别（地区）指南——阿塞拜疆篇》；部分数据来源于商务部、国家统计局网站、《世界投资报告 2015》的公开资料。

阿塞拜疆位于外高加索地区东南部，地理位置独特，北有俄罗斯，南有伊朗，东部与里海相接，西部与格鲁吉亚和亚美尼亚相邻，与欧盟有紧密的联系，是欧洲和亚洲文化的汇聚地，也是“一带一路”北线上的欧亚能源枢纽。

阿塞拜疆既是能源走廊，又是欧亚的能源中心。阿塞拜疆油气资源极为丰富，能源工业支撑着其经济的持续增长。据国际货币基金组织数据显示，2014年，石油和天然气出口占阿塞拜疆出口总额90%以上，而欧洲每年消耗的天然气1/4来自阿塞拜疆。中亚地区身处欧亚大陆地理中心，而里海更是地处中亚腹地，因此油气资源的外运途径便成为该地区政治经济局势的命脉，阿塞拜疆则是第一个将里海油气资源输往全球和欧洲市场的国家。

阿塞拜疆奉行独立自主、多元平衡外交。中国是最早承认阿塞拜疆独立的国家之一，1992年4月2日建交以来，两国关系发展顺利，高层交往密切，在经贸各领域不断扩大合作。阿塞拜疆积极响应中国提出的“一带一路”战略构想，互惠共赢的合作将更多地惠及两国人民。

一、阿塞拜疆国家概况㊀

（一）地理环境

1. 地理位置

阿塞拜疆位于外高加索东南部。北靠俄罗斯，西部和西北部与亚美尼亚、格鲁吉亚相邻，南接伊朗，东濒里海。纳希切万自治共和国是阿的飞地，被亚美尼亚、伊朗、土耳其环绕。

2. 行政区划

阿塞拜疆全国划分为1个自治共和国，66个区，70个城市，13个市级区，257个城镇。首都巴库是全国经济、文化中心，也是里海最大港口。巴库位于阿普歇伦米岛南部，是石油工业中心，有“石油城”之誉，也是苏联外高加索最大城市。阿塞拜疆主要城市有占贾、连科兰、苏姆盖特等。

㊀ 资料来源：中国外交部。

阿塞拜疆火焰塔

阿塞拜疆少女塔

3. 自然资源

阿塞拜疆石油天然气资源丰富，主要分布在阿普歇伦半岛和里海大陆架。

石油探明储量为40亿吨，阿塞拜疆石油具有埋藏浅、杂质少的特点。陆上油井有5418个，海上油井有1385个。天然气初步探明储量为2000亿立方米。此外，还有铁矿、铝矿、铜矿等。全国有耕地870万公顷以及淡水、海水资源，山川河流、森林等。

阿塞拜疆景色

阿塞拜疆拥有丰富的动物资源。东高加索野山羊、小亚细亚盘羊、高加索岩羚羊和狍子等珍贵动物多生活在高加索山地带。

阿塞拜疆共有约4000种植物，其中很多可入药。主要树种有橡树、三毛榉、鹅耳枥以及各种灌木，其南部与伊朗接壤的塔雷什山坡不乏珍贵树种，如黄杨、合欢，以及被称为“永久树”的紫杉。

4. 气候条件

阿塞拜疆境内气候多样，中部与东部为干燥型气候，东南方降雨较为充沛。首都巴库紧临里海，冬天温暖，1月月均温为4℃，7月月均温为25℃。北方与西方的山区气温较低，夏天平均温为12℃，冬天平均温为-9℃。

5. 人口分布

阿塞拜疆据2014年1月全国人口普查，总数为948万，首都巴库人口占254万。

（二）政治环境

1. 政治制度

阿塞拜疆是一个由宪法规定建立的民主、法制、文明国家，实行总统制，总统为国家元首、最高行政首脑和武装力量总司令，由全民直接选举产生，总统伊利哈姆·阿利耶夫，2003 年 10 月首次当选，顺利实现国家权力交接。2005 年阿利耶夫总统领导的执政党“新阿塞拜疆党”在议会选举中大获全胜，进一步巩固了政权基础。2008 年 10 月、2013 年 10 月两次连任。近年来，当局稳步推进政治经济改革，全面实施社会保障制度，加大对弱势群体扶持，重视凝聚民心，提高居民就业水平。反对派无精神领袖，政纲缺失，无力和当局抗衡。最高立法机关称国民议会，一院制，由 125 名议员组成，任期 5 年。现任议长奥克泰·阿萨多夫，2010 年 11 月当选。

2. 主要党派

阿塞拜疆在 2005 年大选中，在参选的议会党团中有望胜出的是支持总统伊利哈姆·阿利耶夫的党派“新阿塞拜疆”“统一阿塞拜疆”和反对党“自由联盟”等。

3. 外交关系

阿塞拜疆坚持独立自主、多元平衡的外交基本原则。注重发展同俄罗斯的战略合作伙伴关系，积极发展同美国和欧盟合作，将融入欧洲作为对外战略目标。努力发展与土耳其、伊朗、格鲁吉亚等周边邻国的双边关系。积极参与独联体事务。因纳卡领土争端与邻国亚美尼亚长期敌对。

阿塞拜疆与中国在 1992 年 4 月 2 日建交。两国关系发展顺利，高层交往密切。2014 年 5 月，阿总统阿利耶夫来华出席亚信上海峰会，习近平主席与其举行会见。两国各领域友好合作发展迅速，两国人民传统友谊不断加深。阿塞拜疆重视对华关系，支持中国在台湾、涉藏、涉疆、“法轮功”等问题上的原则立场，各派政治力量均积极主张加强同中国的友好合作。中国是最早承认阿塞拜疆独立的国家之一。中阿经贸关系发展顺利。2014 年，中阿贸易额 9.42 亿美元，下降 14.5%。其中，中方出口 6.45 亿美元，下降 25.7%；中方进口2.97亿美元，同比增长27.2%。1999年，双方举行中阿经贸合作委员会第一次会议，2013年举行第4次会议。阿塞拜疆与中国在科技、教育、文化等领域合作顺利，成果丰硕。

4. 政府机构

阿塞拜疆现任政府于2013年10月组成。总理为阿尔图尔·拉西扎德。阿塞拜疆司法权由法院依照法律独立行使。法院体系包括宪法法院、最高法院、经济法院及各级普通和专门法院。宪法法院由9名法官组成，均由议会根据总统提名任命，现任宪法法院院长为汉拉尔·哈吉耶夫。最高法院是阿塞拜疆最高审判机关，由23名法官组成，均由议会根据总统提名任命，现任最高法院院长为苏达芭·哈桑诺娃。检察院依法独立行使检察权，最高检察机关为共和国总检察院，总检察长经议会同意由总统任免。现任总检察长扎基尔·加拉罗夫，2000年4月就任，2005年4月连任。

阿塞拜疆政府机构

（三）社会文化环境

1. 民族

阿塞拜疆主要为阿塞拜疆族（占90.6%），还有俄罗斯族、亚美尼亚族等。

2. 语言

阿塞拜疆官方语言为阿塞拜疆语，居民多通晓俄语。

3. 宗教

阿塞拜疆人主要信仰伊斯兰教。

4. 习俗

阿塞拜疆人重视家庭，家族观念浓厚，尊重长辈，爱护子女，妇女承担全部家务。人们在正式场合及节庆场合讲究衣着（成年男性在公共场合不穿短裤），家居环境整洁；男性见面时都会握手致意，女性则习惯相互亲吻面颊；较熟悉的同事或朋友见面和分别时，不论性别年龄，还会以相互贴面或亲吻脸颊的方式表示尊重和友情。鲜花是应邀正式做客或参加欢庆活动时送给女主人的常见礼物。

饮食习俗：阿塞拜疆人饮食以牛、羊肉以及家禽、鱼类为主要食材，喜食烧烤类食品、奶制品、甜食和瓜果。当地人日常饮食较简单，但喜欢在节日和私人纪念日举办聚会和宴请活动；宴请客人时多不劝酒，吸烟讲究场合。

婚礼习俗：当地婚礼多为世俗婚礼，在饭店或家中举办，没有严格的宗教仪式，宾客载歌载舞，非常热闹，客人多会向新婚夫妇送礼表示祝贺。葬礼则按穆斯林习俗实行土葬，城市中的丧家一般在街道旁搭帐篷摆筵席，款待前来吊唁的亲友。

拜会当地官方机构前，一般需提前以书面形式预约，得到答复后前往。与当地企业、团体或个人会面之前，也需提前电话预约。

5. 教育和医疗

教育体制分为学前教育、普通中小学教育、职业技术教育、中等专业教育和高等教育。现有全日制普通学校 4539 所，学生 136.49 万人；中等专业学校 74 所，学生 7.91 万人；国立高等院校 37 所，学生 11.79 万人；私立高等院校 16 所，学生 2.13 万人。

著名高校：巴库国立大学，创建于 1919 年，现有 17 个系、2 个研究所、

4个博物馆和3个图书馆。在校学生约13 000人，教师2300人。阿塞拜疆国家石油学院创建于1920年，现有24个专业、7个系、63个教研室和18个科学实验室。在校学生约7000人，教师1000人。

阿塞拜疆原有公立医院大部分私有化，成为商业化收费医院。设立在各居民区的公立诊所得以保留。阿塞拜疆不实行强制性医疗保险制度。本地居民在公立诊所就诊可享受免费待遇，但需自费购买药品，药品2/3以上为进口，价格较高。外国公民在阿塞拜疆治病全部自费。

据世界卫生组织统计，2011年阿塞拜疆全国医疗卫生总支出占GDP的5%，按照购买力平价计算，人均医疗健康支出503美元。2006 ~ 2013年，平均每万人拥有医生35人、护理和助产人员67人，牙医3人，药师2人；2006 ~ 2013年，平均每万人拥有医院床位47张。

6. 节假日

阿塞拜疆是一个民族传统得到保持的国家。阴历的节日如“古尔邦节”（祭祀节）、拉马丹节（开斋节）如以前一样庆祝。新年是每年的1月1日。国际妇女节为3月8日。开春节（瑙鲁孜节）是新年和春季最古老和最隆重的节日，为每年的3月20 ~ 21日。胜利日为5月9日（纪念反法西斯战争胜利）。国庆日为5月28日（纪念1918年阿塞拜疆民主共和国成立）。民族救亡日为6月15日（纪念前总统盖达尔·阿利耶夫1993年复出、执政）。武装力量日为6月26日（纪念1918年建军）。国家独立日为10月18日（纪念1991年阿独立）。宪法日为11月12日（纪念1995年通过的宪法）。民族复兴日为11月17日。

（四）基础设施

1. 概况

阿塞拜疆拥有里海最大港口和外高加索地区最大机场，公路、铁路、水运和管道运输基础设施较为便捷。

2. 公路

截至2013年，阿塞拜疆全国公路总里程59 141千米，其中，硬化路面占

29 210 千米。阿塞拜疆城郊千米总长为 18 800 千米，其中，国家级干线（M）和区域级干线（R）的总长为 4577 千米，地方级千米（Y）总长 14 223 千米。

3. 铁路

2013 年，阿塞拜疆国内铁路总长 2898.9 千米，铁路运输量为 2320 万吨，同比略有增长，占阿塞拜疆 2013 年国内运输总量的 10.7%。

4. 空运

2013 年阿塞拜疆国内航空公司完成客运总量 166 万人次，同比增长 4.2%。阿塞拜疆航空公司已开通 11 条国际航线和 1 条国内航线，有巴库和占贾两个国际机场。

5. 水运

内河航道总长 500 千米，主要港口为巴库。2002 年货运量为 1140 万吨，客运量为 1.4 万人次。

6. 管道运输

阿塞拜疆是一个没有出海口的内陆国家，因此阿塞拜疆石油和天然气通过管道方式运输。

二、阿塞拜疆经济发展状况

（一）宏观经济

【经济增长率】2005 年，由于里海石油的成功开发正逢国际石油价格暴涨，阿塞拜疆经济出现引人瞩目的高增长，阿塞拜疆从此进入一个以石油为支撑的、新的快速发展期，平均 GDP 增幅达 21%。2003 ~ 2008 年成为阿塞拜疆经济发展速度最快的历史时期。2008 ~ 2009 年，受全球金融经济危机的影响，阿塞拜疆经济增长速度放缓，但 2008 全年仍实现了 10.8% 的增长，2009 年经济增长率为 9.3%。2010 年经济增长率为 5%，后金融危机时期的阿塞拜疆经济已进入了一个低速、平稳的发展期。2011 年和 2012 年阿塞拜疆经济增长率分别为 0.1% 和 2.2%。2013 年是阿塞拜疆第 2 个“国家五年发展计划”和第 2 个“巴库及周边城镇社会经济发展国家规划”的最后一年，顺利举行总统选举，阿利耶夫总统再次当选连任。2013 年阿塞拜疆国内政局稳定，社会经济发展稳中有升，阿塞拜疆政府继续推行国民经济多元化发展政策。根据阿塞拜疆国家统计委员会数据，2013 年阿塞拜疆实现 GDP 577 亿马纳特（约合 735.5 亿美元），同比增长 5.8%；实现人均 GDP 6207.3 马纳特（约合 7912 美元），同比增长 4.4%（见表 21-1）。

表 21-1　2008 ~ 2014 年阿塞拜疆主要经济指标

年份	经济增长率（%）	GDP（亿美元）	人均 GDP（美元）
2008	10.8	463	5 404
2009	9.3	521	5 789
2010	5.0	547	5 798
2011	0.1	634	7 003
2012	2.2	687	7 490
2013	5.7	736	7 913
2014	2.8	752	7 986

【GDP 构成】2013 年，农业、工业、服务业分别占 GDP 的比重为 5.3%、46.3% 和 30.2%。另有建筑业和产品税收分别占 GDP 的 11.8% 和 6.3%。2013 年，阿塞拜疆油气领域占 GDP 总量的 43.4%。

【财政收支】2013 年，阿塞拜疆财政收入为 194.94 亿马纳特（约 248.5 亿美元），财政支出为 191.12 马纳特（约 243.6 亿美元），盈余 3.82 亿马纳特（约 4.87 亿美元）。

【外汇储备】阿塞拜疆战略外汇储备由阿塞拜疆央行外汇储备和国家石油基金组成。截至 2014 年 1 月 1 日，阿塞拜疆战略外汇储备达 500.32 亿美元，占 GDP 的比重已超过 70%，跨入全球外汇储备占比最高的 15 个国家行列。

【外债余额】截至 2014 年 1 月 1 日，阿塞拜疆外债余额为 60.6 亿美元，同比增长 6.2%，占 GDP 的 8.2%。在外债总额中，10 年以下的短期外债占 8.1%，10 ~ 20 年的中长期外债占 43.6%，20 年以上的长期外债占 48.3%。

目前，阿塞拜疆的外债主要由世界银行、国际货币基金组织等国际性金融机构提供，资金主要用于阿塞拜疆国内经济改革，公路、铁路、电站以及城市给排水等基础设施项目的建设与改造。

【通货膨胀率】2013 年阿塞拜疆通货膨胀率为 2.4%。根据国际评级机构惠誉最新发布的评级结果，阿塞拜疆长期本、外币主权债务等级为 BBB-，其展望为“稳定”。

阿塞拜疆政府预测，2014 年阿塞拜疆经济增长率为 5.2%，通货膨胀率仍将控制在个位数上。

（二）重点 / 特色产业

【石油天然气开采及相关产业】阿塞拜疆是现代石油开采工业的发祥地，石油开采已超过 150 年的历史，成为最重要的产业部门。阿塞拜疆国家石油公司（State Oil Company of Azerbaijan Republic）是该部门，乃至全阿塞拜疆最具实力的大型企业，旗下拥有石油和天然气开发、炼油、石油化工、石油机械、石油运输、销售和油田技术服务、工程服务等多个企业，但其主要利润来自其原油出口。阿塞拜疆石油公司还肩负阿塞拜疆政府对石油行业的管理职责。例如，管理和掌控石油区块的开发权、收取石油税收、管理和使用国家石油基金等。此外，阿塞拜疆国家石油公司也是国内唯一的石油产品生产企业，旗下共有两家炼油厂，在阿塞拜疆、格鲁吉亚、乌克兰和罗马尼亚拥有自己的加油站。同时，该公司也是土耳其最大的石化集团“Petkim Petrokimya Holding”的控股人。2012 年因英国 BP 石油公司技术失误而导致的阿塞拜疆石油减产以及受全球油价下降等因素，阿塞拜疆油气领域同比下滑约 5%。2012 年阿塞拜疆开采了 4298 万吨石油，同比下降 5.3%；开采天然气 172.4 亿立方米，同比增长 5.4%。2013 年油气领域同比增长 1.1%，石油开采量在经历了急剧下滑后逐渐稳定下来。2013 年全年开采了 4310 万吨石油和 179 亿立方米天然气，分别同比增长了 0.2% 和 3.6%。2013 年油气领域总产值占阿塞拜疆同期 GDP 总量的 43.4%。

现阶段，阿塞拜疆油气领域的开采量仍主要来自阿境内里海水域最大、最主要的“阿泽利－齐拉克－居涅什里”油田和“沙赫德尼斯”气田。根据阿塞拜疆国家石油公司公布的最新数据，“阿泽利－齐拉克－居涅什里”油田的可开采量由 5.11 亿吨提高了 9 亿吨以上，其增幅达 76%。但阿塞拜疆目前石油开采方面有急功近利的倾向，因此从中长期看，阿塞拜疆石油生产有逐渐递减趋势。

阿塞拜疆境内共有两家炼油厂和一家 A3 石化生产集团，且均隶属于阿塞拜疆国家石油公司。2011 年 4 月，阿塞拜疆国家石油公司完成了阿塞拜疆境内最大的炼油厂——盖达尔阿利耶夫炼油厂的大修工作。目前这两家炼油厂的总产能可达到 2200 万吨 / 年。此外，阿塞拜疆国家石油公司计划在巴库附近投资兴建新的石油炼制及石化综合体，总投资预计为 150 亿美元。项目投产后，可年加工 1000 万吨原油、100 亿立方米天然气和 90 万吨石化产品。

2013 年阿塞拜疆国内加工石油 650 万吨和天然气 38 亿立方米，生产各类燃料类产品共计 509 万吨，同比增长 6%。同期，阿塞拜疆国内销售各类石油产品共计 520 万吨，同比增长 9.1%。

【运输业】阿塞拜疆地处欧亚交界处并拥有里海最大港口，南北方向位于俄罗斯和伊朗中间，东西方向处在中亚和外高加索之间，拥有较便捷的公路、铁路、能源管道和外高地区最大的民用机场，为其提供了发展跨国运输业的良好条件。近年竣工投产的巴库 – 第比利斯 – 杰伊汉石油管道（BTC）和巴库 – 第比利斯 – 恩佐鲁姆天然气管道更增强了阿塞拜疆成为亚欧运输枢纽的信心。

阿塞拜疆的铁路、航空和里海运输基本由国家垄断经营，但现已允许私营和外国航空公司进入国际客、货运输业务领域。公路运输基本实行私有化经营。最主要的油气外运管道（BTC，从巴库开始，经格鲁古亚第比利斯至土耳其的黑海港口杰伊汉）由英国的 BP 公司经营。2013 年阿塞拜疆国内运输业新增产值 27.82 亿马纳特（约 35.46 亿美元），同比增长 6.3%，占 GDP 总量的 4.8%。2013 年阿塞拜疆各种运输方式在全国货物运输总量中的份额排名依次为：公路 57.4%，管道 26.6%，铁路 10.7%，水路 5.3%。

近年来，阿塞拜疆公路发展迅速，城市间干线不断完善，道路建设质量较好，且不存在额外收费。但阿塞拜疆铁路基础设施不完善，装备落后，年久失修情况普遍，各类列车运行速度均很慢。与铁路设施相比，阿塞拜疆港口设施相对较好，但与苏联时期及其现阶段经济发展水平相比，除石油运输外，里海普通货运和客运发展明显滞后。

从中国运输至阿塞拜疆可参考以下运输路线。

- 海运至伊朗的阿巴斯港，再经公路从伊朗过境运往阿塞拜疆；
- 海运至格鲁古亚的黑海港口波季，再经铁路运往巴库；
- 货物从中哈边境的铁路口岸阿拉山口出关，途经哈萨克斯坦和俄罗斯，最后进入阿塞拜疆，全程采用铁路运输；
- 货物经陆路运至哈萨克斯坦或土库曼斯坦的里海港口，经里海航运到巴库。
- 空运。中国的上海、乌鲁木齐、台北和香港分别开设有至巴库的直达货运航班。

三、阿塞拜疆的基础设施状况

阿塞拜疆拥有里海最大港口和外高加索地区最大机场，公路、铁路、水运和管道运输基础设施较为便捷。

（一）公路

2013 年阿塞拜疆全国公路总里程 59 141 千米，其中，29 210 千米为硬化路面。阿塞拜疆城郊千米总长为 18 800 千米，其中，国家级干线（M）和区域级干线（R）的总长为 4577 千米，地方级千米（Y）总长 14 223 千米。近年来，阿塞拜疆着力增加公路建设。根据阿塞拜疆交通部 2006 ~ 2015 年十年发展规划，阿塞拜疆将建设和改造国家级公路 3578 千米，地方级道路 5928 千米。在阿塞拜疆境内有两条运输主干线：①贯穿阿塞拜疆南北的干线公路，其全长约 521 千米，是连接俄罗斯和伊朗的重要过境运输通道。②贯穿阿塞拜疆东西的干线千米并与格鲁吉亚边境相连，其全长约 503 千米。该干线是 TRACECA 国际运输走廊的重要组成部分。

2013 年公路运输货物量为 1.252 亿吨，同比增长 6.1%，占阿塞拜疆国内运输总量的 57.4%。

（二）铁路

2013 年阿塞拜疆国内铁路总长 2898.9 千米，其中 2068.1 千米为正在使用中的铁路，815 千米为双轨铁路，1527.7 千米配备了自动信号系统，1272 千米实现了电子数据化管理。电气化铁路 1300 千米。有近 900 千米铁路处于不能正常使用的状态，约占阿塞拜疆铁路总长的 1/3。目前，阿塞拜疆铁路运输主要以通往格鲁吉亚方向为主，从巴库至格鲁吉亚的货运量约占铁路货物总量的 70% 左右。阿塞拜疆铁路客运设有开往阿塞拜疆国内各主要城市以及俄罗斯、乌克兰、格鲁吉亚等国的固定班次。此外，在巴库市有地铁交通，2013 年阿地铁客运量为 2.07 亿人次，同比增长了 5.8%。

2013 年铁路运输量为 2320 万吨，同比略有增长，占阿塞拜疆 2013 年国内运输总量的 10.7%。此外，从巴库港至土库曼巴希（土库曼斯坦）和阿克陶（哈萨克斯坦）有铁路轮渡和油轮运输。

（三）空运

2013 年阿塞拜疆国内航空公司完成客运总量 166 万人次，同比增长 4.2%。航空客运量的 99.6% 由阿塞拜疆航空公司（国企）完成，私企航空公司完成客运的 0.4%。巴库和乌鲁木齐之间已开通定期航班，该航段由中国南方航空公司执行飞行。此外，阿塞拜疆航空公司于 2013 年 8 月开通了巴库至北京直航，每周三班。

阿塞拜疆航空公司总部设在巴库，主要经营从巴库到独联体国家、欧洲、中国和中东地区，以及国内的定期客运和货运航班服务。目前，该公司通航的城市有 33 个。现阶段，在阿塞拜疆有 6 个机场。其中，盖达尔·阿利耶夫国际机场为最大的机场。

（四）水运

阿塞拜疆水运以里海货物运输为主，货运的六成以上为原油和成品油。巴库港是里海沿岸最大港口，不但可衔接里海水运与国内铁路运输，还可将里海水运与俄罗斯内河运输相连。巴库港与土库曼巴希港（土库曼境内）和阿克套港（哈萨克斯坦境内）之间有里海轮渡交通，运输由阿塞拜疆国家里海海运轮船公司垄断经营。截至目前，该公司拥有油轮、货轮等自有船只总计 80 艘。2013 年阿塞拜疆水运运输量为 1150 万吨，同比略有下降，占阿塞拜疆国内运输总量的 5.3%。其中，石油及石油产品占水运总量的 56.4%，干货占 43.6%。

（五）管道运输

【石油输送管道】阿塞拜疆是一个没有出海口的内陆国家（里海为海迹湖，周边被陆地环绕），因此阿塞拜疆石油向外运输主要通过管道方式。目前，在阿塞拜疆境内共有 3 条原油运输管道可将里海及沿岸地区生产的石油直接输往黑海和地中海港口。它们分别是：①巴库 – 新罗西斯克管道：输油能力 10 万桶 / 日；②巴库 – 苏普萨管道：输油能力 10 万桶 / 日；③巴库 – 第比利斯 – 杰伊汉管道：输油能力为 100 万桶 / 日。

由于上述管道输送能力的总和已超过阿塞拜疆现阶段原油产能，因此阿塞拜疆正积极与哈萨克斯坦、土库曼斯坦等其他里海产油国进行石油过境运输合作，并取得了一定成效。

2013 年阿塞拜疆石油管道输送量为 4350 万吨，其中巴库 – 第比利斯 – 杰伊汉石油管道输送量约占石油输送量的 75%（3300 万吨）。

【天然气输送管道】2006 年，阿塞拜疆建成一条从里海经格鲁古亚通往土耳其的天然气管道——“巴库 – 第比利斯 – 埃尔祖鲁姆”天然气管道。该管道在埃尔祖鲁姆并入土耳其天然气管网，并将里海天然气直接输往欧洲市场。巴库 – 第比利斯 – 埃尔祖鲁姆天然气管道的设计输送能力为 160 亿立方米 / 年。

2012 年 6 月，阿塞拜疆政府与土耳其签署了“跨阿纳托尼亚天然气输送管道项目”。2013 年 6 月，阿塞拜疆政府最终选择了“跨亚得里亚海天然气管道项目”，并将其作为“沙赫德尼斯”气田二期项目中的天然气输往欧洲的主要通道。目前，通过“跨阿纳托尼亚”天然气输送管道，将阿塞拜疆“沙赫德尼斯”气田二期天然气经格鲁吉亚至土耳其东部后，再向其西部延伸，最终达到土耳其与希腊和保加利亚两国的边境。此后，再通过“跨亚得里亚海”天然气管道，经希腊、阿尔巴尼亚、跨越亚得里亚海至意大利南部，以此打通将阿塞拜疆天然气输往欧洲的通道。

2013 年阿塞拜疆天然气输送量为 200 亿立方米，同比增长约 3.9%。阿塞拜疆管道运输量（石油和天然气）占运输总量的 26.6%。

（六）通信

阿塞拜疆成长速度最快的产业部门之一。2013 年全行业实现增加值 10.09 亿马纳特（约合 12.86 亿美元），同比增加 10.7%，占 GDP 总量的 1.7%。2013 年全行业总收入达 15.28 亿马纳特，同比增长 10.7%。其中，移动业务收入占总收入的 59.1%。

近年来，阿塞拜疆移动通信市场发展迅速，移动通信普及率达 110%，平均每百人 110 部手机。截至 2013 年年末，在现有三家 GSM 运营商中，Azercell 公司所拥有用户 450 万户，Bakcell 公司 400 万户，Azerfon 公司 200 万户。上述运营商均采用先进的进口设备与技术。截至目前，3G 通信业务在阿塞拜疆已推广了 3 年，其用户已达到 400 万户。2014 年，阿已开始推广 4G 通信服务。

阿塞拜疆原有的固定电话通信网设施老化。近年来，固定电话被列为国家重点支持的发展领域。经过几年来的技术改造，目前全国实现数字化率为 95%，巴库为 97%，巴库以外地区的数字化率提高到 93%，通话费也进行了下调。目前，巴库市内通话免费（每月收取 2 马纳特占号费）；国内长途电话 0.07 马纳特 / 分钟；国际通话根据拨叫地区不同，每分钟话费在 0.36 ~ 0.54 马纳特。

截至 2013 年年底，阿塞拜疆全国网络普及率为 70%，其中每百人中就有 50 个宽带网用户，与全球互联网链接的速度为 10GB/ 每秒；接入欧亚干线光缆的电话枢纽（交换站）达 100 个以上，服务器运营商约 40 个。近年来，除固话线路 ADSL 连接以外，还发展了 Wi-Fi、iBurus 和 WiMAX 和 3G、4G 手机联网等。其中，也有很多技术和设备由中国提供。随着网络市场运营的开放和竞争的日趋激烈，以及上网方式的多样化，阿塞拜疆目前的网络收费也不断降低。现 1M/S 的月使用费已降至 10 马纳特，网络使用包月费已降至 20 马纳特。但在一般情况下，其收费水平高出中国两倍以上。

阿塞拜疆电脑用户普及率在最近 5 ~ 6 年增速明显。截至 2013 年年底，每百人拥有电脑 30 部。阿塞拜疆对网络使用限制较少。

（七）电力

阿塞拜疆全国电力总装机容量 6500 兆瓦。目前有 9 个水电站和 13 个火电站，以及 200 个以上功率为 500、330、220 和 110 千瓦的变电站。据统计，阿塞拜疆每年发电量约 200 亿千瓦时，其中约 90% 为火力发电，约 10% 为水力发电，电力需求量根据季节不同约为 230 ~ 245 亿千瓦时。

2013 年阿塞拜疆生产电力 206.3 亿千瓦时，同比增长 0.6%。此外，阿塞拜疆每年向格鲁吉亚、土耳其、俄罗斯出口电力并与伊朗互换电力。

近年来，在欧洲银行、伊斯兰银行、日本国际合作基金等国际资本的介入下，阿塞拜疆政府把电站和电网的建设与改造列为政府重点扶持发展对象，已取得较明显成效。目前，阿塞拜疆能源供应充分，电力供应已可以满足国内需求。

四、对外国投资合作的法律法规

（一）对外贸易的法规和政策规定

1. 贸易主管部门

阿塞拜疆政府贸易主管部门是经济工业部（Ministry of Economy and Industry）。

2. 贸易法规体系

阿塞拜疆与贸易相关的法律法规主要有《关税通则》《外汇调节法》《反垄断经营法》《价格调节法》以及《关于向部分经营活动颁发经营许可证的办法》等。

3. 贸易管理的相关规定

阿塞拜疆实行自由贸易制度，所有经济实体和自然人有权从事进出口贸易，但需向政府主管部门申请经营许可证。

4. 进出口商品检验检疫

【进口商品检验】国家标准、计量和专利署负责进口商品的检验工作。要求进口商品，特别是进口食品包装上必须印有阿塞拜疆文的品质和使用说明。

【动物检疫】农业部下属的国家兽医局是阿进口动物产品检疫的主管机构，

在各海关均设有检疫点，进口鲜活动物产品入境时须出示有关检疫合格证并接受检查。

【植物检疫】农业部下属的国家植物保护和检疫局是阿塞拜疆政府主管植物检疫的部门。进口的植物及植物性产品须在入境时接受该部门工作人员的检查并出示植物检疫证书。

中阿两国目前还未签署关于相互承认动、植物检验检疫证书及商品质检证书的协议。

5. 海关管理规章制度

【主要规定】阿塞拜疆《关税通则》规定，对入境货物征收：进口关税（0 ~ 15%）、增值税（18%）、消费税和海关手续费（0.15%）。对违反相关法规的行为征收罚款。

【出口关税】对所有商品出口实行零关税。

【进口关税】从 2009 年 1 月 1 日起，阿塞拜疆进口关税带数量从此前的 6 个减至 3 个，即 0、5% 和 15%。

【海关手续费】入境货物报关值的 0.15%。

【海关优惠】海关对临时进口商品、外资企业作为投资而输入阿塞拜疆境内的资产、PSA 协议（产品分成协议）项下的入境物资、入境的外交物资和外交人员及其家庭成员的个人物品免征进口关税和增值税。

【消费税】海关对进口石油产品、酒类产品、烟草产品、非独联体国家轿车征收消费税。

【配额和许可证】阿塞拜疆对商品进口不设置配额。对电子产品、石油产品、棉花、有色金属等产品的出口实行许可制度，金属材料和石灰制品的出口还需缴纳专项费用。传统特色商品黑鱼子的出口受国际里海资源保护组织的配额约束。

提示：阿塞拜疆海关指定专门的报关公司对进口商品实行包税进口清关。

（二）对外国投资的市场准入的有关规定

1. 投资主管部门

阿塞拜疆政府投资主管部门是经济工业部，负责外资事务的部门是其下属的外国投资和技术援助协调司；主管国内投资政策、国家投资规划以及协调国家投资项目的执行部门是该部的国家投资司。

2. 投资行业的规定

阿塞拜疆《投资法》虽未对限制外国投资的行业做明确规定，但实际上在外资进入其国内金融市场等行业的市场准入方面存在一定限制。例如外资在阿塞拜疆保险公司中的股份不得超过 49%，外国银行驻阿塞拜疆分支机构必须依照阿塞拜疆国内法开展经营等。

3. 投资方式的规定

根据阿塞拜疆《投资法》和《外国投资保护法》规定，外资企业在阿塞拜疆的投资方式主要包括：通过在阿塞拜疆境内建立独资企业、合资企业、购买企业股份、债券、有价证券、土地和自然资源的使用权、其他财产权等方式在阿塞拜疆进行投资；参与阿塞拜疆国有资产、地方自治机构资产的私有化；从事阿塞拜疆法律未加禁止的其他任何经营活动。

4. BOT 方式

目前，在阿塞拜疆没有展开 BOT 的外资企业，也无外资展开 BOT 合作方式的相关规定。

（三）企业税收的规定

1. 税收体系和制度

阿塞拜疆实行属地和属人原则相结合的税制，凡阿塞拜疆公民、在阿塞拜疆长期居住的外籍人员，以及在阿塞拜疆注册登记的法人或虽未在阿塞拜疆设立机构、场所，但有来源于阿境内的收入的外国企业、公司和经济组织，均适用阿塞拜疆《税法》。

阿塞拜疆《税法》规定，实行国家、自治共和国、地区三级税制，全国实行统一的税收制度。

2. 主要税赋和税率

【自然人所得税】国税，按年征收，征税对象包括在阿塞拜疆获得长期居留权的外籍人士。年收入 24 000 马纳特以内者按年收入的 14% 纳税；年收入超过 24 000 马纳特者，税金应为：3306 马纳特 +（实际收入 –24 000 马纳特）×35%。

【法人利润税】国税，按年征收。在阿塞拜疆注册经营的外资企业与当地企业按同样规定纳税。税率为扣除增值税和消费税后企业在阿境内收入总额的 22%，残疾员工过半的社会福利企业减半纳税。

【增值税】国税，阿塞拜疆税收体制的核心税种。税率 18%，阿塞拜疆政府现正酝酿在今后 2 年内将其降至 14% ~ 15%。法律有规定的特殊情况可免征增值税（如在 PSA 协议"产品分成协议"项下在阿塞拜疆从事矿产资源开发的外资企业可免缴增值税）。阿塞拜疆政府不定期地对免征增值税的进口商品名录进行调整。

【消费税】国税。应税商品包括烟、酒、成品油、轿车、游艇。阿塞拜疆法律规定的特殊情况下可免征消费税，或退税，如进行转口贸易或利用应缴消费税的原材料生产其他消费税商品等情况。由政府主管部门对税率进行不定期调整。2007 年 1 月 1 日以后征收消费税的商品及税率如下。

酒精类：食用酒精税率为 0.8 马纳特 / 公升；伏特加等烈性酒 0.5 马纳特 / 公升；啤酒 0.08 马纳特 / 公升；其他酒精饮料（葡萄酒、香槟、白兰地）0.1 或 0.2 马纳特 / 公升；烟草类：统一税率，申报价值的 12.5%；成品油：从重税。依不同品种，征收 1 ~ 250 美元 / 吨。轿车（不含装有专门标志和设备的特种用途车）：按发动机排量计算，税金 0.5 ~ 4 马纳特 / 立方厘米；游艇：按排量计算，税率为 1 马纳特 / 立方厘米。

【营业税】国税，按月征收。征税对象为未进行法人增值税登记但从事经营活动的企业和自然人。首都巴库市商品零售业、服务业的税率为月销售额的 4%，其他地区为 2%。

【国税的其他种类】财产税、土地税、开采税和道路税。

【自治共和国税及税率】仅涉及纳希切万自治共和国，包含国税的全部税种（道路税除外），税率与国税统一。

【地方税及税率】包括个人财产税、个人土地税、地方建材资源开采税和地方企业利润税。税率与国税中向法人征收的相应税种相同。

（四）对外国投资有关优惠政策的规定

1. 优惠政策框架

阿塞拜疆法律规定，外资企业在阿塞拜疆享受国民待遇。遇以下情况可向外资提供有限度的税收优惠。

（1）对外商作为投资向阿塞拜疆输入的设备、材料等货物，以及外企工作人员及家属携带入境的私人财产和物品可免征关税和增值税。

（2）对重大外国投资项目，可通过签订个案合同的方式，规定项目可享受的税收优惠。例如石油天然气或其他矿产资源的投资开发项目，外商可根据与阿塞拜疆政府签署的合作协议享受免征进口关税、增值税等税收优惠。

2. 行业鼓励政策

阿塞拜疆政府鼓励外资向非石油产业进行投入；阿塞拜疆政府对投入基础设施建设项目（道路、电站）的外国贷款提供主权担保。

3. 地区鼓励政策

阿塞拜疆政府鼓励向首都以外地区的社会经济发展项目投资。

4. 特殊经济区域的规定

阿塞拜疆独立后迄今尚未正式设立特殊经济区域。现阶段阿塞拜疆正在打造“苏姆盖特化学工业园”“阿塞拜疆高技术园”等类似的经济开发区。

【苏姆盖特化学工业园】苏姆盖特化学工业园为封闭式园区。它位于阿塞拜疆首都巴库市以北 31 千米处。一期规划面积为 167 公顷，其中，工业建设用地 133 公顷。园区以石油加工产业为主导，结合汽车制造业和电子通信业，重点引进高科技和产品出口型项目。具体包括：食品包装、建材、汽车制造、电子通信、农业设备、日化用品、医疗用品等。

企业进驻该园区后可享受的优惠政策主要有：①税收优惠。企业从获得营业执照之日起 7 年内免征企业所得税、土地税、不动产税、设备进口关税。②生产要素价格优惠。目前阿塞拜疆政府正在研究和制定主要生产要素（水、电、气）的优惠价格，其优惠原则为在现行民用价格的基础上进行下浮。③贷款优惠。阿塞拜疆政府将对入园企业提供不超过项目投资总额 25% 的优惠贷款。④用地。项目用地可通过租赁方式获得，用地面积通过协商确定。⑤对于重大项目，园区将采取“一事一议”进一步给予优惠。目前，暂无中国企业入驻该园区。

5. 劳动就业的有关规定

（1）劳工（动）法的核心内容

【雇用和解聘】阿塞拜疆《劳动法》规定，雇用员工时劳资双方应签订劳动合同。“劳动手册”是反映个人工龄、专业等就业状况的重要证件和依据，用人单位应对在本单位就职5天以上的雇员在“劳动手册”上及时进行登记，登记内容包括：何时雇用、专业或工种、专业资格（学历）、任职情况、被解雇的日期等。解除劳动合同之时雇主应把“劳动手册”交给被解雇人。

根据阿塞拜疆国家议会于2014年1月3日通过的关于“国家行政违法条例”和“国家税务条例”部分条款修改的决议，阿塞拜疆将加大对未签订劳动合同违法用工企业和自然人处罚力度。对于未签订劳动合同的雇用方，属自然人性质的罚款将由1000马纳特提高至3000马纳特，属法人性质的罚款将由20 000马纳特提高至25 000马纳特。此外，对于违反税务条例、隐瞒不合法用工收入的雇用方，将处以每人1000马纳特的罚款。

【工薪规定】2007年，阿塞拜疆着手实行最低工资和基础退休金指数化，将两项指标的基准线确定为50马纳特（约60美元）。2009年这两项指标的基准线提高到80马纳特。从2012年12月1日起，这两项指标的基准线进一步提高至93.5马纳特（约合118美元）。2014年阿塞拜疆政府制定的最低工资为105马纳特（约合134美元），并计划将阿塞拜疆平均退休金提高至183马纳特（约合233美元）。

【社保基金】阿塞拜疆法律规定，包括外资企业、外资机构在内的所有用工单位和个人均应缴纳社保基金，缴纳金额是企业或单位员工工资总额的25%，雇主和受雇人分别支付22%和3%。

（2）外国人在当地工作的规定

【配额制及工作准证】为保证国内就业，阿塞拜疆政府强化外劳监管力度，2008 年第四季度以来实行外来劳务配额制。阿塞拜疆现行法律规定，有意在阿塞拜疆务工或就业的外国人必须申办个人工作准证。取得工作准证后，移民局和内务部才能为其办理在阿塞拜疆长期居留手续，否则按非法滞留予以处罚。阿塞拜疆劳动和社会保障部是负责审批和发放外国人工作准证的职能部门，应由用工单位（雇主）向其提出办理申请。工作准证的有效期限为一年，如更换雇主应重新办理；工作准证可办理延期，最多可延期 4 次。

阿塞拜疆《劳动移民入境法》规定：外国人申请的应是本地公民无法与其竞争的专业技术工作；阿塞拜疆法人和自然人、外国法人在阿代表处和分支机构均有权申请雇用外籍劳务人员。

【管理机构及职能】在国际金融风暴的影响下，阿塞拜疆国内就业形势渐趋严峻。为确保国内居民就业，保持社会经济的稳定发展，阿塞拜疆发布总统令，批准对与移民事务相关的政府职能机构进行调整，决定授权阿塞拜疆国家移民局为政府管理外国移民事务的唯一职能机构。根据总统令，自 2009 年 7 月 1 日起，外国人和无国籍人士（以下简称“外国人”）在阿境内的工作及居留手续将由国家移民局统一办理，实行“一个窗口”式的集中服务，以保障政府对这一领域的有效监管。调整后移民局的权限扩大为：

①受理外国人临时或永久居住的申请；

②受理外国人从事有偿工作的申请，签发意见后将相关文件转发劳动和社会保障部办理个人工作准证；

③向外国人出具临时或永久居住的许可文件；

④为取得在阿塞拜疆临时或永久居留权的外国人，按其居住地点为其办理登记手续；

⑤为取得临时或永久居留权的外国人发放相应的身份证件；

⑥为入境的外国人办理延长临时居留期限的手续；

⑦通过国家移民局统一信息系统对居住及临时入境的外国人进行统计；

⑧向跨部门的“出入境和登记”信息自动搜索系统提交资料。调整后，向外国人发放个人工作准证的职能仍由阿塞拜疆劳动和社会保障部执行，发证的依据是国家移民局的批准文件。按照新的规定，凡取得临时或永久居留

权的外国人和无国籍人士，今后可凭有效身份证明文件（护照等），以及阿塞拜疆国家移民局发放的身份证明往返出入阿塞拜疆国境。

（3）外国人在当地工作的风险

近年来，阿塞拜疆境内外籍人员管理和阿塞拜疆公民境外劳务移民问题日趋尖锐，引起政府和社会的关注。随着阿塞拜疆经济的迅速发展，今后将有更多的外国人员赴阿塞拜疆寻求就业，阿塞拜疆外籍劳务政策将趋紧。值得关注的是，最近一年多来，越来越多的中国公民因各种缘由前往阿塞拜疆。出国前，他们中的一些人对阿塞拜疆社会经济状况、外国人就业和务工的政策法规一无所知，盲目轻信中介人关于阿塞拜疆好挣钱、以阿塞拜疆为跳板可以免签转道去欧洲的谎言。到阿塞拜疆后，中介虽然为其办理了一年签证，但他们无人拥有在阿塞拜疆合法务工许可手续，绝大多数人很快陷入身无分文的窘境，甚至一日三餐都成问题。不少人为谋生在巴库主要街道、闹市沿街叫卖小商品，遭到当地警察驱赶，个别人受到粗暴对待后与警方发生冲突，另外有些人在向中介人讨说法过程中受到人身伤害，不但本人身心和经济受到损失，同时严重损坏了中国人的形象，在阿塞拜疆社会上造成不良影响。因此，中国公民在赴阿塞拜疆寻求发展之前，应对阿塞拜疆的劳务政策、手续、合法外派中介公司等相关信息进行详尽了解和咨询，务必通过商务部批准的外派劳务公司办理相关手续。

6. 外国企业在阿塞拜疆获得土地有关规定

（1）土地法的主要内容

阿塞拜疆共和国《土地法》由总则、统一土地基金等23章、共计113条组成。主要包括：

总则；全国土地储备；农村用地；城镇用地；工业、交通、通信、国防用地以及他用；特别保护区用地；森林资源用地、水资源用地和储备资源用地；土地保护；国家对土地资源使用与保护的调节；国家对土地资源使用与保护的监控；国家所有权与土地征用权；法人与自然人的土地所有权；土地的所有、使用和租用；土地的没收；土地所有权、使用权与租用权的限制与终止；土地所有权的国家注册；土地所有者、使用者与租用者的权利和义务；土地的周转；土地评估与地价确定原则；对土地所有者、使用者和租用者损失以及农业生产损失的补偿；土地争议的解决；违反土地法应承担的责任；国际协定。根据阿塞拜疆《土地法》的规定，阿塞拜疆的公民和法人可取得土地的所有权、使用权和租用权。

（2）外资企业获得土地的规定

根据阿塞拜疆《土地法》的规定，外国人、无国籍人士、外国法人、跨国公司或机构，以及外国政府在阿塞拜疆境内不能取得土地所有权，但可向阿塞拜疆国家、地方政府和土地所有者租用土地。当所出租土地的性质为国有，则出租者为政府相应的执行机构；当所出租的土地归地方政府所有时，则出租者为当地政府；当所出租的土地为私人所有时，则出租者为该土地的所有者。租用期限、条件与租用费用由双方当事人自行协商，写入租用合同，并按《土地法》所规定程序完成合同的签署。法人和自然人的土地个人所有权是基于土地私有化、买卖、继承、赠与、国家和地方政府土地置换以及与土地相关的其他交易。通过继承、赠与和抵押方式，土地个人所有权被过渡到外国的法人和自然人时，根据阿塞拜疆法律，将在一年之内收归国有。在未能收归国有情况下，根据立法，按《土地法》所规定程序，外国法人和自然人的土地个人所有权将被政府相关执行机构强制性收购。

根据有关规定（合同），阿塞拜疆将土地的使用权划分为固定使用和临时使用权。固定使用权不规定使用年限。临时使用权分为：长期（15 ~ 99 年）和短期（15 年以内）。在临时使用期限内，可向土地提供机构申请延长土地的使用年限。拥有或租用土地的自然人或企业均须缴纳土地税。土地税按年征收。

（3）对环境保护有关法律规定

①环保管理部门。阿塞拜疆政府环保主管部门是生态与自然资源部（Ministry of Ecology and Natural Resources of Azerbaijan Republic）。主要职责包括制定国家环境保护和自然资源利用领域的法规和政策并监督其执行情况，审批环保和资源开发项目以及发放相应的经营许可，协调环保项目和矿产资源开发领域的国际合作等。

②主要环保法律法规名称。阿塞拜疆有关环保法律法规包括：《环境保护法》《大气空间保护法》《生态安全法》《土地法》《动物法》《植物保护法》《渔

业捕捞法》《水文气象法》《地下资源法》《工业废料法》《供水及废水法》《自然区域和物种保护法》等。环保法律法规内容可通过阿生态与自然资源部网页查询。

③环保法律法规基本要点。现行法律规定，新的工业和建设项目开工前必须进行环保论证，取得相应主管部门的认可。发生环境污染的情况下按相关规定执行罚款、整顿、关停等惩处措施。

④环保评估的相关规定。根据阿塞拜疆现行法律规定，外资企业在阿塞拜疆开展投资或承包的工程项目须在开工前取得环保论证，取得相应主管部门的认可。在此情况下，若不是独立投资，则由项目业主方完成环境评估，并在阿塞拜疆生态与自然资源部、紧急状态部以及项目主管部门获得批准后，才能开始施工。

7. 阿塞拜疆对外国公司承包当地工程有关规定

（1）许可制度

阿塞拜疆《国家采购法》规定，具备相应资质的外国承包商均有权通过投标或议标的方式进入阿塞拜疆国内工程承包市场。参与国际金融组织或外国政府投资的项目的资格限制根据投资方和业主的规定办理。外国承包商在阿塞拜疆境内享受国民待遇。阿塞拜疆不允许外国自然人在当地承揽承包项目。

（2）禁止领域

除涉及国防安全和国家机密的项目，对外国承包商无特别禁止领域。

（3）招标方式

国家采购性质的项目招标主要有公开招标、两阶段招标、限制招标和不公开招标、议标等几种形式。造价预算 2.5 亿马纳特（约 3.17 亿美元）以上的国家采购项目必须采取公开招标方式。私人投资项目多采用议标方式。

阿塞拜疆法律规定，招标通告应按规定期限和规定要求在国家级报纸及具有国际影响的大众媒体上予以公布。

8. 对中国企业投资合作有关保护政策

（1）中国与阿塞拜疆签署双边投资保护协定

1994 年 3 月中国政府与阿政府签署《关于鼓励和相互保护投资的协定》。

（2）中国与阿塞拜疆签署避免双重征税协定

2005年3月，中阿两国政府签署《关于对所得避免双重征税和防止偷漏税的协定》。

（3）中国与阿塞拜疆签署的其他协定

2005年3月中阿两国政府签署《关于海关事务的互助协定》。

9. 保护知识产权的规定

（1）当地有关知识产权保护的法律法规

阿塞拜疆有关知识产权保护的主要法律有《著作权及相关权利法》《专利法》《商标和地理标志法》等。《专利法》规定：外国法人和自然人可在阿塞拜疆申请专利，但必须经过在阿塞拜疆正式注册的专利代理人办理相关手续；外国法人和自然人在阿塞拜疆为缔约方的国际条约基础上或相互给予的原则基础上可享受与阿塞拜疆公民同等的待遇（在申请专利方面）。除与以上两条相同的原则规定外，《商标和地理标志法》还规定，外国法人和自然人每次只能申请一种商标和地理标志；商标和地理标志的一次性有效期为10年，期满后可申请延期。

（2）知识产权侵权的相关处罚规定

阿塞拜疆法律规定，对违反知识产权相关保护规定的行为应给予法律和行政处罚。

10. 与投资合作相关的主要法律

阿塞拜疆涉及投资活动的现行主要法律法规：《民法》《投资活动法》《外国投资保护法》《企业经营法》《税法通则》《海关法》《反垄断经营法》《私有化法》《法人注册法》《破产法》《会计法》《保险法》《商业秘密法》《价格调节法》和《关于向部分经营活动发放经营许可证的办法》等。

《外国投资保护法》颁布于1992年1月15日，历经5次修改，最近一次修改于2001年11月23日颁布生效。根据该法规，外国投资者在阿塞拜疆享有如下基本权利。

通过在阿塞拜疆境内建立独资企业、合资企业、购买企业股份、债券、有价证券、土地和自然资源的使用权及其他财产权等方式进行投资活动；参与国有资产、地方自治机构资产的私有化。企业出口产品所得外汇、在阿塞拜疆正常经营所得利润、外籍员工的工资收入均可由外资企业或员工自主支配。依法完税后可自由兑换成外币并汇到境外。该法还规定：外资受阿塞拜疆国家法律的保护。法律发生变更时，前法优于后法，未来 10 年内仍执行先前的法规；对外商因阿塞拜疆实行国有化或财产被征收遭受的经济损失，应予以及时、等值和有效的赔偿。

五、在阿塞拜疆开展投资合作相关手续

（一）在阿塞拜疆投资注册企业需要办理的有关手续

1. 设立企业的形式

外国法人和自然人可设立外国独资企业、合资企业、外国公司的分公司、代表处、有限股份公司及股份公司。

2. 注册企业的受理机构

受理外国企业注册的机构是司法部。

3. 注册企业的主要程序

【注册程序】鉴于法人注册文件要求使用阿塞拜疆语，绝大多数外国公司通过当地律师办理注册。通常注册 1 家公司的全部费用（司法部收取的国家规费和律师服务费、翻译费）在 1000 ~ 1800 美元。

【注册时间】2008 年起，阿塞拜疆国家注册部门开始试行“一站式”服务，在申请人各项手续和文件齐备的前提下，承诺 3 个工作日内在一个接待窗口完成过去需要多个部门、40 ~ 60 天才能完成的注册手续。

【文件申请】如申请人为自然人，应注明自己的（一人或多人）姓名、住址、身份证件号码；法人应注明其（一家或多家）名称、常住地和注册登记号；如在申请书上签字的是全权代理人，还要注明代理人的姓名、住址、身份证件号码和证件颁发日期，以及授权委托书。注册申请应由发起人签字，如公司为多人发起，应由每位发起人或其亲自授权的代理人签字。

必须与申请书同时提交的文件：公司发起文件，包括公司章程、发起人关

于建立公司的决议和对拟建立公司章程的批准意见、对拟建立公司法人代表的授权以及关于其他必须由全体发起人签署同意的问题的决议（通常当地的注册律师会提供公司章程的格式文本）；已缴纳国家规费的收据；如提交注册申请者为法人，须提交其经过公证的注册证明和章程；包含被授权法人代表的个人资料（姓名、住址等）的文件，及其经过公证的签名样本；能够证明注册申请人法定地址的文件。除以上文件外，申请设立外国法人代表处或分支机构时还应提交：

（1）经外国法人或其代理人同意批准的驻阿塞拜疆代表处或分支机构的章程。

（2）外国法人关于设立代表处或分支机构的决议。

（3）申请设立代表处或分支机构的外国法人在本国的注册文件。文件须经阿塞拜疆在该外国法人所在国的大使馆或能够代表阿塞拜疆权益的第三国外交机构认证。

（4）申请设立代表处或分支机构的外国法人签发的授权书正本或经过公证的副本。

（5）拟设立代表处或分支机构的外国法人关于代表处或分支机构负责人的任命书正本或经过公证的副本。所有必须公证的文件如在境外进行公证，须取得阿塞拜疆外交机构的认证。

（二）承揽工程项目的程序

1. 获取信息

阿塞拜疆法律规定，招标通告应按规定期限和规定要求在国家级报纸及具有国际影响的大众媒体上予以公布，可通过当地主要报纸（《巴库工人报》等）查询。国际金融组织（如世行、亚行）在阿塞拜疆投资的项目招标信息可通过相关国际组织的网站查询。

2. 招标投标

国家采购性质的工程项目招标主要有公开招标、两阶段招标、限制招标和不公开招标、议标等几种形式。造价预算 2.5 亿马纳特（约 3.17 亿美元）以上的大型项目必须采取公开招标方式。业主如不准备采用公开招标方式，必须有符合《国家采购法》规定的理由并获得主管部门批准。私人投资项目多采用议标方式。

3. 许可手续

阿塞拜疆政府主管承包工程的部门是国家建筑和设计委员会，负责审批办理相关手续。外国公司参加国际招投标之时须按招标通告的具体要求递交相应的资质证明。中标签约后，须按阿塞拜疆法律规定在当地办理法人注册后方可取得在当地实施承包工程的许可。

阿塞拜疆是独联体国家内部关于相互承认建筑资质许可的国际协定的签约国。

4. 申请专利和注册商标

（1）申请专利

外国法人和自然人可在阿塞拜疆申请专利，但必须经过在阿塞拜疆正式注册的专利代理人办理（申请文件需翻译成阿塞拜疆语）。“国家标准、计量和专利署”是阿塞拜疆受理专利申请及管理的部门。

（2）注册商标

外国法人和自然人可在阿塞拜疆申请商标，但必须经过在阿塞拜疆正式注册的代理人办理（申请文件须翻译成阿塞拜疆语）。外国法人和自然人每次只能申请一种商标。国家标准、计量和专利署是阿塞拜疆受理商标注册及管理的部门。

5. 企业在阿塞拜疆报税的相关手续

（1）报税时间

表 21-2　阿塞拜疆报税时间

应纳税种	报税和纳税截止日期
自然人所得税	长期居留者（一年居留 182 天以上者）：4 月 15 日
	非长期居留者：4 月 1 日
企业利润税：	
即期缴纳	4 月、7 月、10 月的 15 日
年终总付	4 月 1 日
增值税	1 月、12 月的 20 日
消费税	1 月、12 月的 20 日

（续）

应纳税种	报税和纳税截止日期
财产税：	
法人	
即期缴纳	4 月、7 月、10 月的 15 日
年终总付	4 月 1 日
自然人	7 月、11 月的 15 日
土地税：	
法人	5 月 15 日
提交结算	8 月、11 月的 15 日
自然人缴付	8 月、11 月的 15 日
捕捞税	1 月、12 月的 20 日
营业税	4 月、7 月、10 月及次年 1 月的 20 日

注：上述规定期限如遇法定假日，则顺延至假期后第一个工作日。

（2）报税渠道

纳税人可自己前往税务机关或通过互联网直接报税，也可通过税务代理办理报税。

（3）报税手续

阿塞拜疆法律规定，纳税人应在规定期限内向其进行税务登记所在地的税务机关报税，并按规定格式正确填写报税单。一般情况下，纳税人应根据法律规定的方法和税率自行计算税款。

（4）报税资料

主要是报税单，其标准格式及填写要求等具体技术细节可通过 www.taxes.gov.az 查询。在阿塞拜疆境内也可通过“195”免费税务专线电话进行查询。

6. 赴阿塞拜疆需办理工作准证

（1）主管部门

阿塞拜疆劳动和社会保障部是办理外国人工作准证的主管部门。

（2）工作许可制度

根据阿塞拜疆现行法规，外国人（外交官、国际组织官员、外国投资者等法律规定的人员除外）必须先取得工作准证，而后才能申请长期居留（30 天以上，一年以内）签证。

（3）申请程序

外国人工作准证由雇主向主管部门提出申请。申请的主要条件是当地劳动力无法与其竞争的专业技术工作。雇主获得招聘外国劳务的名额后，还必须为每名外籍员工办理个人工作准证。

按照阿塞拜疆法律规定，工作准证的申请人需在阿塞拜疆境内申请工作准证。实际操作中申请人通常持旅游签证或短期商务签证入境，然后通过雇主申请工作许可。

（4）提供资料

主要包括雇主资料、受聘人资料（包括专业技能和资质证书等），可通过劳动和社会保障部网站查询。

六、中国企业到阿塞拜疆开展投资合作应注意的事项

（一）投资方面

中国企业和个人在阿塞拜疆开展投资经营活动应注意以下事项。

（1）适应当地法律环境。包括了解和掌握相关的法律规定，熟悉执法程序；做到守法经营。

（2）做好投资风险评估。阿塞拜疆现行法律规定，对外资实行国民待遇，外资企业可享受的政策优惠不多。此外，在阿塞拜疆经营成本比国内高，存在一定的地方保护和当地企业垄断。建议企业在投资决策前充分评估市场风险，认真核算预期收益，选择适合本企业的切实可行的项目。

（3）2008 年阿塞拜疆收紧移民政策以来，严格限制外籍劳工进入，一部分华人在办理赴阿塞拜疆签证和工作准证时遇到困难。提醒中资企业和个人在阿塞拜疆投资要以雇用当地员工为主。

目前，在阿塞拜疆投资的中国企业不超过 10 家。这主要是因为阿塞拜疆当地法律对外国投资的鼓励和保护上不具备普遍性。再加上税务、移民等政策的限制，使得中国企业在阿塞拜疆设立独立的投资公司非常困难。此外，阿塞拜疆在法律上不具备连贯性，执法不公、执法不力的情况也时有发生。

（二）承包工程方面

阿塞拜疆正处于经济上升期，基础设施承包工程市场潜力较大。但由于阿塞拜疆工程招标市场在规范操作方面仍有待完善，故建议拟开拓阿塞拜疆承包工程市场的中国承包商重视加强投标前的工作力度，深入研究阿塞拜疆国情和市场特点，充分了解业主需求，利用各种方式充分介绍和展示自己的实力和优势。此外，如能与当地有实力的承包企业合作，优势互补，也将增加赢得项目合同的胜算。

（三）劳务合作方面

中国工人技术熟练，工作效率高，成本相对较低，因此，很多阿塞拜疆业主愿意雇用中国人从事建筑装修工作。但从阿塞拜疆政府主管部门和立法部门最近采取的一系列措施来看，将进一步从严审批外国人工作准证，办理相关手续的成本及违规罚款数额也将进一步提高。加上法制不完善等因素，中国公民合法进入阿塞拜疆劳务市场的难度将比此前更大。

鉴此，建议拟使用较多国内施工人员的中国工程承包企业，或国内劳务输出部门，进一步加强对当地有关法规的了解和跟踪，加强与阿方业主的沟通与合作，利用业主在当地的优势和渠道，及时办理相关手续，以避免人员入境后因补办手续被罚款，甚至遭受敲诈。

由于阿塞拜疆实行严格的移民政策和劳工许可证发放政策，因此在阿塞拜疆的中国劳工都是中国在阿塞拜疆承包工程项目的企业所派遣的劳工，在阿塞拜疆没有来自中国的单独的劳工输出。在阿塞拜疆承建工程项目的中资企业通常拿不到足够的劳工准证，增加了工程成本。

（四）其他注意事项

中国企业在阿塞拜疆开展投资经营活动过程中，应尊重当地居民的宗教信仰和民族习俗，与当地政府机构及居民保持良好关系，与当地合作伙伴建立互信的人际关系，依法保护生态环境，树立良好的企业形象。近年来，阿塞拜疆经济建设虽然取得显著成就，但仍属于转轨国家。中国企业对此应有充分的思想准备和应对预案。与阿方企业或商人打交道，应注意了解和适应其经营理念和思维方式，忌急功近利和轻信。

建议聘请有经验、信誉好的律师和会计师协助办理注册、工作准证等当地法律手续，处理企业日常财务工作，以及与当地执法部门打交道。

为避免因语言沟通不畅影响合作和经营，企业对派出人员的外语能力或聘请翻译问题应予以足够重视。阿塞拜疆境内所有正式文件均需使用阿塞拜疆语。近年来虽然懂英语的人逐渐增多，但俄语仍是阿塞拜疆语之外最通行的交际语言。

此外，虽然阿塞拜疆金融汇率稳定，但阿塞拜疆政府对金融管制严格，中国企业在从阿塞拜疆汇出货款或工程款时，也受到多方限制。因此，中国企业赴阿塞拜疆开展经营活动应充分考虑这一点，做好风险防范。

目前阿塞拜疆社会治安相对较好，恐怖事件极为少见，但针对国外企业的大规模盗窃事件时有发生。这类案件的破案率很低，建议中资企业在阿塞拜疆开展生产经营时应加强风险防范。

（五）防范投资合作风险

在阿塞拜疆当地开展投资、贸易、承包工程和劳务合作的过程中，要特别注意事前调查、分析、评估相关风险，事中做好风险规避和管理工作，切实保障自身利益。包括对项目或贸易客户及相关方的资信调查和评估，对投资或承包工程国家的政治风险和商业风险分析和规避，对项目本身实施的可行性分析等。建议相关企业积极利用保险、担保、银行等保险金融机构和其他专业风险管理机构的相关业务保障自身利益。包括贸易、投资、承包工程和劳务类信用保险、财产保险、人身安全保险等，银行的保理业务和福费庭业务，各类担保业务（政府担保、商业担保、保函）等。建议企业在开展对外投资合作过程中使用中国政策性保险机构——中国出口信用保险公司提供的包括政治风险、商业风险在内的信用风险保障产品；也可使用中国进出口银行等政策性银行提供的商业担保服务。中国出口信用保险公司是由国家出资设立、支持中国对外经济贸易发展与合作、具有独立法人地位的国有政策性保险公司，是中国唯一承办政策性出口信用保险业务的金融机构。公司支持企业对外投资合作的保险产品包括短期出口信用保险、中长期出口信用保险、海外投资保险和融资担保等，对因投资所在国（地区）发生的国有化征收、汇兑限制、战争及政治暴乱、违约等政治风险造成的经济损失提供风险保障。

如果在没有有效风险规避情况下发生了风险损失，也要根据损失情况尽快通过自身或相关手段追偿损失。通过信用保险机构承保的业务，则由信用保险机构定损核赔、补偿风险损失，相关机构协助信用保险机构追偿。

一、白俄罗斯国家概况

二、白俄罗斯经济发展状况

三、白俄罗斯对外国投资合作的法规和政策

四、在白俄罗斯开展投资合作需要办理的相关手续

22

白俄罗斯共和国投资指南[㊀]

㊀ 部分资料来源于外交部网站、商务部网站《对外投资合作国别（地区）指南——白俄罗斯篇》；部分数据来源于商务部、国家统计局网站、《世界投资报告 2015》的公开资料。

白俄罗斯是位于东欧平原的内陆国家，东欧三大国——俄罗斯联邦、乌克兰、波兰分别从东、南、西三个陆地方向包围白俄罗斯。因其作为亚欧通道的地理位置和欧洲中心区域的优势，白俄罗斯在把丝绸之路经济带推向欧洲的过程中发挥越来越重要的作用。作为是丝绸之路经济带北线向欧洲延伸的重要节点，有望成为欧亚的交通运输网的中心。

2013 年，中白两国建立全面战略伙伴关系，政治互信不断增强，经贸关系发展成效显著，中国已成为白俄罗斯重要的贸易伙伴和投资来源国。

“一带一路”的倡议与白俄罗斯国家元首提出的“加速一体化进程”高度契合，两国将在贸易、金融、基础设施以及能源等方面展开合作。2014 年，双方共同建设了中白“巨石”工业园，双方将通过工业园这个平台启动一批机械制造、通信信息和基础设施大项目，开展物流和运输合作，力争把中白工业园打造成丝绸之路经济带上的典范项目。“一带一路”的建设将把两国更为紧密地联系在一起，对进一步促进双方社会经济发展将起到极为重要的作用。

一、白俄罗斯国家概况[一]

（一）地理环境

1. 地理位置

白俄罗斯位于东欧平原西部，东邻俄罗斯，北、西北与拉脱维亚和立陶宛交界，西与波兰毗邻，南与乌克兰接壤。

2. 行政区划

白俄罗斯全国划分为明斯克、布列斯特、维捷布斯克、戈梅利、格罗德诺、莫吉廖夫 6 个州和 1 个直辖市，即首都明斯克。

白俄罗斯首都明斯克不仅是白俄罗斯的政治中心，也是重要的交通枢纽。它历来是联系波罗的海沿岸、莫斯科、喀山等城市的贸易中心，有“交易之镇”之称。19 世纪 70 年代它成为莫斯科与布列斯特和利巴沃和罗缅斯克铁路的会合点以后，商业和手工业得到很大发展。第二次世界大战后，明斯克成

㊀ 资料来源：中国外交部。

为白俄罗斯重要的工业中心，主要工业有机械制造、轻工业和食品工业。明斯克市中心区为行政文化区，市内有白俄罗斯科学院、白俄罗斯大学、历史和地志博物馆、俄国社会民主工党第一次代表大会纪念馆、卫国战争纪念馆、艺术博物馆等。

白俄罗斯明斯克解放纪念碑

白俄罗斯明斯克胜利广场

3. 自然资源

白俄罗斯主要矿产资源有钾盐、岩盐、泥炭、磷灰石等。能源和原材料绝大部分靠进口。大小河流 2 万多条，总长 9.06 万千米。有 1 万余个湖泊，享有“万湖之国”美誉。森林覆盖率 36%。境内有 3.1 万种动物。

4. 气候条件

白俄罗斯属温和大陆性气候。1 月平均气温 -6℃，7 月平均气温 25℃。

5. 人口分布

据 2014 年 1 月全国人口普查，白俄罗斯人口总数为 946 万，男女性别比为 0.88，首都明斯克人口占 190.1 万。

（二）政治环境

1. 政治制度

白俄罗斯国家元首总统亚历山大·格里戈里耶维奇·卢卡申科，1994 年任总统至今。白俄罗斯宪法规定，可以连选连任，没有限制，每任任期五年。1994 年开始实行总统制，同年 7 月，卢卡申科当选首任总统。1996 年 11 月，白俄罗斯举行全民公决，将卢卡申科总统任期延长至 2001 年。2001 年 9 月，卢卡申科在总统选举中连任。2004 年 10 月，白俄罗斯举行全民公决和议会选举，取消宪法关于总统任期不得超过两届的规定。2006 年 3 月、2010 年 12 月，卢卡申科连任总统。政党在白俄罗斯社会政治生活中影响有限，在白俄罗斯议会中没有固定的议会党团。2014 年，白俄罗斯国内政局保持稳定。卢卡申科总统执政地位稳固。白俄罗斯成功举行了地方议会选举，亲政府人士悉数当选。反对派弱小、分散，无力和当局抗衡。

2. 主要党派

白俄罗斯没有执政党。国民会议选举不按党派而按选区原则分配名额，因而在白俄罗斯议会中没有固定的议会党团。政党在社会政治生活中影响有限。截至 2009 年年底，共有 15 个合法政党，2221 个合法社会团体（其中国际性团体 224 个）。15 个政党中较大的有：白俄罗斯共产党、白俄罗斯共产党人党、白俄罗斯人民阵线党、联合公民党、自由民主党。

3. 外交关系

白俄罗斯奉行以俄罗斯为重点的多方位外交政策。全面发展同独联体和周边国家的关系，积极参与独联体地区一体化进程。2014 年，白俄罗斯继续发展同俄罗斯战略联盟关系，并同俄罗斯、哈萨克斯坦积极建设欧亚经济联盟。白俄罗斯与美国、欧盟关系僵冷，2014 年虽有所缓和，但无实质性转变。白俄罗斯继续重视和发展同中国、古巴、委内瑞拉等国的友好合作关系，努力争取外交空间，扩大国际影响。

与中国的关系：1992 年 1 月 20 日建交。两国关系发展顺利，高层交往频繁。2013 年 7 月，白俄罗斯总统卢卡申科访华期间，两国元首签署联合声明，宣布中白建立全面战略伙伴关系。白俄罗斯重视对华关系，支持中国在台湾、涉藏、涉疆、“法轮功”等问题上的原则立场。我国是最早承认白俄罗斯独立的国家之一。中白经贸关系发展顺利，我国是白俄罗斯第五大贸易伙伴，也是白俄罗斯在亚洲最大的贸易伙伴。2014 年，中白贸易额 18.49 亿美元，同比增长 27.3%。其中，中方出口 11.1 亿美元，同比增长 27.3%；中方进口 7.39 亿美元，同比增长 27.3%。2014 年 9 月，中共中央政治局委员、中央政法委书记孟建柱与白俄罗斯时任副总理托济克共同主持召开中白政府间合作委员会第一次会议，正式启动委员会机制。委员会下设经贸、科技、安全、教育、文化五个分委会和秘书处，每两年举行一次会议。双方在科技、教育、文化等领域合作顺利，成果丰硕。

4. 政府机构

白俄罗斯现任政府于 2014 年 12 月产生。总理为安德烈·弗拉基米罗维奇·科比亚科夫。议会称国民会议，由共和国院（上院）和代表院（下院）组成，每届任期五年。本届国民会议为第五届，于 2012 年 10 月组成。共和国院共 64 名代表，其中 56 名由全国 6 州 1 市（明斯克）的地方苏维埃代表会议以秘密投票方式各选举 8 名产生，另 8 名由总统任命。主席米哈伊尔·弗拉基米罗维奇·米亚斯尼科维奇，2015 年 1 月当选。代表院由 110 名代表组成，以秘密投票方式直接普选产生。主席弗拉基米尔·巴甫洛维奇·安德烈琴科，2012 年 10 月 18 日当选。

共和国宫

（三）社会文化环境

1. 民族

白俄罗斯有 100 多个民族，其中白俄罗斯族占 81.2%，俄罗斯族占 11.4%，波兰族占 3.9%，乌克兰族占 2.4%，犹太族占 0.3%，其他民族占 0.8%。

2. 语言

白俄罗斯官方语言为白俄罗斯语和俄语。

3. 宗教

白俄罗斯人主要信奉东正教（70% 以上），西北部一些地区信奉天主教及东正教与天主教的合并教派。

圣灵主教大教堂为明斯克东正教重要活动中心，始建于 1633 年，1642 年完工，属巴洛克建筑风格。最初曾是天主教女修道院的主教堂。1860 年，该教堂转为东正教教堂。1870 年教堂开设圣灵修士修道院。

圣灵主教大教堂

（四）基础设施

白俄罗斯铁路和公路交通网较发达，是欧洲交通走廊的组成部分。主要国际机场是明斯克 2 号机场。长途运输以铁路为主，铁路总长 5600 千米，其中 894 千米为电气化铁路。公路总长 6.6 万千米，其中硬面公路 6.26 万千米。石油运输管道 2936 千米，天然气运输管道 6301 千米，石油产品运输管道 1265 千米。2008 年货运量为 734.12 亿吨千米，其中铁路货运量 489.94 亿吨千米，公路货运量 242.31 亿吨千米，内河运量 1.32 亿吨千米，航空货运量 5500 万吨千米。2009 年客运总量 215.04 亿人千米，其中铁路客运量 81.88 亿人千米，公路客运量 81.04 亿人千米，内河运量约 300 万人千米，航空客运量 12.8 亿人千米。

二、白俄罗斯经济发展状况

（一）经济概况

1. 宏观经济

白俄罗斯工业基础较好。机械制造业、冶金加工业、机床、电子及激光技术比较先进；农业和畜牧业较发达，马铃薯、甜菜和亚麻等产量在独联体国家中居于前列。1996 年以来，经济持续增长。2002 年 3 月，卢卡申科总统提出俄罗斯发展模式，奉行以扩大出口、增加住房建设和粮食生产、重视社会保障为重点的经济方针。强调以民为本、渐进改革、稳中求进，摒弃全盘私有化和休克疗法，建立强有力的国家政权和可调控的面向社会的市场经济体系，经济得到较快发展。白俄罗斯努力进行有关加入世界贸易组织的谈判，并积极调整有关经济法规和标准体系。但在改造计划经济体系和建立市场经济方面，仍面临一些困难。

【经济增长率】2010 年，白俄罗斯 GDP 为 540.6 亿美元，增长 7.6%。2011 年，白俄罗斯国内出现金融波动，近几年经济增长速度明显放缓，2011 年 GDP 为 593.2 亿美元，同比增长 5.5%；2012 年 GDP 为 632.7 亿美元，同比增长 1.7%；2013 年 GDP 为 717.45 亿美元，同比增长 0.9%，人均 GDP 为 7579.12 美元；2014 年第一季度 GDP 为 154.24 亿美元，同比增长 0.5%。

【GDP 构成】白俄罗斯 GDP 由经济活动总增加值和产品的净税收组成。2013 年白俄罗斯 GDP 达 636.78 万亿白俄罗斯卢布，约合 717.45 亿美元（按照白俄罗斯央行公布的 2013 年平均汇率 1 美元 =8875.83 白俄罗斯卢布计算，下同），同比增长 0.9%，其中，经济活动总增加值为 557.24 万亿白俄罗斯卢布，约合 627.82 亿美元，占 GDP 的 87.5%，同比增长 0.5%；产品的纯税收为 79.54 万亿白俄罗斯卢布，约合 89.61 亿美元，占 GDP 的 12.5%，同比增长 3.3%。

【财政收支】2013 年白俄罗斯全年预算赤字达到 2.3 万亿白俄罗斯卢布，约合 2.59 亿美元，占 GDP 总值的 0.4%。2014 年第一季度，国家预算收入达到 24.7 万亿白俄罗斯卢布，约合 25 亿美元，完成了全年目标的 19.2%；预算支出 24 万亿白俄罗斯卢布，约合 24 亿美元，为全年计划的 18.7%。

【通货膨胀率】2013 年白俄罗斯的通胀率为 16.5%。

【外汇储备】据白俄罗斯央行统计，按国际货币基金组织统计方法，截至 2014 年 1 月 1 日，白俄罗斯国际储备资产 66.51 亿美元，同比减少 17.84%。截至 2014 年 5 月 1 日，白俄罗斯国际储备资产 54.8 亿美元，其中黄金和外汇储备 44.45 亿美元。

【内外债余额】截至 2014 年 1 月 1 日，白俄罗斯的外债余额为 391.2 亿美元（含银行、企业对外举债），占 GDP 的 54.8%，比 2012 年的 337.66 亿美元增加了 53.54 亿美元。其中，短期外债 151.8 亿美元，长期外债 239.4 亿美元。国家外债余额（政府外债和由政府担保的外国贷款）124 亿美元，占 GDP 的 17.3%，同比增加 3.6%。国家内债 40.22 亿美元，占 GDP 的 5.6%，同比增加 38.1%。2014 年 4 月国际信用评级机构标准普尔下调了白俄罗斯长期信用评级，从稳定改为 B-，同时把白俄罗斯短期信用评级确定为 B。

【贷款来源】2013 年白俄罗斯共获得贷款 24.3 亿美元，其中欧亚经济共同体反危机基金 8.8 亿美元，中国银行的贷款 5.33 亿美元，俄联邦在白俄罗斯建设核电站的出口信贷 4.36 亿美元，俄罗斯对外贸易银行的贷款 4.4 亿美元，国际复兴开发银行的贷款 1.41 亿美元（见表 22-1）。

表 22-1　2009 ~ 2013 年白俄罗斯宏观经济主要指标（单位：亿美元）

指　　标	2009 年	2010 年	2011 年	2012 年	2013 年
GDP	490	540.6	593.2	632.7	717.45
GDP 增长率（%）	0.2	7.6	5.3	1.5	0.9
工业占 GDP（%）	25.3	26.8	31.7	31.8	27.2
农业占 GDP（%）	7.8	7.5	8.6	8.4	7.9
建筑业占 GDP（%）	10.7	11	6.8	6.9	9.8
交通和通信占 GDP（%）	8.9	9.5	7.2	7.1	8.2
贸易和修理占 GDP（%）	10.7	11.1	12.5	14.3	12.3

（续）

指　　标	2009 年	2010 年	2011 年	2012 年	2013 年
固定资本投资总额	154.2	181.9	213.4	184.8	228.37
通货膨胀率（%）	13	9.9	108.7	21.8	16.5
失业率（%）	0.9	0.7	0.7	0.6	0.5
国际资产储备	48.31	50.31	63.93	63.93	66.51
外债总额	220.6	285.1	340.3	337.66	391.2
其中长期外债	121.3	157.2	195.8	209.6	239.4
短期外债	99.3	127.9	144.5	128.09	151.8

2. 重点 / 特色产业

白俄罗斯具有优势的产业主要包括：机器制造业、化学和石化工业、电子工业、无线电技术等。

【机器制造业】白俄罗斯的机器制造业是其工业的支柱和主导部门，拥有600 多家企业，产值约占全国工业产值的 1/4；机器制造工业具有较先进的设备和工艺技术，主要有汽车和拖拉机制造、机床制造、农机制造等行业，其中重型矿山自卸车的研发和生产具有世界先进水平，世界上几乎 1/3 的矿山自卸车产自白俄罗斯。主要企业有：白俄罗斯汽车制造厂、明斯克汽车厂、明斯克牵引车厂、明斯克拖拉机厂、明斯克十月机床厂等。

【化学和石化工业】化学和石化工业是白俄罗斯工业的支柱产业。按照产品产量和从业人员的数量，排在前几位的是化纤工业、矿物化学工业（钾肥的开采）、基础化学和石化工业。这些工业企业产品占白俄罗斯石化行业产品总量的 80%，是石化工业主要的出口商品。白俄罗斯石化行业的龙头是“白俄罗斯石化”国家康采恩，由一些石化组织和企业联合组成。这些企业除了主要从事石油的输送、加工和石油产品的销售以外，还生产矿物肥、化纤和纤维产品、轮胎产品、玻璃纤维产品、油漆和颜料及塑料制品，其产品出口到80 多个国家。化工企业在“白俄罗斯石化”康采恩中占 55% 强，其出口额超过 50%。其中最主要的企业有：莫吉廖夫化学纤维生产联合企业、斯韦特洛戈尔斯克化纤厂、戈罗德诺化纤厂、波洛茨克玻璃纤维厂、白俄罗斯钾肥厂、戈罗德诺氮肥厂、戈梅利化工厂、白俄罗斯轮胎联合企业等。

【电子工业】白俄罗斯在电子特别是微电子领域有着强大的研发能力和

世界先进水平的集成电路制造设备生产设计基础，长期为俄罗斯尖端设备配套，并向中国提供了近200台套集成电路生产设备。白俄罗斯集成电路公司“Integral”是最大的生产研发一体的企业，也是中东欧最大的生产半导体电子元器件和集成电路的企业。

【无线电技术】白俄罗斯无线电技术工业包括60多家企业、科学生产联合公司、科学研究和规划设计研究所。该领域企业生产的产品占独联体国家同类产品总数的1/3强，主要产品包括：多功能程序技术成套设备、专用和家用程序计算机、电子自动电话交换台、通信产品、自动化和动力电子学产品、电子柜员机、测量仪器、家用电子技术产品以及医学产品等。该领域的龙头企业是生产彩色和黑白电视机、DVD、收音机、电缆电视系统、音响系统、家庭影院等产品的“地平线公司”和生产彩色和黑白电视机、卫星接收系统、家具、医用产品和消防技术产品的“维佳济”公司，其生产的彩色电视机质量较高，工业品艺术设计和使用功效均具有国际水平。

【IT业】根据Global Derivatives排名，白俄罗斯IT外包和高新技术服务行业在全球领先的20个国家中列第13位。

（二）国内市场现状

1. 销售总额

2013年，白俄罗斯固定资产投资228.37亿美元，同比增长7.4%；零售商品总额291.73亿美元，同比增长18.2%。2014年第一季度，白俄罗斯固定资产投资42.78亿美元，同比减少1.3%；零售商品总额69.72亿美元，同比增长13.1%（见表22-2）。

表22-2　近年来白俄罗斯固定资产投资额与社会零售商品总额

年份	固定资产投资额（亿美元）	同比增长率（%）	社会零售商品总额（亿美元）	同比增长率（%）
2009	154.2	23.2	86.6	13
2010	179.8	16.6	108.0	24.7
2011	213.4	78.2	236.5	68.6
2012	182.7	−13.8	269.9	14.1
2013	228.37	7.4	291.73	18.2

2. 生活支出

根据白俄罗斯国家统计委员会数据，2013 年白俄罗斯居民现金收入总额 439.4 万亿白俄罗斯卢布，约合 495.05 亿美元，人均现金月收入 386.82 万白俄罗斯卢布，约合 435.81 美元，居民人均月实际可支配收入（扣除各项税费并根据消费者价格指数调整后收入）较 2012 年增长 15.4%。

2013 年白俄罗斯平均每个家庭每月支出 473.37 万白俄罗斯卢布，约合 533 美元，其中 40% 用于购买食品，39% 用于购买非食品类商品，17% 用于服务收费，2.6% 用于购买酒。

3. 物价水平

据白俄罗斯统计委员会公布的数据，2014 年 1 ~ 3 月食品价格同比上涨 14.4%，其中肉制品价格上涨 8.3%，牛奶和奶制品上涨 12.8%，植物油下降 6.2%，鸡蛋价格上涨 10.5%，土豆价格上涨 87.1%，家具价格上涨 4.7%，家用电器上涨 4.1%，药品上涨 11.3%，汽油价格上涨 20.2%。

（三）基础设施状况

1. 公路

白俄罗斯公路网全长 8.4 万千米，其中 1.5 万千米为国道，6.8 万千米属地方公路。全国有 5300 座桥梁，高架桥全长为 173 千米。公共公路网的密度为 40 千米 / 百平方千米。2012 年，公路货运量 210.39 亿吨千米，公路客运量 101.21 亿人千米。2013 年，公路货运量 201.22 亿吨千米，公路客运量 100.4 亿人千米。白俄罗斯境内有 5 条欧洲国际公路，全长 1841 千米。其中有两条最为重要：一条为 E30 公路（欧洲 2 号交通走廊，白俄罗斯境内称为 M1 公路），连接爱尔兰、英国、荷兰、德国、波兰、俄罗斯、白俄罗斯七个国家，途径科克、沃特福德、纽波特、伦敦、海牙、汉诺威、柏林、希维博津、华沙、布列斯特、明斯克、奥尔沙、莫斯科、下诺夫哥罗德、车里雅宾斯克、鄂木斯克等重要城市；另一条为 E95 公路（欧洲 9 号交通走廊，白俄罗斯境内称为 M8 公路），连接芬兰、俄罗斯、立陶宛、白俄罗斯、乌克兰、摩尔多瓦、罗马尼亚、保加利亚、希腊九个国家，途径赫尔辛基、圣彼得堡、普斯科夫、维尔纽斯、维捷布斯克、莫吉廖夫、戈梅利、基辅、敖德萨、基希纳乌、布加勒斯特、普罗夫迪夫、亚里山德鲁波利斯、萨罗尼加、雅典等重要城市。根据白俄罗斯政府第555号决议，为优化和提高白俄罗斯公路管理效率，“白俄罗斯公路”控股公司于2013年7月2日正式成立。白俄罗斯公路运输公司、公路技术公司、公路建设工业公司、公路建设公司3局等9家股份公司的股份将转移至国有单一制企业“白俄罗斯公路”，明斯克中央公路公司、布列斯特公路公司、维捷布斯克公路公司、戈梅利公路公司、格罗德诺公路公司、莫吉廖夫公路公司等12家国有企业也将并入该公司。

白俄罗斯从2013年8月1日起，公路电子缴费系统BelToll投入运营。缴费公路总长度达815千米，其中包括M1/E30公路布列斯特—明斯克—俄罗斯边境总长609千米路段（见表22-3）。

表22-3 近几年白俄罗斯公路货运量和客运量

年份	公路货运量（亿吨千米）	公路客运量（亿人千米）
2008	137.42	81.84
2009	135.43	72.47
2010	160.23	101.94
2011	181.52	99.23
2012	210.39	101.21
2013	201.22	100.40

2. 铁路

白俄罗斯铁路总长5600千米，其中894千米为电气化铁路，铁路货运量384亿吨千米。目前白俄罗斯的主要干线担负着全国货运量的约75%和客运量的50%。布列斯特—明斯克—奥尔沙—俄罗斯边境的双轨电气化铁路全长612千米，货车运行速度达90千米/小时，客车运行速度达160千米/小时。2013年铁路货运量438.18亿吨千米，铁路客运量90.03亿人千米（见表22-4）。

表 22-4　近几年白俄罗斯铁路货运量和客运量

年份	铁路货运量（亿吨千米）	铁路客运量（亿人千米）
2008	489.94	81.88
2009	427.42	74.01
2010	462.24	75.78
2011	494.06	79.41
2012	484.51	89.77
2013	438.18	90.03

白俄罗斯铁路担负着与亚太地区国家铁路运输机构的联运工作，包括中国。布列斯特—乌兰巴托—中国呼和浩特之间有定期的集装箱列车“蒙古维克多”号运营。白俄罗斯铁路总公司 2012 年总投资额超过 7.3 亿美元，2012 年白俄罗斯继续进行铁路电气化的改造。奥西波维奇—日洛宾—戈梅利段电气化改造工作在中国公司参与下取得了积极进展，其中奥西波维奇—巴布鲁依斯克段电气化改造已完工。从明斯克到巴布鲁依斯已开通电气化铁路。

3. 空运

白俄罗斯有 7 个国际机场：明斯克国家机场、明斯克 1 号机场、戈梅利机场、格罗德诺机场、布列斯特机场、莫吉廖夫机场和维捷布斯克机场。这些机场不仅担负着国内航线的运输，还有飞往各国的国际定期航班以及包机旅客航班。明斯克国际机场可起降任何型号的飞机。航空公司主要有 3 家：白俄罗斯航空、戈梅利航空以及航空运输出口航空公司。其中前两家企业主要从事客运航空运输，后者在货运航空运输市场上占有主导地位。2013 年航空货运量 2730 万吨千米，航空客运量 24.9 亿人千米（见表 22-5）。

表 22-5　近几年白俄罗斯航空货运量和客运量

年份	航空货运量（万吨千米）	航空客运量（亿人千米）
2008	5 600	12.8
2009	5 000	12.84
2010	4 400	15.71
2011	2 700	16.43
2012	3 500	20.35
2013	2 730	24.9

4. 水运

内河运量约 200 万人千米，它保证了长达约 2000 千米的国内水路客货运输，通过 10 个河港，将旅客和货物运到沿河各居民点和货物加工点。这 10 个河港位于普里皮亚季河、第聂伯河、索日河、别列津纳河、涅曼河、两德维纳河流域。欧洲水系中的水路布格河—第晏伯布格运河—普里皮亚季河—第聂伯河—黑海出海口水系流经白俄罗斯，白俄罗斯沿着这条水路交通干线出口钾肥。戈梅利、博布鲁伊斯克和莫济里的河港都有铁路专用线并且适合对需要联运的货物进行整理。港口装备有高效的龙门起重船和快速编组船舶的机械化货运线。2013 年内河运量 8380 万吨千米，内河运客量 300 万人千米。

白俄罗斯为内陆国家，没有出海口，白俄罗斯出口到独联体以外国家的货物主要通过立陶宛的克莱佩达港运输（见表 22-6）。

表 22-6　近几年白俄罗斯内河货运量和客运量

年份	内河货运量（亿吨千米）	内河客运量（万人千米）
2008	1.32	300
2009	0.83	300
2010	1.10	300
2011	1.43	400
2012	1.34	506
2013	0.84	300

5. 通信

截至 2013 年年底，白俄罗斯有固定电话用户 435.99 万。移动用户近几年来发展比较迅速，截至 2013 年年底，手机用户 1111.4 万。现有两家 GSM 运营商：VELCOM 是第一家 GSM 运营商，成立于 1999 年，为白俄罗斯和奥地利合资企业，白俄罗斯占股 70%，奥地利股 30%；MTC 是第二家 GSM 运营商，成立于 2002 年，为白俄罗斯和俄罗斯合资企业，白俄罗斯占股 51%，俄罗斯占股 49%。欧洲通信设备制造商 10 多年前开始进入白俄罗斯通信市场，1992 年欧洲发展银行提供 3880 万美元专项资金贷款，用于白俄罗斯通信设施的更新改造。白俄罗斯政府对其主干传输网络进行了更新改造，铺设了光纤传输电缆，对电话网络上的模拟交换机也进行了部分数字化改造。目前，白俄罗斯的主干传输网络和内部网络使用的都是法国阿尔卡特和西门子的设备，阿尔卡特和西门子都在白俄罗斯建有合资企业。中国的华为技术有限公司和中兴通讯股份有限公司均在白俄罗斯设有代表处或分公司。

6. 电力

电力是白俄罗斯燃料能源工业的核心，也是国民经济主要支柱领域之一。尽管苏联解体后该领域机构划归独立的白俄罗斯所有，但由于自身燃料资源、水资源和核能发电站储备严重匮乏，白俄罗斯电力能源中进口的天然气份额高达 90%。为了加强能源安全，减少进口能源需求量和有效利用资源，白俄罗斯逐步开始在电力能源领域进行现代化改造。为此政府颁布了一系列优先发展能源产业的国家级纲领性文件，同时确定走燃料能源平衡多样化道路，最大限度合理地利用各类原产地燃料。白俄罗斯政府决心优化能源结构和供应，广开油、气来源，并发展自己的核电，目前，由俄罗斯提供 100 亿美元优惠贷款的两台 120 万千瓦核电机组电站正在建设中。白俄罗斯核电站投入运营后，将使白俄罗斯电能价格降低 20%，同时可以每年减少 36 亿 ~ 37 亿立方米的天然气需求。由于白俄罗斯受过切尔诺贝利核电站泄漏的灾难，因此新建核电站的安全性被提到最重要的位置。另外，白俄罗斯将进一步开发国内的生物能、风能、水电等。白俄罗斯政府计划对在苏联时期建设的一些电站进行现代化升级改造，并新建一批燃煤、燃气电站、水电站等。总投资将达到 51.67 亿美元，其中近 30 亿美元用来进行现代化改造和发展白俄罗斯能源体系项目，比如建设冷凝式电站所需投资最大，如泽里瓦电站就需要 14.8 亿美元，计划新建水电站总装机容量 200 兆瓦，约需投资 7.25 亿美元，2015 年前改造火电站约需 4.2 亿美元，改造并新建输电线路和输变电站约需 3.24 亿美元；18.52 亿美元用于电力能源节能措施领域；7.478 亿美元用于增加利用本地载能体的数量。实现上述项目主要通过自有资金和国外贷款或外国直接投资方式解决。

2013 年，白俄罗斯发电量为 312 亿千瓦时。现有 32 个火电站（其中 3 个是冷凝电站，29 个热电站），总装机容量为 784.3 万千瓦，人均不足 1 千瓦，在全球人均净装机容量方面排在 80 名左右。同时还有一些小型电站和 22 个水电站，发达的电力传输网络和基础设施。

三、白俄罗斯对外国投资合作的法规和政策

（一）对外贸易的法规和政策规定

1. 贸易主管部门

白俄罗斯主管对外经贸的部门是外交部，负责制定外经贸政策、参与国家对外经贸领域的重大谈判（如入世谈判）、协调国内市场保护并采取必要措施、举办境外国际经贸研讨会等。

贸易部在对外贸管理方面主要是协调建立国外商品运销网，协调外贸活动、协调国内外参展活动、负责发放进出口许可证及开展外贸过程中一些具体的业务。该部的主要职能侧重于执行国内贸易政策、完善国内市场机制，执行贸易、公共饮食领域内的监督、保护消费者权利等。

白俄罗斯经济部主要负责制定国内经济社会发展规划和与经济发展有关的各领域政策，稳定宏观经济。该部与对外贸易有关的职能主要是：协调制定投资政策和吸引外资，制定并实施与独联体国家发展经济合作的措施等。

2. 贸易法规体系

白俄罗斯的外贸活动由白俄罗斯宪法，白俄罗斯对外贸易法和白俄罗斯其他法律管理。同时，白俄罗斯作为关税同盟和统一经济空间的成员，应遵守和执行欧亚经济委员会的有关贸易法规。

3. 贸易管理的相关规定

白俄罗斯对其外贸活动实行管理的基本原则是：对外贸易活动的所有参加者平等且不受歧视；国家保护对外贸易活动参加者的合法权益；消除国家机构对外贸实体的无理干涉，避免对对外贸易活动参加者和国家经济造成损失；国家通过关税和非关税调节管理对外贸易活动。

4. 进出口商品检验检疫

白俄罗斯对商品质量和数量的检验未作强制性规定，根据买卖双方的合同约定进行商品数量和质量的鉴定，相关具体事务由工商会负责。

关税同盟境内对产品质量和安全的监督检查措施主要包括：登记、检验、

证明（申报证明、证书）、产品检验、产品安全登记、兽医检验、卫生防疫检验。

【强制 STB 认证】根据白俄罗斯国家法律规定，一些产品必须取得强制性 STB 证书后才允许在白俄罗斯境内销售或使用，如家用电器、食品、纺织品、化妆品、儿童用品、照明产品、农机设备、焊接设备、消防设备、升降机、建筑产品、车辆等。

白俄罗斯进口家电的产品安全、技术参数执行 ISO 9000 标准，原则上同其他欧洲国家一样。1996 年 12 月，原中国国家出入境检验检疫局同白俄罗斯国家标准委员会签订了两国政府间关于进出口商品相互认证的协定；在签订了上述政府间协定之后，双方还应补充签订关于相互承认对方商品检验机构、检测方法及出具的质量证书等问题的文件。但目前双方主管部门尚未完成这一程序。白俄罗斯进口的绝大部分电子产品属强制认证。在未签订上述补充文件之前，进口商须向白俄罗斯国家标准委员会提交拟从中国批量进口的商品的有关资料，并做有关检测、试验后，经批准方可进口。

白俄罗斯与俄罗斯、哈萨克斯坦成立关税同盟（2012 年 1 月后成立了统一经济空间）之后，对产品认证开始协调采取统一的政策。关税同盟各成员国互相承认产品证书。关税同盟内证书的格式一致，且各国间不需要转换格式或者其他程序。关税同盟内证书不仅适用于同盟国内产品，也适用于从其他国家输入的产品。此时不需要对外国产品的确认。截至 2014 年 5 月 15 日，经济空间委员会共颁布了 34 项关税同盟技术准则：铁路安全条例；高速铁路交通工具安全条例；铁路交通基础设施安全条例；烟花制品安全条例；包装物安全条例；低压设备安全条例；玩具安全条例；美容和化妆品安全条例；儿童和青少年用产品安全条例；设备和机器安全条例；电梯安全条例；易爆区域用设备安全条例；汽车和航空燃料，柴油和船用燃料，放射性发动机燃料和重油条例；公路安全条例；气体燃料设备安全条例；谷物安全条例；轮式交通工具安全条例；轻工业产品安全条例；个人防护品安全条例；食品安全条例；食品及其商标条例；油脂品技术标准；果汁和蔬菜汁技术条例；电磁兼容条例；农林拖拉机安全条例；食品添加剂，香精和工艺辅助剂安全条例；爆炸物和产品安全条例；减肥和预防肥胖及有专门用途的食品安全条例；小型船舶安全条例；家具安全条例；奶和奶制品安全条例；肉和肉制品安全条例；对润滑材料、润滑油和专用液剂要求的条例；压力过大环境下的设备安全条例等。

【检验检疫】在俄罗斯、俄罗斯、哈萨克斯坦三国关税同盟框架下，为了简化烦琐的办证过程，关税同盟达成了关于在联盟境内生产和进口的商品质量标准的协议。协议规定，在关税同盟中采用统一的许可证和质量标准，取代之前每个成员国自己独立的标准。采用统一的检查，审核方式，颁发在各成员国都生效的统一证件。2010 年 7 月 1 日，相关的法律《关于同意实行关税同盟商品检验标准》和《关于相互承认各成员国所颁发的质量证明》正式生效。为了落实协定，关税同盟委员会还签订了以下文件：

- 《在关税同盟框架下的统一质检标准的商品清单》；
- 《关税同盟的质检报告和产品申报的统一模式》；
- 《有质检资格的单位和机构清单》；
- 《商品的进口程序》。

根据协议，在关税同盟统一质量标准的商品清单中的商品，进口商或者生产商有权利申请获得某成员国的质量认证（跟以前一样的），或者申请获得在关税同盟统一质量认证，在任何成员国有效。对于需要强制申报的产品，在联盟境内的制造商也有权利选择进行单国申报（和以前一样），或者采用统一的标准模式申报。没有在该商品清单中的商品，采用各国法律规定的方式进行检验。所有在联盟成员国境内有效的申报和检验证明，需要由在关税同盟委员会认定的机构和组织颁发。样品的检验和实验工作必须由在清单中的实验室或者研究机构来承担。在颁发共同认可的证照时，不仅要严格遵守关税同盟的产品清单内对产品质量的要求，部分商品还需要在卫生防疫方面也要符合联盟对卫生方面的要求。

当商品在关税同盟的成员国境内销售时，对商品的标注（成分、生产日期等必要信息）必须采用该成员国的官方语言。植物性产品（水果、蔬菜、花卉和其他植物）、包装物、土壤、货物、材料等均在关税同盟检疫清单中，输入关税同盟成员国的产品须符合相关的检验检疫要求并附有证书。

5. 海关管理规章制度

【管理职责】白俄罗斯海关委员会成立于 1991 年，1998 年通过《白俄罗斯共和国海关法》和《白俄罗斯海关税则法》，是其海关管理的法律依据。白俄罗斯海关委员会负责指导、协调和监管海关的活动，下设18个海关办公室管辖领地内的海关，海关办公室下设200个海关关口，其中有51个点设在边境，负责查验商品和运输车辆通过白俄罗斯边境的事务。

【进口增值税】增值税一般对进口商品征收，根据报关价值加上海关手续费或者消费税。增值税率的多少要依进口商品的种类确定。标准税率为18%或者10%和0。俄罗斯公司进口的高科技设备作为固定资产投资的可免征增值税。

【关税同盟】2010年起，俄罗斯、俄罗斯联邦、哈萨克斯坦关税同盟（以下简称“关税同盟”）正式生效。关税同盟是各成员国为了实现经济贸易一体化，建立统一关境，针对第三国采用统一贸易调控措施而设立的国际组织。2010年1月1日起，俄白哈三国实施了统一的关税税率，同年7月6日实施统一的《关税同盟海关法典》，标志着三国统一关境正式形成。2012年形成了俄白哈三国统一经济空间，目标是实现商品、服务、资本和劳动力的自由流动，但目前尚存在一些限制和例外条款，随着2015年欧亚经济联盟的建立，将逐步取消这些限制和例外条款，最终实现共同的市场。欧亚经济最高理事会是关税同盟的最高权力机构，其在两个层面开展工作：国家元首层面和政府首脑层面。下设一个常设机构：欧亚经济委员会。

根据2011年11月18日俄白哈签署的欧亚经济委员会条约和欧亚经济委员会工作条例，欧亚经济委员会为独立的、专业化的超国家常设机构，全权负责欧亚经济一体化事务的执行和管理工作。其主要工作之一就是制定海关管理、关税及非关税调节规则并敦促实施。依据关税同盟国家统一关税协定（以下称ETT）（2008年1月25日）的协议内容，调整了货物进口关税。后由于俄罗斯加入WTO，根据其承诺，统一关税再次进行修订。ETT根据关税同盟国家统一对外贸易商品目录，对第三国输入关税同盟国家的货物统一征收进口关税，再按固定比例进行分配，其中俄罗斯占87.97%，哈萨克斯坦占7.33%，白俄罗斯占4.7%。若关税同盟统一关税协议没有对该产品进行规定，则依据所输入商品的来源国和关税同盟输入国的法律规定确定海关税率。

（二）对外国投资的市场准入的规定

1. 投资主管部门

经济部投资管理总局负责制定并实施国家投资领域政策；参与制定实施积极投资活动的办法，创造稳定经济增长的条件；制定加强同外国在投资领域合作的措施；确定国家经济需要外资的规模等。

2. 投资行业的规定

白俄罗斯投资行业的法律法规有：白俄罗斯投资法典、白俄罗斯总统令标准法律文件、俄罗斯民法和其他法律、俄罗斯参与签署的国际协议和投资协议等。

根据白俄罗斯投资法，没有总统的特令，不允许外国投资国防和国家安全领域；禁止外国投资者生产和销售白俄罗斯卫生部清单上所列的麻醉性、剧毒性物质。除此之外，无其他限制。

3. 投资方式的规定

白俄罗斯投资法规定，在其境内的投资活动以下列形式实施。

成立法人，购置财产或财产权：具体是指法人法定基金中的份额、不动产、有价证券、知识产权项目的所有权、租赁、设备、其他基础设施。

成立外资企业：通过新注册或者购买非外资法人机构的股份，以及整体或部分地购买企业，作为财产方式成立的外资企业。

投资来源主要包括：投资者自有资金，包括折旧基金、支付税费和其他费用后的剩余利润，出售法人注册资本金的资金等；借债和引资，包括银行和非银行等金融机构的贷款，创立者（参与者）和其他法人及自然人的借款、债券等。

近年来，为了创造有利的引资条件、提高经济发展效率，白俄罗斯对国有财产私有化，以及将国有单一制企业改革为开放式股份公司等方面的相关法律法规进行了补充和完善。目前，可通过股份的拍卖和招标、企业的拍卖和招标，以及通过委托管理出售股份公司股份等方式实施私有化。

根据总统令，白俄罗斯国有资产委员会、国有资产地方基金会，以及对地方行政单位财产有所有权的地方执行和管理机构（以下称“私有化机构”）

制定白俄罗斯私有化三年规划，相关信息通过媒体和网络公布。私有化决议由授权的私有化机构通过，并在此基础上制定企业（归国家或者地方所有的股份及注册资金份额）私有化的相关实施方案。决议通过后，私有化机构公布以拍卖（招标）方式出售私有化客体的交易流程和信息。私有化机构负责组织和实施拍卖（招标），规定保证金数额和期限等交易条件，审核竞拍人（投标人）申请并成立竞拍（招标）委员会。参与者中标后签署相应的纪要。

4. BOT 方式

2009 年 5 月 28 日，卢卡申科总统签署第 265 号令，允许私营企业投资工程、交通和社会基础设施建设。私营企业投资基础设施建设将有助于增加经营主体，减少国家预算负担，缩短建设工期。之前，居民区基础设施建设资金主要来源于国家和地方财政预算（包括道路和其他国有专项基金、土地租赁权转让收入），国有白俄罗斯能源公司、白俄罗斯燃料燃气公司及邮电部、交通运输部自有资金。目前，白俄罗斯政府十分鼓励和推动 BOT 合作方式，出台了相关优惠政策，并提出了一些优先合作的项目。

（三）白俄罗斯关于企业税收的规定

1. 税收体系和制度

《俄罗斯共和国税法》是俄罗斯共和国税收体系结构的基本文件，由总则和特殊部分组成。

2004 年 1 月 1 日起生效的税法总则部分规定了纳税义务、纳税人、征税对象、税务核算管理章程，税务机关决策上诉程序。2010 年 1 月 1 日起开始生效的税法特殊部分，调整单独的税费（规费），确定纳税人、征税对象、税率、相应税费（规费）的核算与缴纳程序。根据白俄罗斯共和国税法，白俄罗斯境内现行的税收按照地域特征与依法调控征税的主体级别分为国家税费与地方税费。

国家税费包括：增值税、消费税、利润税、不在白俄罗斯共和国境内通过常设代表机构进行经营活动的外国组织收入税、个人所得税、不动产税、土地税、生态税、自然资源开采（征用）税、外国汽车类交通工具通过白俄罗斯共和国公共道路过路费、离岸税、印花税、领事签证费、特许证费、海关关税与海关规费。

地方税费包括：养狗税、疗养税、采购税。

白俄罗斯实行的是属人税制，对白俄公民和拥有白俄罗斯永久居住权者进行全球所得征税。对于在一年中停留超过 183 天的外国人也实行全球所得征税，但可以通过提供在所在国完税证明来抵扣相应的税款，对于一年中停留期少于 183 天的外国人只征收其在白俄罗斯获得收入的个人所得税。

2. 主要税赋和税率

【所得税】纳税人从白俄罗斯国内、国外所获得的收入都应缴纳个人所得税。根据劳动合同或民法合同，雇用公民工作的组织履行从公民收入中扣除税额与将其转入预算的税务代理义务。履行劳动义务或者其他义务而获得的酬金是组织支付的最普遍的公民收入类型，包括货币酬金和津贴。所得税一般税率为 12%。针对以下收入的所得税税率为 9%：自然人（维护与保护建筑、房屋、土地的工作人员除外）依照劳动合同从高新技术园区的入驻者获得的；个体企业主从高新技术园区的入驻者获得的；参与销售高新技术领域注册商业项目的自然人依照劳动合同从高新技术园区的入驻者处获得的；自然人依照劳动合同以工资形式从合资公司和（或）中白工业园区的入驻者处获得的。针对俄罗斯私营企业主进行经营（私人公证、进行个人辩护）活动获得的收入（私人公证人，辩护人），所得税税率规定为 15%。组织（税务代理）应在实际支付时，直接从纳税人收入中扣除自然人个人所得税。

个人所得税税收周期为一个日历年。针对私营企业主个人所得税报告期为日历年的一个季度、半年、9 个月，以及一个日历年。

【增值税】增值税包含在商品（产品、服务）价格中，其税率的规定有以下几种情况。

（1）以下情况为 0 税率。

- 出口到关税同盟成员国的商品；
- 押运、装卸工程（服务）和其他类似直接与销售出口关税同盟成员国的商品相关的工程（服务）；

- 出口运输服务，包括过境运输，以及来料加工商品的出口；
- 为外国单位或自然人进行的维修、更新、改装飞机及其发动机、铁路运输工具个体的工程（服务）；
- 免税店店主自产、用于随后在免税店销售的商品；
- 通过在关税同盟成员国无固定居住地的自然人的商店进行零售的商品，并且外国人从买到之日起3个月内将其带出关税同盟国关境外。在购买商品时，如果根据商品付款支付凭证，该商品价值超过800 000白俄罗斯卢布（包括增值税），该商品自买到之日起3个月内被带出关税同盟国时，外国人有权在一日内与有权向外国人返还增值税的单位签署向外国人退增值税的服务合同的商店获得返还的增值税。

（2）当以包含增值税的可调节零售价格销售商品时，税率为9.09%或16.67%。

（3）以下情况下为10%税率。

- 销售在白俄罗斯共和国境内生产的植物栽培产品（花卉栽培、观赏性植物栽培除外），野生浆果、坚果与其他果实、蘑菇等野生产品，以及养蜂业、畜牧业（皮货生产除外）与渔业产品；
- 进口和（或）销售食品以及白俄罗斯总统批准的清单中所列的儿童商品时；自由经济入驻者在白俄罗斯共和国境内销售其在自由经济区内生产的，且为白俄罗斯确定为进口替代产品时。

（4）当销售财产权，以及销售上面未指明的商品（产品、服务）时（免征税与不属于增值税征税对象的除外），税率为20%。增值税周期为一个日历年。根据纳税人的选择，增值税报告期可以为日历月或日历季。在上一报告期的下一个月20日之前，纳税人向税务机关提交报税单（核算）。上一报告期的下一个月22日之前缴纳增值税。

【利润税】俄罗斯针对单位总利润、红利以及单位加算的等同于红利的收入征收利润税。

对于白俄罗斯各单位来说，总利润是指销售商品（产品、服务）、财产权及非销售收入的总利润减去额外开销的费用。销售商品的进款根据交易价格确定，同时税务机关有权根据市场价计算利润税。此条款适用于交易价格（与一人交易）高于600亿白俄罗斯卢布的对外贸易，以及市场价比交易价低20%的房产交易。基本税率18%，红利税率12%，利润税周期为一个日历年。纳税人在上一税收周期的下一年度3月20日之前向税务机关提交利润税申报单。

【不在白俄罗斯共和国境内通过常设代表机构进行经营活动的外国组织收入税】不在白俄罗斯共和国境内通过常设代表机构进行经营活动的外国组织收入税的纳税人是不在白俄罗斯共和国境内通过常设代表机构进行经营活动，但在白俄罗斯共和国内获取收入的外国组织。针对纳税人从白俄罗斯共和国获得的下列收入征税。

（1）与国际运送（国际运送中的客运票款、与国际海运货物运输相关的运送费用、运费除外）相关的运送费用、运费（包括滞留费及运输过程中产生的其他费用），以及发运服务费（组织海运国际货物运输时发运活动领域的服务除外）。

（2）各种类型、不论其形成方式的利息（息票）收入，包括：

- 贷款、债务方面的收入；
- 其发行条件规定以利息（贴现）形式获得收益的有价证券收入；
- 临时使用白俄罗斯共和国银行账户内闲置资金的收入。

（3）专利使用费。

（4）红利与相当于红利的收入。

（5）根据委托、代理合同等类似民法合同，在白俄罗斯共和国境内销售商品的收入。

（6）在白俄罗斯共和国境内进行和（或）参加文艺演出，以及在白俄罗斯境内进行马戏表演与动物表演工作的收入。

（7）违约金（罚款、罚金）及违反合同条款而产生的其他制裁形式的收入。

（8）科研、试验－设计工作，为商品的试验样件（试验批量）编制设计与工艺文件，生产与测试商品的实验样件（试验批量），设计前的工作与设计工作（编制技术经济论证、设计研究等类似工作）收入。

（9）提供保障和（或）担保的收入。

（10）提供用于在服务器中放置信息的磁盘空间和（或）通信渠道与其技术维护服务的收入。

（11）转让收入：位于白俄罗斯共和国境内的不动产；所有人为外国组织，且位于俄罗斯共和国境内作为物业综合体的企业（其部分）；俄罗斯共和国境内的有价证券（股票除外）和（或）其注销；位于白俄罗斯共和国境内组织的注册资金份额（股份，股票）。

（12）服务收入：咨询、会计、审计、营销、法律、工程技术服务；位于白俄罗斯共和国境内不动产的委托管理；快递；中介；管理；雇用和（或）挑选员工，包括进行职业活动的自然人；教育领域；财产保管；保险；广告（向国外组织支付的、与白俄罗斯组织与白俄罗斯个体企业在国外参与展会相关的费用除外）；安装、调试、检查、维护、测量、测试位于白俄罗斯共和国境内的线路、机械、设备、仪器、工具、设施、无形资产（尤其是当关于购置为私有（暂时使用）的外贸合同条款不可分割条件时，培训、进行咨询和（或）提供上述服务所获得的收入除外）；押运与保护货物（对于货物所在地国家法律规定必须押运与保护货物，该国组织提供服务所得收入除外）。

（13）位于白俄罗斯共和国境内、交予资产委托管理的不动产收入。

（14）处理资料的活动，包括使用用户软件或自己的软件处理资料的活动（完整处理数据、准备与输入数据、自动化处理数据），虚拟主机服务（保存网页，使其可以更新并置于互联网上共享），出售电脑时的服务收入，以及数据库处理，包括创建数据库，存储资料，保证对数据库的访问，互联网上的搜索门户网站与搜索引擎服务收入（使用自动化银行间核算系统，国际支付系统，传递支付和（或）完成支付信息的国际通信系统的收入除外）。

根据不同的收入类型，收入税税率为5%、6%、10%、12%和15%。收入税税收周期为产生缴纳收入税义务日期所在的日历月。收入税报税单（核算）由白俄罗斯共和国法人、外国组织或计算和（或）向不在白俄罗斯共和国境内通过固定代表处进行经营活动的外国组织支付收入的个体企业主，在上一税收周期之后一个月的20日前，向该法人、外国组织或个体企业主的注册地税务机关提交。收入税在上一税收周期之后一个月的22日前划入预算。

此外，还须缴纳消费税、不动产税、生态税、土地税、自然资源开采税，以及居民社会保障基金与退休基金强制保险费，雇主为员工缴纳生产中意外事故与职业病强制保险费。

（四）白俄罗斯对外国投资的优惠政策

1. 优惠政策框架

除白俄罗斯参与签订的国际协定中另行规定以外，外资企业及外国投资者依据税法和海关法规定的各种优惠措施纳税。

【利润税优惠】根据白俄罗斯有关法律规定，外资企业与白俄罗斯本国企业所交税种相同，只在利润税方面有一定优惠，即外资占 30% 以上的合资企业以及独资企业自获利之时起 3 年内免征利润税（贸易型外资企业除外），如该企业生产的产品极为重要，则在上述 3 年优惠期后再减半征收利润税 3 年。如果外资企业在注册之日起，第一年内法定资金到位 50%，第二年 100% 到位，就可以获得利润税优惠权，如未达到上述要求，则利润税全额缴纳，不享受优惠且以后也不享受。在其他税种上外资企业与白俄罗斯本国企业均按同等税率上缴税金。

【其他优惠】2007 年年底以来，白俄罗斯政府采取了一系列新的措施，意在进一步改善投资环境，加大吸引外资的力度。

（1）减少政府对经济的行政干预。取消了实行 11 年之久的国家参与管理企业的特权——“金股”制度，有利于保护本国和外国投资者的权益，避免国家机构对投资行为进行过多干涉。

（2）简化了经营主体的注册程序。将原注册审批程序变更为申请程序，注册时间由 20 个工作日缩短为 5 个工作日。对法人的最低注册资本金要求也降低近半。

（3）进一步促进小城镇和农村经济发展。对向白俄罗斯 5 万人口以下的小城镇投资的企业给予更多优惠：作为注册资本投入的设备进口时免缴海关关税和增值税；生产型企业自 2008 年 4 月 1 日起 5 年内免缴利润税（从 2010 年起延长到 7 年），并且不承担外汇收入的强制性兑换义务，其产品价格也将免受政府干预，由生产企业自主定价。购买农业亏损企业的投资者，3 年内免缴国家支持农业生产基金，2008 ~ 2012 年免缴利润税和不动产税，作为注册资本投入的技术设备进口时免缴海关关税和增值税。

（4）进一步开放本国市场。白俄罗斯政府制定了 2008 ~ 2015 年金融市场发展构想，允许出售国有企业私有化证券，取消国家优先购股权，逐步取消对公民购买股票的限制；决定出售工业建设银行和投资银行两大国有银行的股份；拟提高市场自由定价商品的比例；首次采用“租让”这一经营形式，将铁矿石、岩土等 4 个资源矿藏列为可对外租让项目。

2. 行业鼓励政策

根据现阶段经济发展情况，白俄罗斯政府急需外资投资下列领域。

【汽车工业】2009 年 4 月 4 日，白俄罗斯第 175 号总统令《关于发展白俄罗斯汽车工业的措施》向在白俄罗斯境内设立汽车组装厂的投资者提供一系列优惠政策。

【运输和物流】鉴于白俄罗斯所处的有利地理位置，白俄罗斯政府制定了长期战略规划，强调大力发展过境运输和物流服务业，在白俄罗斯境内建立物流中心。

【房地产业】大力发展居民住房建设是白俄罗斯社会和经济发展的首要任务之一。白俄罗斯政府计划每年新增住房 1000 万平方米，到 2015 年增加到 1500 万平方米。对住房的要求是高标准、低能耗。

【创新和高科技研发】白俄罗斯 2011 ~ 2015 年创新发展纲要将致力于研发具有更高附加值的新技术，减少能源消耗和物质产出比率，加快生产最新环保材料和产品。纲要包括 500 多个项目，计划使新产品的比重到 2015 年提高到 25%，创新公司占工业企业总数的 30.5%，通过认证的产品数量将达到工业产值的 73.9%。

【机械制造业】白俄罗斯经济基础是机械制造业，该领域大部分企业设备陈旧，设计寿命已消耗 80% 左右，急需进行现代化升级改造和企业改制。目前这些企业亏损严重，政府鼓励外资投资到这些企业中，以助其渡过难关。

【能源工业】由于缺少资金，白俄罗斯能源工业改造进展缓慢。根据官方预计，白俄罗斯能源综合体约 60.4% 的设备已经使用达 26 年以上，而其平均设计寿命为 25 ~ 30 年。60% 以上的锅炉、汽轮机和 45% 的管道已超过使用寿命。目前看来，白俄罗斯能源综合体在 2009 ~ 2010 年可以满足电力供应。

之后须陆续更换新的设备，为此，每年须投资 2.6 亿 ~ 2.8 亿美元。白俄罗斯还希望外国投资者投资建设可替代能源项目，如水电、风电、沼气发电、地热发电等。

【食品加工和农业】白俄罗斯是独联体国家中肉制品和奶制品的主要生产国。

3. 地区鼓励政策

对于在 5 万人口以下居民点进行注册并从事商业活动的外资商业组织规定有额外优惠，由白俄罗斯政府规定这些居民点的具体清单。

4. 特殊经济区域的规定

【自由经济区】自由经济区是白俄罗斯明确划分出来的白俄罗斯领土的一部分，自由经济区制定了比一般地区更优越的开展商业活动的特殊法律制度。白俄罗斯自由经济区的创建和发展具有鲜明的目的：增加国外投资的流入，改善投资环境和吸引具有战略意义的投资商；为吸引高新技术和国外先进经验创造良好条件；促进出口和发展进口替代商品的生产；开辟新的就业岗位。

1996 年白俄罗斯第一个自由经济区创建以来，白俄罗斯积累了一定的自由经济区生成和发展经验，白俄罗斯境内现有如下 6 个自由经济区。

（1）布列斯特自由经济区

该区建于 1996 年 12 月，是由白俄罗斯政府同国际联合商行德国分行专家们合作创办，经营期限为 50 年。自由经济区位于白俄罗斯西南同波兰相邻的布列斯特州，地理位置十分优越，目前面积为 7368 公顷。在该区运作的主要是白俄罗斯国内外的中小企业，大多为商业、建材、医药和木材加工等部门，目前入驻企业约 90 家。德国是布列斯特自由经济区的主要投资国，占自由经济区投资总额的 43.3%。其次有俄罗斯（21%）、英国（9%）、美国（5.8%）、波兰（5.6%）、捷克（4.4%）以及乌克兰、法国、意大利、立陶宛、奥地利、以色列、塞浦路斯、挪威和西班牙。在布列斯特自由经济区众多的贸易伙伴中，俄罗斯独占鳌头，它占自由经济区贸易额的 94.4%。自由经济区向俄罗斯出口家具及其配套产品（63.4%）、塑料及其制品（12.5%）、油漆（2.5%）、地毯及其他地板铺饰物（2.2%）；从俄罗斯进口食品（37.6%）、玻璃及其制品（21.1%）和纺织品（13.1%）。在同非独联体国家的出口总额中，德国和捷克占的比重最大，分别为 46.9% 和 30.4%；在同非独联体国家的进口总额中，德国和波兰占的比重最大，分别为 36.7% 和 30.5%。

（2）戈梅利 – 拉顿自由经济区

该区建于 1998 年，位于白俄罗斯东南部的戈梅利州，经营期限为 50 年。自由经济区的地理位置非常优越，靠近俄罗斯和乌克兰。目前入驻企业 75 家。在戈梅利 – 拉顿自由经济区的外国投资者来自德国、列支敦士登、捷克、瑞士、波兰和以色列。区内生产的产品有一般工业用品、消费品、缝纫机、家具、商业设备、无线电设备、漆包线和其他按计划生产的产品。自由经济区的进出口以机器设备、录音和复印设备、非贵重金属及其制品为主。

（3）明斯克自由经济区

该区建于 1998 年，位于白俄罗斯中部的明斯克州，经营期限为 30 年。目前入驻 140 多家企业。在明斯克自由经济区的外国投资者来自美国（17%）、英国（17%）、意大利（16%）、德国（11%）、波兰（10%）、俄罗斯（10%）、拉脱维亚（8%）和立陶宛（6%）。区内企业大多为从事食品（27%）、机械制造（23%）、建筑（16%）、家具和木材加工（14%）、包装（14%）和印刷（6%）的生产行业。明斯克自由经济区 93% 的产品都销往俄罗斯，只有 7% 的产品出口到非独联体国家。

（4）维捷布斯克自由经济区

该区建于 1998 年年底，位于白俄罗斯东北部的维捷布斯克州，经营期限为 30 年。目前入驻企业 46 家。外国投资者来自俄罗斯、英国、波兰、德国、爱沙尼亚、美国、塞浦路斯等国家。维捷布斯克自由经济区远景规划是，建立电视机厂和计算机控制显示器设计院的生产联合企业，它由 19 个独立车间、工段和生产部门组成，专门生产电视机。

（5）莫吉廖夫自由经济区

该区建于 2001 年 5 月，位于白俄罗斯东部的莫吉廖夫州。自由经济区 2002 年 2 月 1 日开始运作，占地面积 242.7 公顷。目前入驻企业 50 家，外国投资者来自捷克、德国、以色列、塞浦路斯、芬兰、立陶宛、土耳其、荷兰、澳大利亚、丹麦和俄罗斯等国家，它们分别生产红外线加热器动力保护设备、非织造衣料和药品。德国莱比锡一家公司从事德国—俄罗斯运输发送业务，捷克和俄罗斯的有关企业共同设计和建立利用生产废料制作块状燃料的流水线。将来在自由经济区内还要安排住宅公用事业用的高精度测量仪、高效控制器和机器人装置、出口型加固软管、消费品、商业设备、办公用品和生活用具的生产。

建立莫吉廖夫自由经济区的目的是提高莫吉廖夫州的经济活力，增强其商品竞争力和出口潜力，促进出口型产品和进口替代产品的生产，为创造和运用白俄罗斯国内外的研究成果、高新技术和外国先进经验保障良好的创新环境和条件。

（6）格罗德诺投资自由经济区

该区建于 2002 年 4 月，位于白俄罗斯西部的格罗德诺州。格罗德诺投资自由经济区建立的目的是吸引白俄罗斯国内外的投资，建立和发展出口型的高技术产品的生产部门，增加见效快和有竞争力的出口产品的产量，建立和发展新的进口替代生产部门。目前入驻企业 92 家，外国投资者来自俄罗斯、美国、瑞典、以色列、波兰、捷克、德国、格鲁吉亚、加拿大、塞浦路斯、芬兰、爱沙尼亚、英国、立陶宛、保加利亚等国家。

【自由经济区的优惠政策】在白俄罗斯自由经济区的外来企业享有各种优惠。

优惠：利润税税率降低 50%；由经济区入驻者销售自产商品（产品、服务）获得的利润，自其宣告获得利润之日起五年内免缴利润税；免除位于相应自由经济区内的建筑与设施的不动产税，不论其使用方向如何；在白俄罗斯境内销售其在自由经济区内生产并作为进口替代商品的产品只对其销售额的 10% 征收增值税；免缴从 2012 年 1 月 1 日起注册为自由经济区入驻者在自由经济区内的土地税（该土地提供给入驻者用于建设项目，包括项目设计和建设期），但不超过自其注册之日起的 5 年。

海关特权：自由经济区内可建立自由关税区。在自由关税区内放置与使用的货物，免缴海关关税、税收，并且不针对外国商品采用非关税管制措施，以及不针对关税同盟的商品进行禁止与限制。从自由关税区向关税同盟境内其他地方输出被视为关税同盟的商品时，免征进口关税，增值税以及海关机构征收的消费税。

【中白工业园（简称“工业园”）】依据2012年6月5日第253号总统令成立。工业园是特殊经济区，位于白俄罗斯首都明斯克市，占地面积8048公顷，是中国海外最大工业园区。2014年6月19日举行奠基仪式，标志着连接欧亚大陆、位于丝绸之路经济带的中白工业园一期工程正式启动建设。

工业园区内提供期限为50年的系统性税收优惠，拥有特殊的法律制度。工业同的设立主要为了吸引国内外投资，在电子、精密化学、生物技术、机械制造及新材料领域发展高新技术和组织具有竞争力的生产。

工业园企业可以是在白俄罗斯境内其他地区注册的法人，也可以是直接在工业园区内注册的法人，包括外资参股的商业机构，以及在园区内正在实施（打算实施）同时满足以下条件的投资项目。

（1）生产经营活动符合工业园主要的生产经营领域要求，即建立和发展在电子、精密化学、生物技术、机械制造和新材料领域的生产。

（2）申请的项目投资额度不少于500万美元。

2014年9月17日，华为公司正式完成了入驻中白工业园（白方对外称“巨石”工业园）的注册手续，成为第一家入园企业。根据双方签署的合同和商业计划书，华为公司将在2015 ~ 2022年实施建立华为科研和实验开发中心的项目。

【工业园税收优惠政策】

（1）从注册之日起10年内免缴：销售其在同区内自主生产的商品（产品、服务）而获得利润的利润税；位于园区内的建筑与设施（包括超标未完工建筑）、车位的不动产税（不论其用途如何）；园区内的土地税。

（2）入驻者注册10年期满后，下一个10年内按照税率的50%缴纳利润税、土地税、不动产税。

（3）自园区入驻者产生总利润第一年起后的5年内，按照0税率向不通过常设代表机构进行经营活动的外国组织——园区企业创立者（参与者、股东、所有者）征收利润税和由园区入驻者加算的红利或相当于红利的收入税。

（4）2027年1月1日前，按5%的税率向不通过常设代表机构进行经营活动的外国组织征收专利使用费收入税，该专利使用费由园区入驻者为其加算，包括工业、商业或科学实验（包括专有技术）的信息酬金，支付许可证、专利、图纸、有效模型、示意图、公式、工业样品等费用。

（5）2027年前，自然人根据劳动合同从园区入驻者处获得的收入，按9%的税率缴纳个人所得税。

（6）园区入驻者免缴在无偿转让资本构成（建筑物、设施）、独立房屋、在建工程和其他位于园区内的固定资产项目，以及为建设和改造项目而转入其名下的建筑和设施时的增值税和利润税。

【其他优惠政策】

（1）园区入驻者免缴：颁发和延长向白俄罗斯引入外国劳动力的许可证、为建设园区工程引进外国公民与无国籍人士使其在白俄罗斯从事劳动，以及在园区内实施投资项目的专项许可证的国家规费；由于征用或临时占用位于园区内的农业用地和森林资源而产生的农业和（或）林业生产损失的补偿；2027年1月1日前在白俄罗斯外汇市场上强制性出售外汇的收益；在园区内从事设计与建设园区工程项目，以及其他与设计和建设园区工程有关的工作时，向创新基金缴纳的费用。

（2）外国公民与无国籍人员免缴为其颁发在白俄罗斯临时居住许可证的国家规费。

（3）园区入驻者的员工收入超过白俄罗斯员工（外国员工除外）月平均工资一倍的部分，不需缴纳强制保险费。

（4）不对园区入驻者，以及它们为在园区内实施投资项目而引进的在白俄罗斯境内临时居住（逗留）的外国员工收入征缴强制保险费。

（5）园区入驻者有权在建筑与设施投入使用一年后的12月31日前，全额扣除其在购买（进口到白俄罗斯境内）用于设计、建设与配备园区内建筑与设施的商品（产品、服务）及财产权时缴纳的增值税。

（6）园区入驻者为实施投资项目而向白俄罗斯海关关境内进口的商品，如果具有同区管委会出具的该商品在同区内使用用途的证明，即可免缴海关关税与增值税。已在园区内从事经营活动的入驻者不缴纳规定新税费。保证外国投资者以及工业园建设外籍参与者在缴纳了税收和其他必须缴纳的费用之后，可将在中白工业园区内投资活动所得的利润（收入）自由汇往白俄罗斯境外。

【高科技园区】高科技园区是为刺激白俄罗斯国内高科技产业而建立。高科技园区入驻公司的主要经营活动为开发计算机软件与信息系统。该税则适用于入驻高科技园区，在园区内进行软件开发、用户数据处理、相关基础与应用研究，以及在自然与科学技术领域进行实验性研究的组织机构与私营企业。对高科技园区入驻者的税收优惠政策如下。

（1）免缴：利润税（红利利润税除外）；销售商品（产品、服务、财产权）交易额增值税；高科技园区内为进行经营活动而用于建设房屋与设施的地块，在建筑期内（但不超过 3 年）的土地税；高科技园区内的固定资产与未完工建筑项目（出租的除外）的不动产税；向其创立者（股东）支付红利时的离岸费。

（2）高科技园区入驻者的员工超过白俄罗斯员工每月平均工资一倍的部分，不须缴纳强制保险费。

（3）高科技园区入驻者：私营企业主及其雇员按照 9% 的税率缴纳个人所得税；

（4）降低有关收入所得税率：对不通过常设代表机构在白俄罗斯境内进行经营活动的外国组织机构，从高新技术园区入驻者处获得的红利、债务利息（息票）收入、专利使用费，许可证收入等征收 5% 的所得税。

海关特权：免缴为进行某类经营活动而向白俄罗斯海关关境内进口商品时的海关关税与增值税。为获得该优惠，必须获得同区管委会所做的有关该商品用途的证明。

5. 白俄罗斯劳动就业的有关规定

（1）劳动法的核心内容

根据白俄罗斯共和国劳动法，劳动合同以书面形式签订。应在劳动合同中纳入劳动法中规定的强制性条款。

商业组织和私营企业主有权根据员工的完工情况、技术水平、劳动条件和其他标准自行确定工人的劳动报酬条件。在这种情况下，在规定员工劳动报酬条件时，可采用具有指导意义的白俄罗斯工作人员统一工资等级表。因此，经营活动的主体有权自行选择员工的劳动报酬体系，可使用白俄罗斯工作人员统一工资等级表，也可不参考该表。一般情况下，商业组织根据其所采用的当地标准法令支付员工的劳动报酬。

国家规定了工人的最低工资（截至2014年1月1日，最低工资为1 660 000白俄罗斯卢布，约合173.5美元），但未规定最高工资。

白俄罗斯通过用人单位和雇员协商合同条款，明确责任和义务。如遇用人单位提前解除合同但雇员不同意的情况，按规定还是要支付薪水直到合同失效。

【雇主需要缴纳的保险等费用】

①所得税，计算公式：（工资额－440 000白俄罗斯卢布）×12%；

②社会保险（工资额的35%）。

个人须缴纳强制性保险（工资额的0.6%）。根据俄罗斯劳动法典，劳动者的工作时间不应超过每周40小时；每周工作5天或6天，周日休息，且每天的工作时间不超过8小时，包括1小时午餐。针对个别种类的劳动者规定了缩短劳动时间；有专门规定夜班、休息日和节假日、未成年人等工作调节的标准。

雇主应根据劳动法规定确保工人在休息日和节假日工作以及夜间工作的保障和补偿。任何一种加班都要额外支付薪酬。

劳动者在白俄罗斯劳动法典规定的基础上有权使用劳动休假和专门休假，休假期间为劳动者保持平均工资，平均工资是根据白俄罗斯政府或者授权机关规定的程序计算出来的，被称为“休假工资”。劳动休假每年最少为24天。此外，以下节假日也为非工作日：1月1日、1月7日、3月8日、万灵节、5月1日、5月9日、7月3日、11月7日、12月25日。

（2）外国人在当地工作的规定

外国独资或合资企业雇用外国员工的规定主要依据3个法律：1998年《关于外国劳动移民法（第169-3号）》、2002年9月16日部长会议《关于在白俄罗斯居住的外国公民和无国籍者劳动和经营活动规定》和2002年12月2日白俄罗斯劳动和社会保障部《关于外国人和无国籍者、临时在白俄罗斯人员办理特别劳动许可的规定》。具体由劳动和社会保障部移民委员会负责。

白俄罗斯对外籍劳工数量有明确限制，外籍劳工只能从事与其拥有的资质相符的工作。外国人在白俄罗斯的劳动收入根据白俄罗斯法律纳税，根据白俄罗斯签订的相关国际协定解决双重征税问题。1995年1月17日中国与白俄罗斯签署了《中华人民共和国政府和白俄罗斯共和国政府关于对所得避免双重征税和防止偷漏税的协定》。

外国人只能在白俄罗斯驻有关国家大使馆申请到签证后，方可进入白俄罗斯。签证分为 B（过境）、C（短期签证，90 天以内）、D（长期签证，90 天以上）3 种。对于根据劳动合同赴白俄罗斯工作的外国公民，必须办理短期签证 C（有权根据雇用进行工作）。此外，在外国企业白俄罗斯代表处工作的外国公民也可获得 D 型长期签证。外国人需要获得特别许可才能在白俄罗斯从事某种工作。

【无须特别许可的条件】下列情况下无须特别许可：

①已获得在白俄罗斯永久居留权；

②根据白俄罗斯政府签署的国际协定（如俄罗斯公民）可以不按使用外国人规定执行；

③外国投资建立的商务机构（已注册为白俄罗斯法人）创立者或领导；

④在外国公司成立的代表处工作。

2011 年 1 月 1 日起，白俄罗斯大幅调整了需要办理就业许可的类型，削减了 16 种类型劳动，最重要的如房屋设计和建设、商业零售（酒精零售和烟草生产除外）等，增加了 1 种（使用核能和电离辐射源）。就业许可证有效期一般不少于 5 年，最长不超过 10 年。办理就业许可须缴纳 90 多美元的费用。

（3）外国人在当地工作的风险

白俄罗斯外籍劳务市场因国内市场形势变化、建筑等部分工种技术人员短缺，中国劳务人员应注意了解有关白俄罗斯国家的情况，了解各自工作的基本权利和义务，认真研究《外派劳务合同》和《雇用合同》的所有条款，保存好所签订的每一份合同，一旦出现纠纷，它将是维护自己合法权益的重要法律依据。了解中国驻白俄罗斯大使馆领事部和经商参处的联系方式和有关负责人联系办法，遇突发事件和损害合法利益又得不到合理解决时可求助大使馆领事部和经商参处。

6. 外国企业在白俄罗斯获得土地的有关规定

（1）土地法的主要内容

根据白俄罗斯共和国法律，地块可以由法人所有、长期或暂时使用、租赁。土地法的最基本原则之一是按照专有用途使用地块。不遵守规定的后果可能是强制终止对地块的权利，其中包括所有权。

在白俄罗斯共和国境内使用地块是需要付费的。土地使用费用的支付形式是土地税或租金。使用私人所有的、长期或暂时使用的地块，须支付土地税。使用租赁的地块，须支付租金。国家所有的地块的租金收缴程序由白俄罗斯共和国总统做出规定。

【地块所有权】地块可以归白俄罗斯共和国非国家法人个人所有、外国或国际组织所有。国家所有的地块可以通过拍卖或者不通过拍卖授予个人所有，此类土地的授予依据和程序由白俄罗斯共和国总统确定。个人所有的地块的管理在公民法律交易的基础上进行。

【地块长期使用权】地块长期使用权是指对地块的使用没有事先规定的期限，但地块长期使用权可根据法律规定终止。白俄罗斯非国有商业法人对下列地块拥有长期使用权：

①在白俄罗斯共和国土地法生效前提供给他们的地块；

②按照法定程序从白俄罗斯其他法人手里转让到其名下的地块；

③为国有不动产项目服务的地块；

④为建设住宅楼（高档住宅楼除外）的地块，为住宅楼服务的地块，用于建设和（或）服务于车库和停车场的地块。

【地块的租赁】可以向俄罗斯共和国法人、外国法人及其外国代表处、外国外交代表处、领事机关、国际组织及其代表处租赁地块。个人所有的地块的租赁在公民法律交易的基础上进行。国家所有的地块根据拍卖结果进行租赁。但是在法律规定的一系列情况下，国家所有的地块可以不经拍卖进行租赁，比如：与白俄罗斯共和国签订了投资合同的项目投资人；工程和道路基础设施项目建设单位；位于中小型城市定居点和乡村区域内的地块上不动产项目的购买者。地块的租赁期限和其他条件在租赁合同中做出规定。但是农业地块的租赁期限不能少于10年。国家所有的和用于建设和（或）服务于基建的地块的租赁期限应不小于这些建筑建设和（或）使用的标准期限。地块租赁的最大期限为99年。

（2）外资企业获得土地的规定

根据《白俄罗斯共和国境内外国投资法》第27条外国投资者购买土地产权规定：外国投资者有权根据白俄罗斯法律条文所规定的程序和条件购买土

地产权。也可通过租赁的形式获得土地。

7. 对环境保护的有关法律规定

（1）环保管理部门

白俄罗斯自然资源和环境保护部负责环境保护工作。其主要职责是：对项目方案进行国家生态鉴定；保护大气的国家监督；国家对水、土地、森林等利用和保护的监督；国家对废物回收的监督；制定评估生态经济指标的办法；发展和完善国家环境监测体系等。

（2）主要环保法律法规名称

白俄罗斯政府制定了一整套环保法律，对环境、土地、水、植物、大气层、地下资源等各领域都制定了具体的保护措施。主要环保法规包括：《环境保护法》（1995年）、《大气层空气保护法》（1997年）、《地下资源法》（1997年）、《水法》（1998年）、《土地法》（1999年）、《森林法》（2000年）、《国家生态技术鉴定法》（2000年）、《臭氧层保护法》（2001年）以及《植物保护法》（2006年）等。白俄罗斯政府还制定了《2006～2010年利用自然资源和保护环境国家计划》。

白俄罗斯是20个环保国际公约的成员国，与35个国家签署了环保和合理使用环境资源的双边协议。

（3）环保法律法规基本要点

白俄罗斯通过制定一系列环保法律法规，明确了环境保护的目的、原则，制定了应保护的自然资源范围、项目及综合体、公民和社会团体的环保权利和义务、生态教育、培养和文化体系、国家对该领域的调整和管理、环保经济机制、研究现状和登记清查自然资源的国家制度、确定自然保护活动技术标准和科学保障等问题。

（4）环保评估的相关规定

根据白俄罗斯法律规定，外资企业在白俄罗斯开展投资或承包工程需要进行环境评估，参与环评的机构包括白俄罗斯原子能监督委员会及白俄罗斯环境保护部等相关部门。

8. 白俄罗斯反对商业贿赂的有关法律规定

白俄罗斯签署加入的反腐败犯罪国际公约有：《腐败民事责任公约》《腐

败刑事责任公约》《联合国反腐败国际公约》《打击跨国有组织犯罪公约》。在国际公约框架下，白俄罗斯积极开展同各国的反腐败合作，进而加大对本国腐败犯罪的惩治力度。2006 年 7 月 20 日颁布《反腐败法》，预防和惩治腐败，白俄罗斯还有《个人收入与财产申报法》《白俄罗斯国家公务人员法》《预防犯罪所得合法化措施》等制约腐败犯罪的法规。在白俄罗斯刑事法典中，专章规定了与腐败犯罪有关的罪行规范。在刑罚处罚上多适用罚金、没收财产、有限期或无限期特定权利剥夺、特定职务或身份剥夺以及剥夺自由等刑罚。

9. 白俄罗斯对外国公司承包当地工程的有关规定

（1）许可制度

白俄罗斯对外国公司承包当地工程有比较严格的规定。首先要申请到当地的资质证书，一般根据证书覆盖范围不同，申请时间少则 3 月、多则 1 年。取得资质后方可组建当地公司，任命法人、总会计师和总工程师。施工前需要先办理施工许可，施工图纸的审核会涉及一系列的国家机构，需要一定的时间办理。根据中国企业经验，做一个普通楼顶基站图纸设计的审核需要至少 3 个月；而后是价格审计，由于涉及交税，对价格审计控制得非常严格，且受国家指导价影响。进入施工阶段，监理环节是不可或缺的，完工报告和工程验收等与中国区别不大。如果外国承包商没有资质，但其分包商具备相关资质，经当地相关授权机构确认后也可承揽相关工程。

（2）禁止领域

根据白俄罗斯投资法，没有总统的特令，不允许外资进入国防和国家安全领域；禁止外国投资者生产和销售白俄罗斯卫生部清单上所列的麻醉性、剧毒性物质。除此之外，无其他限制。

（3）招标方式

招标方式基本和中国国内的招标方式相同，先是技术标，而后是商务标。白俄罗斯一般有公开招标和议标两种方式。公开招标主要针对国有企业及国有控股企业项目；议标一般是扩容项目。

10. 白俄罗斯对中国企业投资合作的有关保护政策

白俄罗斯与中国关系良好，两国人民之间的友谊源远流长，双方互为重要的经贸合作伙伴，经贸合作规模不断扩大，合作领域不断拓宽，在电力、能源、通信、金融、房地产开发等一系列重要领域的合作卓有成效。另外，中国与白俄罗斯之间签有重要合作协定，为双边经贸关系的长期、稳定发展奠定了坚实的法律基础。

（1）中国与白俄罗斯签署双边投资保护协定

1993 年 1 月 11 日签署《中华人民共和国政府和白俄罗斯共和国政府关于鼓励和相互保护投资协定》。

（2）中国与白俄罗斯签署避免双重征税协定

1995 年 1 月 17 日签署《中华人民共和国政府和内俄罗斯共和国政府关于对所得避免双重征税和防止偷漏税的协定》。

（3）中国与白俄罗斯签署的其他协定

2001 年 4 月 23 日签署《中华人民共和国政府和白俄罗斯共和国政府关于保护知识产权的协定》。2005 年 12 月 5 日签署《中华人民共和国政府和白俄罗斯共和国政府旅游合作协定》。

（4）其他相关保护政策

1996 年 12 月 4 日签署《中华人民共和国政府和白俄罗斯共和国政府进出口商品质量保证协定》。

11. 白俄罗斯有关保护知识产权的规定

（1）当地有关知识产权保护的法律法规

白俄罗斯有关知识产权保护方面的主要法律有：《白俄罗斯共和国发明、实用新型和工业品外观设计专利法》（2002 年 12 月 16 日）、《白俄罗斯商品商标和服务商标法》（1993 年 5 月 2 日）、《版权法》（1996 年 5 月 16 日）、《地理标记法》《植物品种法》《保护集成电路布图法》以及《公民法典》等。

白俄罗斯对知识产权的保护包括：著作权及其相关权利、工业产权（发明、使用模型、工业设计等）、依据商标规定及白俄罗斯加入的国际条约，商标以在白俄罗斯国家知识产权中心注册为准而受到法律保护。商标可以法人的名义，或不具备法人地位的、从事商业活动的自然人的名义注册。商标权受国家保护并根据注册证予以证实。注册证证实商标的优先权日和该注册证内规定产品的商标所有人之专用权。注册证应包括一张商标图样。

（2）知识产权侵权的相关处罚规定

法人或自然人如有违反知识产权领域相关法律行为，视为侵权行为，将被追究行政或刑事责任。白俄罗斯最高法院专利事务审判庭负责审理此类案件。违者将被处以社会劳动、罚款、监督劳动两年；情节严重者（违法收入超过最低工资基数 500 倍以上），可被处以限制自由 5 年或入狱 5 年的处罚。

12. 与投资合作相关的主要法律

在白俄罗斯，外国投资者可依据白俄罗斯关于投资合作的相关法律法规维护自身权益，主要包括：《投资法》《投资修订法》《白俄罗斯共和国自由经济区法》《外国企业国家注册条例》等。其中，作为管理境内投资活动的主要依据，《投资法》对投资形式、国家调节投资活动的形式及措施、投资者权利保障、为刺激投资实行的税收优惠政策、投资方案评估标准、签订投资方案的程序、吸引外国贷款相关规定、鼓励高新技术投资、投资合同的规定、租赁、与外国投资者经营有关的条款、外汇收入的支配、知识产权保护、职工劳动保护和社会保险及国家对外国投资企业的监督等事项均做了规定。

四、在白俄罗斯开展投资合作需要办理的相关手续

（一）在白俄罗斯投资注册企业程序和手续

1. 设立企业的形式

最普遍的企业形式有：开放式股份公司、封闭式股份公司、私营外国单一制企业、有限责任公司及附加责任公司等。

2. 注册企业的受理机构

根据《外国投资企业国家注册条例》规定，外国投资企业注册由白俄罗斯外交部主管，企业的国家注册须经所在州执行委员会的许可以及地方人民代表会议依其权限批准。外国投资类企业注册外资最小额度为 2 万美元（可分两年筹资完成）。

3. 注册企业的主要程序

【合资企业】需要提供的资料如下。

（1）成立人的书面申请（合资企业所有成立人签字）；

（2）合资企业成立文件的公证书正本或成立文件复印件的公证件一式两份；

（3）外国法人须提供投资国营业执照，或其他根据建立合资企业时外国法人所在国或常驻国的法律，用以证明外国投资者法律地位的等同证明文件，并附白俄罗斯文（或俄文）翻译（翻译人的签字应公证）；

（4）外国自然人须提供护照复印件并附白俄罗斯文（或俄文）译文（翻译人的签字应公证）；

（5）注册资金到位证明（对于上市股份合资企业）；

（6）保函或其他证明合资企业在其所在地的合法性的文件；

（7）已付国家注册费的证明。

【独资企业】需要提供的资料如下。

（1）成立人的书面申请（所有成立人的签字）；

（2）成立文件的公证书正本或成立文件复印件；自外资企业成立人送交申请之日起不超过 15 日内予以注册。注册机关应在自决定注册之日起 5 日内将注册外资企业的信息通知成立人，10 日内通知白俄罗斯国家税务委员会，以便将该外资企业纳入白俄罗斯法人及私营者国家统一登记簿，并通知白俄罗斯统计委员会。之后向外资企业发放注册证明（营业执照），并将其注册信息在报上刊登。

【开设公司代表处】外国公司代表处由白俄罗斯外交部管理，外国公司代表处不是法人。2014 年 1 月 1 日起生效的白俄罗斯部长会议第 1189 号条例规定：外国公司代表处只能出于以该组织名义或根据其委托开展筹备性和辅助性活动的目的设立，包括：①积极协助实施白俄罗斯在贸易、经济、财务、科技、交通领域的国际合作协议，寻求进一步发展上述合作及完善合作模式的机遇，建立和扩大经济、商务和科技信息交流；②研究白俄罗斯的商品市场；③研究在白俄罗斯境内开展投资的可能性；④建立有外国投资者参与的商业组织；⑤航空和铁路票、汽运及海运舱位的预订及销售；⑥其他社会公益活动。

外国公司（组织）要获得代表处的设立权须提交以下文件（中文的需要在国内翻译成俄语并公证）。

开设代表处的目的、公司的全称、有关公司的材料、公司的详细经营范围、公司代表处在白俄罗斯的名称、代表处的有关材料、为该公司提供服务的银行名称等。

法律规定开设代表处的有效期为3年，可延期3年。开设代表处应通过白俄罗斯律师事务所办理。

（二）承揽工程项目的程序

1. 获取信息

在白俄罗斯网站、报纸上可以查询招投标信息。

2. 招标投标

【项目招投标操作流程】白俄罗斯企业一般为国有企业或国有控股企业。下面以电信业项目为例，介绍白俄罗斯项目招投标操作流程。

（1）客户确定采购需求，并将所有需求整理后写入标书，发标（有关招标信息，比如标书内容、发标时间、交标时间等，可登录 www.icetrade.by 查询）。

（2）供应商准备参标函到客户处领取标书。供应商投标主体需符合客户需求，一般情况下只能是一个（如果涉及联合投标，须事先与客户沟通）。

（3）资质文档准备及答标（标书中会列明要求）。

（4）供应商交标，客户公开唱标。

（5）唱标后，客户会按照标书需求成立评标小组，对参标厂家标书各部分进行对比、评审（各部分所占比重也会在标书中列明）。

（6）客户宣布评标结果（传真形式）。

（7）与中标厂家签订合同。

（8）供应商交付。

3. 许可手续

参加投标的公司需要相关行业的资质证书和有效的公司注册资料。

（三）申请专利和注册商标

1. 申请专利

白俄罗斯对发明、工业品外观设计、实用新型给予法律保护。国家对发明、工业品外观设计实行专利保护，并进行专利性审查，即新颖性、创造性（对工业品外观设计而言则为独创性）和工业实用性。保护期自申请日起计算，发明专利为 20 年，实用新型专利有效期 5 年，最多可延长 3 年，工业品外观设计专利有效期 10 年，可续展 5 年。

2. 注册商标

【商标注册申请】程序如下。

（1）商标注册申请（以下简称“申请”）应由自然人或法人向专利局提交。该申请可通过专利代理到专利局注册。

（2）有海外总部的外国法人以及在白俄罗斯境外居住的自然人，为了保证在白俄罗斯获得商标注册或延长其有效期，应通过白俄罗斯的专利代理人到专利局注册。

（3）一份申请只能涉及一个商标。

（4）一份申请件应包括以下材料：注册一个标志作为商标的请求，在此写明申请人的名称，以及其总部或住所；与申请件相关联的标志；商标注册所适用的商品名录，按照商标注册用商品和服务国际分类划分。

（5）该申请件应随附材料包括：证明规费支付、该付款免除或有理由减少所述费用情况存在的文件；如果该申请是通过代理组织提交的，须提交证明其专利代理权的文件；如果该申请件是一个集体商标的注册申请，须提交该集体商标的章程；与该申请提交相关的标志之照片或照片复制品。

（6）申请所需哪些文件由专利局决定。

（四）企业在白俄罗斯报税的相关手续

1. 报税时间

一般按照季度申报或年报，季度报在下个月的 20 日进行申报。年报在下一年的 3 ~ 4 月份。

2. 报税渠道

企业自行向所属税务机关申报。如果企业有自己的会计，可以由会计报税；如果没有，并且企业是通过会计事务所代理记账的，可以通过会计事务所报税。

3. 报税手续

【报税手续】

（1）外国法人的利润税每年由其常设代表处所在地的纳税人直接计算，并自规定提交报税单之日起 10 日内缴纳。

（2）在白俄罗斯从事经营的外国法人，应在下一个决算年度的 4 月 15 日之前，向税务部门提交：经营情况报表以及按财政部规定格式填好的收入申报单。在一个日历年结束之前停止经营时，上述文件应在停止经营之日起一个月内提交。

在白俄罗斯从事经营的外国法人的收入申报单，应由实行经济核算制的审计机构每年进行审核，审核费用自付。企业报税需要办理的手续和提交的材料取决于所报的税种。

4. 报税资料

根据不同税种，所需报税文件不同，可咨询当地会计。所有进出款项均经过银行，提供银行记录即可，对于每笔款项都要有相对应的合同来说明。企业须计算出成本及利润并加以说明，以便税务机关计算应交税款。

（五）赴白俄罗斯的工作许可证办理

1. 主管部门

工作许可在白俄罗斯内务部申请办理。

2. 工作许可制度

一般来说，无长期居住许可证的外国人，只能在获得从事劳务的特殊许可并签订劳动合同后才可在俄罗斯境内工作。

在与未获得白俄罗斯长期居住许可证的外国人签订的劳动合同中必须包

含明确终止、修改、延长劳动合同的条件及程序，迁移至白俄罗斯的条件，以及饮食起居及医疗服务等。应以俄语和（或）白俄罗斯语通过书面形式签订劳动合同，并以外国人的母语或其能懂的语言通过书面形式签订劳动合同。与外国人所签订的劳动合同其期限不得超过专项许可的有效期限。由白俄罗斯内务机关下属公民与移民局按照法定程序，依据雇主的申请，向外国人签发为期一年的专项许可。

【无须许可的条件】符合以下条件时，外国人无须获得可在白俄罗斯境内从事劳务活动的专项许可。

（1）具有可在白俄罗斯境内长期居住的许可证；

（2）按白俄罗斯共和国国际合同所规定的其他程序进行劳动安置（如俄罗斯公民，外国劳动力吸纳及使用调节程序就不适用于俄罗斯公民）；

（3）外国人为就职于外资商业组织（以白俄罗斯法人形式进行登记的外资商业组织）的创立人或领导；

（4）当其在外国公司驻白俄罗斯共和国境内代表处工作时。

3. 申请程序

外国人在白俄罗斯工作许可要通过白俄罗斯当地公司办理，该公司要在白俄罗斯内务部申请并获得吸收外国公民到白俄罗斯工作许可证，该许可证规定期限和人数，此后由该公司在白俄罗斯为外国公民办理打工卡（也就是在白俄罗斯工作的劳务许可），之后该公司发工作邀请函到外国公民所在国的白俄罗斯使领馆，办理签证后抵白，抵白后必须在五天之内（休息日及官方节日除外）到其实际居住地的内务机构进行登记，办理相关手续，获得在白临时居住许可证。所有入境白俄罗斯的外国人必须在五天之内（休息日及官方节日除外）到其实际居住地的内务机构进行登记。

4. 提供资料

申请工作许可主要提供以下文件：身份证件、国内劳务输出公司的担保、在白俄罗斯当地公司的注册号码、保险、居留证明等常规文件。

一、埃及共和国概况

二、埃及近年经济发展概况

三、埃及投资体制

四、埃及主要投资条例

五、埃及重大项目清单

阿拉伯埃及共和国投资指南[㊀]

㊀ 部分资料来源于外交部网站、中国驻埃及使馆网站材料，以及埃及驻华使馆提供的材料。

回溯历史，中国和埃及都是古丝绸之路的发源地。2000多年前，埃及皇室和社会精英使用的丝绸经由丝绸之路运抵埃及，在那时，陆上丝绸之路以及海上丝绸之路就已经连通了中埃两国，丝绸之路既是商贸之路，也是人文之路。

从地理位置上看，埃及位于亚洲、非洲、欧洲的交界地带。既靠近欧洲，又接近波斯湾，也是世界上最重要的能源战略要地之一。因此，埃及也常常被称为是通往欧洲以及阿拉伯世界的门户。埃及的优势位置为中埃两国的经济贸易往来创造了条件。

现如今，阿拉伯国家"向东看"已成为一种趋势，埃及在阿拉伯世界和非洲占据重要地位，"一带一路"倡议给加强两国合作关系提供了一个宝贵的机会，埃及将在"一带一路"合作倡议中扮演重要角色。作为从泉州出发的海上丝绸之路南线的重要节点，埃及是阿拉伯地区、非洲地区与欧洲地区的重要纽带。

2014年年底，埃及总统塞西访华，与中国国家主席习近平共同宣布建立全面战略伙伴关系，使两国关系达到新的高度。

此外，埃及还拥有着一个其他国家难以比拟的优势，即苏伊士运河。该运河是世界上最为繁忙的航运通道之一，也是过去几十年中国远洋贸易最常走的海运航线。埃及政府宣布长达72千米的新苏伊士运河已开通。苏伊士运河是世界最重要的海运通道之一，也是埃及主要外汇来源之一。新运河开通后，埃及运河收入有望在2023年达到150亿美元，而这也将为中埃加强合作，推动双方共建"一带一路"提供新的平台，开辟中埃关系发展新天地，实实在在地造福两国人民。

骆驼背上的埃及

一、埃及共和国概况[㊀]

（一）地理环境

1. 地理概况

红海

阿拉伯埃及共和国，面积100.1万平方千米，地跨亚、非两大洲，大部分位于非洲东北部，只有苏伊士运河以东的西奈半岛位于亚洲西南部。西连利比亚，南接苏丹，东临红海并与巴勒斯坦、以色列接壤，北濒地中海。海岸线长约2900千米。

2. 行政区划

首都开罗

全国划分为27个省：开罗省、吉萨省、盖勒尤比省、曼努菲亚省、杜姆亚特省、达卡利亚省、卡夫拉·谢赫省、贝尼·苏夫省、法尤姆省、米尼亚

㊀ 资料来源：中国外交部。

省、索哈杰省、基纳省、阿斯旺省、红海省、西部省、艾斯尤特省、新河谷省、亚历山大省、布哈拉省、北西奈省、南西奈省、塞得港省、伊斯梅利亚省、苏伊士省、东部省、马特鲁省和卢克索省。

狮身人面像

3. 自然资源

埃及的主要资源是石油、天然气、磷酸盐、铁等。已探明的储量为：石油44.5亿桶（2013年1月），天然气2.186万亿立方米（2012年1月），磷酸盐约70亿吨，铁矿6000万吨。此外还有锰、煤、金、锌、铬、银、钼、铜和滑石等。平均原油日产量达71.15万桶，天然气日产量达1.68亿立方米，国内消耗的天然气数量占天然气总产量的70%，其余30%供出口。埃及电力供应以火电为主，占86.9%。全国电网覆盖率达99.3%，世界排名第28位。阿斯旺水坝是世界七大水坝之一，全年发电量超过100亿度。2008年，埃及斥资16亿埃镑改进阿斯旺大坝发电机组，并斥资150亿埃镑改进全国电网。2007年埃及正式启动核电站计划，2010年宣布将于2025年前建立4个核电站。

4. 气候条件

埃及全境干燥少雨。尼罗河三角洲和北部沿海地区属地中海型气候，平均气温1月12℃，7月26℃。其余大部分地区属热带沙漠气候，炎热干燥，沙漠地区气温可达40℃。

5. 人口

人口8670万（2014年7月），另有800万海外侨民。

（二）政治环境

1. 主要党派

埃及1952年革命后，曾禁止政党活动。阿拉伯社会主义联盟于1962年10月成立，为埃及唯一合法政党，纳赛尔任主席。1977年开始实行多党制。2011年颁布新政党法，现有政党及政治组织近百个，其中经国家政党委员会批准成立的政党约60个。主要政党有萨拉菲光明党、新华夫脱党、埃及社会民主党、自由埃及人党、“埃及民族”政党联盟。

2. 宪法

埃及原宪法于1971年9月经全民投票通过，1980年、2005年和2007年三次修订，2011年穆巴拉克下台后被废止。2012年12月，埃及全民公投以63.8%的支持率通过新宪法（以下称“2012年宪法”）。2013年7月3日，埃及军方宣布中止2012年宪法。2014年1月，新宪法草案以98.1%的支持率（投票率38.6%）通过全民公投。

3. 人民议会

2011年年初埃及政局发生重大变化后，武装部队最高委员会宣布解散人民议会。2012年1月新一届人民议会成立，共508席。6月14日，最高宪法法院裁定人民议会选举法部分条款违宪并予以解散。穆尔西总统就任后发布了要求人民议会恢复工作的总统令，最高宪法法院裁定停止执行上述总统令，穆表示尊重宪法法院判决。2012年宪法将人民议会更名为众议院，并规定在众议院选举产生前，由协商会议行使立法权。2013年7月初埃及政局再次剧变后，根据2014年1月通过的新宪法，将取消此前的协商会议，将“两院制”改为“一院制”，统称议会。新一届议会选举原计划于2015年3～5月举行。后因选区划分等争议而推迟。

4. 协商会议

协商会议由萨达特总统于1979年提出建立并写入宪法。1980年11月1日，协商会议正式成立。协商会议是与人民议会并存的立法咨询机构。协商会议设主席、副主席。2011年年初埃及政局发生重大变化后，武装部队最高委员会宣布解散协商会议。2012 年 2 月，新一届协商会议成立，共 270 席。2013 年 7 月 3 日，埃及临时总统曼苏尔宣布解散协商会议。2014 年 1 月通过的新宪法规定取消协商会议。

5. 政府

2013 年 6 月底 7 月初，埃及政局再度发生剧变。7 月 9 日，曼苏尔总统颁布法令，任命哈兹姆·贝卜拉维（Hazem Al-Beblawi）为过渡期临时政府总理。2014 年 2 月 25 日，曼苏尔总统接受贝卜拉维政府内阁辞呈，并任命易卜拉欣·马哈拉卜（Ibrahim Mahlab）为临时政府总理。3 月 1 日，新临时政府内阁成员宣誓就职。2014 年 6 月，塞西当选总统后成立新一届政府，马哈拉卜留任总理。目前主要阁员有：国防部部长西德基·苏卜希（Sedki Sobhi）、外交部部长萨米哈·舒克里（Sameh Shukry）、内政部部长马基迪·加法尔（Magdy Ghaffar）等。

6. 司法机构

埃及司法机构设置包括最高法院、上诉法院、中央法院和初级法院以及行政法院，开罗还设有最高宪法法院。检察机构包括总检察院和地方检察分院。

7. 外交关系

对外关系方面，埃及在阿拉伯、非洲和国际事务中均发挥着重要作用。开罗现为阿拉伯国家联盟总部所在地，埃及前外长阿拉比为现任阿盟秘书长。

埃及奉行独立自主、不结盟政策，主张在相互尊重和不干涉内政的基础上建立国际政治和经济新秩序，加强南北对话和南南合作；突出阿拉伯和伊斯兰属性，积极开展和平外交，致力于加强阿拉伯国家团结合作，推动中东和平进程，关注叙利亚等地区热点问题；反对国际恐怖主义；倡议在中东和非洲地区建立无核武器和大规模杀伤性武器区；重视大国外交，积极发展同新兴国家的关系，在地区和国际组织中较为活跃。目前，埃及已与 165 个国家建立了外交关系。

中国和埃及自 1956 年 5 月 30 日建交以来，双边关系一直发展顺利。1999 年 4 月，两国建立战略合作关系。2006 年 5 月，两国外交部建立战略对话机制。2006 年 6 月，两国签署关于深化战略合作关系的实施纲要。2007 年

5 月，中国全国人大和埃及人民议会建立定期交流机制。自 2007 年 1 月 27 日起，中埃两国互免持中国外交和公务护照、埃及外交和特别护照人员签证。2014 年 12 月，中埃两国建立全面战略伙伴关系。

（三）社会文化环境

1. 语言

官方语言为阿拉伯语。

2. 宗教

国教伊斯兰教，信徒主要是逊尼派，占总人口的 84%。科普特基督徒和其他信徒约占 16%。

金字塔

3. 民生

为改善人民生活，埃及政府长期实行家庭补贴，并对大米、面包、面粉、食油、糖和能源等基本生活物资实行物价补贴。2010 年，埃及人民议会通过新社会保障养老金法，规定养老金金额为最终工资的 80%，并可根据物价进行调整。2011 年年初埃及政局变化后，政府宣布为 600 万公务员加薪 15%，退伍军人和公私部门员工的退休金同比例增加。2014 年 6 月新政府成立后，为减少财政开支，宣布削减对面粉、燃油等物资的政府补贴。

4. 教育

实行普及小学义务教育制度。全国共有基础教育（含小学、初中、高中和中等技术教育）学校 42 184 所，其中公立学校 37 218 所，私立学校 4966 所。共有大学 34 所，其中公立大学 18 所，私立大学 16 所。著名的有开罗大学、亚历山大大学、艾因·夏姆斯大学、爱资哈尔大学等。大学高等教育平均入学率达 32%。

5. 重要节日

国庆日，7 月 23 日（1952 年）。

二、埃及近年经济发展概况

2011 年年初以来的埃及动荡局势对国民经济造成严重冲击。埃及政府采取措施恢复生产，增收节支，吸引外资，改善民生，多方寻求国际支持与援助，以渡过经济困难，但收效有限。2013 年 7 月，埃及塞西政府上台以来，得到海湾阿拉伯国家大量财政支持，经济情况较前有所好转。

（一）埃及近几年主要经济指标

表 23-1　埃及 2009 ~ 2014 年主要经济指标

主要指标	2009/2010 财年	2010/2011 财年	2011/2012 财年	2012/2013 财年	2013/2014 财年
GDP（亿埃镑）	12 066	13 718	15 423	17 533	19 976
GDP 实际增长率（%）	5.1	1.9	2.2	2.1	2.2
城镇居民 CPI（%）	11.7	11.0	8.7	6.9	10.1
人均 GDP（埃镑）	15 509.0	17 062.2	18 448.6	20 725	23 287
财政支出（亿埃镑）	3 660.0	4 018.7	4 709.9	5 881.9	7 898.5
财政收入（亿埃镑）	2 681.1	2 652.9	3 036.2	3 503.2	4 567.9
赤字占 GDP 比重（%）	8.1	9.8	10.8	13.7	12.8
失业率（%）	9.4	9.0	13.0	13.2	
固定资产投资（亿埃镑）	2 353	2 345	2 581	2 486	2 806
外债（亿美元）	336.9	349.1	388	457	460
内债（亿埃镑）	8 887	10 449	12 381	15 274	18 166
外汇储备（亿美元）	352.2	265.6	134	149.36	166.87
中央银行隔夜存款利率（%）	8.3	8.3	9.75	8.25	8.75
外资净流入额（亿美元）	67.6	21.9	39.8	37.5	41.2
旅游收入（亿美元）	115.9	105.9	94	59	50.7
苏伊士运河收入（亿美元）	45.2	50.5	52.1	50.3	53.7

表 23-2　2013/2014 财年投资、消费、出口占 GDP 比例

	总额（亿埃及镑）	占 GDP 比例（%）
总消费	21 747	94.8
总投资	2 806	14.0
净出口	–1 771	–8.9

表 23-3　2013/2014 财年一、二、三产业分布比例

	总额（亿埃及镑）	占 GDP 比例（%）
农业、畜牧业、渔业	2 767.3	14.5
采掘业（包括油气）	3 298.1	17.3
制造业	3 140.1	16.4
生产性服务业	5 393.8	28.2
其他服务业	3 325.6	17.4

表 23-4　2014 年 12 月底内外债统计

	总额	占 GDP 比例（%）
内债总额（亿埃镑）	19 247	81.7
外债总额（亿美元）	414.7	12.8

2013 年 11 月，评级机构标准普尔将埃及主权信用评级由 CCC+/C 调升至 B–，展望为稳定。2014 年 12 月，惠誉公司将埃及主权信用评级从 B– 提升至 B，展望为正面。2015 年 4 月，穆迪公司自 2012 年首次提升埃及主权信用评级提升至 B3，经济展望为稳定。

（二）政府推行的主要经济举措

埃及历届政府相信，应致力于通过改革和经济自由化实现经济发展。因此，埃及政府在金融、证券市场、贸易、汇率、经济增长、经商环境和投资环境等领域推行了一系列改革。

1. 经济改革路线图

（1）针对紧急和长期项目完善时间框架，推动项目的短期和长期实施计划；

（2）刺激投资计划，在 2013 年或 2014 年年底实现 3.5% 的增长；

（3）当前阶段主要靠政府投资拉升投资率，尤其是劳动密集型项目以及中途搁置的项目；

（4）落实吸引外资相关法规，保护投资者权益，不断完善规章条例和投资环境，鼓励金融机构承担风险，进行融资；

（5）通过包括建设 50 000 套保障性住房等在内的多样化促进社会公平服务项目；

（6）完善工业园区基础设施，进一步有效提高产能，创造更多就业机会；

（7）政府正考虑启动总额达 50 亿埃及镑的第二轮经济刺激方案，争取短期内促进国内经济。政府对上述项目花费进行预估后，决定实施这一方案。一揽子项目的 80% 由政府牵头；

（8）在埃及南部地区开发黄金三角区，充分利用当地自然资源和矿产资源；

（9）国家级项目铁路平交道建设旨在提高路网安全性和保障铁路安全。

2. 鼓励投资建议方案

（1）用于支持、鼓励和吸引阿拉伯地区外资及其他地区外资的配套政策，清除投资壁垒和投资障碍，全方位开放投资，尤其是基础设施项目投资；

（2）在多个经济领域创造更多投资机会和投资项目；

（3）组织外商考察，提供最新埃及投资利好消息；

（4）与国际投资机构开展合作，告知其埃及投资优势及优化投资和商务环境相关措施；

（5）成立专门机构来支持投资项目，即简化营业执照和土地执照发放手续，将审批时间控制在四个月以内；

（6）鼓励基础设施项目投资，创造更多就业机会，为当地市场注入流动性资金，包括石油和电力在内的能源资源确定重点发展领域。此外，纺织业也列入重点发展领域，以确保持续发展；

（7）政府计划新成立多个自由贸易区，促进出口贸易，创造就业岗位，推进技术转移，加强在埃及进行商务活动的企业之间的联系。目前，埃及境内共有九个自由贸易区；

（8）协调银行和商业组织关系，通过延期偿贷，帮助新工业城市内困难或停产工厂恢复生产；

（9）安全是重中之重。政治稳定是埃及政府的战略重点。有关政府部门推行一系列安全保障措施，确保自由贸易和投资区内项目安全，对改善埃及安全局势和营造稳定投资环境有明显促进作用。

3. 规范投资项目

目前，埃及政府积极创造投资机会，设立国际级项目，保障可持续发展。埃及投资部向国家各部委及各省市地区征集现有全部投资项目。这一举动旨在为投资者制定主体投资规划。

所有投资项目必须达到以下标准。

（1）符合现有地区发展规划要求；

（2）明确投资用地，包括地理位置及计划经营活动；

（3）向相关土地负责部门汇报，确保符合开展计划经营活动；

（4）明确项目区域内设施状况，确保相关部门为项目投资者发放营业执照；

（5）明确投资方式（依据投竞标法采取直接竞拍或公私合营）和计划内参与竞拍项目；

（6）第一阶段包括符合上述标准的 293 个项目，其中 262 个省级项目、9 个公私合营项目、6 个国家级项目、4 个石油部牵头项目和 12 个交通部牵头项目。

三、埃及投资体制

（一）内地投资

1997 年第 8 号投资法涵盖以下领域。

（1）回收再垦荒弃土地；

（2）牲畜、家禽和水产养殖；

（3）加工制造业和矿产业；

（4）旅游业：酒店、酒店式公寓、汽车旅馆、度假村和旅游区交通；

（5）冷却货物运输和农产品、加工制成品和食品冷冻冷藏及集装箱码头和谷粮仓；

（6）空运和相关服务；

（7）海运；

（8）油气，包括勘探开发和天然气储藏设备和天然气运输；

（9）非行政住房；

（10）基础设施项目，包括饮用水、污水处理、电力、道路和通信；

（11）医疗机械；

（12）金融租赁；

（13）证券承销；

（14）风险投资；

（15）软件和高新技术产品；

（16）社会发展基金项目。

投资法第二部分为投资保障；第三部分为投资激励性措施（参照2005年税法第91号的税收激励措施、土地配置和自贸区）；第四部分参照2004年第13号法制定，包括便利在埃投资手续的相关章程。

1981年企业法第159号旨在规范合租企业，股份有限公司和有限责任公司及各自分公司行为。同时，提供公司兼并、清算和易主等行为的相关规定。

（二）公私合营

2006年，埃及政府推行长期政策，鼓励公私合营，提高私营部门基础设施项目投资。埃及政府与财政部私营部门联合建立中央合作组，出台公私合营政策，启动相关项目。埃及在公共和私营领域间推行多项合作体系，包括公私合营（PPP）、建设—经营—转让（BOT）及其他机制。

埃及公私合营受2010年第67号法保护。该法同时规范私营部门在基础设施领域、服务领域和公共设施领域活动行为。同时，禁止扣押或破坏合同及项目实施过程中涉及的相关设施、机械和设备，保障合同履行。该法还为公私合营提供制度性框架。

（三）自贸区

40年前，埃及政府启动自贸区建设，通过新增就业、出口创汇、吸引外资引进高新技术、提高劳动者技能和管理能力以及自贸区内外企业协同发展等一系列措施推动国民经济发展。

自贸区是位于以国内的指定发展区域，受行政机构管辖，却在关税、进口、货币及进 / 出口货物方面享有特殊政策，不受国家正常经济秩序制约。

自贸区只在创造就业机会，极大改善就业技能，促进埃及对外出口，引进先进科技，尤其是引进工业和服务业领域等科学技术并实现资本积累。埃及政府还大力促进自贸区内及自贸区外的企业融合。

自贸区内实施了项目激励性政策和保障措施，以实现投资领域的自由选择。利润转移和资本投资自由、当地或境外进口自由和定价自由，并免受进出口注册限制。

在自贸区投资免于资本国籍、资本数额的限制。投资项目所涉及进出口参照国家进口和关税条例执行。在自贸区投资还获得豁免待遇，及项目资本金和生产、进出口、在当地市场销售的国内商品都免征关税。

此外，自贸区内项目不会被国有化或征用。在自贸区投资对于外国投资者来埃及是十分便利的。政府将根据投资项目的需求，给予外来务工人员居住许可。便利境外投资者来埃。

埃及自贸区分为以下两种形式。

1. 公共自贸区

公共自贸区有明确区域限制，区内设工业项目、服务业项目和仓储项目。项目所用土地实行年租制，按面积收费。这与 1997 年投资法第 8 号中所规定要求相符。目前，埃及境内共有 9 个公共自贸区，区内提供日常经营所需设备和设施，包括道路、电力、排涝站、水系统和通信等。此外，还配有边防、警察和安全力量，24 小时守卫。埃及自贸区除临近海港和空港外，还位于劳动力充足和其他配套设施健全的主要城市。

九个公共自贸区包括：纳赛尔城自由自贸区、亚历山大公共自贸区、塞德港自由贸易区、苏伊士自由贸易区、伊斯梅利亚自由贸易区、达米尔它自由贸易区、Shebein Elkom 自由贸易区、Media Production City 自由贸易区以及 Keft 自由贸易区。此外，还有两个新的自由贸易区：Badr 和东塞德港正在开发当中。

2. 私营自贸区

若公共自贸区缺少充足空间或项目关系国民经济重要领域，可在公共自贸区外设立的私营自贸区实施项目。比如，临近原材料产地或产品运输枢纽，该情况下，为单一项目成立的区域称为私营自贸区。投资者选择项目区位并购买或租用该区。埃及投资管理局对符合以下标准的私营自贸区给予支持：港口服务和物流服务，石油领域相关服务业和工业，再保险，不同能源设备的设计、管理、经营和维护等，劳动密集型和高附加值等其他重要产业。

（四）投资区

2007 年投资法第 19 号通过设立投资区，引入不包含在投资保障和激励法规之内的投资区体制。法律规定，遵照 2007 年第 1675 号总理令设立投资区，规范法律条款在其所有投资领域的有关活动。投资区旨在通过有效的投资体系支持经济增长，为投资者提供便利。设立投资区旨在所有领域建立发展集群，最大限度地发挥国家比较优势，广泛推动经济和社会发展，并促进中小企业投资，包括私营公司或政府机构在内的投资者（开发商）为投资区主体，享有公共基础设施和投资区内的所有服务。

投资区也实施一系列投资激励措施，包括：

（1）保障区内商业发展，发挥由产业融合形成的经营及营销比较优势；

（2）投资区内企业自在商业注册点注册日起五年内免征印花税和货运单税，同时免企业土地注册合同税费；

（3）投资区区内企业和机构不得国有化或没收；

（4）不得以行政手段对企业或公司实行破产管理及没收或冻结其资产；

（5）任何行政机构不得干涉企业产品定价或收益；

（6）企业未违反经营条例时，任何行政机构不得全部或部分取消或暂停企业使用地产执照。

目前，埃及共有 13 个投资区，分布于 7 个省。

表 23-5　投资区情况

投资区	经营范围	省市	地理位置	面积（英亩[①]）
工业区				
CBC 埃及产业发展	建筑材料	吉萨	十月六号港	357
北极星国际工业园	纺织业	吉萨	十月六号港	463
工业发展集团	自动送料	吉萨	十月六号港	463

（续）

投资区	经营范围	省市	地理位置	面积（英亩①）
金字塔工业园	工程	新河谷省	瑞莫丹	262
塔杰蒙特工业城	纺织和成衣服装	新河谷省	瑞莫丹	261
中小企业				
尼罗河三角洲	中小企业	代盖赫利耶	尼罗河三角洲	17.6
Al-Saf	中小企业	吉萨	Al-Saf	40.4
高等教育和科学研究				
科学研究和技术应用城	纳米技术和生物科技	亚历山大	亚历山大	135
开罗大学	高等教育和科研	吉萨	十月六号港	749
艾因·夏姆斯大学	高等教育和科研	北西奈	Obour	163
法尤姆大学	高等教育和科研	法尤姆	新法尤姆	150
通信和信息技术				
科研城	信息技术	开罗	马蒂	75
商业和服务				
开罗机场投资区	商业和服务	开罗	开罗机场	2 289

① 1 英亩 =4046.856 平方米。

（五）经济特区（埃及西北苏伊士湾）

2002 年，埃及政府颁布第 83 号法批准成立经济特区。埃及西北苏伊士湾位于苏伊士省苏科纳区，临近苏科纳港和苏伊士运河南河口。

经济特区是经 2003 年第 35 号总统令特批的第一个具有特殊职能的经济发展区域，是埃及发展的重要标志。经济特区内基础设施完备、功能全面、技术水平高、环境优良、产业结构合理、产量充足，经济和社会发展成熟。经济特区批准用地 20.4 平方千米。

设立经济特区的目标是成为一流国际投资目的地，营造优良经商环境，吸引外资，实现利益最大化，未来 15 年内实现生活质量的极大飞跃。目前，经济特区国际知名度日渐增加，为埃及及境外投资者提供一流的基础设施、市场环境和极简便的行政审批过程，现已形成了极具竞争力的经商区域。

埃及西北苏伊士湾经济特区参照国际最高标准建立，发展具备地区和国际竞争力的产业项目和服务业项目，极大地吸引了外商直接投资。此外，经济特区还能够直接创造就业、促进技能升级、提高员工收入，不但有利于扩大埃及在世界贸易总量中份额，还有利于促进出口、稳定出口增长、增加出口产品的多样性。

经济特区实行的激励措施如下。

（1）对资本企业，自然人收入和土地及非居住用地收益统一征收 10% 的所得税（区外为 25%）；

（2）所得税税率为 5%（区外为 10% ～ 25%）；

（3）立法设立特区专门管理机构，提供一站式服务，避免核心区机构冗杂；

（4）特区管理机构下设最高委员会，监管税收体系；

（5）特区管理机构下设特别海关服务处，由最高委员会负责监管；

（6）多领域内生产成本在整个东北非地区为最低；

（7）企业通过经济特区进入埃及市场，国内市场销售关税数额仅参照进口原材料价值；

（8）制造业领域劳动者技能高，生产成本具有很强竞争力；

（9）除法院管辖内诉讼及行政裁决撤回的延期执行申请外，纠纷应先经仲裁中心仲裁，评审团提出仲裁意见，自申请递交日起 60 天内收到结果，评审团不参与决断。

（六）一站式服务机构

一站式服务是为投资者专设的 12 个机构之一。投资者在成立公司时或公司成立之后均可向一站式服务寻求服务。

一站式服务具有复合型功能，投资者可一站式获得公司成立及经营批复、许可及执照。一站式服务有利于便利投资者就近获得服务，同时提供跟踪服务，帮助投资者克服行政障碍。参照投资者满意度，不断完善一站式服务，并简化行政手续，改善投资环境。2006 ～ 2008 年，一站式服务机构连续两年荣获由 A 级国家行政发展部举办的“最佳政府市民服务机构奖”第二名。2009 年，一站式服务第五次荣获由埃及国家行政发展部举办的“政府服务机构发展表现”大奖。2011 年，还获旅游部颁发的“促进旅游产业发展杰出表现”荣誉证书。

一站式服务功能遵照 1997 年第 8 号投资法和 1981 年第 159 号投资法，为公司企业提供服务，包括：

（1）法律服务，包括履行非常规全体大会会议纪要要求，通过合法决议、修改合同或相关条例，合法变更形式（合并、分裂和转向内地投资体系），公司清算等；

（2）技术服务，包括签注进出口单，关税豁免推荐（新建企业购置机械设备统一享有 5% 关税税率），土地合同豁免、印花税抵押贷款和注册文档费推荐，外部合作方推荐等；

（3）政府服务，包括外来人口居留许可推荐，外来人口务工许可推荐，次级劳动雇用推荐，代表处许可（注册、完善、撤回），外来企业开设分支许可（记录、完善、撤回）等；

（4）免税服务，包括成立并支持相关委员会，建立企业，决定企业行政职务，部分企业自动免税及证书发放等。

2007 年，埃及荣获世界银行经商报告中“最佳改革国家”称号。2009 ~ 2010 年，埃及一直是最佳改革十强国家之一。世界银行也曾在在阿布扎比和开罗分别召开工作会议，研究埃及“一站式”服务模式。世界银行称赞埃及在一站式服务方面的领先经验，称“埃及的一站式服务值得其他国家借鉴”。很多国家建立类似“一站式”服务时均向埃及寻求帮助。很多国家建立类似投资综合服务中心时均向埃及寻求帮助。埃及自由区和投资管理总局曾向很多阿拉伯和非洲国家国家介绍过相关经验，包括也门、叙利亚、苏丹、利比亚、伊拉克、科摩罗、尼日利亚、博茨瓦纳、肯尼亚、马里和塞舍尔。

四、埃及主要投资条例

（一）投资法激励措施及豁免

1997 年第 8 号投资法规定了多种税收豁免措施，如自贸区系统下项目享有终身税收豁免，以及以下在埃及的投资活动享受利润税收豁免。

（1）自宣布开始日起 10 年内进行土地复垦或土地耕作；

（2）自宣布开始日起 10 年内进行家禽饲养、养蜂、牧业生产、渔业和渔船作业；

（3）个人银行或邮局存款和储蓄账户所获利息及由埃及中央银行或其他在埃注册银行发放的投资、储蓄和存款存单；

（4）埃及证券市场个人股票收益；

（5）个人收益，包括：

①债券收益和埃及股票市场登记的各种金融工具；

②股份公司和股份有限公司股票分红，有限责任公司股票、合伙企业和非股东股份公司股票；

③自宣布开始日起五年内的社会发展基金限制内项目。

1. 免合同

（1）企业自在商业注册处注册日起，其相关行为启动、抵押和贷款协议五年内免缴印花税票及认证费；

（2）上述企业批准用地所有权证书；

（3）企业免缴印花税票及认证费。

2. 内陆投资其他豁免

（1）股份公司部分实收资本免缴企业所得税；

（2）企业股票须上市，免税具体数额参照埃及中央银行贷款利率和贴现率；

（3）股份公司债券、金融工具和其他有价证券收益免缴流动资本税；

（4）企业合并、拆分或法人变更收益免税费；

（5）包括关联资本建立后的资本或已增加资本经价值重估后的以货贷款收益免缴所得税。

3. 关税豁免

（1）自贸区项目关税全免；

（2）机械设备和其他装置统一征收 5% 关税；

（3）除小型轿车外，自贸区所有进口免征关税；

（4）目的地为埃及其他港口的过境货物免征关税；

（5）在埃及境内开展经营活动的企业进口机械设备和其他装备统一征收 5% 关税和一项营业税；

（6）无需进口卡。

（二）埃及南部省区无偿土地分配

依据 2001 年第 58 号总统令，1996 年第 5 号法对用以开展投资项目或扩用的国家或法人持有的沙漠土地或以正常租价租借给国家或法人的沙漠土地进行了相关规定。规定适用于明亚、艾斯尤特、索哈杰、基纳、阿斯旺和新河谷省的指定产业区域，贝尼苏韦夫包含在内。投资者在项目完成前不转让所有权即可无偿使用上述区域土地及建造建筑物。

（三）就业激励政策

埃及工贸部和财政部 2007 年第 719 号令规定，三年内启动、获经营许可并注册的项目享受以下附加优惠政策。

所有投资超过 1500 万埃及镑新项目或扩建项目每一新增达到年最高工资总额 70% 的就业机会获 15 000 埃及镑，要求为：

（1）雇员应提供由产业培训中心颁发的职业或工作资质证书；

（2）技术工占比不少于工厂全部工人数量的 80%；

（3）工人应来自工厂所在地，而非外省；

（4）阿斯旺省、新河谷省、明亚省、艾斯尤特省、索哈杰省、基纳省和卢克索省所有工业区享有全部激励政策；

（5）贝尼苏韦夫城享有半数优惠政策；

（6）免税或享有其他优惠政策项目不再同时享有上述激励政策。

激励政策通过电力、能源、水、保险、销售税和其他政府支出实施。上述激励条件于向工业城市发展和产业发展局支持资金递交申请日起 60 天内一起施行。

埃及工贸部已批简化程序降低担保人新城或新省工业用地保函费用，可根据产业发展局相关条例在原有许可证基础上进行二次申请。兑现原因合理时，投资者有权进行保函兑现。工业产业可注册长期，达标后，每五年复审。此外，埃及还在一些省份增加产业发展局分支机构数量，直接处理投资审批和执照发放。政府也提供信用风险保证项目必要资源，支持中小企业发展，帮助融资。

（四）投资者调解和仲裁机制

埃及政府为鼓励投资成立了一系列调节和仲裁机构，包括：

（1）投资者护理中心，帮助投资者解决与政府部门间纠纷；

（2）争端解决中心，于2009年成立，用于解决商业伙伴争端，达成和解；

（3）内阁投资争端解决委员会，秘书处设在投资管理局；

（4）投资管理局合同委员会，通过商业合同解决投资者和政府机构争端。

协商和解最重要标准之一是存在争议土地价格、区位、在建设施数量和企业额外投资总额。在进行协商时，须优先解决完成程度高的项目所产生的争端。

（五）投资法律法规

1. 劳动法

埃及劳动力市场受2003年第12号劳动法监管。该法包括257章，针对埃及劳动力市场所有法律问题。法律旨在促进私营领域发展，平衡投资者和雇主权益。关键之一是雇主解雇员工权及相关条件，同时赋予雇员根据法律章程进行和平示威的权力。

在埃侨民须取得劳工部门发放的工作许可和执照。外籍务工人员须获得由外交部或埃及相应驻外使馆经历证明。

满足移民局相应条件的游客均可进入埃及。指定国家游客须向埃及驻外使领馆申请签证，多数游客可持临时落地签证进入埃及。旅行签证适用于来埃外籍游客或在埃停留三个月以内的外籍人员。签证到期后，可续签同等时间。临时签证适用于不以旅游为目的的来埃外籍人员及在埃停留三个月至一年的外籍人员。在埃务工所有外籍人员需获得相关省份人力资源和移民部门发放的工作许可。

埃及法律规定每天不超过8个小时或每周六个工作日总共不超过48个小时工作时间。多数私营部门雇员实行周日至周四工作制。部分情况下，日工作时长可达9个小时。雇员每周休息一天。突发状况或工作超时也有例外。该条件下，雇主须向其支付加班工资。

外籍雇员人数不得超过非技术型或半技术型工人总数的10%。技术型外籍人员比例上限为25%。外籍人员工资总额不得超过企业工资总额的30%。埃及人力资源和移民部可能会对不适宜使用外籍人员的领域及企业内最多雇用外籍人员数量进行规定。为更好监管外籍务工人员，人力资源和移民部规定雇用外籍人员企业需记录外籍人员姓名、国籍和宗教、生日、职务和工作概况、资历、雇用许可号及期限。

2003 年第 88 号法第 111 条中涉及埃及中央银行法 2004 年第 162 号修订法和 2005 年第 93 号修订法的部分规定，每一自然人或法人可以汇出、持有或拥有外汇，并有权在法定外汇交易银行进行对外和对内外汇交易及本地交易。

目前，私营部门工会数目很少，法律不限制私营部门工会建设。

埃及贸易工会联合会包含 23 个贸易工会，监管工会领导提名及任用，赋予公共权力部门必要时介入工会金融活动。

2. 知识产权保护法

埃及政府参照《知识产权保护协议》，于 2002 年颁布第 82 号《知识产权保护法》，旨在保护埃及知识产权。保护涵盖专利、工业设计、半导体芯片外观设计、商标、版权和植物品种。

3. 保护竞争和防垄断法

2005 年第 3 号法及 2008 年第 193 号修正法通过一系列条例，保障现有经济行为不会阻碍、限制或伤害自由竞争。

五、埃及重大项目清单

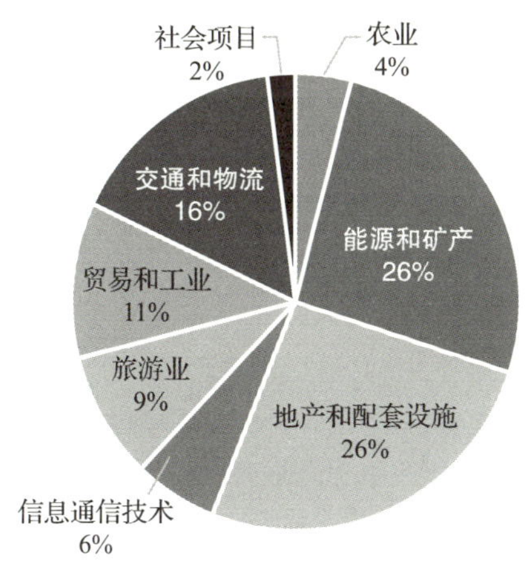

图 23-1　按各行业划分的埃及重大项目清单

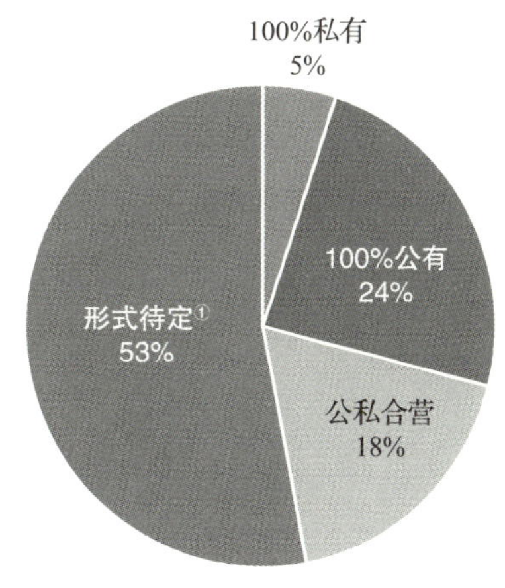

图 23-2　按形式划分的埃及重大项目清单

①“形式待定”项目包括 49 个可能有投资银行参与的公有项目。

（一）农业项目

表 23-6　农业项目

项　目	概　要	次领域	地　点	资本支出（百万美元）	形　式
埃及农村地区金融项目	推动农业信贷银行向商业银行转型，便利农民使用各项金融及非金融性服务	农业综合企业	全国范围	1.2	100% 公有（IFI）
土地垦荒大型项目	世界银行计划为小农领域和小生产开发灌溉和基础设施项目（软支持、基础设施、成本回收和经济环境可持续性）	农业综合企业	全国范围	1 500	100% 公有（IFI）
阿古来尔制糖厂	甜菜作物加工制糖	农业综合企业	明亚	1 000	特许
萨拉姆水渠和罗萨塔河滩国家级项目	萨拉姆水渠和罗萨塔河滩村庄排污项目	基础设施	萨拉姆	3 500	100% 公有（IFI）
农业废弃物循环利用	收集并循环利用农业废弃物	配套设施	全国范围	420	待定（投行参与）

（二）能源和矿产项目

表 23-7　能源和矿产项目

项　目	概　要	次领域	地　点	资本支出（百万美元）	形　式
金三角大型项目	埃及金三角地区矿产勘探和产业集群	矿产	基纳、萨法加和库塞尔	无	待定
萨拜河谷膨润土项目	膨润土厂	矿产	萨拜河谷	957	待定
萨拜河谷碳酸钙项目	碳酸钙厂	矿产	萨拜河谷	17 000	待定
磷酸盐化肥和磷酸项目	磷酸盐化肥和磷酸厂	矿产	阿布塔图尔	800	待定（投行参与）
矿产轮投标	矿产勘探执照轮投标	矿产	待定	无	特许
常压蒸馏组	现有设备扩增	油气－下游	亚历山大	250	待定（投行参与）
连续再生催化重整（CCR）和异构化催化项目	新石化机组	油气－下游	艾斯尤特	240	待定（投行参与）

（续）

项 目	概 要	次领域	地 点	资本支出（百万美元）	形 式
完全转换加氢项目	石化机组，生产低磷蒸馏物、液化石油气、粗汽油、油气和喷气燃料	油气 – 下游	艾斯尤特	2 500	待定（投行参与）
新型润滑油项目	润滑油和油气	油气 – 下游	苏伊士	430	待定（投行参与）
艾斯尤特 – 索哈杰液化石油气管道	连接各冶炼厂油气管道项目	油气 – 中游	艾斯尤特 – 索哈杰	55	待定（投行参与）
索哈杰 – 阿斯旺管道	连接各冶炼厂油气管道项目	油气 – 中游	索哈杰 – 阿斯旺	201	待定（投行参与）
上游轮竞拍	油气勘探执照轮竞拍	油气 – 上游	地中海、南河谷和西沙漠	无	特许
西尼罗河三角区（BP/RWE）	油气田开发	油气 – 上游	西尼罗河	10 000	特许（已有）
生物乙醇	从糖浆中提取生物乙醇	石油化工	塞得港（谢赫村 Motobas 工业园）	135	待定（投行参与）
生物乙醇	从秸秆中提取生物乙醇	石油化工	塞得港（谢赫村 Motobas 工业园）	220	待定（投行参与）
甲醛项目	目标生产 20 000 吨尿素甲醛以及其他甲醛衍生品	石油化工	无	55	待定（投行参与）
丙烯及丙烯衍生品	丙烯以及其他丙烯衍生品厂	石油化工	亚历山大	1 500	待定（投行参与）
塔利尔石化项目	石化工厂须吸纳股本投资	石油化工	苏伊士	7 000	私营（寻找投资阶段）
传统气电厂项目	提高热效率和旧电站能效（恢复现有 4 个电站及其他四组由开式循环燃气轮机发电转向联合循环燃气轮机发电）	发电 – 传统	全国范围	450	100% 公有（IFI）
750 兆瓦西欧非联合循环燃气轮机发电	气电站	发电 – 传统	西欧非	644	待定（投行参与）
2000 兆瓦煤电厂（Orascom 公司）	私有煤电厂	发电 – 传统	罕莫拉文港（红海海岸）	2 500	私有（IPP）
2250 兆瓦巴尼苏维夫联合循环燃气轮机发电	私有热电厂	发电 – 传统	巴尼苏维夫	1 500	私有（IPP）

（续）

项 目	概 要	次领域	地 点	资本支出（百万美元）	形 式
250兆瓦大流士联合循环燃气轮机发电	气电厂（投标阶段）	发电－传统	大流士	2 200	私有（IPP）
3960兆瓦煤电厂（Al Nowais公司）	私有煤电厂	发电－传统	佛罗伦斯（苏伊士区）	7 500	私有（IPP）
X兆瓦煤电厂（ACWA/Masda）	煤/气电厂	发电－传统	待定	无	私有（IPP）
基纳蒸汽轮机1300兆瓦	蒸汽轮机厂	发电－传统	大流士	1 550	私有（IPP）（投行参与）
能效基金	世行项目，建立滚动基金，商业融资模式，自给自足，打造可持续能效市场	发电－可循环利用	全国范围	500	100%公有（IFI）
循环能源基金	世行项目，创新融资机制，扩大循环能源项目规模	发电－可循环利用	全国范围	1 500	100%公有（IFI）
（10×20兆瓦）考姆翁布太阳能电站	太阳能电站（招投标阶段）	发电－可循环利用	阿斯旺	400	私有（IPP）
2×250兆瓦苏伊士湾风电厂第二阶段项目	风电项目（招投标阶段）	发电－可循环利用	苏伊士湾	400	私有（IPP）
250兆瓦苏伊士湾风电厂	风电项目（招投标阶段）	发电－可循环利用	苏伊士湾	364	私有（IPP）

（三）地产和配套设施项目

表 23-8 地产和配套设施项目

项 目	概 要	次领域	地 点	资本支出（百万美元）	形 式
东开罗城市项目	新行政区	地产	开罗	无	100%公有
低收入群体保障房项目	新增低收入群体保障房及合理分配现有保障房	地产	全国范围	1 600	100%公有（IFI）
阿拉曼大型项目	地产开发	地产	阿拉曼	无	待定

（续）

项　目	概　要	次领域	地　点	资本支出（百万美元）	形　式
瑞莫丹诺雷志村	在售地产开发土地	地产	谢赫扎伊德	无	待定（投行参与）
十月六号港马里贝特	在售地产开发土地	地产	十月六号港	857	待定（投行参与）
十月六号港新中心商务区	在售地产开发土地	地产	十月六号港	93	待定（投行参与）
十月六号港绿洲	在售地产开发土地	地产	十月六号港	无	待定（投行参与）
十月六号港城市绿洲	在售地产开发土地	地产	十月六号港	857	待定（投行参与）
奥特莱斯	在售零售业用地	地产	十月六号港	286	待定（投行参与）
谢赫扎伊德商业/办公/旅游项目	在售旅游业土地	地产	谢赫扎伊德（吉萨）	57	待定（投行参与）
扎伊德中央公园	在售住宅用地	地产	谢赫扎伊德	571	待定（投行参与）
瑞莫丹地区服务中心	在售地产用地	地产	瑞莫丹	699	待定（投行参与）
阿拉明城码头	在售休闲/码头用地开发	地产	阿拉曼	无	待定（投行参与）
杜姆亚特城旅游村	旅游村开发	地产	杜姆亚特	无	待定（投行参与）
米娜新城	在售旅游业用地	地产	米娜	无	待定（投行参与）
穆盖塔姆住宅区	在售地产用地	地产	开罗	无	待定（投行参与）
开罗新城（开罗南部）	在售区域服务用地	地产	开罗新城	839	待定（投行参与）
瑞莫丹地区服务中心	在售区域服务用地	地产	瑞莫丹	无	待定（投行参与）
扎伊德水晶城	在售住宅用地	地产	谢赫扎伊德	1 119	待定（投行参与）
扎伊德城市商务园	在售商务用地	地产	谢赫扎伊德	1 429	待定（投行参与）
伊斯梅里亚项目	开罗老区住宅楼翻修	地产	开罗	无	私有
城市固体废物处理项目	世行项目，从当地和中小企业入手，改善城市固体废物处理（回收和定价）	公共事业	全国范围	200	100%公共（IFI）

（续）

项　目	概　要	次领域	地　点	资本支出（百万美元）	形　式
巴卡沙污水处理厂和水网建设	污水处理厂	公共事业	夏基省	27	100% 公共
塔尼亚·阿哈贝亚水处理系统升级改造	水处理厂升级改造	公共事业	亚历山大	56	100% 公共
赫尔格达海水淡化厂	海水淡化厂	公共事业	赫尔格达	209	100% 公共
国家农村地区卫生体系建设	农村地区卫生项目	公共事业	全国范围	2.8	100% 公共
阿拉明新城海水淡化厂	海水淡化厂	公共事业	北海岸	168	100% 公共
萨法加海水淡化厂	新建海水淡化厂	公共事业	红海	28	100% 公共
沙姆沙伊赫海水淡化厂	新建海水淡化厂	公共事业	沙姆沙伊赫	14	100% 公共
赫勒万污水厂	污水处理厂	公共事业	赫勒万	无	待定
北西奈半岛污水厂	污水厂	公共事业	北西奈半岛	14 000	待定
阿布拉瓦须废水处理厂	废水处理厂（招投标阶段）	公共事业	阿布拉瓦须	650	公私合营

（四）信息通信技术项目

表 23-9　信息通信技术项目

项　目	概　要	次领域	地　点	资本支出（百万美元）	形　式
福莱特 6 实验室（Flat6labs）	萨维里斯开发，高新技术孵化器	中小企业	开罗	无	私有
国家宽带网络	发展国家范围内最新电信基础设施	电信	全国范围	6 294	待定
智能电网	家用智能电表装配	电信	全国范围	无	待定
商业注册自动化	通过自动化简化商业注册步骤	电信	全国范围	100	公私合营
扩大当地平板电子产品及智能手机产能	建立当地平板电子产品和智能手机制造链，供应当地市场	电信	待定	2 750	公私合营
马阿迪电子园区	技术园区	电信	开罗	420	公私合营
公正自动化	自动化公正	电信	全国范围	90	公私合营
省级技术园区	技术园区	电信	全国范围	2 797	公私合营
福莱特 6 实验室（Flat6labs）	萨维里斯开发，高新技术孵化器	中小企业	开罗	无	私有

（五）旅游业项目

表 23-10　旅游业项目

项　目	概　要	次领域	地　点	资本支出（百万美元）	形　式
十月六号港旅游城	在售地产用地	旅游业	十月六号港	1 143	待定（投行参与）
大都会酒店	现有酒店翻修	旅游业	开罗	10	待定（投行参与）
甘沙湾旅游中心－红海	在售旅游业用地	旅游业	赫尔格达	1 184	待定（投行参与）
赫尔格达麦加维石旅游区	在售高端旅游中心用地	旅游业	赫尔格达麦加维石	60	待定（投行参与）
马萨沃扎旅游中心－红海	在售旅游业用地	旅游业	马萨阿纳姆	93	待定（投行参与）
赫克玛岬赫瓦拉岬旅游中心	在售旅游业用地	旅游业	西北海岸	170	待定（投行参与）
沙姆旅游中心	在售旅游业用地	旅游业	红海	170	待定（投行参与）
南麦加维石旅游中心－红海	在售旅游业用地	旅游业	赫尔格达/萨法加/红海	278	待定（投行参与）
新阿斯旺地区旅游中心	在售旅游项目用地	旅游业	阿斯旺	314	待定（投行参与）
派配洛斯基金	旅游设施整修私募基金	旅游业	全国范围	1 500	私有（寻找资金阶段）
加里卜港卡拉菲项目	私有旅游项目（开发中）	旅游业	加里卜港	无	私有（寻找资金阶段）

（六）贸易和工业项目

表 23-11　贸易和工业项目

项　目	概　要	次领域	地　点	资本支出（百万美元）	形　式
地区再保险公司	创建再保险公司	金融服务	开罗	450	待定（投行参与）
地区租赁公司	创建租赁公司	金融服务	开罗	70	待定（投行参与）
回教保险	伊斯兰保险公司，提供回教保险产品	金融服务	开罗	70	待定（投行参与）
医疗条件改善项目	世行项目，改善各地尤其是农村地区医疗设施、家庭医疗设备和医疗中心	医疗卫生	全国范围	480	100% 公共（IFI）

（续）

项　目	概　要	次领域	地　点	资本支出（百万美元）	形　式
医疗卫生配套项目	世行项目，在经济条件最不佳的十个省区扩大家庭医疗系列服务范围	医疗卫生	全国范围	458	100% 公共（IFI）
TVM 医疗卫生合作项目	埃及医疗卫生基础设施收购	医疗卫生	全国范围	无	私有
地下水提升项目聚酯瓶厂	地下水提升和聚酯瓶包装	工业	西奈半岛以北及以南	2 200	待定
可再生能源谷	为当地工业和开发商提供太阳能光伏配件（电池、电池组件和太阳能板）	工业	伊斯梅里亚	2 000	待定
经济特区	在售经济特区制造业/工业项目（5 平方千米）用地，提供税收和投资优惠	工业	苏伊士西北	800	待定（投行参与）
生物学和生物仿制药加工制造	生物学和生物仿制药产品加工制造	医药	待定	7	待定（投行参与）
肿瘤医药加工制造	肿瘤医药厂	医药	待定	21	待定（投行参与）
医药活性成分加工制造	医药加工工厂	医药	待定	38	待定（投行参与）

（七）交通和物流项目

表 23-12　交通和物流项目

项　目	概　要	次领域	地　点	资本支出（百万美元）	形　式
瑞莫丹无水港/物流中心	无水港和物流中心	物流	十月六号港	无	待定
十月六号港无水港/物流中心	无水港和物流中心	物流	十月六号港	100	待定
粮食储藏和物流中心	杜姆亚特粮食储藏和物流	物流	杜姆亚特	2 083	待定（投行参与）
苏伊士运河走廊大型项目	苏伊士运河沿岸大型经济特区开发（交通、能源、物流等项目）	交叉领域	苏伊士走廊	无	待定
开罗空港城	在售货运码头、商业和展览用地	交叉领域	开罗	671	待定（投行参与）
亚历山大新港第三码头	货物、大宗商品和谷物码头（招投标阶段）	港口	亚历山大	2 000	谈判中
阿布塔图尔/萨法加工业港	磷酸盐和谷物码头（招投标阶段）	港口	阿布塔图尔	360	公私合营
开罗－十月六号港轻轨	开罗致城郊轻轨	铁路运输	开罗	无	100% 公共

（续）

项　目	概　要	次领域	地　点	资本支出（百万美元）	形　式
开罗－亚历山大－阿斯旺高铁第一期：开罗－亚历山大	亚历山大－开罗高铁	铁路运输	全国范围	3 500	100% 公共
开罗－亚历山大－阿斯旺高铁第二期：开罗－阿斯旺	开罗－阿斯旺高铁	铁路运输	全国范围	无	100% 公共
开罗地铁三号线	开罗地铁三号线（完成融资）	道路运输	开罗	2 100	100% 公共
开罗地铁四号线第一期	地铁延长线	道路运输	开罗	无	100% 公共
开罗地铁四号线第二期	地铁延长线	道路运输	开罗	无	100% 公共
开罗地铁五号线	地铁延长线	道路运输	开罗	无	100% 公共
开罗地铁六号线	地铁延长线	道路运输	开罗	无	100% 公共
卢克索－赫尔格达线	铁路新线	铁路运输	全国范围	2 700	待定
河运体系（4个河口码头）	尼罗河沿岸货运码头（4个）	河运	全国范围	无	待定
尼罗河码头巴士	公私合营尼罗河沿岸旅客输送交通体系	河运	开罗	72	公私合营
开罗城市交通项目	开罗交通局交通运输现代化项目。更换500台老旧公车，施行一系列交通管理措施，建造路上走廊，改善交通状况	城市交通	开罗	250	100% 公共（IFI）
瑞莫丹无水港/物流中心	无水港和物流中心	物流	十月六号港	无	待定

（八）社会项目

表 23-13　社会项目

项目	概要	次领域	地点	资本支出（百万美元）	形式
紧急劳动密集型投资项目	创造短期就业机会，解决劳工短缺问题，主要针对非技术工和技术水平有限的工人	公共部门	全国范围	300	100% 公共（IFI）
社会安全项目	世行项目，加强公共安全：有条件及无条件资金转移，加强行政监督，监管和社会协助转移评价	公共部门	全国范围	650	100% 公共（IFI）

一、蒙古国国家概况

二、蒙古国经济发展状况

三、蒙古国对外国投资合作的法规和政策

四、在蒙古国开展投资需要办理的相关手续

24

蒙古国投资指南[㊀]

㊀ 部分资料来源于外交部网站、商务部网站《对外投资合作国别（地区）指南——蒙古国篇》；部分数据来源于商务部、国家统计局网站、《世界投资报告 2015》的公开资料。

蒙古国位于亚洲中部，是当今为数不多的纯内陆国家之一，面积仅次于哈萨克斯坦，是世界第二大内陆国家，同时也是“一带一路”北线的重要支点。

蒙古国地处中国和俄罗斯两个大国之间，具有重要的地理位置，2014年9月，在出席中俄蒙三国元首会晤时，习近平主席提出建立中俄蒙三国经济走廊。经济走廊将俄罗斯的“欧亚大陆桥”、蒙古的“草原丝绸之路”同中国的“一带一路”建设连接起来。通过交通、货物运输和跨国电网的链接，打通三国经济合作的走廊建设，推动“一带一路”战略。中国此次提出的中俄蒙经济走廊由两个支线组成：第一条囊括内蒙古自治区和俄罗斯东部，并连通二连浩特和满洲里二市；第二条为贯通中国二连浩特市和蒙古国扎门乌德市建设的自由贸易区。目前，二连浩特已着手建设前期项目。可以说，中俄蒙经济走廊是“一带一路”战略的重要组成部分。

中蒙两国于1949年10月16日建立外交关系；2011年6月，中蒙提升为战略伙伴关系；2014年8月，国家主席习近平对蒙古国进行国事访问，中蒙关系提升为全面战略伙伴。目前，中国已连续14年成为蒙古国最大贸易伙伴和外资来源国。蒙古国对中国提出的“一带一路”倡议响应积极，作为亚投行意向创始成员国，蒙古国结合自身国情积极探讨合作方向，两国在军事、文化等领域已经开展合作达成共识，签署了涉及经济、基础设施建设、矿产、教育、金融、文化等诸多领域的26项合作文件，为两国未来合作打下良好基础。

一、蒙古国国家概况㊀

（一）地理环境

1. 地理位置

蒙古国领土面积为156.65万平方千米。是亚洲中部的内陆国家，地处蒙古高原。北与俄罗斯为邻。东、南、西三面与中国有长达4670多千米的边界线。西部、北部和中部多为山地，东部为丘陵和平原，有一马平川的天然牧

㊀ 资料来源：中国外交部。

场，南部是戈壁沙漠。山地间多溪流、湖泊，主要河流为色楞格河及其支流鄂尔浑河。境内有大小湖泊 3000 多个，总面积达 1.5 万余平方千米。

蒙古包

2. 行政区划

蒙古国全国划分为首都和 21 个省。首都是乌兰巴托。首都乌兰巴托，现有人口 120 万（含流动人口）。除首都外，全国划有 21 个省：后杭爱省、巴彦乌勒盖省、巴彦洪格尔省、布尔干省、戈壁阿尔泰省、东戈壁省、东方省、中戈壁省、扎布汗省、前杭爱省、南戈壁省、苏赫巴托省、色楞格省、中央省、乌布苏省、科布多省、库苏古尔省、肯特省、鄂尔浑省、达尔汗乌勒省和戈壁苏木贝尔省。

乌兰巴托市始建于 1639 年，时称“乌尔固”（宫殿、官邸之意），曾称库伦等，1924 年蒙古人民共和国成立时更名为乌兰巴托。乌兰巴托市位于蒙古国的中部，是蒙古国的首都和最大的城市，也是全国政治、经济、交通、科教、文化中心。乌兰巴托市位于图拉河畔，四面环山，占地 2000 平方千米，海拔高度 1351 米。人口约 120 万，约占全国总人口的 1/3。市内的主要名胜有自然博物馆、造型艺术博物馆、博格多汗宫、乔依金寺博物馆和甘登寺等。市郊有特列尔吉旅游点、成吉思汗旅游点、成吉思汗公园和滑雪场等。

3. 自然资源

蒙古国经济以畜牧业和采矿业为主，曾长期实行计划经济。1991 年开始向市场经济过渡。1997 年 7 月，政府通过“1997 ~ 2000 年国有资产私有化方案”，目标是使私营经济成分在国家经济中占主导地位。

蒙古国的动物

蒙古国的畜牧业是传统经济部门，国民经济的基础。2014 年上半年牲畜存栏数为 5920 万头，增长 11.8%。

蒙古国地下资源丰富。现已探明的有铜、钼、金、银、铀、铅、锌、稀土、铁、萤石、磷、煤、石油等 80 多种矿产，建有 800 多个矿区和 8000 多个采矿点，其中铜矿储量 20 多亿吨，黄金储量达 3400 吨，煤矿储量达 3000 亿吨，石油储量达 80 亿桶，铁矿储量为 20 亿吨，萤石矿床储量 2800 万吨，磷矿储量 2 亿吨，钼矿储量 24 万吨，锌矿储量 6 万吨，银矿储量 7000 吨等。

蒙古国的全国森林覆盖率为 8.2%。蒙古国植被以北部西伯利亚针叶林和南部的中亚草原、荒漠组成。高等种子植物有 103 科 596 属 2251 种，苔藓植物有 40 科 119 属 293 种，地衣植物有 30 科 70 属 570 种，蘑菇有 12 科 34 属 218 种，药用植物有 52 科 154 属 574 种。其中，主要植物有蒙古茅草、科尔金斯基茅草、戈尔嘎诺夫旋花、格鲁保夫针叶棘豆、胡杨、山川柳、沙枣、菖蒲、芨芨草、看麦娘等。

蒙古国野生动物约有 60 种哺乳类，50 多种鱼类，90 种鸟类。主要有旱獭、野驴、野马、角鹿、戈壁熊、野骆驼、羚羊、野山羊、母盘羊、黑尾黄羊、麝、豹、海狸、水獭、貂、鹫、鸿、鹈鹕、雪鸡、野鸡、猫头鹰、枭、啄木鸟。

4. 气候条件

蒙古国的自然风光

蒙古国大部分地区属大陆性温带草原气候，季节变化明显，冬季长，常有大风雪；夏季短，昼夜温差大；春、秋两季短促。每年有一半以上时间为大陆高气压笼罩，是世界上最强大的蒙古高气压中心，为亚洲季风气候区冬季“寒潮”的源地之一。无霜期是6～9月，只有90～110多天。降水很少，年平均降水量120～250毫米，70%集中在7～8月；西北部地区属温带针叶林气候，许多高峰终年积雪。属典型的大陆性气候，常年平均气温为1.56℃。冬季最低气温可至−50℃，夏季戈壁地区最高气温达40℃以上。

5. 人口分布

蒙古国约296万人（2014年8月）。喀尔喀蒙古族约占全国人口的80%，此外还有哈萨克等少数民族。主要语言为喀尔喀蒙古语。居民主要信奉喇嘛教。蒙古国是一个地广人稀的草原之国，现有人口275万，平均人口密度为每平方千米1.5人。

（二）政治环境

1. 政治制度

蒙古国国家元首查黑亚·额勒贝格道尔吉总统（Tsakhia Elbegdorj），2009年6月18日就任。2013年6月再次当选总统。1911年12月蒙古王公在沙俄支持下宣布“自治”。1919年放弃“自治”。1921年蒙古人民党领导的人民革命胜利，同年7月建立君主立宪政府。1924年11月26日废除君主立宪，成立蒙古人民共和国。1945年2月，苏、美、英三国首脑签订雅尔塔协定，规定“外蒙古（蒙古人民共和国）的现状须予维持”，并以此作为苏联参加对日作战的条件之一。1946年1月5日，当时的中国政府承认外蒙古独立。1992年2月改国名为“蒙古国”。

蒙古国政府广场

蒙古国现行宪法为第四部宪法，于1992年1月通过，同年2月12日起生效。宪法规定：蒙古国是独立自主的共和国；视在本国建立人道的公民民主社会为崇高目标；在未颁布法律的情况下，禁止外国军事力量驻扎蒙古国境内和通过蒙古国领土；国家承认公有制和私有制的一切形式；国家尊重宗教，宗教崇尚国家，公民享有宗教信仰自由；根据公认的国际法准则和原则，奉行和平外交政策。根据该宪法，改国名为“蒙古国”，实行议会制。

国家大呼拉尔是国家最高权力机关，行使立法权。国家大呼拉尔可提议讨论内外政策的任何问题，并将以下问题置于自己特别权力之内予以解决：批准、增补和修改法律；确定内外政策基础；宣布总统和国家大呼拉尔及其成员选举日期；决定和更换国家大呼拉尔常设委员会；颁布总统当选并承认其权力的法律；罢免总统；任免总理及政府成员；决定国家安全委员会的组成及权限；决定赦免等。国家大呼拉尔为一院制议会，其成员由蒙古国公民以无记名投票的方式直接或间接选出，任期四年。本届国家大呼拉尔于 2012 年 6 月产生，共 76 个席位，议席分布为：民主党 34 席、人民党 26 席、“正义联盟”（由人革党和民族民主党组成）11 席、公民意志绿党 2 席、独立候选人 3 席。国家大呼拉尔主席为赞达呼·恩赫包勒德（Zandaakhuu Enkhbold）（民主党），2012 年 7 月就任。

蒙古国政府是国家权力最高执行机关，政府成员由国家大呼拉尔任命。现政府由民主党、“正义联盟”（人民革命党、民族民主党组成）、公民意志绿党等组成。总理为诺罗布·阿勒坦呼亚格（Norov Altankhuyag）（民主党）。

2. 主要党派

蒙古国实行多党制。截至 2014 年，共有约 20 个政党。

（1）蒙古人民党（Mongolian People's Party）。1921 年 3 月 1 日成立，1925 年 3 月改称蒙古人民革命党，1997 年 2 月该党召开的“二十二大”确定党的性质为“民族民主主义性质的中左翼政党”。理论基础为“民主社会主义思想”。2007 年 10 月该党召开“二十五大”，通过党章修正案，决定保留党章中“党主席兼任总理”的规定。2010 年 11 月召开“二十六大”，恢复党名为人民党，选举由 31 人组成的领导委员会，党员约 16 万名。现任主席米·恩赫包勒德，总书记蒙赫巴特。

（2）民主党（Democratic Party）。2000 年 12 月 6 日由蒙古民族民主党、社会民主党、民主复兴党、宗教民主党和民主党合并而成，党员逾 16 万。党的宗旨是重视人的发展、人的权利和自由，并视个人能力大小承担相应的社会责任。党的目标是巩固蒙古国政治独立；建立合理、强大的经济体制；建立开放的社会；建立良政；将社会发展与国际社会进步密切接轨。党的全国代表大会每四年召开一次会议。全国协商委员会（相当于中央委员会）下设 8 个常设委，负责日常工作。党的监察机关是独立于任何个人的基本章程委员会，对党章负责。党主席阿勒坦呼亚格。

3. 外交关系

对外关系：国家大呼拉尔 1994 年通过的《蒙古国对外政策构想》规定，

蒙古国奉行开放、不结盟的外交政策，强调“同俄罗斯和中国建立友好关系是蒙古国对外政策的首要任务”，主张同中俄“均衡交往，发展广泛的睦邻合作”。同时重视发展同美日德等西方发达国家、亚太国家、发展中国家以及国际组织的友好关系与合作。2011 年，蒙古国家大呼拉尔通过新《对外政策构想》，基本保留原有基础，并根据新形势进行补充，将“开放、不结盟的外交政策”拓展为“爱好和平、开放、独立、多支点的外交政策”，强调对外政策的统一性和连续性。明确对外政策首要任务是发展同俄中两大邻国友好关系，并将“第三邻国”政策列入构想，发展同美国、日本、欧盟、印度、韩国、土耳其等西方国家和联盟的关系。

2012 年 3 月，蒙古国与北约建立“全球伙伴关系”。11 月，蒙古国加入欧安组织，成为该组织第 57 个成员国。截至 2014 年 7 月，蒙古国已同 173 个国家建交。

同中国的关系：1949 年 10 月 16 日中蒙建交。20 世纪 60 年代中后期受中苏关系恶化影响，两国关系经历曲折。1989 年两国关系实现正常化以来，两国睦邻友好合作关系发展顺利。2003 年两国宣布建立睦邻互信伙伴关系。2011 年两国宣布建立战略伙伴关系。2013 年双方签署《中蒙战略伙伴关系中长期发展纲要》。2014 年，双边发表联合宣言，将中蒙关系提升为全面战略伙伴关系。

2013 年 5 月，杨洁篪国务委员访蒙，同蒙古国总统额勒贝格道尔吉、总理阿勒坦呼亚格、副总理特尔毕希达格瓦、外长包勒德分别举行会见会谈。7 月，习近平主席特使、全国人大常委会副委员长向巴平措赴蒙出席蒙古国总统额勒贝格道尔吉就职仪式。9 月，习近平主席在比什凯克出席上海合作组织成员国元首理事会会议期间会见蒙古国总统额勒贝格道尔吉。2014 年 6 月，王毅外长访蒙，同蒙古国总统额勒贝格道尔吉、总理阿勒坦呼亚格、副总理特尔比希达格瓦分别会见，同蒙古国外长包勒德举行会谈。8 月，习近平主席对蒙古国进行国事访问，同蒙古国总统额勒贝格道尔吉举行大小范围会谈，分别会见蒙古国家大呼拉尔主席恩赫包勒德、总理阿勒坦呼亚格。

2013 年 4 月，蒙古国家大呼拉尔主席恩赫包勒德来华出席博鳌亚洲论坛 2013 年年会，习近平主席、张德江委员长会见。10 月，蒙古国总理阿勒坦呼亚格访华，李克强总理同其会谈，习近平主席、张德江委员长分别会见。

2014 年 1 月，蒙外长包勒德访华，双方签署《中蒙友好交流年纪念活动方案》。5 月，蒙古国总统额勒贝格道尔吉来华出席亚洲相互协作与信任措施第四次会议，习近平主席会见。

据中方统计，2014 年上半年中蒙双边进出口总额为 28.45 亿美元，上升 10.71%。其中，中方出口 9.77 亿美元，上升 1%；进口 18.69 亿美元，上升 16.57%。

4. 政府机构

蒙古国法院行使司法权，由最高法院和各级地方法院构成。最高法院现任大法官策·卓里格，2010 年 11 月就职。检察机构由总检察署和各级地方检察署构成。现任总检察长达·道尔立格扎布，2010 年 5 月就职。

（三）社会文化环境

1. 民族

蒙古国喀尔喀蒙古族约占全国人口的 80%。此外还有哈萨克族、杜尔伯特、巴雅特、布里亚特等 15 个少数民族。

2. 语言

蒙古国的官方语言是蒙古语。

3. 宗教

根据《国家与寺庙关系法》的规定，喇嘛教为蒙古国国教。居民主要信奉喇嘛教。

4. 民俗

蒙语“敖包”意即石堆，通常在行人经过较多的大路旁，是蒙古草原上常见的供人祈祷、祭祀的场所，祭敖包是蒙古民间最普遍的一种祭祀活动。人们常常到敖包祈祷、还愿，病愈的人则在敖包上留一件病时旧物，表明是神压服了病魔。有的敖包兼有路标或界标的作用。路过敖包的人一般均下马下车，按顺时针方向绕着敖包走三圈，并在上面添加石块，同时祈祷许愿。日积月累，有的敖包可高达数米，底基周围可达十余米。专门的大型祭祀活动一般在农历五月十三。我国的蒙古族同胞也有相同的祭敖包习惯。

蒙古哈达为丝制，长度不一，有蓝、白、黄、绿、红等五种颜色，其中以蓝色为尊。敬献哈达时，哈达的叠口应对着接受者。晚辈向长辈敬献哈达时，应双手献上哈达，同时致祝词，接受者双手接过哈达，并自行将其搭在颈上；长辈向晚辈赠送哈达时，可直接将哈达搭在晚辈颈上。有时向贵宾敬酒时，将酒碗置于哈达上，用右手献给客人，客人只取杯饮酒而不必接哈达。

蒙古包：蒙古牧民至今仍保持着游牧生活方式，无定居房屋，靠蒙古包栖身。蒙古包主要有三大构件：可折叠的网状围壁条木、搭起伞状圆顶的椽木、覆盖圆壁和顶棚的白色厚毡。蒙古包顶有圆形天窗，可以用来通风、采光、排烟。毡包有大有小，其共同点是适合草原上的气候条件和生活环境。进入蒙古包后，主人会请客人坐至蒙古包中最尊贵的位置（后半部的座位），男宾应从左手方绕过摆放在蒙古包正中央炉子走向座位。主人用茶、点心、奶制品等款待客人。当主人敬酒时，如客人一饮而尽，主人会认为是对自己的尊敬和诚意。

蒙古国的蒙古包

蒙古袍是蒙古民族传统服饰，男女均穿。有皮袍、棉袍、布（绸、缎）

袍。女式袍子因地域和部族的不同而异，一般均以缎料为主，袍子上扎的腰带以整幅绸子为之；男子腰带喜用金黄色和橙黄色，女子爱扎紫色和绿色等颜色的带子。男子袍多用棉布料，也有用缎料。男子戴的帽子分冬夏两种，冬季戴皮帽、风雪帽，夏帽为尖顶圆帽和毡帽，妇女戴凉圈帽。帽子一般以兽皮作里，绸、缎、布料做外套。蒙古靴子为高筒靴，有革制、毡制和布制的，上有传统花纹。男子通常腰佩蒙古刀、火镰和鼻烟壶，妇女则喜用头饰。在现代，蒙古牧区人仍多着蒙古袍，而城市居民则多穿现代服装，在庆典和重要节日时才着蒙古袍。

禁忌自然方便：蒙古人忌往火里扔脏东西，不能从火上跨越，不能在火旁放刀斧等锐器；由于自古以来随水草而居，蒙古人特别崇敬水，认为在河里不能洗澡、洗脏东西，更不能倒垃圾、大小便。

宗教方面：禁止在寺庙周围打猎，禁止在寺内杀牲畜，不能在经堂内吸烟、吐痰。

生活方面：蒙古人喜欢马，故不喜欢吃马肉；送礼物时忌送帽子，因为帽子的口朝下，送人会损坏别人运气；穿蒙古袍时，忌捋袖子，因为这样会使人理解为要打架；在进入蒙古包时不能踩门槛；在接递物品时，以双手接递为敬，也可用右手，但不能只用左手接递。

此外，关于自然现象、人的行为道德等方面也有许多禁忌。但随着时代的变迁，一些禁忌已渐渐消失。

5. 教育

蒙古国实行国家普及免费普通教育制。全国有全日制普通教育学校 751 所，63 所专业培训中心。全国共有高校 113 所，其中国立高校 16 所，主要有国立大学、科学技术大学、教育大学等，私立高校 92 所，主要有伊赫扎萨克大学、奥特根腾格尔大学等。5 所为国外高校分校。

根据政府间文化教育科学合作协定，蒙古国与 50 多个国家交换留学生。

6. 节假日

在蒙古国，白月日期与我国藏历新年相同，是蒙古民间最隆重的节日，以前称为“牧民节”，只在牧区庆祝。1988 年 12 月，蒙古国家大呼拉尔主席团决定，白月为全民节日。

蒙古国的国庆节——那达慕在每年的 7 月 11 日。1921 年蒙古国人民党领导的人民革命取得胜利,7 月 10 日，在库伦（今乌兰巴托）成立君主立宪政府，后将次日定为国庆日。1922 年起，蒙古国定期在每年 7 月 11 日举行全国性那达慕，成为国庆活动的一个主要组成部分。1997 年 6 月 13 日，蒙古国国庆中央委员会第三次会议决定将蒙古国国庆易名为“国庆节—那达慕”。那达慕，蒙语意为“游戏”“娱乐”，原指蒙古民族历史悠久的“男子三竞技”(摔跤、赛马和射箭)，现指一种按着古老的传统方式举行的集体娱乐活动，富有浓郁的民族特点。

(四) 基础设施

蒙古国以铁路和公路为主。境内有一条连接中、俄的铁路。与北京、天津、呼和浩特、莫斯科、伊尔库茨克、首尔、东京、大阪和法兰克福之间有定期航班。国际机场 1 个，为乌兰巴托“成吉思汗”机场。

二、蒙古国经济发展状况

(一) 宏观经济

1. 宏观经济

【经济增长率】2010 年，在国际市场矿产品价格不断升温的影响下，蒙古国经济快速复苏，实现国内生产总值（GDP）增长 6.1%。随着全球金融危机影响的逐渐减弱，全球矿业走出低谷，国际市场矿产品价格在高位运行，蒙古国“矿业兴国”战略渐现成果，同时拉动了相关产业和基础设施建设发展，2011 年、2012 年蒙古国经济出现了前所未有的迅猛发展势头，国内生产总值增速超过 20%，但受内外部因素影响，2013 年蒙古国国内生产总值增长 11.7%，增速明显放缓。

【政府债务】2013 年，蒙古国政府外债规模达 189 亿美元，相当于当年国内生产总值的 156.8%。债务包括向国际组织、其他国家政府借贷，在国际债券市场上发行的15亿美元“成吉思”债券（5年期5亿美元，10年期10亿美元）和2.9亿美元“武士”债券（10年期）等。国际货币基金组织2013年11月发布蒙古国债务报告，认为蒙古国目前债务面临中等风险，但若继续执行扩张型宏观经济政策，则可能会被评定为债务高风险等级。2014年7月，美国穆迪投资服务公司对蒙古国的主权债务评级降为B2，前景为负面。

【产业结构】蒙古国的主要产业有农牧业、矿业、交通运输业。按生产法核算，2013年蒙古国国内生产总值139 442亿图格里克（按当年价格），同比增长11.7%。具体产业增长为：农牧业产值增长13.5%，工业（主要是矿产资源）增长20.1%，加工业增长6.8%。

2013年，蒙古国农业、工业、加工业和服务业占GDP的比重分别为16.5%、33.3%、7.1%和43.1%（见表24-1）。

表24-1　2008～2013年蒙古国宏观经济数据

主要指标	数值					
	2008年	2009年	2010年	2011年	2012年	2013年
实际GDP（亿美元）	29.6	29.1	60.8	78.8	103.3	115.4
人口（百万）	2.683	2.737	2.755	2.834	2.869	2.931
人均GDP（美元）	1 921	1 552	2 470	2 781	3 482	3 937
外贸总额（亿美元）	57.79	40.34	61.77	114.2	111.2	106.3
外汇储备（亿美元）	6.567	11.45	20.9	24.57	36.29	11.93
外债余额（亿美元）	16.05	18.6	20.6	22.2①	48.4	
中央财政收支（亿美元）	−2.36	−2.3	0.016	−4.6	−8.33	−1.77
通货膨胀率（%）	22.1	4.2	13	9.2	14.3	10.5
汇率（美元/本币）	1 267	1 442	1 358	1 374	1 396	1 675

①估计值。

资料来源：蒙古国国家统计局、世界银行、亚洲开发银行、国际货币基金组织报告。

2. 重点/特色产业

【畜牧业】畜牧业是蒙古国的传统产业，是国民经济的基础，也是蒙古国加工业和生活必需品的主要原料来源。蒙古国地广人稀，自然条件差、气候比较恶劣。据统计，蒙古国现有牧民家庭20.98万户，牧民28.55万人。畜牧业产值占农牧业总产值的80%，占出口收入的10%。截至2013年年底，全国共有牲畜4090万头，同比增长12.6%。

【农业】农业（主要指种植业）并非蒙古国国民经济的支柱产业，但关系国计民生，历来受到政府的重视。私有化以来，由于经济衰退及投入不足，生产力大幅倒退，种植面积和产量锐减，农业从业人口仅6万余人，农业产值约占农牧业总产值的1/4。蒙古国的主要农作物有小麦、大麦、土豆、白菜、萝卜、葱头、大蒜、油菜等。

2013年，蒙古国粮食产量共计38.70万吨，同比减少9.23万吨，下降19.3%；土豆产量19.16万吨，同比减少5.43万吨，下降22.1%；蔬菜产量10.18万吨，同比增加0.28万吨，增长2.9%；打草产量116.93万吨，同比增加0.58万吨，增长0.5%；手工饲料产量3.66万吨，同比减少0.25万吨，下降6.5%。目前蒙古国国内小麦、土豆生产基本可满足国内需求。

【矿产业】矿产业是蒙古国经济发展的重要支柱产业之一。2013年矿产开采及加工业产值占蒙古国工业生产总值的比重达到59.3%，矿产品出口占蒙古国出口总额比重达81.8%。蒙古国经济基础差、产业基础薄弱，经济增长过度依赖矿业，并受制于国际原材料价格波动的影响。外国对蒙古国投资的超过八成都投入矿业领域，随着国际矿产品特别是煤炭价格走低，蒙古国外贸出口和外国投资在短期内缺乏增长动力。蒙古国矿产资源丰富，部分大矿储量在国际上处于领先地位。其中奥云陶勒盖铜金矿（OT矿）是蒙古国最大的铜金矿，是蒙古的经济支柱之一，力拓和蒙古国政府分别持有该矿66%和34%的股份；塔本陶勒盖煤矿（TT矿）是当今世界上“最大的未开采煤矿”，矿区煤炭储藏面积达400平方千米，煤层厚度190米，原煤出焦率60%以上。因蒙古国在地质勘探方面缺乏专业队伍、技术装备落后，地质勘探水平总体较低。蒙古国基础设施较为落后，水电资源匮乏，很大程度上也制约了矿产业的发展。

【加工业】蒙古国工业起步较晚，除采矿业和燃料动力工业外，以畜产品为主要原料的轻工业和食品加工业在蒙古国工业部门中占有一定地位，此外还有部分矿产加工业。2013年，蒙古国的加工业总产值同比增长6.8%。

【建筑业】近年来，蒙古国首都乌兰巴托市居民数量急剧增加，已占全国人口一半以上，城市住宅需求迅速增加，住宅建设与销售市场逐渐兴起，建材需求趋旺，建材生产随之大幅增长，2013 年蒙古国建筑施工产业总值共计 14 522 亿图格里克，同比增长 79.0%。

【旅游业】蒙古国人口少、地域辽阔，自然风貌保持良好，是世界上少数保留游牧文化的国家之一，旅游业发展前景广阔。2013 年，蒙古国接待游客 41.78 万人次，同比下降 12.2%。

【电信业】蒙古国电信业发展很不平衡，在首都及几个大城市，固定电话和移动电话、宽带及相关业务相对普及，但在偏远地区，很多地方通信网络仍未覆盖。2013 年，蒙古国电信业产值 295.7 亿图格里克，同比下降 6.6%，固定电话 16.85 万部，移动电话用户累计 354.34 万人，有线电视用户 28.80 万人。蒙古国主要的电信供应商包括 Mobicom、Gmobile、Skytel、Unitel、Mongolia Telecom。

3. 发展规划

蒙古国新政府提出，将大力发展蒙古国经济，在今后 8 年内使每年的经济增长率保持在 14% ~ 15%。

根据联合国“千年发展目标”，蒙古国政府制定的 2007 ~ 2021 年发展总体规划目标是：2007 ~ 2015 年实现经济年均增长 14%，人均 GDP 不低于 5000 美元，为经济快速发展打好基础；2016 ~ 2021 年经济年均增长不低于 12%，人均 GDP 不低于 1.2 万美元，进入世界中等收入国家行列。

（二）国内市场情况

1. 销售总额

2012 年，蒙古国内批发零售销售总额 48 652 亿图格里克（约合 34.85 亿美元），其中批发额 34 196 亿图格里克，零售额 14 482 亿图格里克，同比分别增长 12.3% 和 77.8%。

2. 生活支出

截至 2013 年年底，蒙古国居民、单位的本币储蓄额达到 97 329.7 亿图格里克，同比增长 146.4%，外币储蓄达到 9459.0 亿图格里克，同比减少 78.5%。其中个人本币存款余款达到 46 634.6 亿图格里克，同比增加 50.5%。

3. 物价水平

2013 年 12 月份蒙古国基本生活品的价格（见表 24-2）。

表 24-2　蒙古国首都主要食品价格

商品名称	价格（图格里克）	单位
面粉	860 ~ 2 750	千克
大米	2 200 ~ 2 500	千克
植物油	1 900 ~ 3 500	升
砂糖	1 500 ~ 2 000	千克
牛奶	700 ~ 2 500	升
黄油	2 500 ~ 6 000	千克
羊肉	7 500 ~ 8 000	千克
牛肉	6 300 ~ 9 500	千克
马肉	6 000 ~ 7 500	千克
鸡蛋	280 ~ 350	个
土豆	1 200 ~ 1 500	千克
西红柿	5 000 ~ 6 500	千克
黄瓜	3 000 ~ 5 500	千克
苹果	3 500 ~ 7 000	千克

（三）基础设施状况

蒙古国交通运输业分为铁路运输、公路运输、航空运输，其中以铁路和公路运输为主。

2013 年蒙古国通过公路、铁路、航空等各类交通工具共运送货物约 4980 万吨，同比减少 360 万吨，下降 6.7%；运送旅客 3.08 亿人次，同比减少 990 万人次，下降 3.1%。

1. 公路

截至 2012 年年底，蒙古国全国公路总里程为 49 250 千米，分为三类：由国家级公路（包括连接首都与各省会之间、各省会之间、国家边界口岸和中央居住区的公路）、地方公路、单位自用路组成。国家级公路总里程为 11 218 千米，其中仅有 2395 千米为柏油路面。

2013 年蒙古国公路运输货物运量约 2880 万吨，运送旅客 3.04 亿人次。蒙古国分别同中国和俄罗斯之间设有多个边境口岸，公路连接和通关较为便捷。目前中蒙两国共有 12 个公路口岸。

2. 铁路

蒙古国仅有乌兰巴托铁路（中蒙俄国际联运铁路“北京—二连浩特—扎门乌德—乌兰巴托—莫斯科”在蒙古国境内段线）一条铁路，全长 1811 千米，承担了铁路货运和客运运输需求。

2013 年蒙古国铁路运输运送货物量约 2100 万吨，其中国内运量 1070 万吨，进口运输量 250 万吨，过境运输运量 180 万吨。2013 年蒙古国铁路运送旅客 378.1 万人次，其中国内旅客 360.9 人次，国际旅客 17.3 万人次。由于铁路设备和技术老化，再加上蒙古国采用宽轨标准，增加了中蒙间铁路运输的成本，制约了蒙古国经济，尤其是矿产品出口的发展。为解决铁路领域面临的主要问题，2008 年年初蒙古国制定了国家铁路网拓展远景规划，计划修建以下线路：①戈壁地区铁路线；②东部区铁路线；③西部区铁路线；④铁路网横线。2011 年 6 月，蒙古国家大呼拉尔正式讨论通过了国家铁路政策文件，并从成吉思汗债券中划拨专项资金用于铁路建设，但由于蒙古国国内对铁路采取何种轨距长期争执不下，铁路建设久拖未决。

3. 空运

蒙古国主要有 MHAT、AirMongolia 等航空公司，开通有国际航线和国内航线。2013 年，航空运输旅客 76.74 万人次，同比下降 0.6%；运送货物约 4000 吨，同比增长 1.3%。乌兰巴托市成吉思汗国际机场为蒙古国最大的机场，但由于只能单向起降，受气候影响较大，春冬飞机晚点率较高。新国际机场计划在中央省色尔格楞县修建，预计 2016 年投入使用。修建新的现代化国际机场将对提高飞行安全水平，稳定航空运输业，推动经济发展具有重要意义。新国际机场最终达到每小时服务旅客 2400 ~ 2500 人的水平，年运送旅客人数将超过 200 万，相当于现在“成吉思汗国际机场”运送旅客人数的 5 倍。

目前，乌兰巴托机场可以直飞中国北京、呼和浩特、二连浩特、海拉尔、香港等城市，此外还拥有飞往莫斯科、法兰克福、东京、首尔、曼谷等地的航线。

4. 通信

蒙古国主要的电信供应商包括 Mobicom、Gmobile、Skytel、Unitel、

Mongolia Telecorrio 等。

2013 年，蒙古国通信和邮政产业产值共计约 4683.1 亿图格里克，同比增长 7.4%。其中手机通信产业产值约 295.7 亿图格里克，同比下降 6.6%；互联网业产值约 710.7 亿图格里克，同比增长 63.1%。

2013 年，蒙古国电话线总数共 16.85 万条，同比增加 12.8%；移动电话拥有量共 354.34 万部，同比增加 3.4%；有线电视用户共 27.89 万户。乌兰巴托市内 WiFi 无线网络覆盖率较高，公共汽车、主要街区及一般餐厅和商场等均提供免费无线网络服务。

5. 电力

蒙古国的电力供应主要由中部、西部、东部区的电力系统组成，目前仍有 2 个省、40 多个县未接入中央电力系统。2013 年，蒙古国电力系统共生产电力 43.2 亿千瓦时，同比增加 5.4%；生产热力 8.93 万亿大卡，同比增加 3.0%。蒙古国虽然煤炭资源储量丰富，但国内电力基础设施建设和配套较为落后，目前仍不能满足电力自给自足，部分电力须从俄罗斯、中国进口。2013 年蒙古国共进口电力 11.96 亿千瓦时，同比增长 230%；共计 1.13 亿美元，同比增长 300%。

6. 基础设施发展规划

《蒙古国基础设施发展目标整体发展政策》规划第五部分“基础设施领域发展政策”提出，基础设施建设要依照满足公民需求和经济发展需要的总原则进行。在此原则下，规划中提出在交通运输领域要建设满足矿产品出口运输需求的道路基础设施，建成同中俄两个邻国相连的欧亚运输跨境运输线路，支持私营部门参与基础设施建设。第一阶段战略目标：完善交通运输领域的相关法律；改善现有公路路况并扩建国内公路运网；建设可满足矿产品运输需求的国内铁路运输线，提升蒙古国铁路在本地区竞争力；启动地方新机场建设并开辟新的国内、国际航线；租用其他国家港口开展海上运输；改善相关投资环境，支持私营部门参与交通运输领域建设。第二阶段战略目标：继续拓展国内公路、铁路运输网；积极发展航运和海上运输；实现国内主要城市和省会间全部通过公路连接。此外，2010 年蒙古国议会通过《国家铁路运输领域建设规划》，提出分阶段建设 5683.5 千米长的新铁路基础设施。其中第一阶段将建设 1100 千米铁路，包括：达兰扎达噶德—塔温陶勒盖—查干苏瓦尔格—宗巴音（400 千米）；赛音山达—西乌尔特（350 千米）；西乌尔特—呼特（140 千米）；呼特—乔巴山（150 千米）。第二阶段将建设 900 千米铁路，包括：那林苏海图—锡伯库伦（45.5 千米）；乌哈呼德格—噶舒苏海图（267 千米）；呼特—塔姆察格布勒格—诺姆尔格（中国称为“松贝尔”）(380 千米)；呼特—毕其格图（200 千米）。上述两阶段将构成蒙古国新“东线”和“南线”铁路。建成后将大幅提升蒙古国境内铁路运力，实现蒙古国南戈壁省塔温陶勒盖煤矿、奥尤陶勒盖铜金矿、那林苏海图煤矿等大型矿区至蒙古国边境口岸铁路直运。电力、燃料领域第一阶段发展战略目标：建设小型煤炭火力发电厂和中、大型煤制油、煤制气等煤化工工业园区；第二阶段战略目标：建设大型清洁型煤炭火力发电站，实现煤制油等煤化工工厂产能最大化。

在媒体通信领域，提出将媒体通信产业作为 21 世纪蒙古国经济、社会发展的加速器。第一阶段的发展战略目标：创建有利于媒体通讯产业发展的技术、法律、融资、人才储备环境，建设完善的通信和互联网网络；将媒体通信技术推广并广泛应用于医疗、金融、贸易等经济和社会发展各领域；到 2015 年实现通信网络覆盖全国 60% 人口和 50% 领土范围。第二阶段发展战略目标：继续建设和推广更先进、更便捷、更廉价的通信媒体网络；将通信媒体技术应用于环境监测、国防安全、紧急情况处理等各领域；2021 年实现固定和移动通信网络覆盖全国 95% 领土和全体国民。蒙古国基础设施发展资金主要通过政府财政拨付解决，为此蒙古国政府通过发行专门债券、向其他国家政府及银行借贷等方式筹集所需资金。蒙古国大型基础设施建设首先由经济发展部实施招投标管理，具体项目实施分别由对应的交通部、能源部等部门负责。蒙古国法律对外国投资者进入基础设施相关领域投资没有限制。

（四）商务成本竞争力现状

1. 水、电、气价格

蒙古国水、电、气成本不高，工业用水、电、气的价格比居民生活用水电气价格稍高（见表 24-3）。

表 24-3　蒙古国首都水电暖气价格

	价格（图格里克）	单位
住户电费	84（白天）；60（晚上）	兆
企业电费	105.6（不含税）	兆
住户取暖费	341	平方米
企业取暖费	323	平方米
住户水费	5.2	升
平房区水费	1	升
企业水费	1 400	立方
（商业）水费	2 900	立方

2. 劳动力供求及工薪

【劳动力供求】蒙古国劳动力供求市场存在结构性失调问题，整体呈现出劳动力资源短缺现象。其普通劳动力基本能满足需要，但技术岗位劳动力供应不足，尤其是高水平技术岗位。因此，蒙古国劳动力市场虽然供应紧张，但存在结构性失业问题。

【劳动力价格】2013 年蒙古国政府规定的每月最低工资为 19.2 万图格里克。目前，技术岗位月平均工资为 30 万 ~ 60 万图格里克，普通岗位日平均工资 5000 ~ 10 000 图格里克。

3. 外籍劳务需求

蒙古国本土失业率较高，为限制外国劳务在蒙工作，蒙古国实行严格的劳务许可制度，并规定企业雇用外国劳务需要缴纳高额的岗位费。蒙古国法律规定，外籍劳务岗位费是蒙古国最低工资的 2 倍，目前为 28.08 万图格里克（约合 1000 元人民币），矿业领域外籍劳务岗位费为蒙古国最低工资的 10 倍，即 140.4 万图格里克（约合 5000 元人民币）。

4. 土地及房屋价格

【土地价格】蒙古国住宅用土地销售价格平均为 100 万 ~ 200 万美元 / 公顷，最高价可达 250 万美元 / 公顷，最低价为 80 万美元 / 公顷。

【房屋租金】乌兰巴托写字楼的租金以使用面积计算，每平方米月租金 20 ~ 60 美元。首都中心区三居室条件较好的住房月租金在 1000 美元左右。

【房屋售价】蒙古国房价按实际使用面积计算，乌兰巴托的平均房价每平方米1500～1600美元。但住宅的价格也因房屋所在位置和档次而存在较大差异，部分黄金地段房价高达3500美元/平方米或更高，地段不好的房价为1300美元/平方米。

5. 建筑成本

近年来，蒙古国建材价格大幅上涨，每建筑平方米实际造价在550～650美元。2013年，蒙古国市场上主要建材价格情况如表24-4所示。

表24-4　2013年蒙古国主要建材价格

品名	单位	价格（万图格里克）	品名	单位	价格（万图格里克）
沥青	吨	460	沙子	立方	1.8
水泥	吨	16	石子	立方	2.5
红砖	块	0.022	混凝土	立方	15

资料来源：中国驻蒙古国大使馆经商参处市场采集。

三、蒙古国对外国投资合作的法规和政策

（一）对外国投资的市场准入的有关规定

1. 投资主管部门

蒙古国主管外国投资的政府部门是外国投资局。根据2013年11月1日正式实施的蒙古国《投资法》规定，主管外国投资事务的国家行政机关具有下列职责。

（1）落实和监督投资法的实施。

（2）起草投资政策及扶持投资措施提交政府做出决定。

（3）对外国国有资产法人在矿业、金融、新闻通讯领域开展经营活动的蒙古国法人总股份占比达到33%或以上的进行审批。

（4）负责央行、劳动、税务、海关、社会保险、注册登记、外国公民事务管理等国家机关按半年、全年提供下列有关投资信息，出具投资统计信息：①投资来源及数量；②纳税情况；③工作岗位数量；④外国公民居住许可；⑤外国投资企业数量；⑥以进口产品、服务形式的投资数量。

（5）法律规定的其他权力。

2. 投资行业的规定

根据蒙古国《投资法》，除蒙古国法律法规禁止从事的生产和服务行业以外，都允许外商投资。蒙古国法律明确禁止的行业是麻醉品、鸦片和枪支武器生产等，除此之外没有其他禁止投资的行业。

3. 投资方式的规定

【外国投资种类】外国投资者（包括外国法人和自然人）可进行以下种类的投资。

（1）自由外汇、利润再投资（可以是投资所得的收入）；

（2）动产和不动产及与其相关的财产权；

（3）知识与工业产权。

【外国投资实施方式】在蒙古国的外国投资按下列方式实施。

（1）投资人单独或与其他投资人合作成立企业；

（2）投资人购买股票、债券和其他有价证券；

（3）通过并购、合并公司的方式进行投资；

（4）签署租让权、产品分成、市场营销、经营管理合同和其他合同；

（5）融资租赁和专营权形式的投资；

（6）法律未禁止的其他形式。

【外国投资安全审查】根据《投资法》规定，外国国有资产法人在矿业、金融、新闻通讯领域开展经营活动且其持股比例达到33%或以上的，须报主管投资事务的中央行政机关（即外国投资局）进行审批。

【经营者集中反垄断审查】蒙古国《竞争法》规定，具有支配地位的商业实体意图通过合并、兼并或收购20%以上普通股或50%以上优先股的方式，改组与其在市场上销售同一产品或合并、兼并了相关商业实体的竞争企业，需要向蒙古国公平竞争和消费者保护局进行申报。

具有“支配地位”是指一个商业实体单独或与其他商业实体或关联企业共同在相关产品市场上生产销售的市场份额超过1/3。公平竞争和消费者保护局审查认为交易将对经济环境产生限制竞争影响的，可以否决交易，注销已经完成的企业。但如果能够证明交易本身给国家经济带来的利益超过对竞争的损害，该交易将不被否决。

【中资企业在蒙古国并购受阻案例】2012 年 4 月 4 日，中国铝业拟出资不超过 10 亿美元，向艾芬豪矿业等股东收购其持有的不超过 60% 但不低于 56% 的南戈壁公司普通股，以推进公司煤铝业务整合。南戈壁注册于加拿大，在蒙古国境内接近中国边境的位置拥有煤炭资源，主要业务是对这些煤田进行勘探和开发，并向中国供应煤炭产品。2012 年 4 月 17 日，蒙古国矿产资源局出于国家安全的考虑，宣布暂停由南戈壁的附属公司拥有的若干许可证的勘探及开采活动；2012 年 5 月 17 日，蒙古国家大呼拉尔通过《关于外国投资战略领域协调法》（蒙古国 2013 年新《投资法》出台废止了该法），矿产资源被确定为战略性意义的领域，因此外国投资者及其利益相关方和第三方签订股份买卖或转让协议，须通过在蒙古国注册企业向蒙古国政府提交申请；外资参股超过 49% 须政府提交国家大呼拉尔讨论决定。

由于蒙古国政府的反对，在连续两次延期之后，中国铝业无奈于 2012 年 9 月 3 日宣布其对南戈壁的收购失败。

4. BOT 方式

近年来，蒙古国政府积极推动在“公私合作伙伴关系”框架下项目建设，推动公共部门和私营部门间合作，为蒙古国道路、电力等基础设施建设创造条件。2009 年 10 月，蒙古国政府出台“公私合作伙伴关系”国家政策，鼓励私营部门参与各领域项目建设。2010 年 1 月，蒙古国议会通过《特许经营法》。2012 年蒙古国经济发展部成立，其下设立创新和公司合作司，专门负责特许经营项目实施协调等。目前蒙古国正在实施的 BOT 项目包括那林苏海图—锡伯库伦 50 千米公路项目，由“RDCC”有限责任公司承担，特许经营年限共 17 年；已签署特许经营合同的 BOT 项目包括图勒门 100 千瓦时电厂，由“New Asia Group”有限责任公司承担，特许经营年限共 22 年；阿勒坦布拉格—扎门乌德 997 千米快速路项目，由“Chinggis Land Development Group”有限责任公司承担，特许经营年限为 28 年。目前尚无中国企业在蒙古国开展 BOT 项目。

（二）企业税收的有关规定

1. 税收体系和制度

蒙古国的国家税收体制由税、费和使用费组成。纳税人是指依法拥有纳税收入、资产、特定权力的或占用资产的公民、企业、机构。蒙古国实行的是属地税法。

蒙古国的税收分为国家税收与地方税收。国家税收包括企业、机构的所得税，关税，增值税，特别税，汽油、柴油燃料税，矿产资源使用费。地方税收包括个人所得税，枪支税，首都城市税，养狗税，遗产税、礼品税，不动产税，印花税，水、泉水使用费，汽车运输及其他交通工具税，矿产之外的其他自然资源使用许可费，自然植物使用费，通用矿产使用费，狩猎资源使用费、狩猎许可费，土地使用费，木材使用费。

2. 主要税赋和税率

【企业所得税】纳税人是指在税务年度已获得应课税收入或虽未获得这样的收入但有义务按法律规定缴纳税赋的企业单位，分为在蒙古国长期居住和不在蒙古国居住的纳税人。其中，在蒙古国长期居住的纳税企业包括：按蒙古国法律创办的企业、领导机关在蒙古国的外国企业。不在蒙古国居住的纳税企业包括：通过代表处在蒙古国开展经营活动的外国企业；在蒙古国以其他形式获得收入的外国企业。依法确定的应纳税年收入额在 0 ~ 30 亿图格里克范围内的按 10% 课征所得税，年收入在 30 亿图格里克以上的，其超出部分按 25% 课征所得税。对纳税人的下列收入按以下比例课征所得税：分成收入 10%；权益提成收入按 10%；销售不动产所获收入 2%；利息收入 10%；权利转让收入 30%。企业所得税纳税人于下一季度第一个月的 20 日前向辖区税务机关报送本季度税务报表，于下一年 2 月 10 日前向辖区税务机关报送年度税务报表并进行年终结算。

【个人所得税】纳税人是指在税务年度已获得应课税收入的，或虽未获得这样的收入但有义务按法律规定缴纳税收的在蒙古国居留的人、蒙古国公民、外国公民、无国籍人士，分为在蒙古国长期居住和不在蒙古国居住的纳税人。所得税按依法确定的年收入的 10% 计缴。代扣人将规定征收税款的季度报表于下一季度第一个月的 20 日前；年度税收报表于第二年的 2 月 15 日前分别制作并上报税务机关。

【增值税】在蒙古国境内经营进、出口商品业务以及生产销售和提供服务、完成劳务的公民、法人为增值税纳税人，也适用于在蒙古国境内销售商品和完成劳务、服务收入达到1000万图格里克或以上的外国法人代表机构。进口或生产、销售商品、完成劳务、提供服务的增值税税率为10%。纳税人在下个月10日前将当月所售商品、劳务、服务所应缴的增值税汇入国家财政统一账户，并将按固定格式制作的税务总结报告提交辖区税务机关。

（三）对外国投资的有关优惠政策

1. 优惠政策框架

蒙古国自2013年11月1日开始实施《投资法》，鼓励外商投资。根据该法，对投资提供的扶持由税收和非税收组成。

【对投资的税收扶持】蒙古国政府向投资者提供下列的税收扶持：

（1）免税；

（2）减税；

（3）加速式核减纳税收入中的折旧费；

（4）从未来收入中核减纳税收入中的亏损；

（5）纳税收入中核减员工培训费用。

下列情况下免除进口机器设备在安装过程中的关税及可将增值税税率降至0。

（1）建设建材、石油、农牧业加工和出口产品工厂；

（2）建设包含纳米技术、生物技术和科技创新产品工厂；

（3）建电厂及铁路。

此外，还可按税法调整对投资者提供的上述两大类扶持。

【对投资的非税收扶持】蒙古国政府按下列形式对投资提供非税收扶持。

（1）允许以合同占有、使用土地最长60年，并可按原有条件将该期限延期至最长40年；

（2）向自由贸易区、工业技术园区经营的投资者提供扶持，简化注册登记和检验通道手续；

（3）扶持基础设施、工业、科技、教育建设项目，增加引进外国劳务及技术人员数量，免除岗位费，简化相关许可的审批；

（4）扶持科技创新项目的融资，向生产出口型创新产品的融资提供担保；

（5）依法向在蒙古国投资的投资者及其家人发放多次往返签证及长期居住许可；

（6）法律规定的其他扶持。或者按土地法、自由贸易区法、工业技术园区地位法、科技创新法、劳务输出与劳务及技术人员输入法以及其他相关法律调整对投资的非税收扶持。

【稳定税收比例】为增强外国投资者信心，蒙古国《投资法》规定稳定税收比例（税率），向符合条件的投资者授予稳定证书，按稳定证书在其有效期内稳定下列税费的课征率。

（1）企业所得税；

（2）关税；

（3）增值税；

（4）矿产资源补偿费。

投资法人在蒙古国实施的项目完全符合下列条件则授予稳定证书（见表 24-5 和表 24-6）。

表 24-5　蒙古国矿业开采、重工业、基础设施领域稳定证书授予条件

（亿图）	授予稳定证书的期限（年）					投资期限（年）
	乌兰巴托地区	中部地区	杭爱地区	东部地区	西部地区	
300-1 000	5	6	6	7	8	2
1 000-3 000	8	9	9	10	11	3
3 000-5 000	10	11	11	12	13	4
5 000 以上	15	16	16	17	18	5

资料来源：蒙古国《投资法》。

表 24-6　蒙古国其他领域稳定证书授予条件

投资额（亿图格里克）					授予稳定证书的期限（年）	投资期限（年）
乌兰巴托地区	中部地区	杭爱地区	东部地区	西部地区		
100 ~ 300	50 ~ 150	40 ~ 120	30 ~ 100	20 ~ 80	5	2
300 ~ 1 000	150 ~ 500	120 ~ 400	100 ~ 300	80 ~ 250	8	3
1 000 ~ 2 000	500 ~ 1 000	400 ~ 800	300 ~ 600	250 ~ 500	10	4
2 000 以上	1 000 以上	800 以上	600 以上	500 以上	15	5

资料来源：蒙古国《投资法》。

2. 行业鼓励政策

蒙古国目前没有特别针对行业的鼓励政策，但是在税收稳定等方面，对矿业开采、重工业、基础设施领域有一定的政策倾斜。

3. 地区鼓励政策

蒙古国目前没有特别针对地区的鼓励政策，但是在税收稳定等方面，对中部地区（戈壁松贝尔省、东戈壁省、中戈壁省、达尔汗乌勒省、南戈壁省、色楞格省、中央省）、杭爱地区（后杭爱省、巴彦洪格尔省、布尔干省、鄂尔浑省、前杭爱省、库苏古尔省）、东部地区（东方省、苏赫巴托省、肯特省）和西部地区（巴彦乌列盖省、戈壁阿尔泰省、扎布汗省、乌布苏省、科布多省）有一定的政策倾斜。

4. 特殊经济区域的规定

2002 年 7 月，蒙古国政府通过了《蒙古国关于建立自由贸易区法》。并在 2002 年通过了开设四大自由经济区的计划，但由于缺少资金、地理位置偏远、交通不便等原因，导致建设进程缓慢。蒙古国建设四大自由经济区的计划出台后，中国、俄罗斯及欧盟各国予以支持并增加了对蒙古国的投资。四大自由经济区投入使用后将增加大量工作岗位，减少无业人数，同时增加国民经济收入，提高国民生活水准。蒙古国利用口岸自由经济区的优势，吸引投资，带动口岸城市的发展，同时也不断扩大与中国、俄罗斯及欧盟各国的经贸合作。

（1）阿拉坦布拉格自由贸易区。该区位于蒙古国色楞格省蒙俄边境地区，此地历史上曾是中俄贸易的重要口岸，有“茶市”的美称，该区占地 500 公顷。对在该自由贸易区投资基础设施建设的投资者，免征所得税；对投资设立贸易企业者，除前 5 年免征所得税、接下来的 3 年减半征税以外，还按照国际惯例对该企业运入自由贸易区的货物免征关税。2014 年 6 月 22 日，该自由贸易区开始试运营。

（2）扎门乌德自由经济区。该区位于扎门乌德西南 1 千米处，占地 900 公顷，由工商贸易区、旅游娱乐区和国际机场三个部分组成，是蒙古国境内面积最大、功能最全的自由经济区，受蒙古国中央政府垂直管理，行政长官由总理直接任命，也是蒙古国“境内关外”形式运行的单独保税区。

外商进入该区享受免除关税等优惠政策，外国公民可以凭护照（免签证）

或本人身份证自由出入。

（3）蒙古国规划建设赛音山达重工业园区。2010 年 5 月，蒙古国政府成立了由总理巴特巴勒德为首的赛音山达重工业园区建设筹备委员会，并初步提出了园区发展规划和投资方向。园区重点发展的项目主要有：洗煤炼焦、炼钢、炼油、铜冶炼等矿产资源加工。生产出的产品除通过中国二连口岸销往中国内地市场外，还将通过俄罗斯海参崴港口出口到日本、韩国、印度和中国台湾等国家和地区。

（4）查干诺尔自由贸易区 Tsagaan Nuur。蒙古国的查干诺尔自由贸易区由于远离主要市场并缺少现成的交通运输基础设施，将其建成贸易自由区的难度是很大的，而且目前蒙古国也没有制定相关的法律法规。

蒙古国有意与日本建立自由贸易区，共同开采铀矿资源。

蒙古国欲在天津建立专属经济区，同时打通乌兰巴托到天津港的出海通道。

（四）劳动就业的有关规定

1. 劳动法的核心内容

2003 年修订的蒙古国《劳动法》对劳动关系的产生、内容、劳动合同的签订、劳资双方的权利、义务、福利报酬、就业及保护、妇女和未成年人的雇用，劳资纠纷的解决及对劳动法律执行情况的监督做出了规定。

【签订劳动合同】劳动合同应在双方协商的基础上以书面形式签订，劳动合同可以签订定期和不定期两种。合同期满之前，经劳资双方协商可延长合同期限。合同期满，如无任何一方要求终止合同或受雇方仍在工作，可视为延长合同期限。

【解除工作合同】企业遇取消、缩编或裁员需与员工终止合同时，须提前 1 个月告知员工，禁止企业单方面终止合同。员工因技术、能力或健康状况不能胜任工作，企业不能单方面终止合同。以上两种情况下确需解除劳动合同的，企业负责将员工信息到劳动市场注册，并承担相应税款。员工向企业提出辞职申请 1 个月以后，合同自动终止。

【劳动报酬】职工的最低工资额由蒙古国政府规定（目前为 14.04 万图格里克）。职工工资可按计件、计时和按劳动效益方式发放。企业在改变发放工资形式、标准或实行新形式、新标准 1 个月前，须通知职工。法定工作时间为一昼夜不超过 8 小时。蒙古国实行每周 5 天工作制，除从事国防、减灾、公共服务设施供应维护工作的人员，限制企业要求员工加班，企业要求职工连续 2 天加班不得超过 4 小时。

【休假规定】除国家规定的公休节日和周末休息日外，职工每年还享受年休假，休假期为 21 个工作日。此外，根据职工的工龄和从事劳动强度的不同，还可享受 3 ~ 18 个工作日的补充休假。

2. 外国人在当地工作的规定

【工作许可制度】根据蒙古国《输出劳动力和引进外国劳动力、专家法》规定，在蒙古国雇用外国劳动力和专业技术人员需要向当地劳动部门提出申请，经政府主管部门审核后颁发劳务许可。一般劳务许可的有效期为 1 年（实际操作中，无论何时申请，有效期都到本年度 12 月 31 日终止），如需要延期，须由雇主向有关部门提出申请。

【外籍劳务岗位费】企业单位雇用外国劳务必须按月缴纳岗位费，每月岗位费标准是蒙古国政府规定的最低工资的 2 倍，目前是 28.08 万图格里克。从事矿产开发的企业，须根据《矿产法》43.2 条的规定为外籍劳务缴纳岗位费。外交机构、领事代表处和国际机构代表处雇用的外国员工，教育科技领域的外国专家、技术人员，以及根据政府间相关协定工作的专家和工作人员不缴纳岗位费。缴纳、减免岗位费由蒙古国政府决定。

3. 外国人在当地工作的风险

【治安风险】近期，蒙古国发生社会治安事件较多，外国人被打、被抢的事件时有发生，偷盗案件发生更为频繁。在此提醒中方赴蒙古国务工人员一定要提高警惕，不要单独外出，妥善保管贵重物品，以免招致盗抢。

【劳务纠纷风险】近年来，中国公民到蒙古国从事非法劳务并产生劳务纠纷情况激增。

根据 2012 年 8 月 1 日起正式实施的中国国务院《对外劳务合作条例》规定，到蒙古国务工前，必须与经商务部或地方政府商务主管部门审批并依法取得对外劳务合作经营资格证书的企业签订书面服务合同，并查看对外劳务合作企业与国外雇主订立的书面劳务合作合同，否则即为从事非法劳务。同时，由对外劳务合作企业派出的劳务人员还要根据蒙古国有关法律规定，取得蒙古国政府颁发的劳务签证（HG 类），由用工方向蒙古国劳动部门为每个劳务人员缴纳外籍劳务“岗位费”（目前每人每月约 1400 元人民币）。

目前，许多到蒙古国的务工人员听信国内熟人、同乡或非法中介公司宣传和口头承诺，在没有签订任何书面劳务合同的情况下、跟随熟人或包工头到蒙古国非法务工，抵蒙后发现工资待遇、工作和生活环境等与赴蒙前对方承诺严重不符，出现用工单位和个人（合称用工方）拖欠或者拒付工资、护照被扣、不准离开工地、强迫工作，有的甚至受到人身伤害等情况。

中资企业或中国承包商及个人在蒙古国雇用中国非法劳务人员，将面临蒙古国政府有关部门的罚款、拘留、限制入境等处罚；同时，相关人员还将面临中国国内的依法严惩。鉴于蒙古国非法劳务和劳务纠纷案件数量较多，中国驻蒙古使馆提醒中资企业和中国劳务人员，遵守相关法律规定，避免因此造成不必要的损失。

（五）外国企业在蒙古国获得土地的有关规定

1. 土地法的主要内容

蒙古国宪法规定：

（1）蒙古国的土地及地下矿藏、森林、水流、动物、植物以及其他自然资源只属于人民，受国家保护。

（2）除分给蒙古国公民占有外的土地，以及地下矿藏及其财富、森林、水资源、野生动物，均为国家财产。

（3）除草场、公用和国家特需以外的土地，只能分给蒙古国公民所有，但不包括地下矿藏。禁止公民以出售、交易、赠送、抵押等方式将私有土地移交外国公民和无国籍人士所有，并且未经国家主管部门批准，不得让他人占有和利用。

（4）国家可使土地所有者承担与其占有地相适应的义务，根据特殊需要有偿更换或收回土地。该地的使用如与人民健康、自然保护和国家安全的利益相抵触，国家可没收之。

（5）国家允许外国公民、法人、无国籍人士有偿、定期和按法律其他规定条件占用土地。

2. 外资企业获得土地的规定

蒙古国《投资法》允许外国投资者以合同占有、使用土地最长 60 年，并可将该期限按原有条件延期至最长 40 年。目前，蒙古国正在对《土地法》进行修订，未来对外资企业获得土地相关规定或将更加严格和规范。

（六）对环境保护的有关法律规定

1. 环保主管部门

蒙古国主管环境保护的政府部门是自然环境与绿色发展部。该部在首都乌兰巴托市、各省设有自然环境分支机构，各县设有环保工作者。

2. 主要环保法律法规名称

蒙古国有关环保的法律法规如表 24-7 所示。

表 24-7　蒙古国有关环保的法律法规

<table>
<tr><th></th><th>分　类</th><th>名　称</th></tr>
<tr><td rowspan="18">基础环保法律法规</td><td rowspan="10">土壤保持</td><td>自然环境保护法</td></tr>
<tr><td>土地法</td></tr>
<tr><td>土地费法</td></tr>
<tr><td>蒙古国公民土地私有化法</td></tr>
<tr><td>蒙古国公民土地私有化法实施细则法</td></tr>
<tr><td>土地登记法</td></tr>
<tr><td>大地制图法</td></tr>
<tr><td>特别保护土地法</td></tr>
<tr><td>特别保护土地环境法</td></tr>
<tr><td>地腹法</td></tr>
<tr><td rowspan="2">水体保护（流域保护）</td><td>水法</td></tr>
<tr><td>水、温泉使用费法</td></tr>
<tr><td rowspan="3">森林保护</td><td>森林法</td></tr>
<tr><td>从森林取用木材、燃柴费用法</td></tr>
<tr><td>森林原野防火法</td></tr>
<tr><td rowspan="3">大气污染防治</td><td>空气法</td></tr>
<tr><td>水文、气象、环境监测法</td></tr>
<tr><td>防有毒化学物质法</td></tr>
</table>

（续）

分　类	名　称
涉及投资的环境影响评价法规	矿产法新版
	自然环境影响状况评估法
其他	将自然资源使用费收入用于保护自然环境、恢复自然资源方面的资金比例法
	自然植物法
	自然植物利用费法
	植物保护法
	狩猎法
	动物种群法
	稀有动植物及其制品对外贸易协调法
	狩猎资源利用费、捕猎动物许可费法
	禁止危险垃圾进口、过境运输及出口法
	生活和生产垃圾法

3. 环保法律法规基本要点

蒙古国环保法律较多，内容可通过自然环境与绿色发展部的网站进行查询。

4. 环保评估的相关规定

蒙古国为吸引国内外资金尽快开发利用该国矿产资源，1997 年，蒙古国家大呼拉尔通过第一部《矿产资源法》，并进行了修改、完善。2006 年蒙古国《矿产法新版》对环保方面的规定包括：

（1）向主管环境问题的中央国家机关和有关省、县（市区）行政长官提交对环境影响的评估和环保计划。

（2）许可证持有者在没有取得有关环保部门书面批准同意之前，禁止开始进行勘探和开发活动。

（3）对开采过的矿区要恢复原地貌。

（4）实行环保抵押金制度。为确保许可证持有者，完全履行在环保方面承诺的义务，要求将相当于实施环保措施所需年度预算 50% 的资金作为抵押金，转入项目所属县（区）行政长官办公室专项账户内。该抵押金必须在项目实施前（季节性施工的项目在 5 月 1 日前，全年施工的项目在第一季度内）转入专项账户内。当年 12 月 1 日前施工企业按环保规定提交报告后，如未违犯环保条款，在 21 个工作日内将抵押金退还企业。

【环境评估报告】根据蒙古国《环境保护法》与《环境影响评估法》的规定，矿山开发及与其相关的建设项目（如公路、铁路等）均须进行环境评估。因此，须聘请蒙古国具有环境评估资质的公司，对开发矿山及其相关建设项目将对环境造成的影响进行评估，并将环境评估报告提交蒙古国自然环境部审批。

5. 蒙古国反对商业贿赂有关规定

蒙古国目前尚未出台针对反对商业贿赂的专门法律，但蒙古国《刑法》第二十八章渎职犯罪中对国家公职人员受贿和向国家公职人员行贿等相关内容做了规定。

公职人员为行贿人利益执行公务，或对不应实施的行为事先承诺，以及未经承诺亲自或通过他人收受贿赂的，处以最低工资标准 51 ~ 250 倍的罚金或者五年以下徒刑，并处三年以下剥夺担任一定职务或从事某种权利；通过索贿方式或多次实施本罪，或者曾因贿赂犯罪受到处罚的人员或有组织的团伙、犯罪集团实施本罪，以及受贿金额巨大的，处五年以上十年以下徒刑，并处没收财产。

亲自或通过他人向公职人员行贿的，处以最低工资标准 51 ~ 250 倍罚金或者三年以下徒刑；多次实施本罪以及曾因贿赂犯罪受到触犯的人员或有组织的团伙、犯罪集团实施本罪的，处五年以上八年以下徒刑。

6. 蒙古国对外国公司承包当地工程有关规定

（1）许可制度

按蒙古国法律规定，外国承包商在蒙古国承包工程需在蒙古国注册公司并获得蒙古国建筑与城市建设部颁发的《建筑工程许可证》，项目开工时，要到国家技术监督总局办理《建设开工许可证》。国际招标的大型综合性工程须根据招标方要求执行。蒙古国不允许外国自然人在当地承揽工程承包项目。

（2）禁止领域

目前蒙古国法律还未明文规定哪些领域禁止外国承包商承包工程项目，

但承包工程须经过政府建设部门和技术监督部门审查许可。

（3）招标方式

蒙古国承包工程项目实行招（议）标制度。国家投资（包括国际组织援助项目）的大型项目多通过国际公开招标进行，部分中小型项目多采用灵活的议标形式或自行协商签约方式进行。由于蒙古国相关法律不健全，招投标由发标单位单独决定，多数没有监督单位和公证单位参与。

7. 蒙古国对中国企业投资合作有关保护政策

中国与蒙古国于 1991 年 8 月 26 日签署了《关于鼓励和相互保护投资协定》《关于对所得避免双重征税和防止偷漏税的协定》。

8. 蒙古国有关保护知识产权的规定

（1）当地有关知识产权保护的法律规定

蒙古国涉及知识产权保护的法规包括《专利法》《版权及其相关权益法》《商标及产地标识法》《宣传法》。

（2）知识产权侵权的相关处罚规定

蒙古国《专利法》规定，对违反专利法规、侵犯专利创作人和专利占有人权利者将予以惩处：

①对于违反专利法的行为如不必追究刑事责任的，可给予下列行政处罚：由法官、国家监察员对公民处以数额为最低劳动报酬 2 ~ 6 倍的罚款，对法人处以数额为最低劳动报酬 10 ~ 20 倍的罚款；由法官处以有过错的公民 7 ~ 14 日的拘留；由法官、国家监察员没收发生争议的货物、物品，将其非法收入上缴国库，销毁该货物，责令停止该行为。

②侵犯创作人或专利占有人权利者应当承担蒙古国法律法规规定的责任。

③侵犯占有人权利造成的物质损失的赔偿问题，由法院根据蒙古国民法的规定解决。

9. 与投资合作相关的主要法律

蒙古国与投资合作相关的主要法律包括《投资法》《公司法》《矿产法》《劳动法》等。

（1）投资法。2013 年 11 月 1 日正式实施。主管外国投资事务的国家行政机关是外国投资局。根据该法，除蒙古国法律法规禁止从事的生产和服务行业以外，都允许外商投资。蒙古国法律明确禁止的行业是麻醉品、鸦片和枪支武器生产等，除此之外没有其他禁止投资的行业。

（2）公司法。1991 年 7 月 1 日生效。法律宗旨是协调蒙古国境内企业的设立、登记、终止活动、撤销，以及企业领导机构、成员、权利、义务、责任有关的关系。

（3）矿产法。2006 年 7 月 8 日，蒙古国家大呼拉尔讨论通过了新的《矿产法》。2014 年 4 月，蒙古国矿产部向大呼拉尔主席提交了《矿产法》修订草案。《矿产法》修订草案主要包括两大方面修改内容：一是恢复发放新勘探特别许可证，解决当前矿证转让活动混乱的现象；二是建立健全长期、稳定的矿产领域投资开发法律环境。目前，该草案正在审议中。

（4）劳动法。1999 年 5 月 14 日正式颁布实施。本法的宗旨是：明确在劳动合同的基础上，参与劳动关系的职工与雇主的共同权利、义务；集体合同、协议、劳动个体和集体纠纷；劳动条件、管理、监督及违法者应负的责任，以保障各方的相互平等。

四、在蒙古国开展投资需要办理的相关手续

（一）在蒙古国注册企业需要办理的有关手续

1. 设立企业的形式

蒙古国的外国投资企业是指按蒙古国法律注册成立，外国投资人占有股份 25% 或以上且每个外国投资人的投资额超过 10 万美元或等额图格里克的企业。在蒙古国，投资设立企业的形式包括公司代表处、分公司、有限责任公司和股份公司等。

2. 注册企业的受理机构

根据蒙古国《投资法》规定，投资人须根据蒙古国公司法、国家注册登记法和其他相关法律依法进行注册登记，方可从事经营活动。

新《投资法》出台后，简化了企业登记注册程序，企业可在蒙古国国家登记注册局办理“一站式”企业注册相关手续。此外，企业可赴蒙古国投资局对在蒙古国投资经营相关问题进行咨询。

3. 注册企业的主要程序

【外商投资企业申请内容】设立外国投资企业的申请须包括以下内容。

（1）投资者的名称、地址、公民国籍；

（2）投资的种类、规模；

（3）企业的形式；

（4）投资的基本形式；

（5）投资的基本行业，从事的生产、服务；

（6）投资、实施的阶段及期限。

【外商投资企业申请材料】设立外国投资企业的申请应附以下资料。

（1）投资者的介绍、身份证、护照和法人登记证书复印件（包括中国公司营业执照复印件、公司组织机构代码证复印件；公司法人身份证及护照复印件，如公司法人不能亲自前往则须提供委托人授权书及委托人护照复印件等）；

（2）设外国投资企业的合同、章程；

（3）在法人名称是否与其他法人名称重合方面经相关登记机构审查确认的文件；

（4）开户银行关于投资者支付能力的证明（包括中国公司上一年度完税证明以及年度银行往来流水表及所有资产证明）；

（5）可行性研究报告；

（6）外国投资企业的正式地址和电话联系方式等（蒙古国有关部门在审批材料过程中将查验公司办公场地及租赁合同）；

（7）《经营特别许可法》中规定的相关许可。

【外商投资企业审批依据】主管外国投资事务的国家行政机关审查设立外国投资企业的申请及所附材料，在接到申请后的15个工作日内依据技术监督机构做出的以下结论决定是否颁发许可。

（1）是否符合法律法规；

（2）对自然环境的影响；

（3）是否符合标准、卫生要求；

（4）技术工艺水平的评估。

公司通过审查后，应刻制公司公章并领取企业登记证书和税务登记证。公司营业执照到期前三个星期应办理延期手续。一般情况下，新注册公司一年度进行一次延期，已经营5年以上公司可一次延期2年。

公司注册完成后，应聘请蒙古国当地财务会计人员或了解蒙古国相关税务和会计相关法律法规的中方财会人员，每个月按照企业经营情况向所在地税务部门申报月度报表（月度报表须于每月10日前提交，季度和年度报表须在下季度第一个月20日前和下一年度20日前提交）；在蒙古国登记注册外资公司应该向所在地社会保险局交付法人代表和所聘请蒙古国员工和中国员工的社会保险。

需要注意的是，公司注册后，公司法人代表可向蒙古国移民局申请多次往返签证，同时申请长期居住卡；签证和居住卡有效期同公司营业执照有效期一致，法人代表也可以凭借中国车辆驾驶执照在蒙古国交警总署换取当地的驾驶执照，驾照有效期和营业执照有效期一致。

【外国法人代表处申请内容】设立外国法人代表处的申请应包括以下内容。

（1）外国法人的名称、地址；

（2）外国法人的登记地；

（3）设立代表处的目的、业务活动的方向；

（4）代表处的正式地址、地理位置。

【外国法人代表处申请材料】设立外国法人代表处的申请须附以下资料。

（1）外国法人的介绍、章程复印件；

（2）外国法人营业执照的复印件；

（3）开户行出具的有关支付能力的证明；

（4）代表处章程；

（5）代表处的地址（保证劳动安全、卫生要求的专用办公室的租赁合同）。

主管外国投资事务的国家行政机关审查希望设立外国法人代表处的申请及所附材料，在接受申请10个工作日内做出决定。如同意设立外国法人代表处，则颁发证书。

【税务登记】国家税务总局对已从主管外国投资事务的国家行政机关领取了证书的外国投资企业进行国家登记。

【申报社会保险】外国投资企业可根据蒙古国法律法规向蒙古国保险机构投保。

（二）承揽工程项目的程序

1. 获取信息

国家出资的大型项目往往通过报纸、电视等渠道发布公开招标信息，私营公司企业项目有些发布公开招标信息，部分项目直接通过关系网寻找合作伙伴。

2. 招标投标

国家和各省市政府部门出资的项目由各主管部门公开发布招标信息进行招标；公司、企业、个人项目既可通过公开招标进行，也可通过各种关系网络介绍方式进行，小型、非政府项目往往通过后一种方式进行。

3. 许可手续

在蒙古国承包工程的主管部门是道路交通建筑城市建设部，承包工程都需要该部门批准，并获得《建筑工程许可证》。获得相关批准后，还要接受国家技术监督局对承包工程的审查和项目监督，项目开工时要办理《建设开工许可证》。

（三）申请专利和注册商标

1. 申请专利

蒙古国知识产权局负责全国的专利事务，出版专利公报，受理国内外的专利申请，并在审查后授予专利权。发明、外观设计、实用新型的申请，应当由其创作人及被授予权利的个人、法人向知识产权局提出。对于每项发明、外观设计、实用新型都应单独提出申请。发明的申请应当由请求书和发明说明书、权利定义和摘要组成，必要时应有附图和有关权力机关的确认。

知识产权局应当分别在收到发明、外观设计申请之日起 20 日内，收到实用新型申请之日起 7 日内进行形式审查，认为符合法律要求且符合申请文件形式的，应当将收到申请的日期确定为申请日。

2. 注册商标

蒙古国商标注册申请的受理机构是知识产权局，申请注册商标的公民、法人向知识产权局以蒙古文进行申报。

（四）企业在蒙古国报税的有关程序

1. 报税时间

纳税应于每年第一个月的 25 日之前，依据应缴所得税额到税务机关预缴而且应于每一季度第一个月的 20 日之前办理申报上个季度的情况报告。纳税人于年终结算上缴应缴纳税额，每一季度结算一次，逐步增加应缴纳税款，销售不动产、股票或持股所得，必须于交易日结束 10 日内缴纳税款。

2. 报税渠道

报税的渠道是企业自己到辖区税务部门上报。

3. 报税手续

根据蒙古国的法律，企业应真实、准确地确定纳税项目和税款，在规定期限内按规定的格式上报税务报表。交税期限与上交税务报告的最后期限相同，如果该期限恰逢周末、公众假期，则应在此休息日前的工作日完成。报税手续中除了相应的表格、营业执照、税务登记证明之外，还应提供企业账簿记录。每个从事商业行为者，都应保留完整账簿记录，好的账簿记录有助纳税人完满的完成税务申报。好的账簿记录应包括：①保持良好及正确的记录；②证明收益来源；③记录可扣除支出与开销；④记录折旧津贴；⑤详细记录资产总值。

4. 税务处罚

蒙古国法律明文规定，每个纳税人都有义务缴纳分内应缴的税金。对未依法办理、完成纳税手续的人施以处罚，对于故意欺瞒或回避纳税的人，以刑事罪论处。

（五）赴蒙古国的工作准证办理程序

1. 主管部门

蒙古国负责外国人工作许可管理的部门是蒙古国劳动部。

2. 工作许可制度

蒙古国企业和外国投资企业均可招用外籍人员，用于技术性强、专业技术要求高的岗位，但必须同蒙古国社会保险与劳动部协商，获得工作许可。

3. 申请程序

工作许可由在蒙古国的雇主向所在地劳动主管部门提出申请，经同意后由蒙古国对外关系与贸易部发放邀请函并办理劳务签证，然后到蒙古国劳动局、移民局办理工作许可证并缴纳相应费用。

4. 提供资料

在蒙古国申请工作准证时，须提供以下文件。

（1）外籍劳务需求说明，承担的工作范围、期限、劳动特点、住所、专业技术、经验、能力说明文件；

（2）经公证的企业登记证或外国投资企业登记证副本；

（3）与外国法人签订的引进劳务合同；

（4）外国劳务护照复印件；

（5）外国劳务技术证明副本；

（6）劳务审批部门的确认。

编 后 语

为了加强对“引进来”和“走出去”双向投资工作的宏观指导和服务，更好地为中国企业“走出去”、跨国公司“进入中国”提供政策和资讯等方面的信息，在国家发展和改革委员会领导的关怀和指导下，国际合作中心组织编辑了“一带一路双向投资丛书”(以下简称“丛书”)。

“丛书”以促进“双向投资”为宗旨，建立国际投资合作交流平台，由《2015中国双向投资发展报告》《中国双向投资政策指南》《一带一路国外投资指南》(上、下)《一带一路双向投资研究与案例分析》组成，以达到务实指导和服务社会各界开展交流合作的目的。

本书的编辑团队，经过走访、调研、征稿、网上搜集、分析等多种方式，历时10个月完成了“丛书”编辑工作。在“丛书”编辑过程中，编辑组得到了国家发展和改革委员会办公厅、利用外资和境外投资司、西部开发司、国际合作司等有关部门的支持，有关省区市发展改革委为“丛书”提供了大量丰富的发展信息资料，得到了商务部外国投资管理司、对外投资和经济合作司、投资促进事务局、国际贸易经济合作研究院的支持与帮助。同时，此书也得到了有关外国驻华大使馆的大力协助与支持。最后，机械工业出版社华章公司对本“丛书”的出版也给予了大力协助，在此一并致以最诚挚的谢意。

国家发展和改革委员会国际合作中心　曹文炼

2015年11月

德鲁克管理经典

编号	书号	书名	定价
	德鲁克管理经典		
1	978-7-111-28077-4	工业人的未来(珍藏版)	¥36.00
2	978-7-111-28075-0	公司的概念(珍藏版)	¥39.00
3	978-7-111-28078-1	新社会(珍藏版)	¥49.00
4	978-7-111-28074-3	管理的实践(珍藏版)	¥49.00
5	978-7-111-28073-6	管理的实践(中英文双语典藏版、珍藏版)	¥86.00
6	978-7-111-28072-9	成果管理(珍藏版)	¥46.00
7	978-7-111-28071-2	卓有成效的管理者(珍藏版)	¥30.00
8	978-7-111-28070-5	卓有成效的管理者(中英文双语 珍藏版)	¥40.00
9	978-7-111-28069-9	管理:使命.责任.实务(使命篇)(珍藏版)	¥60.00
10	978-7-111-28067-5	管理:使命.责任.实务(实务篇)(珍藏版)	¥46.00
11	978-7-111-28068-2	管理:使命.责任.实务(责任篇)(珍藏版)	¥39.00
12	978-7-111-28079-8	旁观者:管理大师德鲁克回忆录(珍藏版)	¥39.00
13	978-7-111-28066-8	动荡时代的管理(珍藏版)	¥36.00
14	978-7-111-28065-1	创新与企业家精神(珍藏版)	¥49.00
15	978-7-111-28064-4	管理前沿(珍藏版)	¥42.00
16	978-7-111-28063-7	非营利组织的管理(珍藏版)	¥36.00
17	978-7-111-28062-0	管理未来(珍藏版)	¥42.00
18	978-7-111-28061-3	巨变时代的管理(珍藏版)	¥42.00
19	978-7-111-28060-6	21世纪的管理挑战(珍藏版)	¥30.00
20	978-7-111-28059-0	21世纪的管理挑战(中英文双语典藏版、珍藏版)	¥42.00
21	978-7-111-28058-3	德鲁克管理思想精要(珍藏版)	¥46.00
22	978-7-111-28057-6	下一个社会的管理(珍藏版)	¥36.00
23	978-7-111-28080-4	功能社会:德鲁克自选集(珍藏版)	¥40.00
24	978-7-111-28517-5	管理(下册)(原书修订版)	¥49.00
25	978-7-111-28515-1	管理(上册)(原书修订版)	¥39.00
26	978-7-111-28359-1	德鲁克经典管理案例解析(原书最新修订版)	¥36.00
27	978-7-111-37733-7	卓有成效管理者的实践	¥36.00
28	978-7-111-44339-1	行善的诱惑	¥29.00
29	978-7-111-45029-0	德鲁克看中国与日本	¥39.00
30	978-7-111-46700-7	最后的完美世界	¥39.00
31	978-7-111-47543-9	管理新现实	¥39.00
32	978-7-111-48566-7	人与绩效：德鲁克管理精华	¥59.00
33	978-7-111-52122-8	养老金革命	¥39.00
	解读德鲁克系列		
1	978-7-111-28076-7	大师的轨迹:探索德鲁克的世界	¥29.00
2	978-7-111-23177-6	德鲁克的最后忠告	¥36.00
3	978-7-111-27690-6	走近德鲁克	¥32.00
4	978-7-111-28468-0	德鲁克实践在中国	¥38.00
5	978-7-111-28462-8	德鲁克管理思想解读	¥49.00
6	978-7-111-28469-7	百年德鲁克	¥38.00
7	978-7-111-30025-0	德鲁克教你经营完美人生	¥26.00
8	978-7-111-35091-0	德鲁克论领导力：现代管理学之父的新教诲	¥39.00
9	978-7-111-45189-1	卓有成效的个人管理	¥29.00
10	978-7-111-45191-4	卓有成效的组织管理	¥29.00
11	978-7-111-45188-4	卓有成效的变革管理	¥29.00
12	978-7-111-45190-7	卓有成效的社会管理	¥29.00
13	978-7-111-44748-1	德鲁克的十七堂管理课	¥49.00
14	978-7-111-47266-7	德鲁克思想的管理实践	¥49.00
15	978-7-111-52138-9	英雄领导力：以正直和荣耀进行领导	¥45.00